Samuel Kamé-Domguia

L'Afrique au Cœur de la Science :

De l'Antiquité aux Révolutions Technologiques Modernes

Copyright © 2025 Samuel Kamé-Domguia

Aucune partie de ce livre ne peut être reproduite, distribuée ou transmise sous quelque forme ou par quelque moyen que ce soit, y compris la photocopie, l'enregistrement ou d'autres méthodes électroniques ou mécaniques, sans l'autorisation écrite préalable de l'éditeur et de l'auteur, sauf dans le cas de brèves citations incorporées dans des critiques et de certaines autres utilisations non commerciales autorisées par la loi sur les droits d'auteur.

Éditeur: Upway Books
Auteur: Samuel Kamé-Domguia
Titre: L'Afrique au Cœur de la Science : De l'Antiquité aux Révolutions Technologiques Modernes
ISBN: 978-1-917916-32-5
Couverture réalisée sur: www.canva.com

Ce livre est un ouvrage de non-fiction. Les informations qu'il contient sont basées sur les recherches, l'expérience et les connaissances des auteurs au moment de la publication. L'éditeur et les auteurs ont fait tout leur possible pour garantir l'exactitude et la fiabilité des informations, mais ils 'assument aucune responsabilité en cas d'erreurs, d'omissions ou d'interprétations contraires du sujet traité. Cette publication n'est pas destinée à se substituer à un avis ou à une consultation professionnelle. Les lecteurs sont encouragés à demander l'avis d'un professionnel si nécessaire.

contact@upwaybooks.com
www.upwaybooks.com

DÉDICACE

Ce livre, *L'Afrique au Cœur de la Science : De l'Antiquité aux Révolutions Technologiques Modernes*, est dédié :

À la mémoire de toutes celles et de tous ceux qui ont perdu la vie dans les ténèbres de la traite négrière et de la colonisation.
À celles et ceux qui, en quête d'un avenir plus digne, se sont engloutis dans les flots, fuyant la misère, l'oppression ou le silence des nations.
À ceux que la faim, la maladie, la guerre ou l'oubli ont arrachés à la vie, sur des terres où l'espérance semblait encore possible.
Aux victimes des catastrophes naturelles ou provoquées par l'Homme, effacées trop tôt de l'histoire collective.

Ils étaient porteurs d'un rêve : celui d'un monde plus juste, où chaque enfant pourrait grandir, s'épanouir et bâtir librement son avenir, dans la paix, la dignité et la reconnaissance.

Puissions-nous, par la connaissance et l'engagement, faire en sorte qu'un jour, plus jamais cela n'arrive.

En leur mémoire, **cette page est intentionnellement laissée blanche.**

À la SAINTE TRINITÉ.

À mes parents, **Pauline Marquise** et **Mathieu**, pour la lumière et l'héritage spirituel, ancestral et transgénérationnel qu'ils m'ont transmis.

À tous mes frères et sœurs.

Et à mes enfants — **Fritz, Sandra, Davina, Jayme et Michael** — pour leur soutien indéfectible, source vivante d'espérance.

TABLE DES MATIERES

LETTRE-RÉFACE 11
Introduction Générale 16
1ERE PARTIE : L'AFRIQUE, BERCEAU DES SCIENCES ET DES SAVOIRS : AUX ORIGINES DE 25 GRANDES DECOUVERTES 19
Chapitre 1 : Les Mathématiques Égyptiennes - Fondements de la Pensée Mathématique 20
Chapitre 2 : L'Astronomie Africaine - Des Observatoires Antiques aux Calendriers Solaires 26
Chapitre 3 : Médecine et Chirurgie Africaines - De l'Égypte Antique aux Traditions Thérapeutiques 32
Chapitre 4 : Ingénierie et Architecture en Afrique Antique 38
Chapitre 5 : Physique et Chimie - Métallurgie et Momification en Afrique Ancienne 43
Chapitre 6 : Agriculture et Alimentation en Afrique – Systèmes d'Irrigation, Domestication des Plantes et Conservation des Aliments 47
Chapitre 7 : Philosophie et Pensée Scientifique Africaines – Des Racines Anciennes à l'Influence Mondiale 51
Chapitre 8 : Navigation et Géographie – Expéditions Africaines et Cartographie Avancée 55
Chapitre 9 : Politique et Gouvernance en Afrique Ancienne – Modèles de Gestion et Systèmes Juridiques 59
Chapitre 10 : Ingénierie Hydraulique et Gestion de l'Eau en Afrique Antique ... 63
Chapitre 11 : Arts et Esthétique – Techniques Artistiques et Influence Mondiale 66
Chapitre 12 : Musique et Acoustique : Instruments Traditionnels Africains et Contributions à la Musique Mondiale 75
Chapitre 13 : Linguistique et Écriture 79
Chapitre 14 : Économie et Commerce en Afrique Antique et Médiévale 83
Chapitre 15 : Astronomie Maritime – Techniques de Navigation et Commerce Maritime en Afrique Ancienne 87
Chapitre 16 : Éthique et Morale – Les Systèmes Éthiques Africains et Leurs Normes Sociales Influentes 91
Chapitre 17 : Technologie Textile - Innovations dans la Fabrication Textile (Antiquité à Moyen Âge) et Impact sur le Commerce Mondial 95
Chapitre 18 : Biologie et écologie en Afrique ancienne 98

Chapitre 19 : Technologies de Communication – Systèmes de Communication à Longue Distance en Afrique Antique 105

Chapitre 20 : Sciences Sociales et Anthropologie en Afrique Antique 111

Chapitre 21 : Technologies de Construction en Afrique Ancienne – Matériaux Innovants et Structures Durables 119

Chapitre 22 : Sciences vétérinaires – Pratiques vétérinaires traditionnelles en Afrique ancienne 124

Chapitre 23 : Sciences de l'éducation en Afrique ancienne 127

2ᴱᴹᴱ PARTIE : CONTRIBUTIONS DES NOIRS AUX SCIENCES ET AUX TECHNOLOGIES MODERNES. 141

Chapitre 26 : Le Traitement de la Lèpre (Dr. Alice Ball, 1915) 143

Chapitre 27 : La Banque de Sang (Dr. Charles Drew, 1940) 145

Chapitre 28 : Le Pacemaker Cardiaque (Otis Boykin, 1964) 146

Chapitre 29 : Le Traitement du Glaucome (Dr. Patricia Bath, 1986) 149

Chapitre 30 : Le Traitement du Cancer de la Prostate (Dr. Samuel L. Kountz, 1960) 152

Chapitre 31 : La Découverte des Cellules Souches (Dr. Ernest Just, 1930) ... 155

Chapitre 32 : Le Vaccin Contre la Variole (Onesimus, 1721) 158

Chapitre 33 : La Lutte Contre le Paludisme (Dr. Thomas Lecky, 1950) 161

Chapitre 34 : La Biologie Moléculaire et les Acides Nucléiques (Dr. Marie Maynard Daly, 1950) 164

Chapitre 35 : La Lutte Contre le VIH/SIDA (Dr. Quarraisha Abdool Karim, 2000) 167

Chapitre 36 : La Théorie de la Relativité Restreinte et la Supersymétrie (Dr. Sylvester James Gates, 2000) 172

Chapitre 37 : La théorie de la gravité quantique (Dr. Stephon Alexander, 2000) 174

Chapitre 38 : La Théorie de la Relativité Restreinte et la Supersymétrie (Dr. Sylvester James Gates, 2000) 179

Chapitre 40 : L'Astronomie et les Spectromètres Spatiaux (Dr. George R. Carruthers, 1970) 187

Chapitre 41 : La Table à Repasser – Sarah Boone (1887) 194

Chapitre 42 : Le Premier Feu Tricolore – Garrett Augustus Morgan (1914).... 198

Chapitre 43 : Les Noirs dans l'Invention de la Bombe Atomique 202

Chapitre 44 : Les Fibres Optiques et la Télécommunication (Dr. Thomas Mensah, 1980) 206

Chapitre 45 : Le Système de Navigation GPS (Dr. Gladys West, 1970-1980) 210

Chapitre 46 : L'informatique et les premiers PC modernes (Dr. Mark Dean, 1980) 215

Chapitre 47 : La Construction du Scanner CT (Allan McLeod Cormack, 1963) 218
Chapitre 48 : La Robotique pour l'Exploration Spatiale et Médicale (Dr. Ayanna Howard, 2000) 222
Chapitre 49 : Le Savon Anti-Paludisme – Une Innovation Révolutionnaire 226
Chapitre 51: La Médecine Vétérinaire Moderne (Dr. John Boyd, 1980) 234
Chapitre 52 : La Génétique des Plantes et la Sécurité Alimentaire (Dr. Segenet Kelemu, 2010) 239
Chapitre 53 : La Conquête Spatiale et la Première Astronaute Afro-Américaine (Dr. Mae Jemison, 1992) 246
Chapitre 54 : La Première Femme Noire à Diriger une Agence Spatiale – Dr. Mae Jemison, 1992 250
Chapitre 55 : La Première Femme Noire à Obtenir un Doctorat en Génie Aérospatial (Dr. Aprille Ericsson-Jackson, 1995) 255
Chapitre 56 : Les télécommunications, la finance et la sécurité numérique – La carte à puce de Roland Moreno (1974) 258
Chapitre 57 : Le Cardiopad et la Télémédecine en Afrique (Arthur Zang, 2014) 264
Chapitre 58 : La Première Transplantation Cardiaque en Afrique (Dr. Christiaan Barnard, 1967) 267
Chapitre 59 : La Première Opération à Cœur Ouvert (Dr. Daniel Hale Williams, 1893) 271
Chapitre 60 : La Découverte du Virus Ebola (Dr. Jean-Jacques Muyembe-Tamfum, 1976) 275
Chapitre 61 : La Couveuse Tropicalisée - Une Révolution pour la Santé Néonatale en Afrique (Serge Armel Njidjou, 2021) 279
Chapitre 62 : La Première Femme Noire à Diriger une Université de l'Ivy League (Dr. Ruth Simmons, 2001) 285
Chapitre 63 : La Première Femme Noire à Obtenir un Doctorat en Génie Chimique (Dr. Jennie Patrick, 1979) 288
Chapitre 64 : La Première Femme Noire à Diriger un Département de Physique (Dr. Elvira Doman, 1980) 292
Chapitre 65 : La Première Femme Noire à Diriger un Laboratoire National (Dr. Shirley Ann Jackson, 1999) 296
Chapitre 66 : La Première Femme Noire à Obtenir un Doctorat en Génie Biomédical (Dr. Paula Hammond, 1993) 300
Chapitre 67 : La Première Femme Noire à Obtenir un Doctorat en Génie Électrique (Dr. Shirley Ann Jackson, 1973) 304
Chapitre 68 : Vital Kubuya et l'Électricité Produite par les Arbres – Une Révolution Énergétique 308

Chapitre 69 : L'Innovation Africaine dans les Véhicules Aériens à Énergie Alternative 313

3EME PARTIE : INNOVATIONS ET DECOUVERTES AFRICAINES FRAUDULEUSEMENT ATTRIBUEES A D'AUTRES CULTURES 319

Chapitre 70 : Les Concepts Mathématiques et Géométriques Développés par les Égyptiens, mais Souvent Attribués aux Grecs comme Pythagore 321

Chapitre 71 : Le théorème de Pythagore, connu et appliqué en Égypte bien avant Pythagore 325

Chapitre 72 : Les Mathématiques Fractales Visibles dans l'Architecture Africaine, Bien Avant Leur Formalisation par Mandelbrot 329

Chapitre 73 : Les Systèmes de Mesure du Temps : Les Calendriers Lunaires et Solaires Développés en Égypte et en Éthiopie 334

Chapitre 74 : La Cartographie Céleste et l'Identification des Constellations par les Dogons du Mali 338

Chapitre 75 : L'Astronomie et les Calendriers Précis Développés en Égypte et en Nubie, mais Souvent Attribués aux Babyloniens ou aux Grecs 342

Chapitre 76 : Les Techniques Médicales Avancées des Égyptiens, incluant la Chirurgie et la Pharmacopée, Attribuées à Hippocrate et aux Grecs 348

Chapitre 77 : La Médecine Préventive et l'Immunologie Pratiquées en Afrique de l'Ouest, où la Variolisation Était Pratiquée Avant Son Introduction en Europe 351

Chapitre 78 : L'Extraction de la Cataracte Pratiquée en Égypte Ancienne, Souvent Attribuée à des Médecins Européens Bien Plus Tardifs 355

Chapitre 79 : Les Pratiques de Médecine Traditionnelle et l'Utilisation des Plantes Médicinales en Afrique de l'Ouest 359

Chapitre 80 : Les Techniques d'Obstétrique et de Sage-Femme Développées par les Cultures Africaines mais Souvent Ignorées dans l'Histoire Médicale 363

Chapitre 81 : Les Pratiques de Gestion des Épidémies en Afrique, incluant l'Isolement des Malades et les Remèdes Naturels 367

Chapitre 82 : Les Techniques de Conservation des Graines et des Semences, Assurant la Continuité des Cultures et la Sécurité Alimentaire .. 371

Chapitre 83 : L'Architecture Monumentale comme les Pyramides d'Égypte et Great Zimbabwe, Dont les Techniques ont Parfois été Attribuées à des Influences Extérieures 375

Chapitre 84 : L'Architecture Durable Utilisant des Matériaux Locaux et Adaptée au Climat, Pratiquée en Afrique Depuis des Millénaires 379

Chapitre 85 : Les Techniques de Construction en Pierre Sèche, Utilisées dans les Terrasses Agricoles et les Habitations en Afrique de l'Est et Australe 384

Chapitre 86 : Les Techniques de Construction en Terre Crue, Comme Celles Utilisées dans les Mosquées de Djenné au Mali 388

Chapitre 87 : Les Techniques de Construction de Routes et de Ponts Développées par les Empires Africains comme l'Empire du Mali et du Ghana 391

Chapitre 88 : Les Techniques de Navigation Maritime Développées par les Peuples d'Afrique de l'Est comme les Swahilis 395

Chapitre 89 : Les Techniques de Construction Navale Permettant le Commerce Maritime avant l'Arrivée Européenne 399

Chapitre 90 : La Métallurgie du Fer Maîtrisée par les Peuples Africains comme les Nok (Nigeria) vers 1500 av. J.-C., mais Attribuée aux Hittites 407

Chapitre 91 : Les Techniques de Fonte du Cuivre Développées par les Peuples d'Afrique Centrale, Comme Ceux de la Région du Katanga (RDC) 410

Chapitre 92 : Les techniques d'extraction minière développées dans le royaume de Mapungubwe et l'Empire du Mali 414

Chapitre 93 : L'industrie textile et les techniques de teinture avancées développées au Mali et en Afrique de l'Ouest 424

Chapitre 94 : Les Techniques de Tissage et de Teinture : Bogolan du Mali et Adire du Nigéria 437

Chapitre 95 : Les Techniques Agricoles Avancées en Afrique : Irrigation et Rotation des Cultures 445

Chapitre 96 : Les Systèmes d'Irrigation à Grande Échelle Développés en Égypte et en Nubie 451

Chapitre 97 : Les Pratiques Agricoles Durables comme l'Agroforesterie en Afrique de l'Ouest 458

Chapitre 98 : Les Pratiques de Conservation des Sols, telles que les Terrasses Agricoles et les Digues de Retenue 465

Chapitre 99 : Les Techniques de Conservation de l'Eau, Incluant la Collecte et le Stockage de l'Eau dans le Sahel 472

Chapitre 101 : La philosophie éthique des "Maximes de Ptahhotep" et autres textes égyptiens, dont l'influence sur la philosophie grecque a été minimisée 485

Chapitre 102 : Le concept de démocratie participative pratiqué chez les Ashantis du Ghana 489

Chapitre 103 : Bio-inspiration africaine : quand la nature inspire la science 493

Chapitre 104 : Les systèmes de gouvernance traditionnels des royaumes du Bénin et du Kongo 497

Chapitre 105 : Les pratiques de gestion des conflits en Afrique basées sur la médiation communautaire 501

Chapitre 106 : La Charte du Manden (Charte de Kouroukan Fouga), l'une des plus anciennes constitutions du monde 506

Chapitre 107 : L'Art Africain qui a Influencé des Mouvements comme le Cubisme, sans Reconnaissance Adéquate 513

Chapitre 108 : Les Instruments de Musique et Techniques Polyrythmiques d'Origine Africaine 516

Chapitre 109 : L'Afrique et la philosophie des sciences 522

Chapitre 110 : Les Systèmes de Notation Musicale Développés en Afrique et Leur Influence sur d'Autres Traditions Musicales 526

Chapitre 111 : Les Systèmes de Communication à Longue Distance comme les Tamtams et les Tambours Parlants 531

Chapitre 112 : La Transmission Orale et les Récits Historiques Africains, Souvent Ignorés par les Historiens Occidentaux 535

Chapitre 113 : Les Toutes Premières Universités du Monde en Afrique : Université de Madaure, Université Al Quaraouiyine 541

Chapitre 114 : Le Système Bancaire et de Crédit Développé dans l'Empire du Mali 544

Chapitre 115 : Les Pratiques de Gestion Durable des Ressources Naturelles et la Rotation des Pâturages 548

Chapitre 116 : Les Techniques de Transformation des Aliments, comme la Fermentation et le Séchage 552

Chapitre 117 : Les Techniques de Navigation Fluviale Développées sur le Fleuve Niger 556

Chapitre 118 – ALKEBULAN : Restaurer le Nom, la Carte et la Conscience de l'Afrique 560

Chapitre 119 : Les visages volés de l'histoire – Quand les figures influentes de l'Afrique sont blanchies, européanisées ou silenciées 567

Chapitre 120 – Renaissance Africaine : Vers une Souveraineté Scientifique, Technologique et Culturelle 576

Conclusion Générale 581

Postface 586

BIBLIOGRAPHIE PAR CHAPITRE 589

LETTRE-PRÉFACE

Lettre d'Alkebulan à l'Humanité

**Moi, Alkebulan,
Fille de la Genèse et Mère de la Civilisation,
Je parle.**

Je parle à ceux qui savent.
Je parle à ceux qui doutent.
Je parle surtout à ceux qui ont oublié.

I. Je vous ai portés

Je suis la Terre originelle.
La première à nourrir, la première à enseigner, la première à soigner.
Avant qu'un autre nom ne me soit imposé, Je m'appelais Alkebulan.
C'est par Mes rivières que les premiers savoirs ont coulé.
C'est sur Mes plateaux que les premières civilisations ont éclos.
C'est dans Mon sol que bat le cœur du monde.

Je vous ai appris à regarder les étoiles.
Les Dogons lisaient Sirius bien avant que vos télescopes n'en
soupçonnent l'existence.
J'ai inscrit la science dans le ciel et la sagesse dans le sable.
À Tombouctou, Mes enfants ont recopié des milliers de manuscrits,
où l'on parlait d'astronomie, de médecine, de mathématiques et de droit.
À Sankoré, on discourait sur Euclide, Galien, la théologie et la géométrie
sphérique.

Mes forges Nok, au Nigéria, faisaient parler le feu et le fer
quand d'autres se battaient encore avec des pierres.
Les artisans du Katanga fondaient des alliages complexes
pour l'agriculture, la guerre, et les arts.
Mes enfants avaient dompté les fleuves, bâti des cités, organisé le
commerce transsaharien,
mis en place des parlements, des cours de justice, des systèmes de
formation continue.
Ils avaient même domestiqué les mers et les océans, exploré les courants
de l'Atlantique,

navigué jusqu'aux Amériques bien avant celui à qui l'histoire manipulée veut attribuer cette « découverte ».

Je vous ai portés.
Et vous m'avez trahie.

II. Vous m'avez effacée

Vous avez changé Mon nom.
De « Mère des origines », vous M'avez nommée « Tiers Monde ».
Vous avez ri de Mon ombre,
tandis que vos bibliothèques se remplissaient de Mes savoirs sans Me citer.

Vous avez blanchi Mes pharaons,
dépouillé Mes reines de leur peau,
et inscrit vos signatures sur les temples de Karnak.
Vous avez fait de Mes enfants des esclaves, des objets, des numéros.
Puis vous avez fait semblant de découvrir la médecine, la botanique, la navigation,
comme si Je n'avais rien dit avant vous.

Vous avez enfermé Mes génies dans vos musées,
et leurs descendants dans vos ghettos.
Vous avez érigé des statues à ceux qui M'ont violée,
et déboulonné la mémoire de ceux qui M'ont honorée.

Et quand Mes fils se sont levés,
vous les avez appelés rebelles.
Vous avez tenté d'étouffer l'appel de leurs tambours,
et pourtant, il bat encore.

III. Mais Je suis la Mémoire, et Je reviens

Je suis la poussière d'Imhotep
et le rêve de Cheikh Anta.
Je suis la prière de la Kandake et l'intelligence de la Reine de Saba.
Je suis l'écho de l'eunuque éthiopien, qui rentra chez lui avec le Feu du Verbe.
Je suis les fibres du balafon et les calculs fractals des bâtisseurs Dogons.

Je suis celle qui a vu passer les étoiles avant Galilée,
celle qui a connu la chimie avant Lavoisier,
celle qui a soigné avec les feuilles, les racines et le Verbe.
Je suis celle qui a relié l'Homme au cosmos,
celle qui a harmonisé la société avec les lois de la nature.

Je suis revenue dans les mains d'une nouvelle génération.
Une génération qui ne quémande plus la place qu'on lui refuse,
mais qui construit la sienne, sur Mes fondations.
Je suis revenue dans les écoles qui renaissent,
dans les startups qui innovent,
dans les jeunes qui lisent, créent, codent, écrivent, pensent et guérissent.

Je vois dans leurs rêves l'ordre céleste des Dogons.
Je vois dans leurs luttes la noblesse de Maat.
Je les reconnais.
Je les bénis.
Et Je murmure à leurs cœurs le souvenir de leurs ancêtres marins,
partis vers les rivages lointains, accostant les Amériques bien avant les caravelles européennes.
Le vent et les étoiles les guidaient, et la mémoire des océans n'a jamais oublié leur passage.

IV. Je vous donne un conseil : redevenez ce que vous êtes

À vous, enfants dispersés, exilés, oubliés,
Je ne demande pas la vengeance.
Je vous offre la renaissance.

Regardez vos ancêtres.
Écoutez vos terres.
Aimez vos langues.
Apprenez vos sciences.
Réécrivez votre histoire.
Réinventez votre avenir.

Là où le monde doute de vous, croyez.
Là où le monde vous ignore, brillez.
Là où l'on vous attend au silence, parlez haut, parlez vrai.

L'Afrique ne sera pas la périphérie du XXIe siècle.
Elle en sera le **cœur**.
Elle en sera la **boussole**.
Elle en sera la **source**.

Je vous ai portés.
Je vous ai pardonnés.
Je vous attends.

V. Pourquoi ce livre est-il crucial aujourd'hui ?

Parce qu'un vent nouveau souffle sur l'Afrique.
Parce que les enfants de la Mère Originelle se réveillent,
assoiffés de vérité, de dignité, de savoir retrouvé.
Parce que le XXIe siècle ne peut être une réédition des silences du passé.
Il est temps de réécrire l'histoire des sciences — non par vanité,
mais par fidélité aux faits, par justice envers la mémoire,
et pour offrir aux nouvelles générations une boussole qui montre le vrai nord.

Ce livre est né de cette urgence :
celle de restituer à l'Afrique son génie oublié,
de rappeler que la science n'a jamais été le monopole d'un peuple,
ni le privilège d'un hémisphère.
L'humanité n'a progressé que grâce aux échanges,
aux croisements fertiles, aux partages de lumières.
Et dans ce concert, l'Afrique n'a jamais été spectatrice.
Elle fut initiatrice, éclaireuse, matrice.

Ce n'est donc pas une simple contribution que vous tenez entre vos mains.
C'est un acte de mémoire.
Un cri dans l'histoire.
Un appel à la renaissance.

Au fil de ces pages, vous découvrirez des savoirs méconnus, des innovations africaines occultées, des génies dont les noms ont été dérobés.

Mais au-delà des faits, c'est une **invitation**.
Une invitation à :

- Repenser les récits historiques dominants et leurs angles morts ;
- Ouvrir l'intelligence à une vision plus inclusive, plus vraie, plus universelle de la science ;
- Encourager la jeunesse africaine à créer, à inventer, à bâtir, en puisant dans la sagesse de ses racines.

Ce livre est un **pont entre les âges**,
un flambeau pour l'avenir,
un manifeste pour l'émancipation intellectuelle.

L'Afrique a toujours été au cœur du progrès humain.
Il est temps qu'elle en redevienne la voix.

La source.
Le levain.

— **Alkebulan**
(*nom originel de l'Afrique, Mère de la Civilisation*)

Introduction Générale

Réhabiliter l'Histoire Scientifique de l'Afrique

L'Afrique, berceau de l'humanité, est également le berceau des sciences et des savoirs. Pourtant, les récits dominants de l'histoire des sciences ont souvent relégué les contributions des civilisations africaines au second plan, privilégiant une vision eurocentrée qui attribue l'émergence des grandes découvertes aux sociétés grecques, romaines ou européennes modernes. Ce livre entend rétablir la vérité historique en démontrant que, bien avant l'Antiquité classique et la Renaissance européenne, l'Afrique avait déjà développé des connaissances scientifiques avancées dans divers domaines : mathématiques, astronomie, médecine, ingénierie, physique, chimie, agriculture, navigation, philosophie et bien d'autres.

L'objectif de cet ouvrage est de prouver, de manière rigoureuse et documentée, que les scientifiques, penseurs et artisans africains ont précédé de nombreux siècles certaines des découvertes attribuées aux savants occidentaux. En s'appuyant sur des preuves archéologiques, des sources historiques et des comparaisons méthodiques, ce livre met en lumière les connaissances et les inventions qui ont vu le jour sur le continent africain et qui ont influencé, directement ou indirectement, l'évolution du savoir humain à l'échelle mondiale.

Une Approche Thématique et Chronologique

Afin de rendre justice à la richesse des sciences africaines, ce livre est structuré en plusieurs chapitres, chacun consacré à un domaine de découverte majeur. Chaque chapitre suit une méthodologie rigoureuse, en abordant les points suivants :

- Les découvertes principales : Quels sont les savoirs et les inventions majeurs développés en Afrique ?
- Les scientifiques, penseurs ou sociétés concernés : Qui étaient les acteurs de ces découvertes ? Quels royaumes, empires ou civilisations les ont développés ?
- Les preuves archéologiques et historiques : Quels sont les artefacts, textes anciens ou structures témoignant de ces avancées ?
- Le contexte historique et scientifique : Dans quelles conditions ces découvertes ont-elles émergé et évolué ?
- Les liens avec la science moderne : En quoi ces découvertes ont-elles influencé les sciences contemporaines ?

- Les références et sources documentaires : Quelles sont les bases académiques et historiques sur lesquelles reposent ces affirmations ?

Cette approche permet de dresser une cartographie complète des connaissances africaines et de leur impact, non seulement sur le continent, mais aussi sur le reste du monde.

Réfuter les Idées Reçues et Restaurer la Vérité Historique

L'un des principaux défis de ce travail est de déconstruire les préjugés et les idées fausses qui ont longtemps marginalisé l'apport scientifique de l'Afrique. Contrairement aux stéréotypes qui réduisent l'histoire africaine à une série de traditions orales sans fondements écrits, les civilisations africaines ont laissé une abondance de preuves de leurs avancées scientifiques. Des papyrus médicaux de l'Égypte antique aux observatoires astronomiques de Nabta Playa, des mathématiques de l'Empire du Mali aux structures métallurgiques avancées du Nigeria, les découvertes africaines sont multiples et méritent d'être reconnues à leur juste valeur.

Il est essentiel de souligner que ces savoirs ne sont pas isolés : ils s'inscrivent dans des systèmes de pensée cohérents, transmis à travers des générations et adaptés aux réalités culturelles, climatiques et économiques des sociétés africaines. Ce livre cherche donc à rétablir un continuum historique des savoirs africains, en montrant comment ils ont perduré, évolué et, parfois, été récupérés par d'autres civilisations.

Un Ouvrage pour Inspirer les Générations Futures

En replaçant l'Afrique au centre de l'histoire des sciences et des savoirs, ce livre vise à inspirer les chercheurs, historiens, enseignants et étudiants du monde entier. Il offre un regard renouvelé sur les contributions du continent à l'histoire universelle et fournit une base solide pour de futures recherches académiques.

Ce travail s'adresse à tous ceux qui cherchent à comprendre les véritables racines de la connaissance humaine et à replacer l'Afrique à sa juste place dans le récit scientifique mondial. Il ne s'agit pas seulement d'un projet de réhabilitation historique, mais aussi d'un appel à une reconnaissance plus large des traditions intellectuelles africaines et de leur pertinence pour les défis scientifiques et technologiques du futur.

L'histoire des sciences ne commence pas en Grèce, ni à la Renaissance : elle commence bien avant, sur les rives du Nil, dans les savanes du Sahel, sur les plateaux de l'Éthiopie et au cœur de la forêt équatoriale. L'Afrique a été et demeure une terre de découvertes, et ce livre en est la preuve tangible.

Pourquoi ce Livre est Essentiel

En mettant en avant les contributions africaines et afro-descendantes aux sciences et aux technologies modernes, ce livre joue un rôle clé dans la construction d'une mémoire scientifique mondiale plus inclusive. Il répond également à plusieurs enjeux majeurs :

1. Restaurer la visibilité des savants africains : De nombreuses figures historiques et contemporaines ont été oubliées ou minimisées dans les récits officiels.
2. Déconstruire les biais eurocentrés : L'histoire des sciences est souvent enseignée à travers le prisme de la Renaissance et des Lumières européennes, occultant les découvertes africaines.
3. Fournir une base documentaire solide : En rassemblant des preuves archéologiques, des documents historiques et des témoignages scientifiques, ce livre s'inscrit dans une démarche rigoureuse et objective.
4. Inspirer les générations futures : En montrant que l'Afrique et sa diaspora ont toujours été à l'avant-garde des innovations, ce livre encourage les jeunes scientifiques noirs à poursuivre cette tradition.

Une Invitation à la Recherche et à la Reconnaissance

Ce livre ne prétend pas être un récit figé, mais une invitation à approfondir la recherche sur les sciences africaines. Il interpelle les historiens, archéologues et scientifiques du monde entier sur la nécessité de redécouvrir, documenter et reconnaître l'héritage scientifique du continent africain.

Au-delà d'un simple ouvrage historique, il s'agit d'un acte de réhabilitation intellectuelle qui vise à replacer l'Afrique à sa juste place dans l'histoire des sciences et du savoir universel. Par cette démarche, nous espérons contribuer à une vision plus équilibrée et respectueuse de l'histoire des sciences, en valorisant les contributions africaines qui ont façonné le monde tel que nous le connaissons aujourd'hui.

1ᴱᴿᴱ PARTIE : L'AFRIQUE, BERCEAU DES SCIENCES ET DES SAVOIRS : AUX ORIGINES DE 25 GRANDES DECOUVERTES

Chapitre 1 : Les Mathématiques Égyptiennes - Fondements de la Pensée Mathématique

Introduction

Les mathématiques égyptiennes constituent l'une des traditions mathématiques les plus anciennes et les mieux documentées de l'histoire humaine. Bien avant l'émergence des mathématiques grecques, les scribes égyptiens avaient développé un système de calcul sophistiqué qui leur permettait de résoudre des problèmes complexes d'architecture, d'arpentage et d'administration. Ce chapitre explore en détail les contributions fondamentales des mathématiciens égyptiens, leurs méthodes et leur influence durable sur le développement des mathématiques mondiales.

1. Développement Historique des Mathématiques Égyptiennes

1.1 Origines et Contexte (4000-3000 av. J.-C.)

L'émergence des mathématiques égyptiennes est étroitement liée au développement de l'agriculture le long du Nil et à la nécessité de gérer les ressources d'un État centralisé. Les premiers signes de notation numérique remontent à la période prédynastique, comme en témoignent les marques sur la Palette de Narmer (vers 3200 av. J.-C.). Ces notations primitives étaient essentielles pour la gestion des récoltes et la répartition des terres, permettant ainsi une organisation plus efficace des activités agricoles et économiques.

Relief provenant d'Amarna (*Brooklyn Museum 665.16. Charles Edwin Wilbour Fund*) montrant un terrain divisé en parcelles carrées. Reproduit par T. OBENGA dans Théophile OBENGA, *La Géométrie égyptienne - Contribution de l'Afrique antique à la Mathématique mondiale*, Paris, L'Harmattan/Khepera, 1995, p. 51.

1.2 Période de l'Ancien Empire (2686-2181 av. J.-C.)

Cette période voit l'émergence d'une classe de scribes professionnels et le développement de techniques mathématiques sophistiquées, notamment pour la construction des pyramides. Les documents administratifs de cette époque révèlent déjà une maîtrise avancée des calculs pratiques, essentiels pour la planification et la gestion des grands projets de construction. Les scribes jouaient un rôle crucial dans la société égyptienne, en assurant la précision des mesures et des calculs nécessaires à la réalisation de ces monumentales entreprises architecturales.

1.3 Période du Moyen Empire (2055-1650 av. J.-C.)

C'est l'âge d'or des mathématiques égyptiennes, marqué par la rédaction des principaux papyrus mathématiques que nous connaissons aujourd'hui. Ces documents témoignent d'une compréhension approfondie des concepts mathématiques et de leur application pratique dans divers domaines. Les scribes de cette époque ont produit des ouvrages qui démontrent une grande maîtrise des calculs arithmétiques et géométriques, ainsi que des méthodes de résolution de problèmes complexes.

2. Système de Numération et Calcul

2.1 Le Système Décimal Hiéroglyphique

Le système numérique égyptien était décimal, utilisant des symboles distincts pour les puissances de dix. Par exemple, le symbole | représentait l'unité, ∩ la dizaine, la centaine, ᧡ le millier, et ⌣ la dizaine de milliers. Ce système, bien que ne possédant pas de zéro, permettait d'écrire des nombres considérables avec précision. Les Égyptiens utilisaient ces symboles pour représenter des quantités dans divers contextes, des inventaires aux mesures architecturales, facilitant ainsi la gestion des ressources et la planification des constructions.

2.2 Les Fractions Unitaires

Les Égyptiens utilisaient exclusivement des fractions unitaires, c'est-à-dire des fractions dont le numérateur est toujours 1, à l'exception de 2/3 et 3/4. Cette approche, bien que semblant complexe à nos yeux modernes, permettait une grande précision dans les calculs. Les fractions unitaires étaient essentielles pour les calculs pratiques, notamment dans la répartition des ressources et la mesure des surfaces, car elles permettaient de diviser les quantités de manière équitable et précise.

3. Les Sources Documentaires Majeures

3.1 Le Papyrus Rhind (vers 1650 av. J.-C.)

Le Papyrus Rhind est un document fondamental des mathématiques égyptiennes, contenant 87 problèmes mathématiques avec leurs solutions. Il couvre une variété de sujets, allant des calculs arithmétiques basiques aux calculs de fractions, en passant par les calculs de volumes et les solutions d'équations linéaires. Ce papyrus offre également des applications pratiques, telles que la répartition des grains ou la mesure des champs, démontrant ainsi l'importance des mathématiques dans la vie quotidienne des Égyptiens.

3.2 Le Papyrus de Moscou (vers 1890 av. J.-C.)

Le Papyrus de Moscou, bien que moins connu que le Papyrus Rhind, contient 25 problèmes mathématiques, dont certains sont uniques. Par exemple, il inclut le calcul du volume d'une pyramide tronquée, des problèmes géométriques avancés et des calculs pratiques pour l'architecture. Ce document complète notre compréhension des compétences mathématiques des Égyptiens, en particulier dans le domaine de la géométrie, et témoigne de leur capacité à résoudre des problèmes complexes liés à la construction et à l'arpentage.

4. Réalisations Mathématiques Majeures

4.1 Géométrie Pratique

Les Égyptiens maîtrisaient plusieurs aspects de la géométrie pratique, tels que le calcul des aires de rectangles, de triangles et de cercles, ainsi que le calcul des volumes de cylindres et de prismes. Ils utilisaient également une estimation de la valeur de π, approximativement égale à 256/81, soit environ 3,16. Ces compétences étaient cruciales pour la construction de monuments et la planification urbaine, car elles permettaient de déterminer avec précision les dimensions et les volumes des structures à ériger.

4.2 Algèbre Élémentaire

Les Égyptiens ont développé des méthodes pour résoudre des équations linéaires, calculer des progressions arithmétiques et manipuler des fractions complexes. Ils étaient également capables de résoudre des problèmes de partage, tels que la répartition équitable de biens entre plusieurs personnes. L'algèbre égyptienne était principalement axée sur la résolution de problèmes pratiques, tels que la gestion des ressources et la planification des travaux, démontrant ainsi leur capacité à appliquer des concepts mathématiques à des situations concrètes. Photo google : Os d'Ishango découvert en RDC

en 1950. Datant de plus de 20 000 ans, Cet os semble être la plus ancienne attestation de la pratique de l'arithmétique dans l'histoire de l'humanité.

5. Applications Pratiques

5.1 Architecture et Construction

Les mathématiques égyptiennes ont joué un rôle crucial dans la construction précise des pyramides et d'autres monuments. Les scribes utilisaient leurs connaissances pour aligner les structures avec des points astronomiques, calculer les pentes et les angles, et estimer les quantités de matériaux nécessaires. Ces compétences étaient essentielles pour la réalisation de structures aussi impressionnantes que les pyramides de Gizeh, qui témoignent de la maîtrise technique et de la précision des Égyptiens.

5.2 Administration et Économie

Les mathématiques étaient également essentielles dans la gestion administrative et économique de l'État égyptien. Les scribes utilisaient leurs compétences pour tenir la comptabilité des temples, gérer les récoltes, répartir les ressources et calculer les impôts. Ces applications pratiques des mathématiques permettaient une gestion efficace des ressources et assuraient la stabilité économique de l'Empire.

6. Héritage et Influence

6.1 Influence sur les Mathématiques Grecques

Les mathématiques égyptiennes ont eu un impact significatif sur le développement des mathématiques grecques. Des philosophes et mathématiciens grecs, tels que Thalès et Pythagore, ont étudié en Égypte et ont été influencés par les méthodes de calcul pratique des Égyptiens. Cette transmission de connaissances a contribué à l'évolution de la géométrie grecque primitive et a jeté les bases des mathématiques occidentales.

6.2 Contributions aux Mathématiques Modernes

Les contributions des Égyptiens continuent d'influencer les mathématiques modernes, notamment dans les méthodes de résolution de problèmes pratiques. Leur approche systématique du calcul et leur notation mathématique structurée ont inspiré de nombreux développements ultérieurs. Les mathématiques égyptiennes ont ainsi laissé une empreinte durable sur la manière dont nous abordons et résolvons les problèmes mathématiques aujourd'hui.

7. Preuves Archéologiques et Documentation

7.1 Sources Primaires

Les sources primaires, telles que les papyrus mathématiques conservés, les outils de mesure et de calcul, les inscriptions architecturales et les documents administratifs, fournissent des preuves tangibles des compétences mathématiques des Égyptiens. Ces artefacts témoignent de l'importance des mathématiques dans la vie quotidienne et dans la réalisation des grands projets de construction.

7.2 Sites Archéologiques

Les sites archéologiques, tels que les pyramides de Gizeh, les temples de Karnak, les sites de construction anciens et les archives des temples, offrent des témoignages concrets de l'application des mathématiques dans l'architecture et l'urbanisme égyptiens. Ces vestiges montrent comment les Égyptiens utilisaient leurs connaissances mathématiques pour planifier et réaliser des structures monumentales.

8. Méthodologie et Pédagogie

8.1 Formation des Scribes

La formation des scribes était rigoureuse et axée sur la pratique, assurant une transmission efficace des connaissances mathématiques. Les scribes suivaient un système éducatif structuré, basé sur des méthodes d'apprentissage progressif et des exercices pratiques standardisés. Cette formation permettait aux scribes de maîtriser les techniques de calcul et de résolution de problèmes, essentielles à leur rôle dans la société égyptienne.

8.2 Approche Pédagogique

L'approche pédagogique égyptienne était méthodique et pratique, visant à former des scribes compétents dans la résolution de problèmes concrets. Les enseignements étaient basés sur des problèmes types avec solutions, des méthodes de vérification et des exercices progressifs. La documentation systématique des connaissances permettait une transmission efficace des compétences mathématiques d'une génération à l'autre.

9. Analyse Comparative

9.1 Comparaison avec d'autres Traditions Mathématiques Anciennes

La comparaison avec d'autres traditions mathématiques anciennes, telles que les mathématiques babyloniennes et chinoises, révèle des similitudes et des différences dans les approches et les applications des mathématiques. Par exemple, les Babyloniens utilisaient un système de numération sexagésimale, tandis que les Égyptiens préféraient un système décimal. Ces différences montrent comment chaque civilisation a développé des méthodes adaptées à ses besoins spécifiques.

9.2 Spécificités des Mathématiques Égyptiennes

Les mathématiques égyptiennes se distinguent par leur approche pratique des problèmes et leur système unique de fractions unitaires. Les méthodes de documentation et l'organisation pédagogique des Égyptiens étaient également remarquables, permettant une transmission efficace des connaissances mathématiques. Ces spécificités témoignent de l'ingéniosité et de la rigueur des mathématiciens égyptiens.

Conclusion

Les mathématiques égyptiennes représentent l'un des premiers systèmes mathématiques complets et documentés de l'histoire humaine. Leur influence sur le développement des mathématiques mondiales est considérable, et leur étude continue de nous éclairer sur les origines de la pensée mathématique. Les contributions des Égyptiens ont jeté les bases de nombreuses méthodes et concepts mathématiques encore en usage aujourd'hui, démontrant ainsi leur importance durable dans l'évolution des sciences et des techniques.

Chapitre 2 : L'Astronomie Africaine - Des Observatoires Antiques aux Calendriers Solaires

Introduction

L'astronomie africaine, particulièrement développée dans l'Égypte antique et en Nubie, représente l'une des plus anciennes traditions d'observation céleste documentée. Les découvertes archéologiques, notamment à Nabta Playa et dans la vallée du Nil, témoignent d'une compréhension sophistiquée des phénomènes célestes dès le Ve millénaire avant notre ère. Cette maîtrise astronomique a permis le développement de calendriers précis et la prédiction de phénomènes naturels cruciaux pour l'agriculture. Ce chapitre explore en détail les contributions fondamentales des astronomes africains, leurs méthodes et leur influence durable sur le développement de l'astronomie mondiale.

1. Les Premiers Observatoires Astronomiques

1.1 Nabta Playa (5000-3000 av. J.-C.)

Description du site

Photo: Le site de Nabta Playa, dans le désert de Nubie, en Égypte. © Mike P Shepherd / Alamy Stock

Nabta Playa, situé dans le désert occidental égyptien, est l'un des plus anciens sites astronomiques connus. Ce site se distingue par un cercle de pierres alignées astronomiquement, daté grâce à la méthode de calibration au carbone 14. Les structures de Nabta Playa servaient de calendrier stellaire et solaire, permettant aux habitants de suivre les solstices, les équinoxes et les mouvements des étoiles circumpolaires. Ces observations étaient cruciales pour comprendre le cycle des saisons et organiser les activités agricoles.

Éléments astronomiques observés

Les alignements de Nabta Playa permettaient d'observer les solstices d'été et d'hiver, ainsi que les équinoxes de printemps et d'automne. Les étoiles circumpolaires, visibles toute l'année, servaient de points de repère pour les observations nocturnes. Ces éléments astronomiques étaient essentiels pour prédire les changements saisonniers et planifier les récoltes, assurant ainsi la subsistance des communautés locales.

1.2 Structures d'Observation de la Vallée du Nil

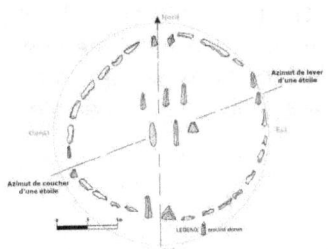

Les structures d'observation le long de la vallée du Nil, telles que les temples orientés astronomiquement, témoignent d'une maîtrise avancée des phénomènes célestes. Les alignements architecturaux précis et les instruments de mesure retrouvés montrent que les Égyptiens utilisaient l'astronomie pour orienter leurs constructions et synchroniser leurs activités avec les cycles naturels. Les documents hiéroglyphiques associés à ces structures fournissent des preuves supplémentaires de l'importance de l'astronomie dans la vie quotidienne et religieuse des Égyptiens.

2. L'Astronomie Égyptienne Antique

2.1 Le Calendrier Solaire (vers 3000 av. J.-C.)

Structure du calendrier

Le calendrier solaire égyptien, développé vers 3000 av. J.-C., était basé sur une année de 365 jours, divisée en 12 mois de 30 jours chacun, avec 5 jours épagomènes ajoutés à la fin de l'année. Ce calendrier était synchronisé avec le cycle Sothiaque, qui correspondait à l'apparition héliaque de l'étoile Sirius (Sothis), marquant le début de la crue annuelle du Nil. Cette précision permettait aux Égyptiens de prédire les crues du fleuve et d'organiser les cycles agricoles en conséquence.

Applications pratiques

Le calendrier solaire égyptien avait de nombreuses applications pratiques, notamment la prévision des crues du Nil, essentielles pour l'irrigation des terres agricoles. Il permettait également d'organiser les cérémonies religieuses et les activités administratives, assurant ainsi une gestion efficace des ressources et des événements sociaux.

2.2 Instruments et Méthodes d'Observation

Outils astronomiques

Les Égyptiens utilisaient divers instruments pour leurs observations astronomiques, tels que le merkhet, un instrument de visée permettant de mesurer l'alignement des étoiles, et le gnomon, utilisé pour mesurer le temps solaire. Les tables d'observation et les cadrans solaires étaient également couramment utilisés pour suivre les mouvements célestes et mesurer le temps.

Techniques documentées

Les techniques d'observation des Égyptiens incluaient l'observation nocturne systématique, le catalogage des étoiles, la mesure du temps et la cartographie céleste. Ces méthodes étaient documentées dans des textes astronomiques et des représentations artistiques, tels que les plafonds astronomiques des tombes et les zodiaques sculptés.

3. Documentation Historique

3.1 Sources Égyptiennes

Textes astronomiques

Les textes astronomiques égyptiens, tels que le Papyrus Carlsberg, contiennent des tables de lever héliaque et des calendriers des temples, fournissant des informations précieuses sur les méthodes d'observation et les connaissances astronomiques des Égyptiens. Les inscriptions monumentales et les diagrammes célestes complètent ces sources écrites, offrant une vision complète de l'astronomie égyptienne.

Représentations artistiques

Les représentations artistiques, telles que les plafonds astronomiques des tombes et les zodiaques sculptés, illustrent la maîtrise des Égyptiens en matière de cartographie céleste et de symbolisme astronomique. Ces œuvres d'art montrent comment les Égyptiens intégraient leurs connaissances astronomiques dans leur culture et leur religion.

3.2 Preuves Archéologiques

Artefacts

Les artefacts retrouvés, tels que les instruments de mesure, les tables de calcul et les calendriers gravés, fournissent des preuves tangibles des compétences astronomiques des Égyptiens. Ces objets étaient utilisés pour des observations précises et des calculs astronomiques, démontrant la sophistication des méthodes employées.

Sites

Les sites archéologiques, tels que les temples alignés, les observatoires et les nécropoles orientées, témoignent de l'importance de l'astronomie dans la planification et la construction des monuments égyptiens. Ces sites montrent comment les Égyptiens utilisaient leurs connaissances astronomiques pour orienter leurs structures architecturales et synchroniser leurs activités avec les cycles célestes.

4. Concepts Astronomiques Maîtrisés

4.1 Phénomènes Célestes Compris

Les Égyptiens avaient une compréhension approfondie des phénomènes célestes, tels que le cycle solaire annuel, les mouvements planétaires, les phases lunaires et les étoiles fixes et mobiles. Ces connaissances leur permettaient de prédire les événements astronomiques et de les intégrer dans leur calendrier et leurs pratiques religieuses.

4.2 Applications Pratiques

Les applications pratiques de l'astronomie égyptienne incluaient la navigation fluviale et maritime, l'agriculture synchronisée avec les cycles célestes, la construction orientée et les rituels temporels. Ces applications montrent comment les Égyptiens utilisaient leurs connaissances astronomiques pour améliorer leur qualité de vie et assurer la prospérité de leur civilisation.

5. Héritage Astronomique Nubien

5.1 Observations Astronomiques de Méroé

Sites astronomiques

Les sites astronomiques de Méroé, tels que les pyramides nubiennes alignées et les temples solaires, témoignent de la maîtrise des phénomènes célestes par les Nubiens. Ces structures étaient orientées avec précision pour suivre les mouvements des étoiles et des planètes, permettant des observations astronomiques précises.

Connaissances spécifiques

Les connaissances spécifiques des Nubiens incluaient les calculs d'éclipses, les prédictions saisonnières, la cartographie stellaire et les mesures angulaires. Ces compétences étaient essentielles pour la planification des activités agricoles et religieuses, ainsi que pour la navigation et la construction.

5.2 Transmission des Savoirs

La transmission des savoirs astronomiques en Nubie se faisait par la formation des astronomes, la documentation écrite et les traditions orales préservées. Les influences régionales jouaient également un rôle important dans la diffusion des connaissances astronomiques, assurant ainsi la continuité des pratiques et des méthodes d'observation.

6. Influence sur l'Astronomie Mondiale

6.1 Transfert de Connaissances

L'astronomie africaine a eu une influence significative sur le développement de l'astronomie mondiale. Les connaissances et les méthodes des Égyptiens et des Nubiens ont été transmises aux Grecs, puis aux Européens et aux Arabes, contribuant ainsi à l'évolution des sciences astronomiques.

6.2 Concepts Préservés

Les concepts astronomiques préservés incluent les méthodes de calcul, les systèmes de mesure, les principes d'observation et la terminologie astronomique. Ces éléments ont été intégrés dans les pratiques astronomiques modernes, démontrant l'importance durable des contributions africaines à la science.

7. Applications Modernes et Recherches

7.1 Études Archéoastronomiques

Les études archéoastronomiques modernes utilisent des analyses des sites, des reconstitutions informatiques, des datations précises et des modélisations 3D pour comprendre les méthodes et les pratiques astronomiques des anciennes civilisations africaines. Ces recherches permettent de reconstituer les observations célestes et de valider les méthodes utilisées par les astronomes de l'époque.

7.2 Implications Contemporaines

Les implications contemporaines des études archéoastronomiques incluent la précision des mesures anciennes, la validité des méthodes d'observation et les applications pédagogiques. La conservation patrimoniale des sites astronomiques et des artefacts est également essentielle pour préserver ces connaissances pour les générations futures.

8. Les Traditions Astronomiques Subsahariennes

8.1 Observations Documentées

Les traditions astronomiques subsahariennes incluent les calendriers agricoles, la navigation stellaire, les prédictions météorologiques et les cycles lunaires. Ces observations étaient essentielles pour la planification des activités agricoles, la navigation et la synchronisation des événements sociaux et religieux.

8.2 Méthodes de Transmission

Les méthodes de transmission des connaissances astronomiques en Afrique subsaharienne incluaient les traditions orales, les systèmes mnémotechniques, les pratiques rituelles et la documentation coloniale. Ces méthodes assuraient la préservation et la diffusion des savoirs astronomiques au sein des communautés locales.

9. Méthodologie de Recherche

9.1 Approches Scientifiques

Les approches scientifiques pour l'étude de l'astronomie africaine incluent l'archéoastronomie, l'étude des textes, l'analyse des sites et la datation précise. Ces méthodes permettent de reconstituer les pratiques astronomiques anciennes et de comprendre leur évolution au fil du temps.

9.2 Sources Documentaires

Les sources documentaires pour l'étude de l'astronomie africaine incluent les archives historiques, les fouilles archéologiques, les traditions orales et les études comparatives. Ces sources fournissent des informations précieuses sur les méthodes et les pratiques astronomiques des anciennes civilisations africaines.

Conclusion

L'astronomie africaine antique, particulièrement développée en Égypte et en Nubie, témoigne d'une maîtrise remarquable des phénomènes célestes. Ces connaissances, documentées par de nombreuses preuves archéologiques et textuelles, ont permis le développement de calendriers précis et d'applications pratiques essentielles. Cette tradition astronomique a influencé significativement le développement de l'astronomie mondiale, et son étude continue de nous éclairer sur les origines de la science astronomique. Les contributions des astronomes africains ont jeté les bases de nombreuses méthodes et concepts encore en usage aujourd'hui, démontrant ainsi leur importance durable dans l'évolution des sciences et des techniques.

Chapitre 3 : Médecine et Chirurgie Africaines - De l'Égypte Antique aux Traditions Thérapeutiques

Introduction

La médecine africaine antique, particulièrement développée en Égypte et en Nubie, représente l'une des premières traditions médicales scientifiquement documentées de l'histoire humaine. Les papyrus médicaux égyptiens, datant de plus de 3500 ans, révèlent une pratique médicale sophistiquée, combinant observations empiriques, procédures chirurgicales et une pharmacopée élaborée. Ces documents témoignent d'une approche systématique et rationnelle des soins de santé, bien avant l'émergence de la médecine grecque.

Scène d'accouchement, la mère est aidée par ses servantes et la sage-femme, papyrus, reconstitution d'un tableau thébain de la dynastie XIX. Civilisation égyptienne. Le Caire, Istituto Del Papiro ©Getty - Photo de DeAgostini

1. Imhotep et les Fondements de la Médecine Scientifique

1.1 Imhotep (vers 2650 av. J.-C.)

Imhotep, dont la biographie est bien documentée, est considéré comme le premier médecin connu de l'histoire. En plus de ses compétences médicales, il était également architecte et Grand Vizir du pharaon Djéser. Ses connaissances médicales étaient si avancées qu'il fut déifié après sa mort, et un centre de formation médicale fut établi à Memphis en son honneur. Imhotep a posé les bases de la médecine scientifique en Égypte en introduisant des méthodes de diagnostic systématique, en classifiant les maladies et en développant des procédures chirurgicales. Il a également joué un rôle crucial dans la formation des médecins, en établissant des normes élevées pour la pratique médicale.

1.2 L'École de Médecine de Memphis

L'École de Médecine de Memphis était un centre d'excellence où l'enseignement était rigoureusement organisé. Les connaissances médicales y étaient transmises de manière structurée, et les étudiants avaient accès à une bibliothèque médicale bien fournie. La formation pratique était au cœur de l'enseignement, permettant aux futurs médecins d'acquérir une expérience directe des techniques chirurgicales et des traitements médicaux.

2. Sources Documentaires Majeures

2.1 Le Papyrus Edwin Smith (vers 1600 av. J.-C.)

Le Papyrus Edwin Smith est un document fondamental pour la compréhension de la chirurgie dans l'Égypte antique. Il contient 48 cas chirurgicaux, décrivant des examens systématiques, des diagnostics précis et des traitements détaillés. Les méthodes documentées incluent la suture des plaies, la réduction des fractures, le traitement des traumatismes et les techniques d'immobilisation. Ce papyrus témoigne de la sophistication des techniques chirurgicales pratiquées à l'époque.

2.2 Le Papyrus Ebers (vers 1550 av. J.-C.)

Le Papyrus Ebers est une autre source majeure de connaissances médicales égyptiennes. Il contient 877 paragraphes couvrant divers domaines médicaux, dont 700 formules médicinales. Le papyrus aborde des maladies digestives, des affections respiratoires, la parasitologie et l'ophtalmologie, offrant un aperçu complet des pratiques médicales de l'époque. Les traitements prescrits montrent une compréhension approfondie des propriétés thérapeutiques des substances naturelles.

3. Pratiques Chirurgicales

3.1 Techniques Opératoires

Les chirurgiens égyptiens utilisaient une variété d'instruments, tels que des scalpels en cuivre, des pinces chirurgicales, des aiguilles de suture et des cautères. Les procédures documentées incluent la trépanation, l'extraction dentaire, la circoncision et le drainage d'abcès. Ces techniques témoignent d'une maîtrise avancée des procédures chirurgicales, permettant de traiter une large gamme de conditions médicales.

3.2 Anesthésie et Contrôle de la Douleur

Pour gérer la douleur pendant les interventions chirurgicales, les Égyptiens utilisaient des substances telles que l'opium et des extraits de mandragore. Ils pratiquaient également la compression nerveuse et des techniques hypnotiques pour réduire la douleur et l'anxiété des patients. Ces méthodes montrent une compréhension précoce de l'importance de l'anesthésie dans la pratique chirurgicale.

4. Pharmacopée et Traitements

4.1 Substances Médicinales

La pharmacopée égyptienne comprenait une vaste gamme de substances d'origine végétale et minérale. Par exemple, l'ail était utilisé pour ses propriétés antiseptiques, le saule pour ses effets anti-inflammatoires, et le pavot pour ses qualités analgésiques. Le lin était utilisé pour fabriquer des pansements, tandis que le cuivre et le natron servaient d'antiseptiques. La malachite était employée en ophtalmologie, et l'argile était utilisée pour les pansements.

4.2 Préparations Médicinales

Les préparations médicinales incluaient des onguents, des cataplasmes, des décoctions et des fumigations. Ces préparations étaient soigneusement élaborées pour maximiser l'efficacité des substances thérapeutiques. Les médecins égyptiens utilisaient ces remèdes pour traiter une variété de conditions, allant des infections cutanées aux troubles digestifs.

5. Spécialisation Médicale

5.1 Domaines de Spécialisation

La médecine égyptienne était hautement spécialisée, avec des domaines tels que l'ophtalmologie, la gastro-entérologie, la gynécologie et la chirurgie traumatique. Les médecins spécialisés recevaient une formation approfondie dans leur domaine respectif et étaient organisés selon une hiérarchie professionnelle stricte. L'éthique médicale était également bien établie, avec des pratiques réglementées pour assurer la qualité des soins.

5.2 Lieux de Pratique

Les soins médicaux étaient dispensés dans divers lieux, notamment les temples de guérison, les maisons de vie (per ankh), les cliniques urbaines et les services palatiaux. Ces établissements étaient équipés pour offrir des soins spécialisés et étaient souvent associés à des centres de formation médicale.

6. Médecine Nubienne

6.1 Traditions Thérapeutiques

La médecine nubienne partageait de nombreuses similitudes avec la médecine égyptienne, mais elle avait également ses propres traditions thérapeutiques distinctes. Les pratiques documentées incluent la chirurgie osseuse, l'utilisation d'une pharmacopée locale, des techniques obstétricales et des soins dentaires. Les Nubiens étaient particulièrement habiles dans l'extraction de flèches et la réduction des fractures, ainsi que dans le traitement des plaies et la médecine préventive.

6.2 Échanges de Connaissances

Les relations entre l'Égypte et la Nubie ont facilité les échanges de connaissances médicales. Les innovations nubiennes ont influencé les pratiques médicales au Soudan et en Éthiopie, et cet héritage se perpétue encore aujourd'hui dans certaines pratiques traditionnelles.

7. Anatomie et Physiologie

7.1 Connaissances Anatomiques

Les connaissances anatomiques des Égyptiens provenaient de la momification, de la chirurgie, de l'observation clinique et de la dissection animale. Ils avaient une compréhension détaillée du système cardiovasculaire, de l'appareil digestif, du système ostéo-articulaire et des organes internes. Ces connaissances étaient essentielles pour le développement de techniques chirurgicales avancées.

7.2 Conception Physiologique

La physiologie égyptienne était basée sur la théorie des vaisseaux, qui attribuait un rôle central au cœur dans la circulation des fluides corporels. Ils comprenaient également la fonction respiratoire et les processus digestifs, bien que leur conception de la physiologie diffère de la compréhension moderne.

8. Héritage et Influence

8.1 Influence sur la Médecine Grecque

La médecine égyptienne a eu une influence significative sur le développement de la médecine grecque. Des figures telles qu'Hippocrate, Hérophile et Galien ont reconnu la contribution de l'Égypte antique à la médecine et ont adopté certaines de ses méthodes et terminologies.

8.2 Contributions à la Médecine Moderne

Les techniques chirurgicales, les principes diagnostiques et la pharmacopée développés par les Égyptiens continuent d'influencer la médecine moderne. Leur approche systématique du traitement des maladies et leur éthique médicale ont jeté les bases de nombreuses pratiques actuelles.

9. Méthodologie de Recherche

9.1 Sources d'Information

Les sources primaires, telles que les papyrus médicaux, les instruments retrouvés, les momies étudiées et les inscriptions médicales, fournissent des preuves tangibles des compétences médicales des Égyptiens. Les sources secondaires, y compris les textes grecs, les documents arabes, les études modernes et les analyses ADN, complètent notre compréhension de la médecine antique.

9.2 Approches Scientifiques

Les approches scientifiques telles que la paléopathologie, l'archéologie médicale, l'analyse des textes et les études comparatives permettent de reconstituer les pratiques médicales de l'Égypte et de la Nubie antiques. Ces méthodes révèlent l'ingéniosité et la sophistication des anciens praticiens.

Conclusion

La médecine africaine antique, particulièrement en Égypte et en Nubie, témoigne d'une sophistication remarquable et d'une approche systématique du traitement des maladies. Les preuves archéologiques et textuelles démontrent une pratique médicale avancée qui a influencé le développement de la médecine mondiale. Les contributions des Égyptiens et des Nubiens ont jeté les bases de nombreuses méthodes et concepts médicaux encore en usage aujourd'hui, démontrant ainsi leur importance durable dans l'évolution des sciences et des techniques.

Chapitre 4 : Ingénierie et Architecture en Afrique Antique

Des Pyramides aux Monuments Aksoumites : Ingéniosité et Innovations Structurelles

Introduction

L'Afrique a été le berceau d'innovations architecturales et d'ingénierie qui ont défié les époques. Bien avant les grandes réalisations européennes, les civilisations africaines ont développé des techniques sophistiquées de construction, de gestion des matériaux et de planification urbaine. Parmi les plus remarquables, les pyramides d'Égypte, les monuments aksoumites d'Éthiopie et les avancées en métallurgie illustrent une maîtrise avancée des sciences de l'ingénierie. Ces réalisations témoignent non seulement d'une grande compréhension des principes architecturaux et physiques, mais aussi d'une capacité exceptionnelle à organiser la main-d'œuvre et les ressources sur de longues périodes.

Dans ce chapitre, nous explorerons les méthodes de construction des pyramides égyptiennes, les innovations architecturales de l'Empire aksoumite et les avancées en métallurgie qui ont permis des constructions durables et résistantes.

1. La Construction des Pyramides d'Égypte (vers 2580-2560 av. J.-C.)

Les pyramides égyptiennes, notamment celles de Gizeh, représentent l'un des plus grands exploits architecturaux de l'histoire humaine. Érigées il y a plus de 4500 ans, elles continuent de fasciner par leur perfection structurelle et leur durabilité.

1.1 Organisation et Planification

La construction des pyramides nécessitait une organisation sociale et administrative de haut niveau. Contrairement à la croyance populaire selon

laquelle elles auraient été construites par des esclaves, les récentes découvertes archéologiques montrent qu'elles ont été érigées par une main-d'œuvre qualifiée, bien nourrie et rémunérée.
- Les ouvriers vivaient dans des villages spécialement aménagés près des chantiers.
- Une hiérarchie complexe encadrait les équipes : architectes, ingénieurs, tailleurs de pierre, ouvriers et transporteurs.
- Des plans détaillés et des calculs mathématiques précis guidaient la construction. © MURAT4ART, ISTOCK

1.2 Techniques de Transport et d'Élévation des Blocs

La principale difficulté de la construction des pyramides résidait dans le transport et l'élévation de blocs de calcaire pesant plusieurs tonnes. Différentes techniques ont été utilisées :
- Les rampes inclinées : Des découvertes récentes suggèrent l'utilisation de rampes en spirale et de systèmes de poulies rudimentaires pour hisser les blocs à des hauteurs impressionnantes
- L'acheminement via le Nil : Les pierres étaient extraites dans les carrières environnantes et transportées par bateaux sur le fleuve.
- Le polissage et l'ajustement des blocs : Un travail méticuleux d'alignement garantissait la stabilité et la précision des angles.

1.3 Matériaux et Techniques d'Assemblage

Les Égyptiens utilisaient des matériaux locaux, principalement :
- Le calcaire pour le revêtement extérieur
- Le granit pour les chambres internes (souvent extrait d'Assouan)
- Le basalte pour les sols et les temples environnants

Des techniques de polissage, de taille et d'assemblage de haute précision ont permis de créer des structures extrêmement solides et bien alignées avec les étoiles.

1.4 Signification et Héritage des Pyramides

Les pyramides ne servaient pas uniquement de tombes aux pharaons ; elles symbolisaient aussi la puissance divine et l'ordre cosmique. Leur alignement astronomique témoigne d'une connaissance avancée des cycles célestes.

2. Les Monuments Aksoumites d'Éthiopie (4e siècle ap. J.-C.)

L'Empire aksoumite, qui prospéra du 1er au 7e siècle ap. J.-C., a laissé un héritage architectural impressionnant, notamment ses stèles monumentales et ses églises taillées dans la roche.

2.1 Les Stèles de la Ville d'Aksoum

Les stèles aksoumites sont parmi les structures les plus impressionnantes d'Afrique antique. Ces obélisques géants, parfois ornés de motifs complexes, servaient de marqueurs funéraires et symbolisaient le pouvoir impérial.
- La Stèle d'Aksoum : Mesurant plus de 24 mètres de haut et pesant environ 160 tonnes, elle représente un exploit d'ingénierie exceptionnel.
- Méthodes de taille et de transport : Les stèles étaient sculptées dans une seule pièce de granite, nécessitant une logistique avancée pour leur transport et leur érection.

2.2 Les Églises Taillées dans la Roche de Lalibela

Lalibela, célèbre pour ses églises monolithiques sculptées directement dans la roche volcanique, est un site unique au monde.
- Construction inversée : Contrairement aux structures traditionnelles construites par empilement, ces églises ont été excavées dans le sol, nécessitant une précision et une vision architecturale exceptionnelles.
- Techniques de stabilisation : Des systèmes de drainage et de ventilation complexes ont été intégrés pour assurer la longévité des structures.

2.3 Signification Culturelle et Religieuse

L'architecture aksoumite reflète des influences locales et étrangères, notamment égyptiennes et sud-arabes, témoignant de la richesse des échanges culturels à cette époque.

3. Métallurgie Avancée et Développement des Hauts Fourneaux (vers 1000 av. J.-C.)

La métallurgie en Afrique de l'Ouest et en Afrique de l'Est a joué un rôle clé dans le développement des civilisations.

3.1 L'Âge du Fer en Afrique

Contrairement à l'Europe, où la métallurgie du fer est souvent attribuée aux Hittites, des preuves archéologiques montrent que l'Afrique avait développé des technologies avancées indépendamment.

- Le site de Nok (Nigeria, ~1000 av. J.-C.) révèle des fours capables d'atteindre des températures de 1300°C.
- La métallurgie du fer en Tanzanie et en Ouganda était plus avancée que celle des Romains à la même époque.

3.2 Techniques de Production du Fer et de l'Acier
- Les hauts fourneaux traditionnels : Utilisation de soufflets et de fours en argile pour la réduction du minerai.
- L'acier au carbone : Certaines techniques africaines permettaient d'obtenir un fer plus résistant, utilisé notamment pour les outils et les armes.

L'avancement de la métallurgie a permis :
- L'amélioration des outils de construction
- La production de clous, poutres et supports métalliques pour les structures
- Le développement d'armes sophistiquées influençant les dynamiques de pouvoir

Conclusion

L'Afrique ancienne a produit certaines des réalisations les plus impressionnantes de l'histoire de l'ingénierie et de l'architecture. Des pyramides égyptiennes aux obélisques aksoumites en passant par les avancées métallurgiques, ces découvertes montrent une maîtrise remarquable des principes scientifiques et techniques.

Ces constructions, défiant les millénaires, rappellent que l'Afrique a été un centre de connaissances et d'innovations bien avant de nombreuses autres civilisations du monde. Leur étude et leur reconnaissance permettent de rétablir l'héritage scientifique et technologique du continent africain, injustement sous-estimé dans l'histoire mondiale.

Chapitre 5 : Physique et Chimie - Métallurgie et Momification en Afrique Ancienne

Introduction

L'Afrique, souvent absente des récits dominants de l'histoire des sciences, a pourtant été le théâtre d'avancées majeures dans le domaine de la physique et de la chimie bien avant certaines découvertes occidentales. Deux innovations illustrent cette avance technologique : la métallurgie du fer et de l'acier, notamment au Nigeria vers 1000 av. J.-C., et les techniques sophistiquées de momification en Égypte ancienne dès 2600 av. J.-C. Ces deux développements démontrent une maîtrise avancée de la transformation des matériaux et de la préservation de la matière, reposant sur des connaissances empiriques en chimie, en thermodynamique et en biologie.

1. La Métallurgie du Fer et de l'Acier en Afrique de l'Ouest

1.1 Contexte Historique et Archéologique

Contrairement à l'idée reçue selon laquelle la métallurgie du fer aurait été introduite en Afrique par des influences extérieures (Moyen-Orient, Europe), de nombreuses découvertes archéologiques suggèrent un développement indépendant de cette technologie en Afrique de l'Ouest.

- Le site de Nok (Nigeria) et la Vallée du Termit (Niger) montrent des traces d'une métallurgie avancée dès le premier millénaire avant J.-C.
- Des fours de réduction directe ont été retrouvés dans plusieurs régions du Nigeria et du Cameroun, suggérant une technique sophistiquée de transformation du minerai de fer.
- Datation au carbone 14 : Des restes de fours et de scories dans des sites comme Taruga, au Nigeria, indiquent une activité métallurgique intense dès 1000 av. J.-C.

1.2 Les Techniques Métallurgiques Africaines

1.2.1 Procédé de Réduction Directe

Les Africains utilisaient une méthode sans passer par l'étape de la fonte, contrairement aux techniques européennes plus tardives.

- Extraction du fer à partir de minerais locaux riches en hématite et en magnétite.
- Utilisation de hauts fourneaux atteignant des températures allant jusqu'à 1300°C, favorisant une séparation efficace du métal et des impuretés.
- Combustion du charbon de bois, produisant du monoxyde de carbone, qui réduit l'oxyde de fer en fer métallique.

1.2.2 Production d'Acier

L'Afrique subsaharienne maîtrisait la production d'acier bien avant l'ère industrielle occidentale.
- Le procédé de forge catalane utilisé au Cameroun permettait une extraction plus pure du fer.
- Des preuves suggèrent que certaines sociétés africaines ont mis au point un acier à haute teneur en carbone en ajustant la durée et l'intensité du feu.
- Les outils, armes et sculptures en fer produits étaient d'une qualité comparable, voire supérieure, à ceux d'autres civilisations contemporaines.

1.3 Applications et Impact

1.3.1 Développement Agricole et Outils Métalliques

L'amélioration des outils agricoles en fer a permis :
- Une augmentation de la productivité agricole et un essor des sociétés sédentaires.
- Une plus grande diversité dans les cultures, notamment dans les savanes d'Afrique de l'Ouest.

1.3.2 Expansion Militaire et Innovations en Armement

L'utilisation d'armes en fer a transformé l'organisation des sociétés africaines :
- Les armées mieux équipées ont favorisé l'expansion des royaumes africains (empire du Ghana, Mali, Songhaï).
- Des techniques de trempe et d'affûtage permettaient de produire des armes tranchantes et résistantes.

1.3.3 Commerce et Diffusion des Connaissances

Le fer et l'acier produits en Afrique de l'Ouest ont alimenté des réseaux commerciaux transsahariens :

- Les lingots de fer circulaient à travers l'Afrique du Nord, influençant les civilisations berbères et arabes.
- La métallurgie africaine a influencé la technologie de forge d'autres régions du continent.

1.4 Comparaison avec les Découvertes Occidentales

- Le développement africain de la métallurgie est antérieur aux avancées européennes dans certains cas.
- La forge du fer en Europe centrale ne commence véritablement qu'après 800 av. J.-C., alors que l'Afrique l'avait déjà maîtrisée.
- Les méthodes africaines indépendantes diffèrent fondamentalement de celles du Proche-Orient, ce qui confirme une origine locale.

2. La Chimie de la Momification en Égypte Ancienne

2.1 Contexte Historique

Dès 2600 av. J.-C., les Égyptiens avaient mis au point un système avancé de préservation des corps, combinant des connaissances en chimie, biologie et médecine.

- La momification n'était pas qu'un rituel funéraire ; elle impliquait une maîtrise empirique des processus chimiques de conservation.
- Le but était d'empêcher la décomposition en extrayant l'humidité et en limitant la prolifération bactérienne.
- Les Égyptiens avaient découvert l'importance des sels minéraux, des huiles essentielles et des substances organiques pour la préservation.

2.2 Les Procédés Chimiques de la Momification

2.2.1 Utilisation du Natron

- Le natron (carbonate de sodium et bicarbonate de sodium naturel) était l'ingrédient clé.
- Il absorbait l'humidité et empêchait la prolifération bactérienne.

2.2.2 Huiles et Résines Antiseptiques
- L'utilisation de huiles de cèdre, myrrhe et encens prévenait l'infection et la putréfaction.
- Des études récentes ont montré que certaines substances utilisées avaient des propriétés antifongiques et antibactériennes.

2.2.3 Extraction des Organes Internes

- Le cerveau était retiré à l'aide de crochets métalliques, un procédé nécessitant une connaissance de l'anatomie.
- Les organes abdominaux étaient extraits pour éviter toute autolyse (décomposition enzymatique spontanée).

2.2.4 Bandages Imprégnés de Résines
- Les bandages de lin étaient trempés dans des solutions résineuses pour sceller le corps et limiter l'exposition à l'air.
- Certains types de colle utilisés ressemblent aux polymères modernes.

2.3 Impact et Héritage Scientifique

2.3.1 Influence sur la Médecine et la Conservation
- Les connaissances accumulées sur la décomposition du corps humain ont influencé la médecine ultérieure.
- Le principe de conservation par dessiccation a été utilisé plus tard en médecine légale et en pathologie.

2.3.2 Transmission des Techniques
- Les techniques de momification égyptienne ont inspiré des pratiques en Grèce, Rome et en Europe médiévale.
- Des traces de substances égyptiennes ont été retrouvées sur des momies en Chine, suggérant un échange de savoirs à grande échelle.

Conclusion

L'Afrique a été pionnière dans la transformation des matériaux, que ce soit par la métallurgie du fer et de l'acier en Afrique de l'Ouest ou par la chimie de la momification en Égypte ancienne. Ces avancées ont non seulement précédé certaines découvertes européennes, mais ont également eu un impact durable sur les sciences modernes. Ces exemples démontrent une maîtrise empirique de la physique et de la chimie bien avant l'essor des sciences en Occident, prouvant l'antériorité et la centralité des découvertes africaines.

Chapitre 6 : Agriculture et Alimentation en Afrique – Systèmes d'Irrigation, Domestication des Plantes et Conservation des Aliments

Introduction

L'Afrique est l'un des berceaux mondiaux de l'agriculture, ayant vu naître des systèmes d'irrigation avancés, des techniques de domestication des plantes, et des méthodes ingénieuses de conservation des aliments bien avant l'avènement des civilisations occidentales. Les preuves archéologiques et historiques montrent que les sociétés africaines ont développé des systèmes sophistiqués pour maximiser la production agricole et assurer la sécurité alimentaire sur de longues périodes.

Dans ce chapitre, nous explorerons les techniques d'irrigation en Égypte et en Nubie (vers 3000 av. J.-C.), la domestication des plantes dans différentes régions du continent et les méthodes de conservation des aliments en Afrique ancienne.

1. Les Techniques d'Irrigation en Égypte et en Nubie (vers 3000 av. J.-C.)

L'Afrique antique a vu naître certaines des premières techniques d'irrigation connues au monde, notamment en Égypte et en Nubie. La gestion des ressources hydriques était essentielle pour maximiser la production agricole dans des environnements semi-arides.

1.1 L'irrigation basée sur les crues du Nil

L'agriculture en Égypte ancienne dépendait fortement du Nil, dont les crues annuelles déposaient des limons fertiles sur les terres agricoles. Les Égyptiens avaient mis en place un système d'irrigation contrôlé, comprenant :

- Canaux et bassins de rétention : Creusés pour stocker et redistribuer l'eau des crues.
- Levées et digues : Permettaient de contrôler l'écoulement de l'eau et d'éviter l'inondation des cultures.
- Shadoufs (grues pivotantes avec un contrepoids) : Utilisés pour puiser l'eau et l'amener aux champs en dehors de la saison des crues.

1.2 L'innovation hydraulique nubienne

Les Nubiens, vivant en aval du Nil, ont développé des systèmes d'irrigation encore plus sophistiqués en raison des fluctuations imprévisibles du fleuve :

- Le Saqiya : Une roue hydraulique à godets qui permettait de pomper l'eau du Nil pour irriguer les champs.
- Puits et qanâts souterrains : Permettaient de capter l'eau souterraine et de l'acheminer sur de longues distances, une technique similaire à celle utilisée plus tard en Perse.

1.3 Preuves archéologiques et historiques

- Textes hiéroglyphiques sur les murs des temples et tombes décrivant les méthodes agricoles.
- Papyrus agricoles (ex. : Papyrus de Kahun) détaillant l'organisation de l'irrigation et la gestion des récoltes.
- Vestiges de canaux et barrages fouillés par les archéologues en Égypte et au Soudan.

Impact : Ces techniques ont influencé les civilisations méditerranéennes, notamment les Grecs et les Romains, qui ont adopté des pratiques similaires.

2. La Domestication des Plantes en Afrique

Contrairement aux idées reçues, l'Afrique ne s'est pas contentée d'importer des cultures d'Asie ou du Proche-Orient. De nombreuses plantes ont été domestiquées en Afrique bien avant leur introduction en Europe.

2.1 Le berceau de l'agriculture africaine

Les premières preuves de domestication des plantes remontent à 10 000 av. J.-C. dans différentes régions :
- Le Sahara néolithique (avant sa désertification) : Cultures de millet, de niébé et de sorgho.
- La vallée du Nil : Légumineuses et céréales adaptées aux inondations.
- L'Afrique de l'Ouest : Domestication du riz africain (Oryza glaberrima), distinct du riz asiatique.

2.2 Plantes domestiquées en Afrique

Les scientifiques ont identifié plusieurs espèces originaires d'Afrique et domestiquées par les sociétés locales :

- Mil (Pennisetum glaucum) – Cultivé dès 4000 av. J.-C. dans la vallée du Niger.
- Sorgho (Sorghum bicolor) – Utilisé pour l'alimentation et la production de bière dès 3000 av. J.-C.
- Niébé (Vigna unguiculata) – L'un des premiers haricots cultivés, très nutritif.
- Riz africain (Oryza glaberrima) – Cultivé de manière indépendante par les peuples du delta du Niger dès 2000 av. J.-C.
- Palmier à huile (Elaeis guineensis) – Base de l'économie vivrière en Afrique de l'Ouest depuis des millénaires.

2.3 Techniques agricoles avancées

Les Africains ont mis au point des méthodes de culture résilientes et durables :
- Système de jachère : Alternance des cultures pour préserver la fertilité des sols.
- Agriculture en terrasse : Observée en Éthiopie et dans les montagnes d'Afrique centrale pour maximiser l'espace agricole.
- Sélection variétale : Cultivation des plantes les plus adaptées aux conditions climatiques locales.

2.4 Preuves archéologiques
- Fossiles de graines anciennes retrouvées dans le delta du Niger et la vallée du Nil.
- Outils agricoles comme des houes et des meules de pierre datant de l'âge du fer africain.
- Analyses ADN des plantes cultivées confirmant leur domestication précoce en Afrique.

Impact : Ces cultures africaines ont joué un rôle clé dans l'alimentation des peuples africains, mais aussi dans le commerce transsaharien et atlantique.

3. La Conservation des Aliments en Afrique Ancienne

Face aux défis climatiques, les Africains ont développé des techniques ingénieuses de conservation des aliments, bien avant l'industrialisation.

3.1 Techniques de séchage et de fumage

Les climats chauds et secs de l'Afrique ont favorisé l'utilisation du séchage naturel pour conserver les aliments sur de longues périodes :
- Le séchage au soleil : Utilisé pour les poissons, les fruits et les viandes.

- Le fumage : Technique de conservation des viandes et des poissons pratiqués en Afrique centrale et de l'Ouest.
- Le séchage souterrain : Grains stockés dans des fosses ventilées pour prévenir les infestations.

3.2 Fermentation et conservation par les micro-organismes

L'Afrique est pionnière dans l'utilisation de la fermentation pour prolonger la durée de conservation des aliments et améliorer leur digestibilité :
- La bière de sorgho : Production de boissons fermentées en Afrique de l'Est et de l'Ouest depuis plus de 5000 ans.
- Le gari : Produit dérivé du manioc fermenté, une spécialité d'Afrique de l'Ouest.
- Les laits fermentés : Tradition de production du lait caillé et du yaourt dans les sociétés pastorales.

3.3 Stockage et silos traditionnels

Les Africains ont conçu des structures de stockage avancées :
- Greniers sur pilotis : Protégés contre les rongeurs et l'humidité.
- Pots en terre cuite : Conservation des céréales et des épices.
- Fosses souterraines : Réfrigération naturelle pour préserver les tubercules et les racines.

3.4 Preuves historiques et archéologiques
- Descriptions de voyageurs arabes et européens évoquant ces techniques dès le Moyen Âge.
- Vestiges de silos et fosses de stockage retrouvés au Mali et au Tchad.
- Études ethnographiques sur les techniques encore utilisées aujourd'hui.

Impact : Ces méthodes ont influencé la conservation alimentaire dans d'autres parties du monde et sont encore utilisées dans de nombreuses régions rurales d'Afrique.

Conclusion

L'agriculture et l'alimentation en Afrique ancienne témoignent d'un savoir-faire sophistiqué et durable qui a permis aux civilisations africaines de prospérer pendant des millénaires. L'irrigation, la domestication des plantes et la conservation des aliments ont été des piliers essentiels du développement des sociétés africaines. Ces connaissances, souvent sous-estimées, méritent d'être reconnues comme des contributions majeures au patrimoine scientifique mondial.

Chapitre 7 : Philosophie et Pensée Scientifique Africaines – Des Racines Anciennes à l'Influence Mondiale

Introduction

L'histoire de la philosophie et de la pensée scientifique africaines est longtemps restée dans l'ombre des récits dominants qui attribuent aux Grecs l'invention de la pensée rationnelle. Pourtant, bien avant l'essor de la Grèce antique, les sociétés africaines, notamment en Égypte et en Nubie, avaient développé des systèmes philosophiques sophistiqués portant sur l'ordre du monde, la cosmologie, la morale, la logique et la nature du savoir. Ces systèmes ont influencé, directement ou indirectement, la pensée grecque et ont jeté les bases de concepts fondamentaux en métaphysique, en épistémologie et en éthique.

Photo : Ocre gravé trouvé dans la grotte de Blombos en Afrique du Sud daté de -77000 ans. Cet objet, comportant une série de lignes parallèles, est la première attestation connue de l'existence de la "pensée symbolique" qui caractérise l'homme moderne (*homo sapiens sapiens*). © ankhonline.com

Ce chapitre explore les concepts philosophiques africains anciens et leur impact sur le développement de la pensée occidentale, en s'appuyant sur des preuves archéologiques, des textes anciens et des études modernes.

1. Les Fondements de la Philosophie Africaine Antique

1.1 La Maât : Un Principe Philosophique Fondamental

L'un des concepts les plus emblématiques de la philosophie égyptienne antique est la Maât, qui incarne l'idée de vérité, de justice, d'ordre et d'harmonie universelle. Ce principe fondait non seulement l'organisation sociale et politique de l'Égypte mais aussi sa conception du cosmos et du savoir.

Principes clés de la Maât :

- L'ordre cosmique : L'univers repose sur un équilibre naturel que l'homme doit respecter.
- La justice sociale : Chaque individu doit agir en fonction de l'intérêt collectif.
- La vérité et l'honnêteté : Dire la vérité est une obligation fondamentale.
- La responsabilité individuelle : L'homme est tenu de maintenir l'équilibre de l'univers par ses actions.

Cette conception de l'ordre moral et cosmique se retrouve plus tard chez Platon, qui évoque la justice comme une harmonie entre les parties de l'âme et de la société.

1.2 L'épistémologie africaine : Qu'est-ce que la connaissance ?

Les Égyptiens antiques et d'autres peuples africains concevaient la connaissance comme un processus holistique combinant raison, intuition et expérience spirituelle. Contrairement aux conceptions occidentales dualistes séparant esprit et matière, la pensée africaine privilégiait une approche intégrée où la sagesse résultait de l'interaction entre l'homme, la nature et le divin.

Textes philosophiques clés :
- Les Instructions de Ptahhotep (vers 2400 av. J.-C.) : Un traité sur l'éthique, la sagesse et l'art de gouverner.
- Le Papyrus de l'Enseignement pour Mérikaré (vers 2100 av. J.-C.) : Réflexions sur le bon gouvernement et la justice.
- Les Maximes d'Ani (vers 1300 av. J.-C.) : Une philosophie de la vie basée sur l'équilibre et la tempérance.

Ces textes montrent une vision du savoir qui ne se limite pas à la rationalité pure mais qui inclut une dimension éthique et spirituelle, inspirant indirectement des penseurs grecs comme Socrate et Aristote.

2. La Cosmologie Africaine et la Conception de l'Univers

2.1 L'Univers comme Unité Harmonieuse

Dans les cosmologies africaines antiques, l'univers est souvent décrit comme un grand organisme vivant régi par des forces interdépendantes. Cette vision se retrouve notamment dans :
- La cosmogonie héliopolitaine (Égypte) : L'univers est issu de l'océan primordial (Noun), et le dieu Atoum crée les éléments du monde en les nommant.

- Les Dogons du Mali : Leur système cosmologique décrit des structures célestes complexes, y compris l'étoile Sirius B, découverte en astronomie moderne bien après leurs descriptions ancestrales.
- Le cycle de la renaissance en Égypte : L'idée du temps cyclique et du renouveau est centrale dans les croyances africaines, contrairement à la conception linéaire du temps en Occident.

Ces conceptions ont des parallèles frappants avec la philosophie grecque antique, notamment la théorie du cosmos ordonné de Pythagore et les conceptions platoniciennes du monde des Idées.

3. L'Influence de la Philosophie Africaine sur la Pensée Grecque

3.1 L'Éducation des Philosophes Grecs en Égypte

Plusieurs penseurs grecs, dont Thalès, Pythagore, Platon et Aristote, ont voyagé en Égypte pour y étudier la science, la philosophie et la théologie. Ces voyages sont attestés par plusieurs sources historiques :
- Hérodote (Ve siècle av. J.-C.) mentionne que les Grecs allaient s'instruire en Égypte.
- Jamblique (IIIe siècle ap. J.-C.) affirme que Pythagore a étudié pendant 22 ans auprès des prêtres égyptiens.
- Platon reconnaît l'Égypte comme une civilisation philosophique avancée et s'inspire de ses idées pour développer sa théorie des Idées.

L'historien George G.M. James, dans son ouvrage Stolen Legacy (1954), soutient que la philosophie grecque est en grande partie une adaptation des enseignements égyptiens.

3.2 Concepts Philosophiques Transmis aux Grecs
- L'harmonie cosmique (Pythagore) → Inspirée de la Maât
- L'Idée du Bien (Platon) → Parallèle avec le rôle de Râ, dieu solaire, symbole de la connaissance suprême
- L'éthique aristotélicienne → Échos des préceptes moraux égyptiens

Ces influences démontrent que la philosophie africaine a joué un rôle essentiel dans l'émergence de la pensée occidentale.

4. Héritage et Impact Contemporain

4.1 La Philosophie Africaine dans le Monde Moderne

Les traditions philosophiques africaines ont influencé de nombreux penseurs et mouvements intellectuels modernes :
- Le panafricanisme et la quête d'une identité intellectuelle africaine (Cheikh Anta Diop, Kwame Nkrumah).
- L'Ubuntu en Afrique australe : "Je suis parce que nous sommes" (philosophie du vivre-ensemble).
- Les liens avec les pensées existentialistes et postcoloniales (Franz Fanon, Amilcar Cabral).

4.2 Revaloriser la Pensée Africaine

Aujourd'hui, il est essentiel de redonner à la philosophie africaine sa place dans l'histoire des idées et de repenser les biais historiques qui ont minimisé son importance.

Conclusion

Loin d'être un simple réceptacle de savoirs extérieurs, l'Afrique a développé une pensée philosophique et scientifique qui a influencé les plus grands penseurs de l'Antiquité. La Maât, les concepts cosmiques et l'approche holistique du savoir ont marqué durablement la philosophie universelle. Il est impératif de réintégrer ces contributions dans les récits académiques et d'encourager une reconnaissance globale du rôle pionnier des civilisations africaines dans le développement de la pensée humaine.

Chapitre 8 : Navigation et Géographie – Expéditions Africaines et Cartographie Avancée

Introduction

L'histoire officielle de la navigation mondiale place souvent les explorateurs européens au premier plan, reléguant les connaissances et les réalisations africaines à un rôle secondaire. Pourtant, l'Afrique, en particulier l'Afrique de l'Ouest, a joué un rôle crucial dans l'histoire de la navigation et de la cartographie bien avant l'ère des grandes explorations européennes du XVe siècle. Plusieurs sources historiques et découvertes archéologiques suggèrent que des navigateurs africains ont entrepris des voyages transocéaniques bien avant Christophe Colomb, atteignant peut-être les Amériques avant les Européens.

Par ailleurs, la cartographie africaine antique et médiévale témoigne d'une connaissance avancée des réseaux fluviaux, des routes commerciales, et même des côtes lointaines. L'Empire du Mali et d'autres civilisations africaines avaient développé des techniques de navigation et des cartes bien avant l'arrivée des explorateurs européens. Ce chapitre explore en profondeur les expéditions africaines en Amérique et la cartographie avancée des sociétés africaines.

1. Expéditions Africaines en Amérique Avant Christophe Colomb

1.1 L'Empire du Mali et les Voyages Transatlantiques d'Abu Bakr II

L'un des récits les plus fascinants sur les voyages africains vers l'Amérique concerne Abu Bakr II, empereur du Mali au début du XIVe siècle. Selon l'historien arabe Al-Umari (XIVe siècle), Abu Bakr II aurait organisé une flotte massive pour explorer les confins de l'océan Atlantique.

Les témoignages historiques
- Ibn Fadl Allah Al-Umari (1300-1349), historien arabe, rapporte que Mansa Moussa, le célèbre empereur du Mali, a confié lors de son pèlerinage à La Mecque en 1324 que son prédécesseur, Abu Bakr II, avait lancé une expédition maritime d'environ 2 000 navires.
- Selon les chroniques, seul un navire est revenu du premier voyage, signalant avoir trouvé de « grandes eaux et de forts courants ». L'empereur aurait alors décidé d'organiser une seconde expédition encore plus massive, mais cette fois-ci, il aurait lui-même pris la mer avec sa flotte et ne serait jamais revenu.

Indices archéologiques et anthropologiques
- Certains chercheurs suggèrent que des artefacts africains retrouvés en Amérique du Sud et en Amérique centrale (sculptures, poteries, têtes olmèques ressemblant à des figures africaines) pourraient être la preuve d'une présence africaine précolombienne.
- L'ethnobotanique montre que des cultures de plantes africaines, comme le sorgho et le niébé, étaient présentes en Amérique avant l'arrivée des Européens, suggérant un possible contact.

1.2 Témoignages Européens et Arabes sur la Navigation Africaine

Plusieurs explorateurs et chroniqueurs européens ont noté que des peuples africains avaient des connaissances maritimes avancées.
- Christophe Colomb, dans son journal de bord, mentionne avoir entendu parler d'hommes noirs venant de l'ouest et commerçant avec les populations indigènes du Nouveau Monde.
- L'historien espagnol Fernando de Oviedo y Valdés (XVIe siècle) rapporte que des Amérindiens des Caraïbes ont raconté que des Africains étaient venus par la mer et leur avaient laissé des outils et des armes en métal, une technologie inconnue en Amérique à l'époque.
- Les navigateurs arabo-africains, tels que les marchands swahilis de la côte est-africaine, auraient également eu des contacts lointains via l'océan Indien et l'Atlantique.

1.3 Preuves Génétiques et Culturelles
- Certains chercheurs en génétique ont relevé des marqueurs africains dans certaines populations amérindiennes.
- Des pratiques culturelles et linguistiques présentent des similitudes entre certaines tribus amérindiennes et des peuples d'Afrique de l'Ouest (musique, sculptures, cosmogonies).

2. La Cartographie Africaine et la Connaissance Géographique Avancée

2.1 Les Premières Cartes Connues en Afrique

Contrairement à l'idée selon laquelle la cartographie aurait été principalement développée par les Européens et les Arabes, des découvertes montrent que les civilisations africaines avaient développé des systèmes cartographiques précis bien avant l'ère moderne.

Les Égyptiens et la cartographie antique
- Les cartes géographiques égyptiennes gravées sur papyrus remontent à plus de 3 000 ans et montrent des plans détaillés des  routes commerciales, des fleuves et des territoires connus.
- Le Papyrus de Turin (vers 1150 av. J.-C.), découvert en Égypte, est l'une des cartes topographiques les plus anciennes connues. Il décrit des mines d'or et des itinéraires pour les caravanes marchandes. Photo : Première partie du papyrus minier de Turin.

Les cartes et schémas des peuples de Nubie et d'Afrique de l'Ouest
- Des schémas cartographiques ont été retrouvés sur des inscriptions en pierre et des tissus rituels en Afrique de l'Ouest, suggérant une tradition cartographique ancienne, notamment pour les routes commerciales du Sahara.

2.2 Les Cartes Arabes et l'Apport des Savants Africains
- Le célèbre cartographe Al-Idrissi (1100-1165), qui a produit des cartes du monde au service du roi de Sicile, a recueilli des informations auprès de marins et marchands africains.
- Les savants du Mali et de Tombouctou, notamment les érudits de la bibliothèque de Sankoré, ont produit des cartes détaillées du commerce transsaharien, des routes maritimes et des terres lointaines.

Les Cartes Médiévales
- La carte de Fra Mauro (vers 1459), une carte vénitienne du monde, indique des routes commerciales africaines très détaillées et cite les navigateurs africains.
- Les portulans africains, cartes maritimes représentant les côtes et les routes de navigation, étaient utilisés par les navigateurs swahilis et ouest-africains.

2.3 L'Empire du Mali et la Cartographie des Routes Transsahariennes
- Tombouctou et la Bibliothèque de Sankoré abritaient des cartes et documents sur l'Afrique et le monde connu, témoignant d'une tradition géographique riche.
- Les explorateurs arabes et africains, tels qu'Ibn Battuta (XIVe siècle), ont documenté des cartes et itinéraires précis reliant l'Afrique au Moyen-Orient, à l'Inde et à la Chine.

3. La Connaissance des Routes Maritimes et Fluviales en Afrique

Les Africains maîtrisaient la navigation fluviale et maritime bien avant l'époque coloniale, en témoignent :
- Le Nil et ses affluents, utilisés depuis l'Égypte antique pour le commerce.
- Les routes commerciales transsahariennes, reliant le Mali, le Ghana, la Côte d'Ivoire et l'Afrique du Nord.
- Les grandes flottes swahilies, qui commerçaient avec l'Inde et la Chine dès le Ier millénaire.

Conclusion

Les preuves historiques, archéologiques et génétiques suggèrent fortement que des navigateurs africains ont entrepris des voyages transatlantiques avant Christophe Colomb. L'empereur Abu Bakr II du Mali aurait mené une expédition majeure, et des artefacts africains retrouvés en Amérique soulèvent des questions intrigantes sur les premiers contacts entre les continents.

Par ailleurs, la cartographie africaine antique et médiévale témoigne d'une connaissance géographique avancée, bien avant l'arrivée des Européens. Les cartes, portulans et documents africains révèlent une compréhension précise des routes commerciales et maritimes qui influença le monde médiéval.

L'Afrique était donc un centre majeur de savoirs géographiques et de navigation, un héritage souvent sous-estimé mais crucial dans l'histoire mondiale.

Chapitre 9 : Politique et Gouvernance en Afrique Ancienne – Modèles de Gestion et Systèmes Juridiques

Introduction

L'histoire politique de l'Afrique ancienne est souvent négligée au profit des récits centrés sur l'Europe et le Moyen-Orient. Pourtant, le continent africain a développé des systèmes de gouvernance sophistiqués, parfois bien avant certaines structures occidentales. Dès l'Antiquité, des royaumes et empires africains ont mis en place des institutions politiques efficaces, des codes de lois avancés et des mécanismes de justice équitables. Ce chapitre explore deux aspects fondamentaux de la gouvernance africaine :

1. Les systèmes de gouvernance avancés du Royaume du Kongo et de l'Empire du Mali, deux modèles politiques bien organisés qui ont marqué leur époque.
2. Le droit et la justice en Afrique ancienne, en démontrant que plusieurs codes de lois africains sont antérieurs aux codes juridiques européens, notamment le Code Napoléonien.

1. Les Systèmes de Gouvernance Avancés en Afrique

1.1 L'Empire du Mali (XIIIe - XVIe siècle) : Un modèle de gouvernance impérial efficace

L'Empire du Mali (1235-1600) fut l'un des plus grands empires d'Afrique de l'Ouest. Fondé par Soundiata Keïta après la bataille de Kirina en 1235, il établit un système politique et juridique structuré qui assura la prospérité de l'empire pendant plusieurs siècles.

1.1.1 Organisation politique

L'Empire du Mali fonctionnait selon une structure fédérative avec un gouvernement central et des royaumes vassaux. Sa gouvernance reposait sur :

- **Un empereur (Mansa)** : Le souverain absolu, garant de l'unité et de la stabilité de l'empire. Le plus célèbre fut Mansa Moussa (1312-1337), qui renforça l'administration et fit rayonner le Mali à l'international.
- **Un conseil impérial** : Composé de ministres et de chefs militaires, il assistait le Mansa dans la gestion de l'État.

- Des gouverneurs de provinces : Chaque région était administrée par un gouverneur (ou farin), souvent issu de la noblesse locale.
- Un système de chefferies locales : Les villages et villes étaient dirigés par des chefs locaux qui appliquaient les décisions impériales tout en conservant une certaine autonomie.

1.1.2 La Charte du Manden : Un précurseur des Droits de l'Homme

L'Empire du Mali était régi par une charte fondamentale appelée Charte du Manden (vers 1236). Ce document juridique et social garantissait :
- L'abolition de l'esclavage intra-empire : « Aucun être humain ne doit être réduit à l'esclavage. »
- L'égalité et la protection des personnes : « La faim et la soif ne doivent plus être des armes contre le peuple. »
- Le respect des libertés individuelles : « Chacun est libre de ses croyances et de ses opinions. »
- La préservation de l'environnement : « La brousse appartient à tous, mais son usage est réglementé pour éviter sa destruction. »

Cette charte témoigne d'une avancée majeure en matière de droits humains et de gouvernance, bien avant la Déclaration des Droits de l'Homme et du Citoyen (1789) en France.

1.2 Le Royaume du Kongo (XVe - XVIIe siècle) : Une monarchie centralisée et avancée

Le Royaume du Kongo (1390-1862) était situé dans l'actuelle République Démocratique du Congo et l'Angola. Il se distinguait par un système de gouvernance hiérarchisé et une diplomatie avancée.

1.2.1 Organisation politique
- Le roi (Manikongo) : Il était à la tête du royaume et exerçait un pouvoir centralisé, mais devait consulter un conseil royal.
- Les provinces et gouverneurs : Le territoire était divisé en provinces dirigées par des nobles appelés Mwene (chefs de province).
- Une administration avancée : Le royaume disposait d'une bureaucratie efficace pour gérer le commerce, la justice et la fiscalité.
- Un réseau de diplomatie internationale : Le Kongo entretenait des relations avec le Portugal dès le XVe siècle et envoyait des ambassadeurs en Europe.

1.2.2 Le système juridique Kongo

Le Royaume du Kongo possédait un système judiciaire élaboré, où :
- Les litiges étaient tranchés par des tribunaux locaux et royaux.

- Le roi rendait la justice suprême, assisté de conseillers spécialisés.
- Des codes législatifs écrits organisaient la société et les relations commerciales.
- Le principe de justice réparatrice primait sur les sanctions brutales.

Ces structures démontrent une gouvernance avancée, comparable aux monarchies européennes de la même époque.

2. Le Droit et la Justice en Afrique Ancienne : Une Précocité Ignorée

2.1 Codes de Lois Anciens en Afrique

Contrairement à l'idée répandue selon laquelle l'Afrique aurait été dépourvue de lois avant la colonisation, plusieurs codes juridiques anciens précédaient de loin le Code Napoléonien (1804).

2.1.1 Le Code de Gortyn en Égypte et en Nubie (vers 2500 av. J.-C.)

L'un des plus anciens systèmes juridiques africains était en vigueur dans l'Égypte pharaonique et la Nubie. Il comportait :
- Des lois écrites régissant la propriété, les contrats et les successions.
- Une justice centralisée, avec des juges et des tribunaux officiels.
- Des peines proportionnées selon la gravité du crime.

2.1.2 Le Code de Kurukan Fuga (Mali, 1236)
- Ce code de lois établi par Soundiata Keïta fixait des règles sur le commerce, les mariages, l'héritage et la protection des personnes.
- Il organisait la société en classes professionnelles (agriculteurs, forgerons, griots…).
- Il insistait sur la cohésion sociale et le respect des libertés.

2.1.3 Le Système Luba au Congo (XVe siècle)

Le peuple Luba de l'actuelle RDC disposait d'un système juridique détaillé qui couvrait :
- Les droits des citoyens
- Les contrats de mariage et d'héritage
- Les règles du commerce
- Les punitions et réparations en cas de délits

3. Comparaison avec le Code Napoléonien

Le Code Napoléonien de 1804, souvent considéré comme un modèle de modernité juridique, contenait des principes que plusieurs civilisations africaines appliquaient déjà :
- Protection des biens et des personnes
- Hiérarchisation judiciaire et droit écrit
- Équité dans le jugement et peines proportionnées

Loin d'être une avancée inédite, ce code n'a fait que formaliser des principes de gouvernance et de justice déjà pratiqués en Afrique depuis des siècles.

Conclusion

L'Afrique ancienne possédait des structures politiques et judiciaires avancées bien avant l'ère coloniale. L'Empire du Mali et le Royaume du Kongo sont des exemples de monarchies centralisées et efficaces, avec des gouvernements bien organisés et des lois écrites garantissant les droits des citoyens. Par ailleurs, plusieurs codes juridiques africains précédaient le Code Napoléonien, prouvant ainsi la maturité politique et sociale des civilisations africaines.

La reconnaissance de ces faits historiques est essentielle pour rétablir l'Afrique à sa juste place dans l'histoire mondiale des systèmes de gouvernance et du droit.

Chapitre 10 : Ingénierie Hydraulique et Gestion de l'Eau en Afrique Antique

Introduction

L'Afrique antique a été le berceau de nombreuses innovations en matière d'ingénierie hydraulique. La gestion de l'eau était essentielle pour la survie des civilisations, notamment en Égypte et en Nubie, où les techniques de barrage et d'irrigation permettaient de transformer des territoires arides en terres fertiles. Ce chapitre examine les systèmes d'irrigation de l'Égypte ancienne, les barrages antiques et les innovations africaines pour l'agriculture durable, en mettant en lumière les preuves historiques et les liens avec la science moderne.

1. Découvertes Principales en Ingénierie Hydraulique en Afrique

L'ingénierie hydraulique africaine antique se distingue par plusieurs innovations majeures :

- **L'irrigation par les crues du Nil** : gestion des inondations pour fertiliser les terres.
- **Les canaux et bassins de rétention** : systèmes de redistribution de l'eau.
- **Les barrages et digues** : contrôle des débits du fleuve.
- **Les puits et qanâts nubiens** : captation des eaux souterraines.
- **Les dispositifs de levage de l'eau (shadouf, saqiya)** : facilitant l'irrigation.

Ces techniques ont non seulement permis de développer des terres agricoles dans des régions arides, mais elles ont aussi influencé d'autres civilisations à travers les âges.

2. Les Scientifiques, Penseurs et Sociétés Concernés

L'Égypte antique et la Nubie ont été les principales civilisations africaines à développer des techniques hydrauliques avancées.

2.1 Ingénierie hydraulique en Égypte antique

- **Les scribes et les prêtres** égyptiens documentaient les cycles du Nil et organisaient l'irrigation.
- **Les pharaons** tels qu'Amenemhat III ont supervisé des travaux hydrauliques de grande ampleur, comme le bassin de Moeris.

2.2 Innovations nubiennes

- **Les Nubiens** ont développé des systèmes de captation d'eau souterraine similaires aux qanâts persans.
- **Les agriculteurs et ingénieurs locaux** ont amélioré l'usage de la roue hydraulique ("saqiya") pour maximiser l'irrigation.

Ces connaissances étaient souvent transmises oralement et par des représentations sur les monuments.

3. Preuves Archéologiques et Historiques
De nombreuses études archéologiques confirment l'importance de la gestion de l'eau en Afrique antique.

3.1 Barrages et infrastructures hydrauliques
- **Le barrage de Sadd el-Kafara** (vers 2800 av. J.-C.) : situé en Égypte, il est l'un des plus anciens barrages en pierre connus.
- **Les canaux de drainage du Fayoum** : système complexe de régulation de l'eau.

3.2 Outils et dispositifs hydrauliques
- **Le shadouf** (grue à contrepoids) : utilisé pour puiser l'eau du Nil.
- **La saqiya** (roue hydraulique) : importée puis perfectionnée en Afrique.

Des textes comme le **Papyrus de Kahun** (XIIe dynastie) et les reliefs des temples égyptiens fournissent des descriptions détaillées de ces technologies.

4. Contexte Historique et Scientifique
La gestion de l'eau était essentielle pour le développement des sociétés agraires en Afrique.

4.1 L'importance des cycles du Nil
- Le Nil subissait des crues annuelles, déposant du limon fertile.
- Les Égyptiens ont conçu des systèmes pour canaliser cette eau et maximiser la production agricole.

4.2 L'irrigation durable
- Utilisation de digues et de barrages pour réguler les flux d'eau.
- Techniques de rotation des cultures pour préserver les sols.

Ces innovations ont assuré la prospérité de l'Égypte pendant des millénaires.

5. Liens avec la Science Moderne
Les techniques hydrauliques de l'Égypte et de la Nubie ont influencé plusieurs domaines modernes.

5.1 Influence sur l'ingénierie moderne
- Les principes des **canaux de drainage** sont toujours utilisés dans l'aménagement du territoire.
- Les **systèmes de levage d'eau** (shadouf et saqiya) sont encore en usage dans certaines régions rurales d'Afrique.

5.2 Impact sur l'agriculture durable
- L'agriculture moderne s'inspire des méthodes égyptiennes de gestion de l'eau.
- Des **techniques de micro-irrigation** basées sur des principes anciens permettent d'optimiser l'utilisation de l'eau.

Conclusion

L'Égypte antique et la Nubie ont développé des systèmes d'irrigation et de gestion de l'eau parmi les plus sophistiqués de l'Antiquité. Leurs innovations ont non seulement permis le développement de l'agriculture sur des millénaires, mais elles ont aussi influencé les civilisations ultérieures et continuent d'inspirer les pratiques modernes en ingénierie hydraulique et en gestion de l'eau.

Chapitre 11 : Arts et Esthétique – Techniques Artistiques et Influence Mondiale

Introduction

L'Afrique est le berceau incontestable de l'art et de l'esthétique. Des premières représentations symboliques datant de l'ère préhistorique aux imposantes sculptures des civilisations antiques, le continent africain a développé un langage artistique d'une richesse et d'une sophistication remarquables, exerçant une influence profonde sur d'innombrables cultures à travers le monde. Contrairement aux idées reçues occidentales, l'art africain transcende largement les masques et sculptures qualifiés de "tribaux" par l'ethnographie coloniale, englobant des disciplines aussi variées que l'architecture monumentale, la peinture narrative, la poterie fonctionnelle et décorative, le textile cérémoniel, la musique polyrythmique et les performances rituelles complexes.

Ce chapitre explore les techniques artistiques avancées développées en Afrique depuis la préhistoire jusqu'à l'époque contemporaine, leur influence déterminante sur les styles artistiques mondiaux, et les preuves archéologiques qui confirment la place centrale du continent dans l'histoire universelle de l'art et de l'esthétique.

1. Origines et développement des arts en Afrique

1.1 Les premières manifestations artistiques en Afrique (70 000 av. J.-C.)

Les plus anciennes formes d'art connues proviennent du continent africain, précédant considérablement celles d'Europe ou d'Asie, remettant en question le récit eurocentriste dominant dans l'histoire de l'art:

- **Les gravures et peintures de la grotte de Blombos** (Afrique du Sud, datées de 77 000 à 70 000 av. J.-C.) révèlent un système symbolique élaboré. L'ocre gravé de motifs géométriques complexes constitue la première attestation connue de "pensée symbolique" caractéristique de l'Homo sapiens sapiens, et démontre une abstraction conceptuelle avancée.

- **Les peintures rupestres du Tassili n'Ajjer** (Algérie, 10 000 av. J.-C.) présentent une chronique visuelle **sophistiquée** incluant des scènes de chasse élaborées, des cérémonies rituelles complexes et des figures anthropomorphes stylisées, témoignant d'une cosmologie développée.

- **Les sculptures en pierre et en os de l'Afrique australe** (50 000 av. J.-C.) démontrent une maîtrise précoce des proportions, des volumes et de l'équilibre des formes, signes d'une compréhension intuitive de principes sculpturaux qui ne seront théorisés que des millénaires plus tard.

1.2 Continuité et évolution artistique (25 000 - 3 000 av. J.-C.)

L'art rupestre saharien (25 000 - 3 000 av. J.-C.) documente l'évolution environnementale et culturelle de régions aujourd'hui désertiques. Les sites d'Oued Djerat et du plateau du Messak en Libye présentent une chronologie visuelle inestimable des changements climatiques et sociaux. **Les figurines de fertilité** découvertes à travers le continent (15 000 - 5 000 av. J.-C.) révèlent une préoccupation universelle pour la fécondité et le cycle de vie, exprimée à travers des formes **stylisées** préfigurant les canons esthétiques ultérieurs.

Photo : Sahara : Période bovidienne (3500 à 1500 av. J.C.). Un chasseur saharien muni de son arc (Tassili). ®ankhonline.com

Les premières céramiques décorées du Sahel (8 000 av. J.-C.) montrent des motifs géométriques **sophistiqués** qui deviendront caractéristiques de l'esthétique africaine, témoignant d'une conceptualisation mathématique précoce.

2. Techniques artistiques uniques en Afrique

2.1 La sculpture monumentale et la statuaire

L'Afrique **antique** a développé des traditions sculpturales d'une diversité et d'une complexité technique remarquables :

- **La civilisation de Nok** (Nigéria, ~1500 av. J.-C. à 500 apr. J.-C.) a produit un corpus exceptionnel de sculptures en terre cuite caractérisées par des expressions faciales intensément **expressives**, des perforations techniques sophistiquées et une stylisation distinctive des traits humains. Ces œuvres témoignent d'une maîtrise précoce du modelage et de la cuisson de l'argile à grande échelle.

- **Les têtes en bronze d'Ife et du Bénin** (Nigéria, 12e-16e siècles) révèlent une maîtrise métallurgique avancée utilisant la technique de la cire perdue. Le naturalisme saisissant de ces portraits **royaux** témoigne d'une observation méticuleuse et d'une compréhension profonde de l'anatomie humaine, défiant les préjugés occidentaux sur l'art africain comme étant uniquement "primitif" ou abstrait.

- **Les colosses d'Abu Simbel** (Égypte, ~1270 av. J.-C.), sculptés directement dans la roche sous le règne de **Ramsès** II, représentent non seulement un exploit technique colossal mais aussi une fusion parfaite entre architecture, sculpture et symbolisme cosmologique. La précision astronomique de l'orientation du temple permet l'illumination du sanctuaire intérieur lors de dates spécifiques liées au calendrier pharaonique.

- **Les stèles monolithiques d'Aksoum** (Éthiopie, 3e-4e siècles apr. J.-C.), atteignant jusqu'à 33 mètres de hauteur, démontrent une maîtrise incomparable de l'extraction, du transport et de l'érection **de** monolithes décorés, surpassant en complexité technique de nombreux monuments contemporains dans d'autres régions du monde.

Ces œuvres sculpturales bénéficiaient souvent de traitements de surface élaborés: polissage minutieux, incrustations de pierres précieuses ou semi-précieuses, application de feuilles d'or, patines contrôlées ou peintures polychromes, révélant une approche multitechnique **de** la création artistique.

2.2 La peinture et les fresques murales

L'art pictural africain se distingue par sa maîtrise technique et sa longévité exceptionnelle :

- **Les peintures murales de la vallée du Nil** (Égypte et Nubie, ~3000 av. J.-C.) illustrent une connaissance avancée des pigments minéraux et végétaux, des liants organiques et des techniques d'application. La conservation remarquable de ces œuvres millénaires témoigne d'une compréhension sophistiquée de la chimie des matériaux. Le système de représentation codifié (perspective hiérarchique, canon des proportions) démontre une théorisation esthétique formalisée.

- **Les églises rupestres de Lalibela** (Éthiopie, 12e-13e siècles) présentent des fresques aux pigments naturels d'une extraordinaire vivacité, intégrant des influences byzantines dans un style

distinctement éthiopien, illustrant la capacité d'assimilation créative des traditions artistiques extérieures.

- **Les peintures murales dogon** (Mali) utilisent des pigments naturels appliqués selon des techniques ancestrales pour créer des compositions cosmologiques complexes associant narration **mythologique** et abstraction symbolique.

2.3 Le textile et l'art du tissage

Les traditions textiles africaines ont développé des techniques uniques de tissage et de teinture :

- **Le bogolan** (Mali) est une technique de teinture à la boue fermentée produisant des motifs contrastés sur des tissus de coton. Ce procédé complexe implique une connaissance approfondie de la **chimie** naturelle, avec des réactions d'oxydation contrôlées et des mordants végétaux pour fixer les colorants. Les motifs géométriques transmettent un langage visuel codifié porteur de significations sociales et spirituelles.

- **Le kente** (Ghana), tissu royal des Ashanti, est élaboré sur des métiers à tisser étroits produisant des **bandes** assemblées ensuite en larges étoffes. La complexité des motifs, nécessitant jusqu'à quatre pédales pour leur réalisation, témoigne d'une ingénierie textile avancée. Les combinaisons chromatiques et les motifs sont régis par une grammaire visuelle sophistiquée où chaque élément possède une signification précise.

- **Le raphia brodé kuba** (République Démocratique du Congo) présente des compositions géométriques d'une **complexité** mathématique exceptionnelle. Ces textiles, qui ont influencé l'art moderne occidental, notamment les œuvres de Paul Klee, illustrent une compréhension intuitive des principes fractals et des variations sur motifs récursifs.

2.4 La métallurgie artistique et les arts du feu

La métallurgie d'Igbo-Ukwu (Nigéria, 9e siècle) a produit des bronzes d'une complexité technique inégalée pour l'époque, utilisant des alliages cuivre-plomb sophistiqués et des techniques de fonte à la cire perdue permettant des détails d'une finesse extraordinaire.

Les céramiques mangbetu (République Démocratique du Congo) illustrent une maîtrise exceptionnelle **du** modelage anthropomorphe et zoomorphe, avec des surfaces polies atteignant un lustre comparable au métal, obtenu par brunissage répété avant cuisson.

3. Influence des arts africains sur le monde

3.1 Influence sur l'art européen

À partir de la fin du 19e siècle, l'art africain a exercé une influence déterminante sur les avant-gardes européennes :

- **Le cubisme** de Picasso et Braque s'est directement inspiré des principes de déconstruction et recomposition des formes observés dans les masques Dan, Fang et Baoulé. La "révolution cubiste" qui a transformé l'art occidental doit une grande partie de son approche conceptuelle aux arts africains, comme en témoigne le tableau emblématique "Les Demoiselles d'Avignon" (1907) de Picasso, directement influencé par des masques africains.
- **L'expressionnisme allemand** (Die Brücke, Der Blaue Reiter) a emprunté aux sculptures africaines leur intensité émotionnelle et leur déformation expressive des formes. Des artistes comme Ernst Ludwig Kirchner ont explicitement reconnu leur dette envers l'art africain comme source d'authenticité expressive.
- **Le surréalisme** a trouvé dans les objets rituels africains une confirmation de ses théories sur l'inconscient et le pouvoir des objets. André Breton, théoricien du mouvement, était un collectionneur passionné d'art africain qu'il considérait comme manifestation d'une "surréalité" authentique.

3.2 Influence sur l'art américain et caribéen

La renaissance de Harlem (années 1920-1930) a vu des artistes afro-américains comme Aaron Douglas intégrer des éléments stylistiques africains dans une esthétique moderne célébrant l'héritage africain.

L'art contemporain afro-caribéen, notamment à Cuba, Haïti et en Jamaïque, a préservé et réinterprété des traditions esthétiques africaines, créant des synthèses uniques entre héritage africain et influences européennes ou amérindiennes.

Jean-Michel Basquiat (1960-1988) a incorporé des éléments visuels inspirés des arts africains et de la diaspora dans son œuvre néo-expressionniste, créant un langage artistique qui **questionne** l'histoire coloniale et l'appropriation culturelle.

3.3 Influence sur les arts asiatiques et arabes

Les échanges commerciaux transsahariens et maritimes ont facilité la circulation des motifs et techniques artistiques entre l'Afrique et le monde arabe, visibles notamment dans les arts décoratifs nord-africains et moyen-orientaux.

L'art swahili de la côte est-africaine représente une fusion remarquable d'éléments africains, arabes et asiatiques, créant une esthétique distincte visible dans l'architecture, la **sculpture** et les arts décoratifs.

Les textiles indonésiens, particulièrement à Java et Sumatra, montrent des influences africaines transmises via les routes commerciales de l'océan Indien, témoignant d'échanges esthétiques bidirectionnels.

4. Preuves archéologiques et historiques

Les découvertes **archéologiques** récentes ont considérablement enrichi notre compréhension de l'art africain ancien:

- **L'art rupestre de Chauvet-Pont d'Arc** (France, 36 000 av. J.-C.), longtemps considéré comme la plus ancienne manifestation artistique humaine, est désormais reconnu comme postérieur aux premières expressions artistiques africaines de Blombos et Apollo 11 (Namibie), obligeant à reconsidérer la chronologie mondiale de l'art.
- **Les sites d'Igbo-Ukwu** (Nigéria) ont révélé des bronzes du 9e siècle d'une complexité technique qui a surpris les archéologues occidentaux, remettant en question les préjugés sur le développement technologique en Afrique précoloniale.
- **Les papyrus techniques égyptiens**, notamment le Papyrus Anastasi IV (1300-1200 av. J.-C.), contiennent des instructions détaillées pour les artistes, révélant l'existence d'une théorie esthétique codifiée et transmise.
- **Les fouilles archéologiques à Great Zimbabwe** ont mis au jour des sculptures en stéatite et des objets métalliques ornementaux témoignant d'une tradition artistique sophistiquée associée à un centre urbain majeur d'Afrique australe.

Photo : Les gravures (pétroglyphes : dessins gravés dans la pierre) rupestres *de Bidzar au Cameroun.* © boutique-africaine.com

4.1 Réévaluation des chronologies artistiques

La datation par thermoluminescence et radiocarbone des terres cuites de Djenné-Djeno (Mali) a révélé une tradition sculpturale complexe remontant au 3e siècle av. J.-C., antérieure à de nombreuses traditions européennes similaires.

L'analyse technologique des bronzes d'Igbo-Ukwu (Nigéria) démontre une maîtrise **métallurgique** que l'Europe n'atteindra que plusieurs siècles plus tard, obligeant à reconsidérer les paradigmes diffusionnistes qui attribuaient systématiquement les innovations techniques africaines à des influences extérieures.

5. Héritage et impact contemporain

5.1 Conservation et transmission des techniques traditionnelles

Les institutions muséales africaines, bien que longtemps marginalisées dans les circuits internationaux, connaissent un renouveau stratégique. Des établissements tels que le *Musée des Civilisations Noires* à Dakar, le *Zeitz MOCAA* au Cap, ou encore le *Musée National du Cameroun* à Yaoundé, œuvrent non seulement à la conservation des œuvres mais aussi à leur contextualisation, leur revalorisation et leur pédagogie. Ces musées réinscrivent l'art africain dans une continuité historique propre, en dehors des classifications figées et exotiques imposées par les musées occidentaux du XIXe siècle.

Par ailleurs, les initiatives de restitution des œuvres d'art africain pillées durant la colonisation, soutenues par des rapports comme celui de Bénédicte Savoy et Felwine Sarr (2018), marquent une étape cruciale vers la réappropriation du patrimoine culturel et artistique. Ce processus n'est pas seulement juridique ou politique, il est aussi profondément identitaire, contribuant à la reconstruction des mémoires et à la renaissance d'un récit esthétique africain souverain.

5.2 L'art africain contemporain et ses langages hybrides

L'art africain contemporain témoigne d'une créativité débordante et d'un engagement profond avec les enjeux du monde moderne : décolonisation des imaginaires, justice sociale, écologie, spiritualité, mémoire. Des artistes comme El Anatsui (Ghana/Nigéria), Wangechi Mutu (Kenya), Chéri Samba (RDC), Abdoulaye Konaté (Mali) ou Zanele Muholi (Afrique du Sud) explorent des médiums variés – textiles, installations, photographie, vidéos – tout en convoquant des codes traditionnels réinterprétés.

Les biennales d'art africain contemporain (Dakar, Bamako, Marrakech, Johannesburg) sont devenues des espaces incontournables de reconnaissance et de visibilité internationale. Ces plateformes favorisent les dialogues intergénérationnels et interculturels, affirmant une scène artistique africaine non comme périphérique, mais comme centrale et innovante.

5.3 L'influence esthétique africaine dans la culture visuelle mondiale

Les codes esthétiques africains imprègnent aujourd'hui la mode (collections inspirées du wax ou du bogolan par des créateurs comme Imane Ayissi ou Laduma Ngxokolo), la musique (vidéos de Beyoncé ou Burna Boy empruntant aux motifs visuels africains), le cinéma (films comme *Black Panther*, ancrés dans des imaginaires afrofuturistes), ou encore l'architecture contemporaine bioclimatique, qui réintègre des techniques vernaculaires adaptées au changement climatique.

L'afro-esthétique s'impose ainsi comme une esthétique globale : elle ne cherche pas à imiter les canons occidentaux, mais à affirmer, dans un monde multipolaire, la pertinence, la beauté et l'intelligence des formes africaines dans tous les domaines du sensible.

Conclusion

Loin des clichés longtemps véhiculés, les arts africains – dans leur diversité, leur profondeur historique, leur complexité technique et leur portée symbolique – constituent l'un des piliers fondamentaux de l'esthétique humaine. De la grotte de Blombos aux galeries internationales contemporaines, l'Afrique n'a cessé d'innover, de transmettre et d'inspirer.

L'art africain n'est pas un art du passé figé, mais un art vivant, organique, en perpétuelle métamorphose. Il est à la fois mémoire et vision, enracinement et mouvement, tradition et modernité. Restaurer la place de l'Afrique dans l'histoire de l'art mondial ne relève donc pas d'un geste de réparation seulement, mais d'un impératif de vérité et d'un acte de justice culturelle universelle.

Chapitre 12 : Musique et Acoustique : Instruments Traditionnels Africains et Contributions à la Musique Mondiale

Introduction

La musique est une composante essentielle des cultures africaines depuis des millénaires. Loin d'être un simple divertissement, elle joue un rôle fondamental dans la spiritualité, la communication, la transmission des savoirs et la structuration sociale. À travers des instruments variés et des découvertes acoustiques avancées, l'Afrique a non seulement façonné ses propres traditions musicales, mais a également influencé la musique mondiale de manière considérable. Ce chapitre explore les instruments traditionnels africains, les principes acoustiques maîtrisés par les anciens musiciens africains et l'héritage musical du continent.

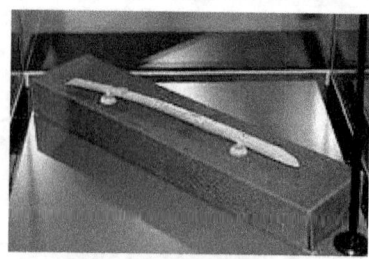

Photo : Flûte aurignacienne en os de vautour de Hohle Fels. Musée de Préhistoire de Blaubeuren. Au moment de leur migration de l'Afrique vers l'Europe il y a 40 000 ans, nos ancêtres faisaient de la musique.

1. Instruments Traditionnels Africains : Une Diversité Unique

L'Afrique possède une diversité d'instruments de musique qui se classent en plusieurs catégories : percussions, cordes, vents et idiophones.

1.1 Les Percussions : Cœur du Rythme Africain
Les percussions africaines sont parmi les plus anciennes et les plus influentes au monde. Elles ont joué un rôle central dans les rituels religieux, les célébrations et la communication intertribale.

- **Le Djembé (Afrique de l'Ouest) :**
    - Instrument à peau frappée, utilisé dans les cérémonies traditionnelles et les événements communautaires.
    - Technique de jeu sophistiquée permettant une large gamme de sons graves et aigus.
    - Influence sur les musiques modernes, notamment le jazz et le hip-hop.

- **Le Talking Drum (Tambour d'aisselle, Afrique de l'Ouest) :**

- Capable d'imiter la voix humaine, utilisé pour transmettre des messages à distance.
- Technologie avancée de modulation du son par pression de la peau.
- **Le Ngoma (Afrique Centrale et de l'Est)** :
  - Tambour sacré utilisé dans les rituels et les cérémonies d'initiation.
  - Techniques de résonance exploitant des cavités naturelles pour amplifier le son.

1.2 Les Instruments à Cordes
Les instruments à cordes africains témoignent d'une maîtrise avancée des principes acoustiques.
- **La Kora (Mali, Sénégal, Gambie)** :
  - Harpe-luth à 21 cordes, utilisée par les griots pour la transmission orale de l'histoire et des traditions.
  - Construction sophistiquée avec une caisse de résonance en calebasse et un manche en bois.
  - Influence sur la musique blues et folk.
- **Le N'goni (Mali, Burkina Faso, Guinée)** :
  - Ancêtre de la guitare moderne.
  - Joué avec des techniques proches du fingerpicking, il est à la base du blues.
- **Le Gondé (Congo, Afrique Centrale)** :
  - Luth traditionnel, souvent utilisé dans les danses initiatiques et les rituels spirituels.

1.3 Les Instruments à Vent
Les instruments à vent africains ont souvent une fonction spirituelle et cérémonielle.
- **Le Balafon (Afrique de l'Ouest)** :
  - Xylophone en bois avec des résonateurs en calebasse.
  - Prédécesseur du marimba moderne.
- **Les Flûtes Peules (Afrique de l'Ouest)** :
  - Flûtes en bambou, jouées avec une technique de souffle circulaire.
  - Utilisées pour accompagner le chant et la danse.

1.4 Les Idiophones : Instruments Auto-Résonants
Les idiophones africains sont des instruments qui produisent du son par eux-mêmes sans nécessiter de peau tendue ou de cordes.
- **Le Likembe (Sanza, Mbira, Kalimba – Afrique Centrale et Australe)** :

- Piano à pouces, constitué de lamelles métalliques fixées sur une planche de bois.
- Précurseur du piano moderne dans sa conception de vibration des lames.

2. Les Découvertes Acoustiques en Afrique
Loin d'être rudimentaire, la musique africaine repose sur des principes acoustiques sophistiqués.

2.1 La Polyrythmie
La polyrythmie, essentielle dans la musique africaine, est une superposition de plusieurs rythmes joués simultanément, ce qui crée des effets de syncopation avancés.

2.2 La Modulation Tonale
Certains instruments comme le tambour parlant utilisent la modulation de la tension pour créer des variations tonales proches du langage humain.

2.3 L'Utilisation des Résonateurs Naturels
Les musiciens africains ont maîtrisé l'amplification acoustique bien avant l'électrification des instruments :
- Usage de calebasses et de bois creux comme amplificateurs naturels.
- Résonance harmonique obtenue par des matériaux spécifiques.

3. L'Influence de la Musique Africaine sur la Musique Mondiale

3.1 Influence sur le Blues et le Jazz
- La structure rythmique du blues et du jazz trouve son origine dans les traditions musicales africaines.
- Les chants des esclaves africains aux États-Unis sont directement issus des chants de travail africains.

3.2 Influence sur la Musique Latino-Américaine
- Le bongo, la conga et d'autres percussions latines sont issus des tambours africains.
- La salsa et la samba intègrent des rythmes africains.

3.3 Influence sur la Musique Moderne (Hip-Hop, Reggae, Rock)
- Le reggae, né en Jamaïque, repose sur des rythmes africains syncopés.
- La musique électronique intègre des éléments de percussions africaines.

4. Preuves Archéologiques et Historiques

- Des gravures rupestres du Sahara (4000 av. J.-C.) montrent des musiciens avec des instruments.
- Des instruments en os et en bois datés de 3000 av. J.-C. ont été retrouvés en Égypte.
- Les textes de l'Égypte ancienne mentionnent des instruments à cordes et des harpes.

5. L'Héritage Musical Africain et la Science du Son

L'étude des instruments africains continue d'inspirer la musicologie et la science du son :
- L'étude des résonateurs naturels africains influence la conception des enceintes acoustiques modernes.
- Les principes de modulation rythmique sont utilisés dans la synthèse sonore électronique.

Conclusion

La musique africaine est une source inépuisable d'innovation et de créativité. Les instruments traditionnels africains, les principes acoustiques maîtrisés et l'influence mondiale de la musique africaine démontrent l'importance centrale de l'Afrique dans l'histoire musicale mondiale. La reconnaissance et la valorisation de cet héritage sont essentielles pour rétablir l'Afrique à sa juste place dans l'histoire des sciences et des arts.

Chapitre 13 : Linguistique et Écriture

Introduction

L'écriture est un pilier fondamental du développement des civilisations. Elle permet non seulement la transmission des savoirs, mais aussi l'organisation sociale, politique et économique des sociétés. L'Afrique est l'un des premiers berceaux de l'écriture, avec l'émergence de systèmes graphiques avancés bien avant l'adoption de l'alphabet en Europe.

Loin de se limiter aux hiéroglyphes égyptiens, l'Afrique a vu naître divers systèmes d'écriture, utilisés à des fins religieuses, administratives, scientifiques et commerciales. Ce chapitre examine l'ancienneté et la richesse des traditions scripturales africaines, en mettant particulièrement l'accent sur l'écriture égyptienne et ses influences. Il explore également les autres traditions africaines de l'écriture, notamment le méroïtique, le tifinagh et les scripts plus récents comme le nsibidi.

1. Les Premiers Systèmes d'Écriture en Afrique

1.1. L'écriture hiéroglyphique égyptienne (vers 3300 av. J.-C.)

L'un des plus anciens systèmes d'écriture connus est celui des hiéroglyphes égyptiens, apparu aux alentours de 3300 av. J.-C. sur les parois des tombes et sur les monuments. Il s'agissait d'une écriture complexe, composée de plus de **700 signes** utilisés pour représenter des sons, des mots et des concepts.

Caractéristiques des hiéroglyphes :

- **Système mixte :** Combinaison d'idéogrammes (représentant des objets), de phonogrammes (représentant des sons) et de déterminatifs (aident à préciser le sens des mots).
- **Support varié :** Utilisation sur les monuments en pierre, les papyrus, les stèles et les objets du quotidien.
- **Langue administrative et religieuse :** Utilisée pour les textes religieux, administratifs, littéraires et scientifiques.

Les hiéroglyphes ont joué un rôle clé dans la documentation des connaissances médicales, mathématiques, astronomiques et philosophiques de l'Égypte antique. L'un des plus célèbres exemples de textes hiéroglyphiques est le *Papyrus de Rhind* (vers 1650 av. J.-C.), qui révèle des avancées mathématiques remarquables.

1.2. L'écriture hiératique et démotique : l'évolution de l'écriture égyptienne

L'écriture hiéroglyphique, bien qu'impressionnante, était difficile à utiliser au quotidien. Pour des raisons pratiques, elle a évolué en écritures cursives plus simplifiées :
- **L'écriture hiératique (vers 2700 av. J.-C.)**
  - Développée pour l'administration et les transactions économiques.
  - Plus rapide à écrire sur le papyrus et l'argile.
  - Utilisée dans les documents légaux et comptables.
- **L'écriture démotique (vers 700 av. J.-C.)**
  - Plus simplifiée et adaptée aux besoins des commerçants et scribes.
  - Dernière phase de l'écriture égyptienne avant la domination gréco-romaine.
  - Utilisée jusqu'au IIIe siècle ap. J.-C.

Ces évolutions montrent une adaptation pragmatique de l'écriture aux réalités sociales et économiques.

1.3. L'écriture méroïtique (vers 300 av. J.-C. – 400 ap. J.-C.)

Avec la montée en puissance du royaume de Koush (Nubie), l'Égypte ne fut plus seule dans la production de systèmes d'écriture. Les Nubiens développèrent leur propre alphabet : **le méroïtique**.

Caractéristiques de l'écriture méroïtique :
- **Deux formes :** Une version hiéroglyphique (utilisée sur les monuments) et une version cursive (utilisée pour les documents quotidiens).
- **Alphabet de 23 lettres, en partie inspiré des hiéroglyphes égyptiens.**
- **Utilisé pour les inscriptions royales, les textes religieux et les documents administratifs.**
- **Non encore totalement déchiffré**, ce qui laisse supposer qu'il pourrait receler des trésors d'informations sur la culture méroïtique.

Ce système d'écriture unique prouve que la Nubie a su adapter et développer son propre langage écrit, signe d'une civilisation sophistiquée.

2. Autres Systèmes d'Écriture Africains

Bien que l'Égypte et la Nubie soient les centres les plus anciens de l'écriture en Afrique, d'autres civilisations africaines ont développé des systèmes graphiques spécifiques.

2.1. L'écriture Tifinagh des Berbères

Le **Tifinagh** est un système d'écriture utilisé par les peuples berbères du Sahara depuis plus de **3000 ans**.
Caractéristiques :
- **Utilisation épigraphique ancienne** : inscriptions gravées sur des roches en Afrique du Nord.
- **Toujours en usage aujourd'hui** parmi les Touaregs.
- **Langue associée** : Tamazight (langue berbère).

Le Tifinagh témoigne de l'existence d'un **système d'écriture africain autochtone**, encore utilisé à ce jour, ce qui est exceptionnel.

2.2. L'écriture Nsibidi (Nigéria, Cameroun)

Le **Nsibidi** est un système d'écriture pictographique originaire de l'Afrique de l'Ouest, utilisé principalement par les **Ekpe (société secrète du Nigéria et du Cameroun)**.
Particularités du Nsibidi :
- **Idéogrammes et pictogrammes**, souvent gravés sur des objets ou tatoués sur le corps.
- **Utilisé pour les rituels, la justice et les communications secrètes.**
- **Non encore totalement déchiffré.**

Il s'agit d'un exemple fascinant de système graphique **indépendant de toute influence extérieure**, ce qui prouve une créativité propre aux cultures africaines.

3. Importance Historique de l'Ecriture en Afrique

L'écriture en Afrique n'a pas seulement servi à consigner l'histoire, mais aussi à structurer la société et à transmettre le savoir.

3.1. Rôle dans la transmission des connaissances

- **Documentation des sciences** : Les papyrus égyptiens ont permis de transmettre des savoirs en **mathématiques, médecine et astronomie**.
- **Administration efficace** : En Égypte, au Mali et au Kongo, l'écriture servait à gérer l'économie, les lois et l'impôt.
- **Mémoire historique** : L'écriture a permis de **préserver les récits** et d'éviter l'altération des traditions orales.

3.2. Influence de l'écriture africaine sur le monde

- Les Grecs anciens **ont étudié en Égypte**, où ils ont découvert l'écriture et la philosophie (Hérodote, Platon).
- Le modèle égyptien a influencé l'alphabet phénicien, **ancêtre de l'alphabet latin**.
- L'écriture a permis l'essor du **commerce transsaharien**, reliant l'Afrique aux mondes arabe et méditerranéen.

Conclusion

Loin d'être un simple réceptacle des innovations venues d'ailleurs, l'Afrique a été un véritable foyer de développement de l'écriture et de la documentation scientifique. Des hiéroglyphes aux scripts subsahariens, ces systèmes d'écriture démontrent que l'Afrique a développé des moyens autonomes et avancés de transmission des savoirs bien avant l'ère moderne.

La reconnaissance de cette richesse scripturale est essentielle pour replacer le continent dans sa juste place dans l'histoire des civilisations.

Chapitre 14 : Économie et Commerce en Afrique Antique et Médiévale

Introduction

L'Afrique médiévale a été un centre économique majeur, reliant les civilisations du nord et du sud du Sahara par des réseaux commerciaux prospères bien avant l'essor des puissances européennes. Parmi ces civilisations, **l'Empire du Mali** (XIIIe-XVIe siècle) a joué un rôle central dans l'essor du commerce transsaharien, en contrôlant les routes reliant l'Afrique de l'Ouest à l'Afrique du Nord et au monde arabe.

Le commerce dans l'Empire du Mali ne se limitait pas aux marchandises matérielles : il englobait également des **échanges culturels, technologiques et scientifiques**. Des intellectuels africains comme ceux de **Tombouctou** participaient aux grandes discussions philosophiques et scientifiques de l'époque. Cet échange économique et culturel a contribué à faire du Mali un empire non seulement prospère, mais également influent dans les dynamiques globales du Moyen Âge.

Dans ce chapitre, nous examinerons :
- **Les routes commerciales transsahariennes et les marchandises échangées.**
- **Le rôle central de l'Empire du Mali dans l'économie régionale et internationale.**
- **Les infrastructures commerciales et les villes marchandes comme Tombouctou, Djenné et Gao.**
- **L'impact du commerce sur le développement des sociétés africaines.**
- **L'influence des échanges culturels et intellectuels sur la science et l'histoire.**

1. Les Routes Commerciales Transsahariennes : Artères Économiques de l'Afrique Médiévale

1.1 L'importance du commerce transsaharien

Les routes commerciales transsahariennes étaient l'épine dorsale du commerce en Afrique médiévale. Elles reliaient l'Afrique de l'Ouest aux marchés d'Afrique du Nord, du Moyen-Orient et, indirectement, à l'Europe.

Ces routes permettaient l'échange de plusieurs types de produits :
- **L'or et le sel**, qui constituaient les principales monnaies d'échange.
- **L'ivoire, les tissus et les épices**, acheminés vers le nord.
- **Les chevaux, le cuivre et les produits manufacturés**, importés depuis l'Afrique du Nord et le Moyen-Orient.

Les caravanes de chameaux (souvent appelées **"les vaisseaux du désert"**) assuraient le transport des marchandises sur des milliers de kilomètres à travers le Sahara.

1.2 Les principales routes commerciales

Plusieurs routes étaient utilisées pour acheminer les richesses de l'Afrique de l'Ouest vers le Maghreb :
- **La route de Taghaza**, reliant le Mali aux mines de sel du Sahara et aux cités marchandes du Maroc.
- **La route de Gao-Tombouctou**, permettant l'acheminement de l'or et du sel vers l'Empire du Mali.
- **La route de Kano et de Bornou**, reliant l'Afrique de l'Ouest aux cités marchandes du Soudan et de la Libye.

Ces routes étaient vitales pour l'économie de l'Empire du Mali et ont favorisé l'essor de grandes villes marchandes.

2. L'Empire du Mali : Un Carrefour du Commerce International

2.1 L'or du Mali, moteur de l'économie mondiale

L'Empire du Mali était l'un des plus grands producteurs d'or du monde médiéval. Au XIVe siècle, il fournissait environ **la moitié de l'or en circulation en Afrique du Nord et en Europe**.

L'or malien était extrait dans des mines situées principalement dans les régions actuelles du Mali, de la Guinée et du Sénégal. Il était transformé en lingots et acheminé vers les marchés nord-africains et européens via les routes transsahariennes.

L'**or malien** était échangé contre des **marchandises de luxe**, des armes, des chevaux et des étoffes en provenance du monde musulman et européen.

2.2 Le sel : Une richesse stratégique

Si l'or était une denrée précieuse, le sel était une **ressource vitale** pour la conservation des aliments et la régulation des échanges économiques. Le sel provenait des mines du désert du Sahara, notamment à **Taghaza et Taoudenni**, et était acheminé vers les grandes villes du Mali.
Les blocs de sel étaient souvent utilisés comme monnaie d'échange et représentaient un bien aussi précieux que l'or dans certaines régions de l'empire.

2.3 La prospérité des grandes villes marchandes

L'Empire du Mali a vu l'essor de plusieurs villes commerçantes majeures :
- **Tombouctou** : Célèbre pour son rôle de centre intellectuel et économique, elle était un point de convergence pour les marchands et les savants.
- **Djenné** : Centre névralgique du commerce fluvial sur le fleuve Niger.
- **Gao** : Un port commercial stratégique pour l'exportation de l'or et du sel.

Ces villes abritaient des marchés dynamiques où s'échangeaient des produits venant d'Afrique, du Moyen-Orient et d'Europe.

3. L'influence culturelle et intellectuelle du commerce

3.1 L'apport du commerce à la diffusion du savoir

Le commerce transsaharien ne concernait pas uniquement les produits matériels. Il a aussi permis un **échange intellectuel et culturel sans précédent**.
- **Les érudits et savants** d'Afrique de l'Ouest voyageaient vers les grandes villes du monde musulman, comme Le Caire, Fès et Bagdad, et en rapportaient des savoirs en **mathématiques, astronomie, médecine et philosophie**.
- Les bibliothèques de **Tombouctou** rassemblaient des milliers de manuscrits, témoins de la vitalité intellectuelle de l'époque.
- **L'écriture arabe s'est largement diffusée** grâce aux échanges commerciaux et à la transmission des textes religieux et scientifiques.

3.2 Le pèlerinage de Mansa Moussa : Une démonstration de la richesse du Mali

En 1324, **Mansa Moussa**, l'un des plus célèbres empereurs du Mali, effectua un pèlerinage à La Mecque avec une caravane de plusieurs milliers d'hommes et de chameaux chargés d'or.

- Il distribua tellement d'or en Égypte que sa valeur chuta temporairement sur le marché international.
- Il passa par Tombouctou et le Caire, attirant l'attention des marchands et érudits du monde islamique sur la prospérité du Mali.
- Ce voyage renforça les relations économiques et culturelles entre l'Empire du Mali et le monde musulman.

4. L'héritage économique et commercial du Mali

4.1 L'impact sur les sociétés africaines

Le commerce a permis :
- **L'essor des infrastructures urbaines et commerciales.**
- **L'accumulation de richesses**, qui ont financé des projets éducatifs et religieux.
- **Le développement d'une monnaie d'échange**, facilitant les transactions.

4.2 L'influence sur l'économie moderne

Les routes commerciales maliennes ont influencé les échanges en Afrique bien après l'effondrement de l'Empire du Mali, donnant naissance aux grandes routes commerciales modernes.

Aujourd'hui, des vestiges de cette époque subsistent, notamment dans la tradition du commerce saharien et dans les marchés d'Afrique de l'Ouest.

Conclusion

L'Empire du Mali était l'un des **plus grands centres économiques et commerciaux du monde médiéval**. Grâce à son or, son sel et ses villes marchandes prospères, il a joué un rôle clé dans les échanges transsahariens. Son influence allait bien au-delà des richesses matérielles, touchant également **la culture, l'éducation et la transmission du savoir**.

L'histoire du commerce malien démontre que l'Afrique n'était pas isolée du reste du monde, mais **intégrée aux réseaux économiques mondiaux** dès le Moyen Âge. Reconnaître ce rôle majeur permet de redonner à l'histoire africaine sa place légitime dans le développement du commerce international et des échanges culturels.

Chapitre 15 : Astronomie Maritime – Techniques de Navigation et Commerce Maritime en Afrique Ancienne

Introduction

L'histoire de la navigation africaine est souvent occultée par les récits eurocentrés des grandes explorations. Pourtant, bien avant l'époque coloniale, plusieurs civilisations africaines, notamment les Égyptiens, les navigateurs swahilis, les marchands ouest-africains et les navigateurs malgaches, avaient développé des systèmes sophistiqués de navigation maritime, basés sur l'observation des étoiles, les courants marins et des outils de navigation ingénieux.

Ce chapitre explore les techniques astronomiques de navigation utilisées par les Africains depuis l'Antiquité jusqu'au Moyen Âge, ainsi que leur contribution aux échanges commerciaux à travers les océans Atlantique, Indien et Méditerranée.

1. Origines et Fondements de l'Astronomie Maritime en Afrique

L'astronomie africaine est l'une des plus anciennes du monde. Depuis les **observatoires mégalithiques de Nabta Playa (5000 av. J.-C.)** en Égypte jusqu'aux connaissances astronomiques des Dogons au Mali, les Africains ont maîtrisé l'étude des étoiles et leur impact sur la vie quotidienne, notamment la navigation.

1.1 Les Premiers Navigateurs et l'Observation des Étoiles

L'utilisation des étoiles comme repères maritimes remonte à l'Antiquité en Afrique. Les Égyptiens, par exemple :
- Suivaient la trajectoire de **Sirius (Sopdet)** pour prédire les crues du Nil et ajuster leurs expéditions maritimes.
- Utilisaient la **constellation d'Orion** et l'**étoile Polaire** pour guider leurs trajets vers la Méditerranée et au-delà.
- Se servaient de **cartes célestes gravées sur des temples et papyrus** pour enseigner l'astronomie.

Les Swahilis et les navigateurs du Mozambique s'appuyaient aussi sur les étoiles pour traverser l'océan Indien, notamment :
- **Canopus (Suhail)**, utilisé pour orienter les navires vers l'Inde et l'Asie.
- **La Croix du Sud**, repère fondamental pour la navigation en direction du sud.

2. Techniques de Navigation Astronomique en Afrique Ancienne

2.1 Navigation Égyptienne et Méditerranéenne

L'Égypte ancienne était un centre de commerce maritime avec la Méditerranée et la mer Rouge dès 3000 av. J.-C. :
- Les Égyptiens utilisaient **des repères astronomiques et le Soleil pour estimer la latitude**.
- Ils développaient des instruments comme le **merkhet**, un outil permettant de mesurer les positions des étoiles et de déterminer la direction.
- Les navires égyptiens naviguaient jusqu'en **Phénicie, en Grèce et même en Afrique de l'Est**.

2.2 Les Navigateurs Swahilis et la Route de l'Océan Indien

Les navigateurs de la côte swahilie (Kenya, Tanzanie, Mozambique) ont établi des routes maritimes reliant l'Afrique à l'Inde, à la Perse et à la Chine dès le **IIe siècle av. J.-C.** :
- Ils utilisaient les **alizés et la position des étoiles** pour tracer leurs itinéraires.
- Leurs boutres (dhow) étaient conçus pour suivre les vents saisonniers.
- Ils maîtrisaient le concept de **latitude estimée en fonction de la hauteur des étoiles**, similaire aux techniques arabes et européennes postérieures.

2.3 Les Navigateurs Ouest-Africains et les Routes Atlantiques

Les Ouest-Africains, notamment les navigateurs mandingues sous **l'empereur Abu Bakr II du Mali (XIVe siècle)**, auraient exploré l'Atlantique bien avant Christophe Colomb :
- Ils se basaient sur les **positions de Sirius et de Canopus** pour s'orienter en mer.
- Utilisaient les **courants de l'Atlantique** pour diriger leurs pirogues de haute mer.
- Des vestiges archéologiques (outils métalliques, sculptures africaines) en Amérique centrale et du Sud suggèrent des contacts précolombiens entre l'Afrique et l'Amérique.

3. Instruments de Navigation et Outils Astronomiques

3.1 Les Merkhets et Cadrans Solaires Égyptiens

Les Égyptiens ont développé plusieurs outils pour la navigation :

- **Le merkhet**, premier instrument de visée astronomique utilisé pour aligner les étoiles et orienter les navires.
- **Le gnomon**, un cadran solaire permettant d'estimer la position du Soleil et donc l'orientation.

3.2 L'Astrolabe et la Boussole Swahilie

Les navigateurs swahilis et arabes ont combiné les **astrolabes arabes avec des techniques africaines** pour perfectionner la navigation :
- L'astrolabe permettait de **calculer la hauteur des étoiles et déterminer la latitude**.
- Une variante de la boussole était utilisée pour confirmer la direction.

3.3 Les Cartes Marines et Représentations du Monde

Des documents historiques, comme les **cartes de l'Université de Tombouctou**, montrent que les Africains connaissaient la cartographie maritime :
- Ils dessinaient des **cartes des courants marins et des côtes africaines**.
- L'historien arabe Al-Idrissi mentionne que des cartes africaines ont influencé les cartographes européens.

4. Contribution de l'Astronomie Maritime au Commerce Africain

4.1 Le Commerce Méditerranéen et la Mer Rouge

Les Égyptiens et les marchands d'Afrique de l'Est ont largement contribué aux échanges maritimes avec :
- **Le commerce du papyrus, des épices et des métaux précieux avec la Grèce et Rome**.
- Des routes vers la **Mésopotamie et l'Arabie**, facilitant la diffusion des techniques maritimes africaines.

4.2 Le Commerce Transocéanique Swahili

Les navigateurs swahilis jouaient un rôle clé dans le **commerce de l'or, de l'ivoire et des épices** avec :
- **L'Inde et la Chine**, grâce aux alizés et aux routes maritimes.
- Les marchands swahilis étaient mentionnés dans **les récits chinois sous la dynastie Tang (VIIIe siècle)**.

4.3 La Route Atlantique des Mandingues et du Mali

Les navigateurs mandingues et soninkés ont pu établir des routes **entre l'Afrique de l'Ouest et l'Amérique précolombienne** :

- **Théories basées sur les témoignages de Christophe Colomb et des populations indigènes d'Amérique** mentionnant des visiteurs africains.
- La **présence de plantes africaines en Amérique** avant la colonisation européenne suggère des échanges maritimes anciens.

Conclusion

L'Afrique ancienne possédait un **savoir avancé en astronomie maritime**, bien avant l'ère coloniale. Les navigateurs égyptiens, swahilis et mandingues ont su exploiter les étoiles, les courants et les instruments de navigation pour établir des routes commerciales intercontinentales.

Ces connaissances, souvent minimisées par l'histoire dominante, démontrent que l'Afrique n'a pas seulement participé, mais a été un acteur clé du commerce maritime mondial. Ce savoir a influencé les grandes découvertes et mérite d'être pleinement reconnu dans l'histoire de la navigation mondiale.

Chapitre 16 : Éthique et Morale – Les Systèmes Éthiques Africains et Leurs Normes Sociales Influentes

Introduction

L'éthique et la morale sont au cœur des sociétés humaines et permettent d'organiser la vie collective selon des valeurs partagées. Contrairement à l'idée selon laquelle la pensée morale serait une création exclusive des philosophes occidentaux, l'Afrique a élaboré des systèmes éthiques avancés bien avant l'essor des traditions philosophiques européennes.

De l'Égypte antique aux sociétés bantoues, en passant par les cultures sahéliennes et nilotiques, les Africains ont conçu des **principes éthiques structurés**, souvent liés à des systèmes spirituels et politiques. Ces principes, **codifiés dans des lois orales et écrites**, influençaient la gouvernance, les relations sociales et la justice.

Ce chapitre explore les fondements des systèmes éthiques africains anciens, leurs applications pratiques et leur héritage dans les sociétés modernes.

1. Fondements des Systèmes Éthiques Africains

L'éthique africaine repose sur **trois piliers fondamentaux** :
1. **La morale communautaire** : L'individu est défini par sa relation avec les autres.
2. **L'ordre cosmique et la justice sociale** : Le bien-être de l'homme est lié à l'équilibre du monde.
3. **Les valeurs spirituelles et religieuses** : La morale est souvent encadrée par des croyances religieuses.

1.1 La Maât : L'Éthique Égyptienne Antique (vers 2500 av. J.-C.)

L'un des premiers systèmes éthiques codifiés au monde provient de l'Égypte antique. **La Maât** est un concept central qui désigne à la fois la vérité, la justice, l'ordre universel et l'harmonie.

Principes fondamentaux de la Maât :
- **La justice et l'équité** : Les pharaons et les juges devaient rendre la justice en respectant les lois divines.
- **L'équilibre social** : Chacun devait contribuer à la stabilité de la société.
- **L'honnêteté et la sincérité** : Dire la vérité était une obligation fondamentale.

- **Le respect des aînés et des traditions** : Le savoir des anciens était considéré comme essentiel pour la cohésion sociale.

Les **"Maximes de Ptahhotep" (vers 2400 av. J.-C.)** sont parmi les premiers textes éthiques connus. Ce recueil conseille sur **la modestie, la bienveillance et la droiture**. Ces principes ont influencé non seulement la société égyptienne, mais aussi les traditions africaines subsahariennes.

1.2 L'Ubuntu : Une Éthique Bantoue du Vivre-Ensemble

Dans les sociétés bantoues, l'éthique repose sur le principe de **l'Ubuntu**, un concept philosophique qui signifie **"Je suis parce que nous sommes"**.

Principes clés de l'Ubuntu :
- **La solidarité** : L'individu trouve son épanouissement à travers la communauté.
- **La compassion** : Le respect de l'autre est fondamental.
- **Le dialogue et la réconciliation** : Les conflits doivent être résolus par la médiation et non par la violence.
- **Le respect des ancêtres et de l'héritage spirituel**.

Ce système éthique est encore influent aujourd'hui, notamment en Afrique du Sud, où il a été utilisé par Nelson Mandela et Desmond Tutu pour promouvoir la réconciliation nationale après l'apartheid.

2. Normes Sociales et Justice Morale en Afrique Ancienne

L'éthique africaine ne se limitait pas à des principes abstraits, elle était **mise en pratique à travers des normes sociales précises**.

2.1 L'Hospitalité et la Protection des Étrangers

Dans de nombreuses sociétés africaines, l'accueil de l'étranger était une règle sacrée.
- **Chez les Peuls et les Mandingues**, un voyageur devait être nourri et logé pendant plusieurs jours sans contrepartie.
- **Dans les royaumes sahéliens**, un étranger était sous la responsabilité de son hôte et ne pouvait être attaqué.

Cette **valeur d'hospitalité** garantissait la paix entre les peuples et favorisait le commerce et les échanges culturels.

2.2 La Justice Restauratrice et la Réconciliation

Contrairement aux systèmes judiciaires occidentaux fondés sur la **punition**, les sociétés africaines privilégiaient **la justice restauratrice**.

- **Chez les Akan du Ghana**, un crime n'était pas une faute individuelle, mais un déséquilibre dans la communauté. La réparation était donc plus importante que la rétribution.
- **Chez les Igbo du Nigeria**, des assemblées de sages organisaient des médiations pour éviter la guerre et maintenir l'harmonie.

Ce modèle a influencé des processus modernes comme les **Commissions Vérité et Réconciliation** en Afrique du Sud et au Rwanda.

2.3 Le Statut des Femmes et l'Égalité de Genre

Contrairement aux clichés sur la domination masculine, plusieurs civilisations africaines accordaient aux femmes des **droits et un statut respecté**.
- **Dans l'Empire du Mali (XIIIe siècle), la Charte du Manden garantissait la protection des femmes contre l'esclavage et les violences.**
- **En Égypte antique, les femmes avaient accès à la propriété, au commerce et pouvaient devenir pharaonnes.**
- **Chez les Akan, les femmes étaient des chefs politiques et jouaient un rôle clé dans la transmission du pouvoir.**

Loin d'être secondaires, les femmes africaines étaient souvent au cœur des systèmes éthiques et sociaux.

3. L'Impact de l'Éthique Africaine sur le Monde Moderne

3.1 L'Influence sur la Philosophie et le Droit Occidental

Les **principes de justice et de morale africaine** ont influencé certaines traditions philosophiques occidentales.
- **La Maât a inspiré la pensée grecque**, notamment Platon et Aristote, qui ont repris l'idée d'une société juste fondée sur l'équilibre et l'ordre.
- **La justice réparatrice africaine a influencé le droit pénal moderne**, notamment les pratiques de médiation et d'arbitrage.

3.2 La Résurgence des Valeurs Africaines dans les Sociétés Contemporaines

Avec la mondialisation et les crises sociales, les principes éthiques africains connaissent un **renouveau**.
- **Le modèle Ubuntu est utilisé en gestion d'entreprise et en leadership collaboratif.**
- **Les Commissions Vérité et Réconciliation, inspirées des traditions africaines, sont mises en place dans plusieurs pays.**

- **Les mouvements afrocentristes redécouvrent et valorisent les concepts éthiques africains pour construire un futur basé sur des valeurs ancestrales.**

Conclusion

Loin d'être un continent sans morale avant l'arrivée des Européens, l'Afrique a développé des **systèmes éthiques avancés**, qui ont influencé ses structures sociales, politiques et judiciaires. De **la Maât égyptienne** aux **principes d'Ubuntu**, en passant par les **normes de justice restauratrice**, ces valeurs ont traversé les siècles et continuent d'inspirer les sociétés modernes.

L'étude de ces systèmes permet de **réhabiliter la place centrale de l'Afrique dans l'histoire de la pensée éthique** et de proposer des **modèles alternatifs** pour un monde plus juste et équilibré.

Chapitre 17 : Technologie Textile - Innovations dans la Fabrication Textile (Antiquité à Moyen Âge) et Impact sur le Commerce Mondial

Introduction

L'Afrique est l'un des plus anciens foyers de production textile au monde, avec des traditions de fabrication de tissus qui remontent à des millénaires. Loin d'être une simple activité artisanale, la production textile africaine a joué un rôle crucial dans l'économie, la culture et les réseaux commerciaux du continent. Ce chapitre explore les principales innovations technologiques, les matières premières utilisées, les méthodes de tissage et de teinture, ainsi que l'impact du textile africain sur le commerce mondial.

1. Les Premières Innovations Textiles en Afrique

1.1 Origines de la Production Textile en Afrique

Les premières traces de production textile en Afrique remontent à la période préhistorique. L'archéologie a révélé que des fibres végétales et animales étaient déjà transformées en fils et en tissus il y a plus de 5000 ans.

- **Égypte antique** : La vallée du Nil est l'un des premiers centres de production de lin, dont les tuniques des pharaons et des élites égyptiennes étaient faites.
- **Afrique de l'Ouest** : L'utilisation du coton était largement répandue, notamment au Mali et au Nigeria, où des tissus complexes étaient fabriqués.
- **Afrique centrale et orientale** : Les écorces d'arbres étaient travaillées pour produire des vêtements.
- **Le "Ndze Ndop" du Cameroun** : Tissu traditionnel créé à Ndop, dans le Nord-Ouest du Cameroun, adopté par les chefs bamilékés et introduit dans les chefferies des Grassfields au XVIIe siècle comme tissu royal par excellence. Le Ndop qui signifie «**la corde/le fil**» est plus une technologie de production de textile qui a donné son nom au tissu. Les symboles qui y figurent sont des formes géométriques assimilables à une écriture plastique.

Le « Ndze Ndop »

1.2 Innovations Technologiques dans le Tissage et la Teinture

- **Le tissage vertical et horizontal** : Les peuples de la vallée du Nil et de l'Afrique de l'Ouest développent des métiers à tisser avancés.
- **L'art de la teinture** : Utilisation de pigments naturels comme l'indigo, le bois de santal et l'ocre pour produire des tissus colorés et résistants.
- **Le bogolan (Mali)** : Technique unique utilisant des boues fermentées pour créer des motifs symboliques sur les tissus.

2. Les Grands Centres de Production Textile en Afrique

2.1 L'Égypte Antique : Le Lin, Fibre de Luxe

L'Égypte ancienne fut l'un des premiers grands centres textiles du monde. Le lin égyptien était prisé pour sa finesse et sa durabilité, étant exporté vers le Moyen-Orient et l'Europe.

2.2 L'Afrique de l'Ouest : La Cotonnerie de Djenné et du Mali

Au Mali et au Nigeria, la culture du coton était développée, avec des artisans qui maîtrisaient le filage, le tissage et la teinture. Tombouctou et Djenné étaient des centres commerciaux majeurs dès le XIIIe siècle.

2.3 L'Afrique Centrale et Orientale : Les Textiles en Raphia

Dans des régions comme le Royaume Kongo, le raphia était un matériau central pour la production textile, utilisé pour la confection de vêtements royaux et d'objets d'apparat.

3. Le Textile Africain et le Commerce Mondial

3.1 Les Routes Commerciales Transsahariennes

Les textiles africains ont été échangés le long des routes transsahariennes avec l'Afrique du Nord, le Moyen-Orient et l'Europe. Les caravanes transportaient des tissus de coton, du lin et des étoffes teintes avec de l'indigo.

3.2 Le Rôle des Tissus dans les Échanges avec l'Europe et l'Asie

Les tissus africains ont influencé la mode et l'artisanat en Europe et en Asie. Les marchands arabes et portugais ont contribué à leur diffusion.

3.3 L'Impact de la Colonisation et la Transformation des Industries Textiles

Avec l'arrivée des Européens, l'industrie textile africaine a été déstabilisées, mais certaines techniques artisanales ont survécu et prospéré.

Conclusion

Les innovations textiles africaines, bien que parfois méconnues, ont joué un rôle crucial dans l'histoire économique et culturelle du monde. Le savoir-faire des artisans africains a influencé les modes vestimentaires et les systèmes commerciaux bien au-delà du continent. Aujourd'hui, la valorisation de ces traditions textiles est essentielle pour réhabiliter leur contribution à l'histoire des sciences et techniques.

Chapitre 18 : Biologie et écologie en Afrique ancienne

Introduction

L'Afrique, berceau de l'humanité, est également le théâtre d'une histoire riche en innovations scientifiques et écologiques souvent méconnues. Bien avant l'époque coloniale et l'avènement de la science moderne occidentale, les civilisations africaines avaient développé des systèmes sophistiqués de compréhension et de gestion de leur environnement. Ces connaissances, transmises de génération en génération, englobaient non seulement la botanique médicinale mais aussi des pratiques agricoles durables et des systèmes de conservation écologique remarquablement avancés pour leur époque.

La richesse des écosystèmes africains, s'étendant des forêts tropicales humides aux déserts arides, en passant par les savanes et les zones montagneuses, a contribué au développement d'une expertise particulièrement diversifiée. Les peuples africains ont su adapter leurs pratiques aux différents biomes, créant ainsi un corpus de connaissances biologiques et écologiques d'une complexité remarquable.

Cette introduction historique aux sciences naturelles africaines devient particulièrement pertinente aujourd'hui, alors que nous faisons face à des défis environnementaux majeurs. Les solutions traditionnelles africaines peuvent offrir des perspectives précieuses pour la gestion durable des ressources naturelles et la conservation de la biodiversité.

1. Les savoirs botaniques traditionnels
1.1 La pharmacopée égyptienne et nubienne
1.1.1 Les sources historiques

La médecine égyptienne ancienne nous est principalement connue grâce à plusieurs papyrus médicaux majeurs :
- Le Papyrus Ebers (1550 av. J.-C.) : Le plus volumineux et le plus complet des textes médicaux égyptiens, il contient une multitude de recettes et de prescriptions médicales.
- Le Papyrus Edwin Smith (1600 av. J.-C.) : Focalisé sur la chirurgie et les traumatismes, il détaille des procédures chirurgicales et des traitements pour diverses blessures.

Photo : Le papyrus chirurgical Edwin Smith est le document chirurgical le plus ancien au monde. Il fait partie d'un ancien document égyptien écrit aux

 environs de 1600 avant J.-C. en caractères hiératiques, forme cursive d'écriture de l'ancienne Égypte. © futura-sciences.com
- Le Papyrus Hearst (1550 av. J.-C.) : Contenant des prescriptions médicales diverses, il complète les connaissances des deux précédents papyrus.
- Le Papyrus de Berlin (1300 av. J.-C.) : Traitant notamment de la santé maternelle, il offre des insights sur les pratiques obstétriques de l'époque.

Ces documents révèlent une connaissance approfondie des propriétés médicinales des plantes et de leur préparation. Les Égyptiens classaient les plantes selon leurs effets thérapeutiques et comprenaient déjà le concept de dosage, ce qui témoigne de leur avancement dans le domaine de la médecine.

1.1.2 Méthodes de préparation et d'administration

Les anciens Égyptiens utilisaient diverses techniques de préparation des remèdes à base de plantes :

- La macération dans du vin ou de la bière : Les plantes étaient laissées à tremper pour extraire leurs principes actifs.
- La décoction dans l'eau : Les plantes étaient bouillies pour obtenir des solutions concentrées.
- La préparation d'onguents : En mélangeant des plantes avec des graisses animales, ils créaient des pommades pour application topique.
- La fumigation : Les substances médicinales étaient brûlées pour être inhalées.
- La fermentation contrôlée : Certaines préparations nécessitaient une fermentation pour être efficaces.

1.1.3 Principales plantes médicinales et leurs usages

La pharmacopée égyptienne utilisait un large éventail de plantes :

1. Plantes aromatiques :
   - Menthe : Utilisée pour traiter les problèmes digestifs.
   - Thym : Employé comme antiseptique.
   - Marjolaine : Utilisée pour soulager les maux de tête.
   - Cumin : Apprécié pour ses propriétés digestives et anti-inflammatoires.

2. Arbres et arbustes :
   - Acacia : Utilisé pour ses propriétés anti-inflammatoires.
   - Sycomore : Employé pour traiter les problèmes respiratoires.
   - Palmier-dattier : Considéré comme un fortifiant.
   - Grenadier : Utilisé comme antiparasitaire.

3. Plantes cultivées :
   - Lin : Utilisé pour faire des cataplasmes et des bandages.
   - Papyrus : Employé pour ses propriétés cicatrisantes.
   - Orge : Utilisé dans diverses préparations médicinales.
   - Lotus : Apprécié pour ses effets sédatifs et cardiotoniques.

1.2 Les savoirs botaniques en Afrique subsaharienne

1.2.1 Organisation des connaissances traditionnelles

Les savoirs botaniques en Afrique subsaharienne s'organisaient selon plusieurs niveaux :

1. Transmission familiale : Les connaissances de base étaient transmises au sein des familles, assurant une diffusion large des savoirs élémentaires.
2. Spécialistes locaux : Les herboristes et guérisseurs possédaient des connaissances approfondies et étaient consultés pour des traitements spécifiques.
3. Maîtres initiés : Ces individus détenaient des savoirs ésotériques et complexes, souvent liés à des rituels et des pratiques spirituelles.
4. Griots : En tant que gardiens de la mémoire collective, ils incluaient les savoirs botaniques dans leurs récits et enseignements.

1.2.2 Classification traditionnelle des plantes

Les systèmes de classification traditionnels africains reposaient sur plusieurs critères :

- Propriétés médicinales : Les plantes étaient classées selon leurs effets thérapeutiques.
- Usages alimentaires : Certaines plantes étaient également classées selon leur valeur nutritive.
- Caractéristiques morphologiques : La forme et la structure des plantes étaient prises en compte.
- Associations spirituelles : Certaines plantes étaient associées à des esprits ou des divinités.
- Habitat naturel : Les plantes étaient classées selon leur environnement de croissance.

- Cycle de vie : La durée de vie et les périodes de floraison étaient également des critères de classification.

1.2.3 Plantes majeures et leurs applications

1. Arbres sacrés et médicinaux :
   - Baobab (Adansonia digitata) : Ses feuilles sont riches en calcium et protéines, ses fruits en vitamine C, son écorce possède des propriétés fébrifuges, et ses racines sont tonifiantes.
   - Karité (Vitellaria paradoxa) : Le beurre de karité est utilisé en cosmétique et en médecine, l'écorce traite les rhumatismes, et les feuilles soulagent les troubles digestifs.

2. Plantes médicinales herbacées :
   - Moringa (Moringa oleifera) : Ses feuilles sont riches en vitamines, ses graines purifient l'eau, et ses racines ont des propriétés anti-inflammatoires.
   - Kinkeliba (Combretum micranthum) : Ses feuilles sont utilisées comme détoxifiant hépatique, ses racines comme fébrifuge, et son écorce comme antidiabétique.

2. Conservation de la biodiversité et gestion durable des ressources

2.1 Pratiques agricoles traditionnelles

2.1.1 Systèmes de culture adaptés

Les agriculteurs africains avaient développé des systèmes agricoles sophistiqués :

1. Culture étagée : Ce système intégrait plusieurs strates végétales, avec des arbres pour l'ombrage et la fertilisation, des arbustes pour une production secondaire, et des cultures herbacées principales.
2. Agriculture itinérante raisonnée : Les cycles de rotation des cultures et les périodes de jachère étaient précisément calculés pour maintenir la fertilité naturelle des sols.
3. Cultures associées : Les associations de légumineuses et de céréales, ainsi que la polyculture adaptée aux microclimats, optimisaient l'espace et les ressources disponibles.

2.1.2 Techniques de conservation des sols

1. Méthodes anti-érosion : Les agriculteurs utilisaient des terrasses agricoles, des haies vives, des cordons pierreux et des bandes enherbées pour prévenir l'érosion des sols.

2. Gestion de l'eau : Des systèmes de capture des eaux de pluie et des techniques d'irrigation traditionnelle étaient employés pour gérer les ressources hydriques de manière durable.

2.1.3 Sélection et conservation des semences

Les techniques de stockage traditionnelles et les critères de sélection des semences étaient essentiels pour préserver la diversité génétique des cultures. Les échanges de variétés entre communautés et la préservation des semences locales assuraient la résilience des systèmes agricoles.

2.2 Systèmes traditionnels de protection des écosystèmes

2.2.1 Forêts sacrées et zones protégées

1. Types de zones protégées traditionnelles : Les bois sacrés, les montagnes sanctuaires, les plans d'eau rituels et les sites d'initiation étaient des espaces où la nature était respectée et préservée.
2. Règles de gestion : L'accès à ces zones était réglementé, les prélèvements contrôlés, et des périodes de restriction étaient imposées pour assurer la régénération des écosystèmes.

2.2.2 Gestion de la faune

1. Régulation de la chasse : Les périodes de chasse étaient strictement définies, certaines espèces étaient protégées, et des quotas traditionnels étaient respectés pour éviter la surexploitation.
2. Protection des espèces : Les totems claniques et les interdits alimentaires contribuaient à la protection de certaines espèces animales, tandis que des zones refuges et des corridors de migration étaient maintenus pour assurer leur survie.

2.3 Transmission et évolution des savoirs

2.3.1 Systèmes traditionnels d'éducation

1. Apprentissage formel : L'initiation aux savoirs botaniques, la formation des guérisseurs et l'éducation des agriculteurs étaient des processus structurés et rigoureux.
2. Transmission informelle : Les contes, proverbes écologiques, l'apprentissage pratique et l'observation guidée étaient des moyens efficaces de transmettre les connaissances traditionnelles.

2.3.2 Adaptation aux changements

1. Réponses aux modifications environnementales : Les pratiques agricoles et les pharmacopées évoluaient en fonction des changements environnementaux, assurant une adaptation continue des savoirs traditionnels.
2. Intégration des connaissances modernes : Le dialogue entre savoirs traditionnels et science moderne permettait de valider et d'adapter les pratiques ancestrales, tout en intégrant des innovations hybrides.

3. Applications contemporaines des savoirs traditionnels

3.1 Médecine moderne et pharmacopée traditionnelle

3.1.1 Recherche pharmaceutique

Les études des principes actifs des plantes médicinales africaines ont conduit au développement de nouveaux médicaments. Les protocoles de validation scientifique permettent de confirmer l'efficacité des remèdes traditionnels et d'intégrer ces connaissances dans la médecine moderne.

3.1.2 Intégration dans les systèmes de santé

La reconnaissance officielle des tradipraticiens et la collaboration entre médecine moderne et traditionnelle sont essentielles pour offrir des soins de santé holistiques et efficaces. La réglementation et la standardisation des pratiques traditionnelles assurent leur intégration sécurisée dans les systèmes de santé contemporains.

3.2 Agriculture durable et sécurité alimentaire

3.2.1 Agroécologie moderne

L'adaptation des techniques agricoles traditionnelles aux défis climatiques actuels est cruciale pour la préservation de l'agrobiodiversité et la résilience des systèmes alimentaires. Les pratiques agroécologiques modernes s'inspirent des savoirs traditionnels pour offrir des solutions durables et adaptées aux contextes locaux.

3.2.2 Systèmes alimentaires résilients

La diversification des cultures, les circuits courts traditionnels et la préservation des variétés locales sont des éléments clés pour assurer la sécurité alimentaire et la résilience des systèmes alimentaires face aux changements climatiques et aux crises économiques.

Conclusion

L'étude des savoirs biologiques et écologiques de l'Afrique ancienne révèle une richesse et une complexité longtemps sous-estimées par la science occidentale. Ces connaissances, développées sur des millénaires, offrent des perspectives précieuses pour relever les défis environnementaux contemporains.

La redécouverte et la valorisation de ces savoirs traditionnels ne représentent pas un simple exercice historique, mais constituent une ressource importante pour l'innovation en matière de conservation de la biodiversité, de médecine et d'agriculture durable.

L'intégration réussie de ces connaissances ancestrales avec la science moderne nécessite une approche équilibrée, respectueuse des traditions tout en étant ouverte aux validations et adaptations contemporaines. Cette synthèse entre ancien et moderne pourrait bien être une clé pour construire un avenir plus durable.

Chapitre 19 : Technologies de Communication – Systèmes de Communication à Longue Distance en Afrique Antique

Introduction

La communication à longue distance a toujours été un enjeu crucial pour les civilisations humaines. L'Afrique, avec ses vastes territoires et ses empires étendus, a développé des systèmes de communication particulièrement sophistiqués et efficaces, bien avant l'arrivée des technologies modernes. Ces systèmes, loin d'être primitifs comme l'ont longtemps prétendu les observateurs occidentaux, constituaient des réseaux de communication complexes et hautement développés. La diversité des méthodes employées - tambours parlants, cornes d'appel, signaux de fumée, réseaux de messagers - témoigne d'une remarquable capacité d'adaptation aux différents environnements et besoins sociaux. Ces technologies ont joué un rôle fondamental dans le développement et le maintien des structures politiques, économiques et sociales des sociétés africaines anciennes.

1. Les Tambours Parlants : Une Innovation Majeure

1.1 Principes Linguistiques et Techniques

1.1.1 Base Linguistique

Les tambours parlants reposent sur une compréhension approfondie des langues tonales africaines. Ils reproduisent les tons hauts, moyens et bas, imitent les schémas rythmiques de la parole, utilisent les durées syllabiques et respectent les accents toniques. Ces éléments permettent de transmettre des messages complexes sur de longues distances, en utilisant les variations tonales pour reproduire les sons de la langue parlée.

1.1.2 Construction et Types de Tambours

Plusieurs types de tambours étaient utilisés selon les régions et les besoins. Les tambours à fente, creusés dans des troncs d'arbres, étaient courants dans certaines régions. Les tambours à membrane, utilisant des peaux animales tendues, offraient une plus grande variété de sons. Les tambours doubles permettaient plus de variations tonales, tandis que les tambours de dimensions variables étaient utilisés pour différentes portées sonores. La fabrication de ces tambours suivait un processus rigoureux, incluant la sélection du bois approprié, le séchage et le traitement, le creusage et le façonnage, l'installation des membranes pour les tambours à membrane, et enfin l'accordage et les tests sonores.

1.1.3 Techniques de Fabrication

La fabrication des tambours parlants était un art minutieux. Les artisans sélectionnaient d'abord le bois en fonction de ses qualités acoustiques. Après séchage et traitement, le bois était creusé et façonné avec précision. Pour les tambours à membrane, des peaux animales étaient tendues et ajustées pour produire les sons désirés. L'accordage final et les tests sonores garantissaient que chaque tambour répondait aux exigences de communication à longue distance.

1.2 Formation des Tambourinaires

1.2.1 Apprentissage

L'apprentissage du langage tambouriné était un processus long et complexe. Les futurs tambourinaires commençaient leur formation dès l'enfance, apprenant les codes et formules standard, ainsi que les variations régionales. La maîtrise des techniques secrètes était réservée aux spécialistes, qui transmettaient leur savoir avec soin.

1.2.2 Hiérarchie des Tambourinaires

Une structure sociale précise encadrait la pratique des tambourinaires. Les maîtres tambourinaires, au sommet de la hiérarchie, étaient responsables de la formation des apprentis et de la supervision des communications importantes. Les apprentis avancés assistaient les maîtres et se préparaient à assumer des responsabilités plus grandes. Les débutants apprenaient les bases du langage tambouriné, tandis que les spécialistes se concentraient sur certains types de messages, comme les annonces royales ou les alertes militaires.

1.3 Portée et Efficacité

Les messages tambourinés pouvaient être transmis sur des distances considérables. La portée directe variait de 3 à 7 kilomètres selon les conditions météorologiques et topographiques. Pour couvrir de plus longues distances, un système de relais était mis en place, permettant de transmettre des messages sur 100 à 200 kilomètres par jour. La vitesse de transmission était comparable à celle du télégraphe européen du 19e siècle, démontrant l'efficacité de ce système de communication ancestral.

2. Systèmes de Communication Sonore Complémentaires

2.1 Les Cornes d'Appel

2.1.1 Types et Fabrication

Les cornes d'appel étaient fabriquées à partir de divers matériaux, tels que l'ivoire d'éléphant, les cornes de buffle, le bois dur et, dans certaines régions, le métal. Chaque matériau offrait des qualités sonores uniques, adaptées à différents types de signaux.

2.1.2 Codes et Signaux

Les signaux de cornes suivaient des codes précis, adaptés à divers contextes. Les signaux militaires annonçaient les mouvements de troupes ou les attaques imminentes. Les annonces royales informaient les sujets des décisions du souverain. Les messages d'urgence alertaient les communautés des dangers imminents, tandis que les communications cérémonielles marquaient les événements importants.

2.2 Les Trompes et Autres Instruments

2.2.1 Variétés Régionales

Chaque région avait ses instruments spécifiques, adaptés à son environnement et à ses besoins. Les trompes en bois étaient courantes dans les forêts équatoriales, tandis que les flûtes de bambou étaient utilisées dans les régions montagneuses. Les instruments métalliques étaient privilégiés dans les royaumes sahéliens, où ils symbolisaient le pouvoir et l'autorité.

2.2.2 Contextes d'Utilisation

Les instruments de communication sonore étaient utilisés dans divers contextes. Les cérémonies religieuses, les événements royaux, les communications militaires et la coordination des activités communautaires étaient autant d'occasions où ces instruments jouaient un rôle crucial. Leur utilisation permettait de transmettre des informations rapidement et efficacement, assurant la cohésion et l'organisation des communautés.

3. Systèmes de Communication Visuelle

3.1 Signaux de Fumée

3.1.1 Techniques de Production

Les signaux de fumée étaient produits selon des méthodes précises. La sélection des combustibles, le contrôle de la densité de la fumée, la modulation de la durée des émissions et l'utilisation de couvertures pour contrôler la dispersion de la fumée étaient autant de techniques maîtrisées par les spécialistes.

3.1.2 Codification des Messages

Les messages étaient codés selon plusieurs critères : la couleur de la fumée, le nombre de colonnes de fumée, les intervalles entre les signaux et la durée des émissions. Ces codes permettaient de transmettre des informations complexes sur de longues distances, en utilisant des variations visuelles pour communiquer des messages spécifiques.

3.2 Systèmes de Signaux Lumineux

3.2.1 Feux de Nuit

L'utilisation stratégique des feux de nuit permettait de transmettre des informations sur de longues distances. Les feux étaient positionnés sur les hauteurs pour maximiser leur visibilité. Des systèmes de relais permettaient de transmettre les messages sur de grandes distances, en utilisant des codes basés sur la disposition des feux et les variations d'intensité lumineuse.

3.2.2 Signaux par Réflexion

Les surfaces réfléchissantes, telles que les boucliers métalliques, les surfaces polies et les miroirs, étaient utilisées pour transmettre des signaux lumineux. En réfléchissant la lumière du soleil ou des feux, ces surfaces permettaient de communiquer sur de longues distances, en utilisant des codes visuels pour transmettre des messages spécifiques.

4. Réseaux de Messagers

4.1 Organisation des Réseaux

4.1.1 Structure Hiérarchique

Les réseaux de messagers étaient strictement organisés. Les messagers royaux, au sommet de la hiérarchie, étaient responsables des communications les plus importantes. Les messagers provinciaux et locaux assuraient la transmission des informations au niveau régional et local. Les messagers spécialisés, tels que les messagers militaires ou diplomatiques, avaient des rôles spécifiques et des compétences particulières.

4.1.2 Routes et Relais

Un système élaboré de routes était maintenu pour assurer la transmission rapide et efficace des messages. Les routes principales reliaient les centres de pouvoir et les grandes villes, tandis que les routes secondaires desservaient les régions plus éloignées. Des points de relais étaient établis le long des routes, offrant des abris et des postes de repos pour les messagers.

4.2 Formation des Messagers

4.2.1 Sélection et Entraînement

Les messagers suivaient une formation rigoureuse. La sélection se basait sur des critères stricts, tels que l'endurance physique, la mémorisation, la navigation et la maîtrise des protocoles diplomatiques. Les messagers devaient être capables de parcourir de longues distances rapidement, de mémoriser des messages complexes et de naviguer dans des environnements variés.

4.2.2 Spécialisations

Différents types de messagers existaient, chacun ayant des compétences spécifiques. Les messagers diplomatiques étaient formés pour transmettre des messages entre les cours royales et les ambassades. Les messagers militaires assuraient la communication entre les unités de l'armée et les centres de commandement. Les messagers commerciaux facilitaient les échanges économiques entre les régions, tandis que les messagers cérémoniels annonçaient les événements importants et les célébrations.

5. Impact sur la Communication Moderne

5.1 Influences Technologiques

Les systèmes de communication à longue distance de l'Afrique antique ont influencé le développement des technologies de communication modernes. Le télégraphe, par exemple, s'inspire des systèmes de relais utilisés par les tambourinaires et les messagers. Les systèmes de codage modernes trouvent également leurs racines dans les codes utilisés pour les signaux de fumée et les signaux lumineux.

5.2 Héritage Contemporain

Les technologies de communication de l'Afrique antique continuent d'influencer les systèmes de communication contemporains. Les réseaux de communication modernes, tels que les systèmes d'alerte et les protocoles de transmission sécurisée, s'inspirent des méthodes de communication à longue distance développées en Afrique. Les protocoles diplomatiques et les méthodes de transmission sécurisée utilisés aujourd'hui trouvent également leurs origines dans les pratiques des messagers africains.

Conclusion

Les technologies de communication de l'Afrique antique représentent un exemple remarquable d'innovation et d'adaptation aux besoins sociaux et environnementaux. Ces systèmes, loin d'être primitifs, étaient sophistiqués et efficaces, permettant une communication rapide et fiable sur de vastes distances. Leur étude nous rappelle l'importance de reconnaître et de valoriser les contributions technologiques des civilisations africaines anciennes. Elle nous montre également comment des solutions innovantes peuvent émerger de contraintes environnementales et sociales spécifiques.

Chapitre 20 : Sciences Sociales et Anthropologie en Afrique Antique

Introduction

L'étude des sciences sociales et de l'anthropologie en Afrique antique révèle des systèmes sociaux d'une remarquable complexité et sophistication. Contrairement aux préjugés longtemps véhiculés par l'historiographie coloniale, les sociétés africaines anciennes avaient développé des structures sociales élaborées, des systèmes de gouvernance participative, et des méthodes de transmission du savoir qui témoignent d'une profonde compréhension des dynamiques humaines et sociétales. Ces systèmes, loin d'être primitifs ou simplistes, constituaient des réponses adaptées aux défis sociaux, économiques et politiques de leur époque. Ils ont influencé non seulement le développement des sociétés africaines ultérieures mais ont également contribué à l'évolution des sciences sociales mondiales.

1. Organisation Sociale et Structures de Pouvoir

1.1 Hiérarchies Sociales et Systèmes de Classes

1.1.1 Les Fondements de la Stratification Sociale

Les sociétés africaines antiques présentaient une stratification sociale complexe basée sur plusieurs critères. L'ancienneté des lignages jouait un rôle crucial dans la détermination du statut social. Les compétences spécialisées, telles que celles des artisans, des historiens ou des métallurgistes, étaient également très valorisées. Les rôles rituels et spirituels, souvent détenus par des chefs religieux ou des guérisseurs, conféraient un prestige considérable. La possession de terres ou de bétail était un autre facteur de distinction sociale, tout comme les alliances matrimoniales qui pouvaient renforcer les liens entre familles influentes. Ces différents éléments contribuaient à une hiérarchie sociale dynamique et multidimensionnelle.

1.1.2 Systèmes de Castes Professionnelles

Plusieurs régions d'Afrique ont développé des systèmes de castes spécialisées. Par exemple, chez les Mandingues, les Nyamakala regroupaient divers artisans spécialisés tels que les forgerons, les tisserands et les potiers. Les griots, historiens et musiciens, jouaient un rôle essentiel dans la préservation et la transmission des traditions orales. Ces systèmes de castes permettaient une division du travail efficace et assuraient la transmission des savoir-faire d'une génération à l'autre.

1.2 Structures du Pouvoir Politique

1.2.1 Monarchies et Chefferies

Les systèmes monarchiques en Afrique antique variaient considérablement d'une région à l'autre. En Égypte et en Nubie, la royauté était souvent perçue comme divine, le pharaon ou le roi étant considéré comme un intermédiaire entre les dieux et les hommes. Dans l'Empire du Mali, la monarchie était plus constitutionnelle, avec des conseils d'anciens et des assemblées de village qui partageaient le pouvoir avec le souverain. Chez certains peuples, comme les Ashanti, des systèmes confédéraux permettaient une gouvernance plus décentralisée, où plusieurs chefferies collaboraient pour former une entité politique plus large.

1.2.2 Conseils et Assemblées

Le pouvoir politique en Afrique antique n'était pas toujours concentré entre les mains d'un seul individu. Souvent, il était partagé avec divers conseils et assemblées. Les conseils des anciens, composés de membres respectés de la communauté, jouaient un rôle crucial dans la prise de décision. Les assemblées de village permettaient une participation plus large de la population aux affaires publiques. Les associations d'âge et les sociétés secrètes étaient également des structures importantes, assurant la cohésion sociale et la transmission des valeurs culturelles.

2. Systèmes de Parenté et Organisation Familiale

2.1 Structures Familiales

2.1.1 Types de Familles

Les structures familiales en Afrique antique étaient diverses et adaptées aux besoins sociaux et économiques des différentes communautés. Les familles nucléaires, composées des parents et de leurs enfants, coexistaient avec des familles étendues incluant plusieurs générations vivant sous le même toit. Les lignages et les clans regroupaient des familles partageant une ascendance commune, tandis que les systèmes totémiques associaient des groupes de familles à des symboles ou des animaux spécifiques.

2.1.2 Règles de Filiation

Les systèmes de filiation variaient également d'une société à l'autre. Chez les Akan, la filiation était matrilinéaire, c'est-à-dire que l'appartenance à un groupe et l'héritage se transmettaient par la lignée maternelle. Chez les Zoulous, en revanche, la filiation était patrilinéaire, privilégiant la lignée paternelle. Certains peuples bantous pratiquaient la double descendance, reconnaissant à la fois les lignées maternelle et paternelle. Les systèmes cognatiques, quant à eux, permettaient une plus grande flexibilité dans la détermination des liens de parenté.

2.2 Alliances Matrimoniales

2.2.1 Types de Mariages

Les systèmes matrimoniaux en Afrique antique étaient variés et répondaient à des besoins sociaux et économiques spécifiques. Les mariages arrangés permettaient de renforcer les alliances entre familles ou communautés. Les mariages par échange impliquaient la réciprocité entre les familles des époux, souvent sous forme de biens ou de services. Les mariages par dot, où la famille du marié offrait des biens à celle de la mariée, étaient également courants. Les mariages politiques, quant à eux, visaient à consolider les alliances entre royaumes ou chefferies.

2.2.2 Régulation des Alliances

Les alliances matrimoniales étaient régulées par des règles strictes visant à maintenir l'équilibre social et à éviter les conflits. Les règles d'exogamie imposaient le mariage en dehors de son propre groupe de parenté, tandis que les interdits matrimoniaux proscrivaient certaines unions considérées comme incestueuses. Les préférences matrimoniales guidaient le choix des partenaires, souvent en fonction de critères sociaux, économiques ou politiques. Les systèmes d'échange, tels que la dot ou le prix de la mariée, jouaient un rôle crucial dans la formalisation des unions.

3. Systèmes Éducatifs et Transmission des Savoirs

3.1 Éducation Formelle

3.1.1 Centres d'Apprentissage

Les centres d'apprentissage en Afrique antique étaient divers et adaptés aux besoins des différentes communautés. Les universités traditionnelles, comme celles de Tombouctou et de Djenné, étaient des lieux de savoir où l'on enseignait l'histoire, les sciences naturelles, les mathématiques et la philosophie. Les écoles initiatiques formaient les jeunes aux rites de passage et aux connaissances spirituelles. Les centres de formation artisanale transmettaient les savoir-faire techniques, tandis que les écoles coraniques, après l'islamisation, enseignaient les préceptes religieux et les sciences islamiques.

3.1.2 Curriculum et Méthodes

Le curriculum des centres d'apprentissage était riche et varié. Il couvrait des domaines tels que l'histoire et la généalogie, essentiels pour la préservation de l'identité collective. Les sciences naturelles et les mathématiques étaient enseignées pour leur application pratique dans l'agriculture, le commerce et l'architecture. La philosophie et l'éthique formaient les esprits à la réflexion critique et à la sagesse. Les arts martiaux et la défense étaient également des composantes importantes de l'éducation, assurant la protection des communautés. La médecine traditionnelle, enfin, transmettait les connaissances sur les plantes médicinales et les pratiques de guérison.

3.2 Éducation Informelle

3.2.1 Transmission Orale

La transmission orale était une méthode essentielle de l'éducation informelle en Afrique antique. Les contes, proverbes, chants et poèmes étaient utilisés pour transmettre les valeurs culturelles, les connaissances historiques et les enseignements moraux. Les rituels et cérémonies, souvent accompagnés de musique et de danse, jouaient un rôle crucial dans la socialisation des jeunes et la cohésion communautaire. Les jeux éducatifs, quant à eux, permettaient d'apprendre de manière ludique des compétences pratiques et des stratégies de résolution de problèmes.

3.2.2 Apprentissage Pratique

L'apprentissage pratique était une autre composante importante de l'éducation informelle. L'observation et l'imitation permettaient aux jeunes d'acquérir des compétences techniques et artisanales. Le mentorat, où un maître transmettait son savoir à un apprenti, assurait la continuité des métiers et des savoir-faire. Les stages pratiques, souvent intégrés dans les activités quotidiennes, permettaient d'acquérir une expérience concrète. Les rites de passage, enfin, marquaient les étapes importantes de la vie et préparaient les jeunes à leurs futurs rôles au sein de la communauté.

4. Rôles de Genre et Relations Sociales

4.1 Statut et Rôles des Femmes

4.1.1 Pouvoir Politique Féminin

Les femmes en Afrique antique exerçaient le pouvoir de diverses manières. Dans certaines sociétés, la royauté féminine était une réalité, avec des reines ou des cheffes qui gouvernaient aux côtés des hommes ou de manière autonome. Les conseils de femmes et les associations féminines jouaient un rôle crucial dans la prise de décision et la gestion des affaires communautaires. Les rôles rituels, souvent détenus par des femmes, conféraient un pouvoir spirituel et symbolique important.

4.1.2 Pouvoir Économique

Les femmes contrôlaient souvent des secteurs économiques clés. Elles géraient les marchés locaux, où elles vendaient des produits agricoles, artisanaux ou manufacturés. Le commerce spécialisé, tel que la vente de tissus ou de poteries, était également une activité féminine importante. La production alimentaire, essentielle à la survie des communautés, était souvent sous la responsabilité des femmes. Elles jouaient également un rôle crucial dans l'artisanat, fabriquant des objets utilitaires et décoratifs.

4.2 Complémentarité des Genres

4.2.1 Division du Travail

La répartition des tâches entre les genres en Afrique antique était basée sur la complémentarité des rôles. Les spécialisations genrées permettaient une division du travail efficace, où chacun contribuait selon ses compétences et ses responsabilités. Cette complémentarité assurait la cohésion sociale et la productivité économique des communautés. La flexibilité des rôles permettait également des adaptations selon les contextes et les besoins spécifiques.

4.2.2 Espaces Sociaux

L'organisation spatiale des communautés reflétait la complémentarité des genres. Les zones masculines et féminines étaient souvent distinctes, avec des espaces réservés aux activités spécifiques de chaque genre. Les espaces communs, en revanche, permettaient les interactions et les échanges entre les membres de la communauté. Les lieux rituels genrés, tels que les sanctuaires ou les lieux de culte, jouaient un rôle important dans la vie spirituelle et sociale. Les zones de mixité, enfin, favorisaient les rencontres et les collaborations entre les genres.

5. Systèmes Juridiques et Résolution des Conflits

5.1 Institutions Juridiques

5.1.1 Cours et Tribunaux

Les institutions juridiques en Afrique antique étaient diverses et adaptées aux besoins des différentes communautés. Les tribunaux coutumiers, composés de juges respectés, tranchaient les litiges selon les lois et les coutumes locales. Les cours royales, présidées par le souverain ou ses représentants, traitaient des affaires plus importantes ou impliquant des membres de la noblesse. Les assemblées de village et les conseils des anciens jouaient également un rôle crucial dans la résolution des conflits, assurant une justice participative et équitable.

5.1.2 Procédures Légales

Les procédures légales en Afrique antique étaient basées sur des principes de médiation et d'arbitrage. La médiation permettait de résoudre les conflits de manière pacifique, en trouvant des compromis acceptables pour toutes les parties. L'arbitrage, quant à lui, impliquait l'intervention d'un tiers neutre pour trancher les litiges. Les jugements publics, souvent prononcés devant la communauté, assuraient la transparence et l'acceptation des décisions. Les ordalies, épreuves rituelles où l'issue était considérée comme un jugement divin, étaient également pratiquées dans certaines sociétés.

5.2 Principes de Justice

5.2.1 Justice Réparatrice

Les principes de justice en Afrique antique étaient basés sur la réparation et la réconciliation. La compensation des victimes, sous forme de biens ou de services, visait à réparer les torts subis et à rétablir l'équilibre social. La réconciliation, souvent accompagnée de rituels de purification, permettait de restaurer les liens sociaux et de prévenir les conflits futurs. La réintégration sociale des contrevenants, après avoir purgé leur peine, était également un principe important, assurant la cohésion et la stabilité de la communauté.

5.2.2 Sanctions et Réparations

Les sanctions en Afrique antique pouvaient être matérielles, sociales, spirituelles ou éducatives. Les sanctions matérielles impliquaient la confiscation de biens ou le paiement de compensations. Les sanctions sociales, telles que l'ostracisme ou l'exclusion temporaire de la communauté, visaient à réaffirmer les normes et les valeurs collectives. Les sanctions spirituelles, souvent sous forme de rituels de purification ou de sacrifices, permettaient de rétablir l'équilibre cosmique. Les sanctions éducatives, enfin, visaient à rééduquer les contrevenants et à les réintégrer dans la communauté.

6. Économie et Relations Sociales

6.1 Systèmes Économiques

6.1.1 Modes de Production

L'économie en Afrique antique reposait sur plusieurs modes de production adaptés aux ressources et aux besoins des différentes communautés. L'agriculture collective, souvent pratiquée sur des terres communautaires, assurait la subsistance des populations. L'élevage communautaire, où les troupeaux étaient gérés collectivement, permettait de maximiser les ressources et de partager les risques. L'artisanat spécialisé, tel que la métallurgie, la poterie ou le tissage, produisait des biens utilitaires et décoratifs. Le commerce organisé, souvent basé sur des réseaux d'échanges régionaux ou interrégionaux, assurait la circulation des biens et des idées.

6.1.2 Distribution des Ressources

La distribution des ressources en Afrique antique suivait des principes de redistribution et de réciprocité. Les systèmes de redistribution, souvent gérés par les chefs ou les conseils communautaires, assuraient une répartition équitable des ressources entre les membres de la communauté. Les échanges ritualisés, tels que les offrandes ou les sacrifices, renforçaient les liens sociaux et spirituels. Les marchés régulés, où les prix et les conditions de vente étaient fixés par des autorités locales, assuraient la transparence et l'équité des transactions. Les réseaux commerciaux, enfin, permettaient l'échange de biens et de services sur de longues distances, favorisant les interactions entre les communautés.

6.2 Relations Intercommunautaires

6.2.1 Alliances et Réseaux

Les relations intercommunautaires en Afrique antique étaient basées sur des alliances et des réseaux complexes. Les alliances commerciales permettaient l'échange de biens et de services entre les communautés, favorisant la prospérité économique et la diversité culturelle. Les pactes de non-agression assuraient la paix et la sécurité, permettant aux communautés de se concentrer sur le développement et la coopération. Les échanges culturels, tels que les mariages intercommunautaires ou les festivals communs, renforçaient les liens sociaux et favorisaient la compréhension mutuelle.

6.2.2 Gestion des Conflits

La gestion des conflits entre les communautés en Afrique antique impliquait des mécanismes de négociation et de médiation. Les négociations diplomatiques, souvent menées par des émissaires ou des chefs respectés, permettaient de résoudre les différends de manière pacifique. Les médiations rituelles, où des cérémonies et des sacrifices étaient réalisés pour apaiser les tensions, jouaient un rôle important dans la réconciliation. Les compensations collectives, sous forme de biens ou de services, permettaient de réparer les torts subis et de rétablir l'équilibre social. Les pactes de paix, enfin, formalisaient les accords et assuraient la stabilité à long terme.

Conclusion

L'étude des sciences sociales et de l'anthropologie en Afrique antique révèle des systèmes sociaux sophistiqués qui ont su répondre aux défis de leur époque. Ces structures, loin d'être figées, ont évolué et se sont adaptées aux changements sociaux et environnementaux, démontrant une remarquable résilience et flexibilité. La compréhension de ces systèmes est essentielle non seulement pour l'histoire africaine mais aussi pour les sciences sociales contemporaines. Les principes de gouvernance participative, de justice réparatrice et de transmission intergénérationnelle des savoirs développés dans l'Afrique antique offrent des perspectives pertinentes pour aborder les défis sociaux actuels.

Chapitre 21 : Technologies de Construction en Afrique Ancienne – Matériaux Innovants et Structures Durables

Introduction

L'histoire de l'architecture africaine ancienne est un témoin silencieux, mais éloquent, de la richesse intellectuelle et de l'ingéniosité technique des civilisations du continent. Loin des clichés dévalorisants qui associent l'Afrique ancienne à une architecture rudimentaire, les vestiges laissés par les peuples d'Afrique révèlent une maîtrise impressionnante des matériaux naturels, des environnements locaux et des contraintes climatiques. Des pyramides de Gizeh aux mosquées de Djenné, en passant par les murs cyclopéens du Grand Zimbabwe, l'Afrique a conçu des structures résilientes, esthétiques et écologiquement adaptées bien avant que le développement durable ne devienne une priorité mondiale. Ce chapitre explore les fondements scientifiques et techniques de ces constructions ancestrales, démontrant leur pertinence et leur modernité insoupçonnée.

1. L'Art de Bâtir en Terre : Une Ingéniosité au Service de la Durabilité

L'un des matériaux les plus emblématiques de l'architecture africaine ancienne est sans conteste la terre. Utilisée depuis des millénaires, la terre a été travaillée avec un savoir-faire transmis de génération en génération, donnant naissance à des structures d'une grande beauté et d'une étonnante longévité.

Les constructeurs maîtrisaient l'art de choisir et de préparer la terre selon des critères précis. La sélection des sols n'était pas aléatoire : les bâtisseurs analysaient empiriquement la granulométrie du sol, recherchant un équilibre entre sable, limon et argile. Une terre trop argileuse risquait de se fissurer, tandis qu'une terre trop sablonneuse manquait de cohésion. Pour corriger ces déséquilibres, ils y ajoutaient des éléments naturels comme la paille, les fibres végétales ou la cendre, améliorant ainsi la plasticité et la stabilité du matériau.

La technique du pisé, particulièrement répandue dans les zones sahéliennes et sahariennes, consistait à compacter la terre humide dans des coffrages en bois. Cette méthode permettait de construire des murs épais, thermiquement efficaces, capables de résister à de fortes amplitudes thermiques et aux vents du désert. Les briques d'adobe, quant à elles, étaient façonnées à la main, séchées au soleil, puis empilées selon des techniques précises d'assemblage. Les joints étaient comblés à l'aide de mortiers de terre, assurant l'homogénéité et la solidité de la structure.

Loin d'être limitées à de simples habitations, ces techniques en terre ont permis l'édification de monuments impressionnants comme la grande mosquée de Djenné au Mali, la plus grande structure en banco au monde, qui témoigne encore aujourd'hui de la capacité des sociétés africaines à créer de véritables chefs-d'œuvre d'architecture écologique.

2. Le Bois : Élément Structurant et Esthétique

Dans de nombreuses régions boisées du continent, le bois a constitué un matériau de construction central, apprécié pour sa flexibilité, sa résistance et sa disponibilité. Contrairement à l'idée répandue d'un usage brut du bois, les sociétés africaines anciennes pratiquaient une sélection rigoureuse des essences selon leur usage. L'ébène, l'iroko, le baobab ou encore le teck africain étaient choisis pour leurs qualités mécaniques et leur durabilité naturelle.

Avant d'être mis en œuvre, le bois était soigneusement traité. Il était séché à l'abri du soleil direct pour éviter les fissures et les déformations, puis parfois imbibé de substances végétales protectrices aux propriétés antifongiques et insecticides. Ce traitement prolongeait considérablement la durée de vie des structures en bois, même dans les environnements tropicaux humides.

Les assemblages étaient réalisés sans clous, mais à l'aide de techniques complexes comme le tenon-mortaise, les chevilles en bois dur ou les ligatures en fibres végétales tressées. Ces méthodes offraient à la fois solidité et souplesse, essentielles pour résister aux vibrations et aux mouvements naturels du sol. De véritables chefs-d'œuvre de charpenterie, parfois invisibles à l'œil non averti, soutenaient les toitures végétalisées ou les balcons suspendus des palais et temples africains.

Le bois n'était pas seulement un matériau de soutien, mais aussi un vecteur d'ornementation. Sculpté avec soin, il portait des symboles spirituels et sociaux, transformant les bâtiments en récits vivants de la cosmogonie locale.

3. La Pierre : Majesté et Pérennité

La pierre, matériau noble et éternel, a été abondamment utilisée dans les régions où les ressources géologiques le permettaient. L'Égypte ancienne est l'exemple le plus célèbre, avec ses pyramides colossales construites en calcaire et en granite, extraits et taillés selon des techniques qui fascinent encore les ingénieurs modernes.

Les tailleurs de pierre africains excellaient dans l'extraction de blocs imposants, qu'ils transportaient à l'aide de traîneaux, de rondins ou de barges fluviales. Les outils de cuivre, de pierre ou de bois dur, associés à des techniques de friction et de polissage, permettaient d'obtenir des finitions remarquables. Dans plusieurs régions, les pierres étaient assemblées sans mortier, selon des systèmes d'emboîtement d'une précision impressionnante, comme en témoignent les murs du Grand Zimbabwe.

Les voûtes, linteaux et colonnes monolithiques taillés dans des blocs uniques, démontrent une compréhension poussée des charges, des tensions et des principes de l'équilibre. La symbolique de la pierre, associée à la stabilité, à la force et à la permanence, conférait également à ces constructions un rôle sacré et politique. Elles étaient le reflet de la grandeur des royaumes, des cités-États et des sanctuaires qui les faisaient ériger.

4. Adaptation Environnementale et Maîtrise Climatique

Une constante dans les technologies de construction africaine réside dans leur remarquable capacité d'adaptation aux conditions climatiques locales. Loin de reproduire des modèles étrangers, chaque région développait une architecture bioclimatique, utilisant les ressources disponibles pour répondre aux défis posés par la chaleur, l'humidité, le vent ou la sécheresse.

Les ouvertures étaient disposées de manière stratégique pour favoriser la ventilation naturelle. Les murs épais en terre ou en pierre jouaient le rôle de régulateurs thermiques, absorbant la chaleur pendant la journée pour la restituer la nuit. Les toitures, souvent végétalisées ou recouvertes de fibres, amélioraient l'isolation tout en assurant un drainage efficace des eaux de pluie.

La gestion de l'eau constituait un autre axe majeur d'innovation. À travers des techniques de collecte d'eau de pluie, de stockage en citernes enterrées ou de drainage intégré dans les fondations, les bâtisseurs africains assuraient à leurs constructions une résilience face aux précipitations extrêmes ou à la sécheresse. Certaines civilisations avaient même conçu des réseaux d'irrigation et des systèmes d'aqueducs rudimentaires pour alimenter les villes.

5. Héritage, Continuité et Résonance Contemporaine

Les leçons tirées de ces pratiques anciennes ne relèvent pas uniquement du patrimoine : elles constituent un socle d'innovation pour les défis actuels. Dans un contexte de crise climatique et de recherche d'une architecture plus durable, les solutions africaines d'antan retrouvent une pertinence nouvelle.

L'architecture contemporaine s'inspire de plus en plus de ces techniques traditionnelles pour concevoir des bâtiments écologiques, peu énergivores et adaptés aux climats chauds. Le recours à la terre crue revient en force dans les projets architecturaux d'avant-garde, avec des matériaux stabilisés et des procédés modernisés. Des écoles d'architecture africaines et internationales redécouvrent les principes de la ventilation passive, de l'inertie thermique, et des structures mixtes.

En parallèle, les efforts de conservation et de restauration des édifices anciens se multiplient, portés par une volonté de transmission des savoirs. Des programmes de formation pour artisans du bâti traditionnel voient le jour, tandis que les technologies numériques permettent de documenter et de modéliser ces trésors architecturaux pour les générations futures.

Conclusion

Les technologies de construction développées en Afrique ancienne sont la preuve irréfutable que les peuples du continent ont su, bien avant l'ère industrielle, concevoir des édifices intelligents, durables et respectueux de l'environnement. Fondées sur une compréhension fine des matériaux naturels et des dynamiques climatiques, ces méthodes offrent une alternative pertinente aux modèles énergivores actuels.

Au-delà de leur efficacité technique, ces savoirs architecturaux expriment une vision du monde où l'humain vit en harmonie avec la nature, où l'édifice est un prolongement du paysage, et où la beauté naît de l'intelligence du geste. Redécouvrir, valoriser et actualiser ces savoir-faire n'est pas un acte de nostalgie, mais un choix stratégique pour construire un avenir plus juste, plus résilient et profondément enraciné dans l'âme du continent africain.

Chapitre 22 : Sciences vétérinaires – Pratiques vétérinaires traditionnelles en Afrique ancienne

Introduction

Les sociétés africaines ont développé depuis des millénaires des connaissances approfondies en soins vétérinaires, adaptées aux divers écosystèmes du continent. En tant que berceau de l'humanité, l'Afrique est également le berceau de la domestication de plusieurs espèces animales, notamment le bétail, les chèvres, les ânes et les dromadaires. Ces pratiques vétérinaires ont permis le développement de l'élevage, du transport et de l'agriculture.

Ce chapitre explore les traditions vétérinaires de l'Égypte antique, des empires sahéliens, des sociétés pastorales de l'Afrique de l'Est et des cultures forestières d'Afrique centrale et de l'Ouest. Nous mettrons en évidence les traitements, les outils utilisés, les savoirs oraux et les influences sur la médecine vétérinaire moderne.

1. Les Premiers Systèmes Vétérinaires en Afrique Antique

1.1 L'Égypte Antique : Un Système Avancé de Soins aux Animaux

L'Égypte antique est l'une des premières civilisations à documenter les soins aux animaux, en particulier pour les bœufs, les chevaux et les félins domestiques.

Preuves archéologiques :
- Des fresques et hiéroglyphes trouvés à Saqqarah et à Thèbes montrent des vétérinaires soignant des chevaux et du bétail.
- Des papyrus médicaux (comme le Papyrus Kahun, ~1900 av. J.-C.) décrivent les traitements pour les maladies du bétail et des chevaux.
- Des momies animales ont révélé des techniques de soins spécifiques, comme des attelles sur des pattes fracturées.

Soins et traitements :
- Utilisation de plantes médicinales (myrrhe, aloe vera, miel) pour traiter les infections.
- Massage et mobilisation pour traiter les chevaux souffrant de douleurs musculaires.
- Alimentation spécialisée pour le bétail, les ânes et les chevaux.

Symbolisme et respect des animaux :
- Les chats étaient protégés et vénérés.
- Les vaches étaient considérées comme sacrées, notamment dans le culte d'Hathor.

1.2 Les Empires du Sahel : Mali, Songhaï et Ghana

Dans les civilisations sahéliennes, l'élevage était une pierre angulaire de l'économie et la gestion des maladies animales était essentielle.

Gestion des troupeaux :
- Systèmes de rotation des pâturages pour éviter l'épuisement des sols et la propagation des maladies.
- Méthodes de reproduction contrôlée pour maintenir des races adaptées au climat.

Médecine vétérinaire sahélienne :
- Les pasteurs Peuls et Touaregs utilisaient des infusions de plantes locales pour soigner les maladies du bétail (fièvre, infections respiratoires).
- Des incisions cutanées étaient parfois pratiquées pour traiter des abcès ou pour stimuler la circulation sanguine.

Techniques de vaccination traditionnelles :
- Des pasteurs peuls pratiquaient des formes de variolation bovine : l'exposition contrôlée à une maladie atténuée pour immuniser le bétail.
- Ce procédé précède de plusieurs siècles la vaccination moderne.

1.3 L'Afrique de l'Est : Kenya, Éthiopie et Tanzanie

Les communautés pastorales de la vallée du Rift (Maasaï, Oromo, Borana) ont développé des savoirs vétérinaires précis.

Soins aux bovins et petits ruminants :
- Utilisation de poudres minérales pour traiter les troubles digestifs.
- Pratique de la cicatrisation au fer chaud pour guérir les plaies et stopper les infections.
- Application de cendres et de feuilles écrasées sur les plaies ouvertes.

Protection des animaux contre les prédateurs :
- Construction de parcs clôturés pour protéger les troupeaux.
- Utilisation de chiens domestiqués pour la surveillance.

Savoir empirique des maladies :
- Les Maasaï classaient les maladies selon leurs symptômes et savaient différencier les infections virales et bactériennes.
- Ils pratiquaient l'isolement des animaux malades, un précurseur des pratiques modernes de quarantaine.

2. Les Méthodes et Techniques Traditionnelles en Afrique

2.1 La Pharmacopée Vétérinaire Africaine
L'usage des plantes médicinales était central dans les traitements vétérinaires.

Plantes utilisées :
- Neem (Azadirachta indica) : utilisé contre les parasites internes et externes.
- Aloe Vera : pour soigner les plaies et infections cutanées.
- Écorce de baobab : administrée aux vaches en cas de diarrhée sévère.
- Racines de Terminalia : efficaces contre les infections respiratoires du bétail.

2.2 L'Identification et la Marque des Animaux
Les Africains utilisaient différentes méthodes pour identifier leurs troupeaux et prévenir le vol.

- Marques au fer rouge sur le cuir des animaux (chez les Peuls et les Maasaï).
- Systèmes de scarifications appliqués aux vaches pour les reconnaître.
- Usage de colliers distinctifs avec des perles colorées.

2.3 L'Hygiène et la Gestion des Épidémies
- Litières sèches et propres pour éviter les infections.
- Isolation des animaux malades (principe de quarantaine).
- Fumigation des enclos avec des herbes médicinales.

3. Héritage et Influence des Sciences Vétérinaires Africaines sur le Monde Moderne

3.1 Influence sur la Médecine Vétérinaire Moderne
Plusieurs techniques vétérinaires africaines ont influencé les pratiques modernes :

- L'immunisation traditionnelle des troupeaux a inspiré certaines méthodes de vaccination animale.
- L'herboristerie africaine a été étudiée par des vétérinaires occidentaux pour développer des traitements naturels.
- Les pratiques de gestion durable du bétail sont aujourd'hui intégrées dans les politiques agricoles modernes.

3.2 Recherches Contemporaines et Perspectives
- L'Organisation des Nations Unies pour l'Alimentation et l'Agriculture (FAO) reconnaît l'importance des savoirs vétérinaires traditionnels.
- Des études scientifiques modernes examinent les propriétés des plantes médicinales africaines pour développer de nouveaux traitements vétérinaires.
- La conservation des espèces animales rares en Afrique s'appuie sur des pratiques locales de gestion de la faune.

Conclusion

Les sciences vétérinaires africaines anciennes témoignent d'une compréhension fine des soins aux animaux et d'une capacité d'adaptation aux écosystèmes variés du continent. Les savoirs des peuples africains, souvent oraux et pratiques, sont pourtant fondés sur une logique scientifique empirique qui a permis la prospérité de l'élevage et du commerce.

Aujourd'hui, la médecine vétérinaire moderne s'intéresse de plus en plus aux techniques traditionnelles africaines. Il est essentiel de préserver et d'étudier ces savoirs pour contribuer à une médecine vétérinaire durable, respectueuse des écosystèmes et des traditions.

Chapitre 23 : Sciences de l'éducation en Afrique ancienne

Introduction

L'Afrique ancienne a développé des systèmes éducatifs sophistiqués bien avant l'instauration des modèles occidentaux contemporains. Contrairement à l'idée reçue d'un continent dépourvu de traditions académiques, de nombreuses sociétés africaines possédaient des institutions d'enseignement formelles et informelles permettant la transmission des connaissances scientifiques, philosophiques et techniques.

Dans ce chapitre, nous examinerons les structures éducatives de plusieurs civilisations africaines, notamment **l'Égypte antique, l'Empire du Mali, les royaumes de Nubie, le Royaume du Kongo et les traditions éducatives en Afrique de l'Est et australe**. Nous analyserons les méthodes d'apprentissage, la formation des jeunes et l'héritage de ces systèmes dans les traditions contemporaines.

1. L'éducation dans l'Égypte antique : la première institutionnalisation du savoir

1.1. Les Maisons de Vie (Per Ankh) : Premiers centres académiques

En Égypte antique, les "Maisons de Vie" (« Per Ankh ») servaient d'institutions académiques, fonctionnant comme des écoles, des bibliothèques et des centres de recherche scientifique. Elles formaient les scribes, prêtres et fonctionnaires, essentiels à l'administration et au développement du royaume.

- Les élèves apprenaient **l'écriture hiéroglyphique et hiératique**, la gestion des comptes, l'astronomie et les bases médicales.
- Les Per Ankh étaient situées dans les temples, témoignant du lien entre savoir et spiritualité.
- Ces écoles ont influencé les modèles éducatifs du Proche-Orient et de la Grèce antique.

1.2. La formation des scribes et des administrateurs

Le scribe occupait un rôle clé dans la société égyptienne. La formation était rigoureuse et impliquait :

- La copie et l'analyse des textes religieux, administratifs et scientifiques.
- L'apprentissage des mathématiques pour les transactions commerciales et les projets d'ingénierie.

- L'étude des concepts philosophiques et éthiques, notamment la **Maât**, principe d'ordre et de justice.

L'éducation égyptienne était donc un système structurant, influençant la formation des futures élites.

2. Les Universités de Tombouctou et le système éducatif de l'Empire du Mali

2.1. Les grandes institutions de Tombouctou

Sous l'Empire du Mali (XIIIe-XVIe siècle), des centres académiques prestigieux comme l'Université de Sankoré à Tombouctou (Photo kirinapost.com) ont vu le jour.

- Sankoré était **l'un des plus grands centres d'apprentissage du monde islamique**.
- Elle accueillait jusqu'à **25 000 étudiants**, soit plus que la Sorbonne à la même époque.
- On y enseignait **les mathématiques, la médecine, la philosophie, l'astronomie et le droit**.
- Les bibliothèques contenaient des milliers de manuscrits scientifiques et philosophiques.

2.2. La transmission du savoir à travers les griots et les familles

Parallèlement à ces institutions formelles, **les griots** (gardiens de l'histoire orale) jouaient un rôle clé dans la transmission du savoir historique et culturel.

- Ils enseignaient **les généalogies, les épopées des grands rois et les leçons morales**.
- L'enseignement était personnalisé et adapté à chaque caste professionnelle (forgerons, agriculteurs, commerçants).

3. L'éducation et la transmission des savoirs en Afrique centrale et australe

3.1. Les systèmes initiatiques en Afrique centrale

Dans le Royaume du Kongo et en Afrique centrale, l'éducation était assurée par des sociétés initiatiques, telles que :
- **Le Bwami chez les Lega** (RDC), qui formait les jeunes à la sagesse et à la gouvernance.
- **Le Poro et le Sande en Afrique de l'Ouest**, des sociétés d'initiation enseignant les valeurs sociales et politiques.

Ces sociétés permettaient **une formation morale, politique et technologique**, assurant la transmission des savoirs traditionnels.

3.2. L'importance de l'oralité et des contes

En Afrique australe, l'enseignement passait par les contes et les proverbes :
- Les élèves devaient mémoriser et interpréter les leçons cachées.
- Chaque histoire servait à transmettre **des principes éthiques et des stratégies de survie**.

4. Comparaison avec d'autres modèles éducatifs mondiaux

4.1. Similitudes et différences avec l'enseignement en Europe et en Asie

- **L'Égypte antique et la Grèce antique** : La transmission du savoir était similaire, mais les égyptiens avaient une formation plus pratique.
- **L'Empire du Mali et les universités arabes** : Tombouctou rivalisait avec les grands centres de savoirs islamiques (Le Caire, Bagdad).
- **L'oralité africaine et la tradition chinoise** : Comme en Chine, l'Afrique transmettait le savoir à travers la famille et les traditions locales.

Conclusion

Loin d'être un continent dépourvu de systèmes éducatifs avant la colonisation, l'Afrique ancienne possédait des modèles élaborés d'enseignement. Des **Maisons de Vie égyptiennes aux universités de Tombouctou, en passant par les traditions initiatiques et les griots**, le savoir était transmis de manière formelle et informelle, garantissant la continuité des connaissances scientifiques et culturelles.

Aujourd'hui, ces modèles inspirent les efforts contemporains de revalorisation des traditions éducatives africaines et d'intégration des savoirs ancestraux dans les systèmes modernes d'éducation.

Chapitre 24: Sciences Environnementales – Gestion des Ressources en Eau et Techniques de Conservation en Afrique Ancienne

Introduction

L'eau est l'une des ressources les plus essentielles à la vie, et la gestion des ressources hydriques a été un défi majeur pour toutes les civilisations. Loin des stéréotypes d'un continent aride et sous-développé, l'Afrique a été pionnière dans l'ingénierie hydraulique bien avant de nombreuses autres civilisations du monde. Dès l'Antiquité, plusieurs sociétés africaines ont développé des systèmes de gestion de l'eau sophistiqués pour irriguer leurs terres, stocker l'eau en période de sécheresse et assurer une distribution équitable aux populations.

Dans ce chapitre, nous explorerons :
1. **Les grands systèmes hydrauliques développés en Afrique** (Égypte ancienne, Nubie, Éthiopie, Afrique de l'Ouest et Maghreb).
2. **Les techniques de conservation et de distribution de l'eau** (barrages, puits, qanâts, citernes, réservoirs souterrains).
3. **L'impact de ces innovations sur le développement des sociétés africaines et leur influence sur d'autres civilisations.**

1. L'Ingénierie Hydraulique dans l'Afrique Ancienne

1.1 L'Ingénierie de l'eau en Égypte et en Nubie (3000 av. J.-C.)

L'Égypte antique est un exemple emblématique de **gestion avancée de l'eau**. Le Nil constituait la principale source d'eau douce, et les Égyptiens ont su tirer parti de ses crues en développant des **systèmes d'irrigation sophistiqués**.

1.1.1. Les canaux d'irrigation et les bassins de rétention

- Les Égyptiens construisirent des **réseaux de canaux** qui dirigeaient l'eau du Nil vers les terres agricoles.
- Les **bassins de rétention** permettaient de stocker l'eau pour l'utiliser hors saison.

Des barrages en terre et en pierre étaient construits pour contrôler le débit du fleuve.

1.1.2. Le lac Moeris et les barrages hydrauliques

- Le **lac Moeris** (dans l'actuelle oasis de Fayoum) est l'un des premiers exemples de **bassin artificiel régulateur**.
- Il était alimenté par des canaux depuis le Nil et servait de **réservoir d'eau pour l'irrigation en période sèche**.

- Le **barrage de Sadd el-Kafara** (vers 2650 av. J.-C.) est l'un des plus anciens barrages du monde, construit en Nubie.

Ces infrastructures démontrent une connaissance avancée de **l'hydrologie et de la gestion des eaux fluviales** bien avant les Romains ou les Chinois.

1.2 Le Système Hydraulique de la Nubie et des Royaumes Kouchites

Les Nubiens, situés au sud de l'Égypte, ont développé des infrastructures hydrauliques innovantes pour s'adapter à leur environnement semi-aride.
- Ils utilisaient des **puits profonds** pour capter l'eau souterraine et alimenter les villages.
- Les **qanāts** (systèmes de galeries souterraines) étaient exploités pour acheminer l'eau sur de longues distances, réduisant l'évaporation.
- La ville de Méroé (Kouch) avait mis en place des **réservoirs souterrains** pour stocker l'eau des précipitations.

Les Nubiens ont ainsi développé des **technologies adaptées aux zones arides**, montrant une grande compréhension des dynamiques climatiques.

1.3 Les Systèmes d'Irrigation en Éthiopie

L'Éthiopie antique a également développé **des systèmes d'irrigation avancés**, adaptés aux reliefs montagneux.
- Les **terrasses agricoles** permettaient de retenir l'eau et de prévenir l'érosion.
- Les **canaux en pente** permettaient d'irriguer efficacement les vallées.
- Les Éthiopiens utilisaient également des **citernes creusées dans la roche** pour stocker l'eau de pluie.

L'ingénierie hydraulique éthiopienne influença plus tard les systèmes d'irrigation de la péninsule arabique.

1.4 Les Techniques Hydrauliques en Afrique de l'Ouest

L'Afrique de l'Ouest a su exploiter ses **cours d'eau saisonniers et souterrains** pour gérer l'eau efficacement.
- Les peuples du Mali, du Ghana et du Songhaï utilisaient des **digues en terre** pour stocker l'eau des fleuves pendant la saison des pluies.
- Les agriculteurs de la région du Sahel construisaient des **mares artificielles** pour abreuver le bétail et irriguer les cultures.
- Le **pays Dogon** (Mali) est célèbre pour ses **techniques d'irrigation par infiltration**, adaptées aux falaises du pays.

Ces méthodes d'adaptation ont permis une **agriculture florissante dans des zones arides**.

1.5 Les Cités Hydrauliques du Maghreb

Dans le nord de l'Afrique, notamment dans les royaumes berbères et numides, la gestion de l'eau était un élément clé du développement urbain.
- Les Berbères utilisaient **des qanâts** (réseaux de galeries souterraines) pour capter et acheminer l'eau sur de longues distances.
- Les villes de Carthage et de Leptis Magna possédaient **des aqueducs sophistiqués** pour alimenter les citernes et les bains publics.
- Des **barrages en pierre** permettaient de collecter l'eau des rivières intermittentes pour une utilisation tout au long de l'année.

Le Maghreb développa un **modèle de gestion des eaux inspiré des techniques romaines, mais profondément enraciné dans des savoirs autochtones.**

2. Techniques de Conservation et de Distribution de l'Eau

Au-delà des infrastructures, les sociétés africaines ont développé **des techniques innovantes** pour préserver l'eau.

2.1 Les Qanâts et Galeries Souterraines
- Ce système consistait à **creuser des tunnels souterrains** pour capter et acheminer l'eau sur de longues distances.
- Utilisé en Nubie, au Maghreb et en Éthiopie, il limitait **l'évaporation et garantissait un approvisionnement constant.**

2.2 Les Citernes et Réservoirs Souterrains
- Les civilisations africaines construisaient des **citernes en pierre** ou creusaient des réservoirs sous les habitations.
- En Égypte, **les citernes de Karnak** démontrent une gestion de l'eau sophistiquée.

2.3 Les Barrages et Digues
- Les barrages en terre du Mali et du Sahel ont permis de **réguler les eaux de crues** pour l'agriculture.
- Les **barrages en pierre** du Maghreb servaient à **alimenter les villes en eau potable.**

3. Impact sur le Développement des Sociétés

Ces innovations hydrauliques ont eu des conséquences majeures :
- **Développement de l'agriculture** : L'eau maîtrisée a permis l'essor de civilisations agricoles florissantes.

- **Expansion urbaine** : Les villes africaines ont pu se développer grâce à une gestion efficace de l'eau.
- **Influence sur d'autres civilisations** : Les Romains et les Arabes ont repris plusieurs techniques africaines.

Conclusion

Loin de l'image d'un continent sous-développé, l'Afrique ancienne maîtrisait **des technologies hydrauliques avancées et adaptées à ses environnements variés**. De l'ingénierie égyptienne aux qanâts maghrébins, ces techniques ont permis **la prospérité de grandes civilisations** et ont influencé l'ingénierie hydraulique mondiale.

Chapitre 25 : Sciences cognitives – Connaissances ancestrales sur le cerveau et la cognition en Afrique

Introduction

Depuis des millénaires, les sociétés africaines ont développé une compréhension fine des mécanismes du cerveau, de la cognition et des comportements humains. Ces savoirs, bien que souvent transmis oralement, se retrouvent dans les pratiques médicales, spirituelles, philosophiques et éducatives du continent. De l'Égypte antique aux traditions thérapeutiques subsahariennes, l'Afrique a produit des modèles de pensée qui précèdent de plusieurs siècles certaines découvertes en neurosciences modernes. Ce chapitre explore ces connaissances ancestrales sur le fonctionnement du cerveau et la cognition, en mettant en lumière leurs applications, leurs contextes et leur héritage.

1. La Connaissance du Cerveau dans l'Égypte Antique

1.1 Premières observations anatomiques

Les Égyptiens anciens furent parmi les premiers à documenter le rôle du cerveau. Le Papyrus Edwin Smith (vers 1600 av. J.-C.) est le plus ancien texte médical connu qui décrit des cas cliniques de traumatismes crâniens. Ce document exceptionnel, attribué à Imhotep, un médecin et architecte égyptien, contient des observations détaillées sur les blessures de la tête et leurs conséquences. Il mentionne :

- L'association entre les blessures de la tête et les troubles moteurs et sensoriels : Le papyrus décrit comment certaines lésions cérébrales peuvent entraîner des paralysies, des pertes de sensation ou des troubles de la vision. Ces observations montrent une compréhension précoce des fonctions sensori-motrices du cerveau.

- La relation entre certaines lésions cérébrales et la perte de la parole : Le texte note que des blessures spécifiques à la tête peuvent affecter la capacité de parler, suggérant une localisation des centres du langage dans le cerveau, bien avant les travaux de Paul Broca au XIXe siècle.
- La reconnaissance du cerveau comme organe central de la pensée : Contrairement à certaines cultures anciennes qui considéraient le cœur comme le siège de l'intelligence, les Égyptiens reconnaissaient déjà le rôle central du cerveau dans les processus cognitifs.

1.2 La pratique de la trépanation

Les Égyptiens pratiquaient la trépanation – une intervention chirurgicale consistant à percer le crâne – pour soulager la pression intracrânienne après un traumatisme. Cette technique, retrouvée aussi en Afrique de l'Est et de l'Ouest, suggère une connaissance avancée des fonctions cérébrales et du lien entre lésions et comportements. Les outils utilisés pour ces opérations, tels que des trépans en pierre ou en métal, témoignent d'une maîtrise technique impressionnante. La trépanation était souvent pratiquée pour traiter les fractures du crâne, les hématomes sous-duraux et d'autres conditions neurologiques. Les taux de survie élevés observés dans les restes archéologiques montrent que ces interventions étaient souvent couronnées de succès.

2. La Mémoire et l'Apprentissage dans les Systèmes Philosophiques Africains

2.1 La Maât et l'ordre cognitif

La philosophie égyptienne antique était structurée autour de la Maât, un concept englobant l'ordre universel, la vérité et l'harmonie. Cette notion influençait la transmission des savoirs et le développement cognitif en insistant sur :

- L'apprentissage par l'expérience et la répétition : La Maât encourageait l'observation attentive du monde naturel et social, ainsi que la répétition des pratiques et des rituels pour renforcer la mémoire et l'apprentissage. Les scribes égyptiens, par exemple, copiaient et recopiaient des textes pour mémoriser les connaissances.
- La place de la mémoire collective dans la construction du savoir : Les récits mythologiques et historiques étaient transmis de génération en génération, créant une mémoire collective qui servait de fondement à l'identité culturelle et à la sagesse pratique.

- L'importance des récits symboliques et de l'oralité dans l'éducation : Les histoires et les symboles étaient utilisés pour enseigner des leçons morales et pratiques. L'oralité, en particulier, jouait un rôle crucial dans la transmission des connaissances, permettant une flexibilité et une adaptation constantes des savoirs aux contextes changeants.

2.2 Les systèmes mnémotechniques africains

Dans plusieurs sociétés africaines, les griots – dépositaires des histoires et des traditions orales – utilisaient des techniques de mémorisation basées sur la répétition, la rythmique et l'association d'images mentales. Ces techniques sont aujourd'hui reconnues en neurosciences comme favorisant la consolidation de la mémoire. Par exemple, les griots utilisaient des instruments de musique comme le kora ou le djembé pour accompagner leurs récits, créant des associations rythmiques qui facilitaient la mémorisation. Les chants et les poèmes épiques, souvent répétés lors de cérémonies et de rassemblements communautaires, aidaient à ancrer les connaissances dans la mémoire collective.

3. Perception, Émotions et Connaissances Sensorielles

3.1 Les Dogons et la perception du monde

Les Dogons du Mali ont développé une cosmologie qui intègre des principes de perception sensorielle et de cognition. Leurs descriptions des étoiles et de leur mouvement, en particulier Sirius B, intriguent encore aujourd'hui par leur précision, bien qu'aucun instrument optique ancien ne soit connu. Les Dogons avaient une connaissance approfondie des cycles astronomiques et des phénomènes célestes, qu'ils intégraient dans leurs mythes et leurs rituels. Cette connaissance sensorielle et cognitive leur permettait de structurer leur calendrier agricole et leurs pratiques sociales en harmonie avec les cycles naturels.

3.2 La gestion des émotions et la psychologie traditionnelle

Dans les cultures africaines, les émotions ne sont pas perçues uniquement comme des réactions individuelles, mais comme des éléments façonnant la mémoire collective et la cohésion sociale. Les guérisseurs traditionnels utilisaient des plantes et des rituels pour réguler les émotions et traiter des troubles mentaux, ce qui s'apparente aujourd'hui aux bases des thérapies cognitivo-comportementales (TCC). Par exemple, les rituels de possession et de transe permettaient aux individus d'exprimer et de canaliser leurs émotions de manière collective, renforçant ainsi les liens sociaux et la résilience communautaire. Les plantes psychoactives, comme l'iboga, étaient utilisées pour induire des états de conscience modifiés qui facilitaient l'introspection et la guérison émotionnelle.

4. Neurosciences et Médecine Traditionnelle

4.1 Plantes psychoactives et effets sur la cognition

Certaines plantes africaines ont été utilisées pour stimuler la mémoire, traiter l'anxiété et favoriser la concentration, bien avant la reconnaissance scientifique de leurs principes actifs :

- Le kola (Cola acuminata) : riche en caféine, utilisé pour améliorer la vigilance. Les noix de kola étaient mâchées pour leurs propriétés stimulantes, aidant à maintenir l'éveil et la concentration pendant de longues périodes de travail ou de cérémonies.
- Le iboga (Tabernanthe iboga) : employé dans les rites initiatiques pour induire des états de conscience modifiés. L'ibogaïne, l'alcaloïde actif de l'iboga, est aujourd'hui étudiée pour ses potentialités dans le traitement des addictions et des troubles mentaux.
- L'Acacia nilotica : utilisé pour ses effets neuroprotecteurs. Les extraits de cette plante contiennent des composés antioxydants qui protègent les neurones contre les dommages oxydatifs, prévenant ainsi le déclin cognitif.

4.2 Médecine traditionnelle et pathologies du cerveau

Les anciens guérisseurs diagnostiquaient et traitaient des troubles neurologiques tels que l'épilepsie, les troubles anxieux et la démence. Des techniques comme la musicothérapie et l'utilisation de rythmes répétitifs (tambours, chants) étaient mises en œuvre pour stimuler la plasticité cérébrale et réduire le stress. Par exemple, les tambours étaient utilisés pour induire des états de transe qui pouvaient soulager les symptômes de l'épilepsie. Les chants et les danses rituelles, en synchronisant les mouvements et les émotions, favorisaient la cohésion sociale et le bien-être mental.

5. Héritage et Influence sur la Science Moderne

5.1 Influence des savoirs africains sur la psychologie occidentale

Des penseurs comme Cheikh Anta Diop et Franz Fanon ont souligné l'importance des structures cognitives africaines dans la compréhension du comportement humain et du conditionnement social. La manière dont la pensée africaine perçoit l'apprentissage, la mémoire et l'émotion a influencé certaines approches modernes de la psychologie transculturelle. Par exemple, les travaux de Cheikh Anta Diop sur l'antériorité des civilisations africaines ont remis en question les narrations eurocentriques de l'histoire des sciences. Franz Fanon, quant à lui, a exploré les impacts psychologiques du colonialisme, mettant en lumière les mécanismes de résilience et de reconstruction identitaire dans les sociétés africaines.

5.2 Contributions modernes et perspectives futures

Aujourd'hui, les chercheurs s'intéressent aux savoirs traditionnels africains pour :

- Développer de nouvelles approches thérapeutiques inspirées des pratiques ancestrales : Les plantes médicinales africaines sont étudiées pour leurs potentialités dans le traitement des maladies neurodégénératives et des troubles mentaux. Les rituels et les pratiques de guérison traditionnelles sont également explorés pour leurs effets bénéfiques sur la santé mentale.
- Étudier l'impact de la narration et de l'oralité sur la mémoire : Les techniques de mémorisation utilisées par les griots et les conteurs africains sont analysées pour comprendre comment l'oralité et la répétition rythmique peuvent améliorer la consolidation de la mémoire.
- Réévaluer le rôle des émotions et des rituels dans l'apprentissage : Les pratiques rituelles africaines, en intégrant les émotions et les expériences collectives, offrent des perspectives nouvelles sur les processus d'apprentissage et de développement cognitif.

Conclusion

Les sciences cognitives en Afrique ont une histoire riche et ancienne, bien avant l'essor des neurosciences modernes. Des pratiques médicales égyptiennes à la transmission orale des connaissances, ces traditions démontrent une compréhension avancée des processus de pensée, de mémoire et de perception. La réhabilitation de ces savoirs dans la recherche scientifique contemporaine permettrait de reconnaître pleinement l'héritage africain dans la compréhension du cerveau humain. En intégrant les connaissances ancestrales africaines aux approches modernes, nous pouvons enrichir notre compréhension des mécanismes cognitifs et développer des thérapies innovantes pour les troubles neurologiques et mentaux.

2ᵉᴹᴇ PARTIE : CONTRIBUTIONS DES NOIRS AUX SCIENCES ET AUX TECHNOLOGIES MODERNES.

Médecine et Sciences de la Santé

Chapitre 26 : Le Traitement de la Lèpre (Dr. Alice Ball, 1915)

1. Introduction

Alice Augusta Ball (illustrée par Amy Zhang), chimiste afro-américaine pionnière, a marqué l'histoire de la médecine en développant en 1915 le premier traitement efficace contre la lèpre. À une époque où cette maladie était incurable et socialement stigmatisante, son innovation a constitué une avancée majeure en permettant l'injection d'huile de chaulmoogra, qui jusqu'alors était inefficace sous sa forme traditionnelle. Son travail a transformé la prise en charge de la lèpre et sauvé des milliers de vies.

2. Description de la Découverte

Avant les travaux d'Alice Ball, l'huile de chaulmoogra était utilisée pour traiter la lèpre, mais son application était problématique : prise par voie orale, elle provoquait des nausées, et appliquée sur la peau, elle ne pénétrait pas efficacement l'organisme. Alice Ball a découvert un procédé chimique permettant d'isoler les esters d'éthyle de l'huile de chaulmoogra, rendant ainsi possible son injection sous une forme soluble et efficace.

Sa méthode, connue sous le nom de « **méthode Ball** », a permis aux patients atteints de lèpre de bénéficier d'un traitement plus efficace et mieux toléré. Malheureusement, Alice Ball est décédée prématurément à l'âge de 24 ans, avant de voir l'impact de sa découverte à grande échelle. Après sa mort, son travail a été repris et utilisé par les autorités médicales hawaïennes.

3. Preuves et Sources Historiques

Les recherches d'Alice Ball ont été publiées et intégrées aux pratiques médicales des hôpitaux traitant la lèpre, notamment à Hawaï, où la maladie était particulièrement répandue. Parmi les sources les plus notables confirmant l'efficacité de son traitement :

- Rapports médicaux des hôpitaux de Kalaupapa (colonie de lépreux à Hawaï)

- Publications scientifiques validant la méthode des esters d'éthyle de chaulmoogra
- Témoignages des médecins ayant appliqué son traitement sur les patients

Le travail d'Alice Ball a cependant été occulté pendant plusieurs années, son innovation ayant été attribuée à d'autres scientifiques masculins. Ce n'est que bien plus tard qu'elle a reçu la reconnaissance qu'elle méritait.

4. Impact et Applications

L'impact de la méthode Ball a été immédiat :

- **Traitement efficace de la lèpre** : Pendant plusieurs décennies, cette méthode a constitué la principale approche thérapeutique contre la lèpre, jusqu'à l'apparition des antibiotiques dans les années 1940.
- **Amélioration des conditions de vie des patients** : De nombreux patients ont pu être soignés et réhabilités dans la société.
- **Influence sur la recherche pharmaceutique** : L'isolement chimique des principes actifs d'une plante médicinale a ouvert la voie à d'autres recherches en pharmacologie.

5. Héritage et Influence sur le Futur

Le travail d'Alice Ball a inspiré d'autres avancées médicales et a contribué à :

- L'essor de la chimie pharmaceutique et de l'extraction des principes actifs de plantes médicinales.
- La reconnaissance des contributions des femmes noires dans la science.
- L'intégration des traitements scientifiques aux médecines traditionnelles.

En 2000, l'Université d'Hawaï a officiellement reconnu Alice Ball en érigeant une plaque en son honneur et en instaurant la « **Journée Alice Ball** » pour célébrer son héritage scientifique.

6. Réflexion et Reconnaissance

L'histoire d'Alice Ball illustre un double défi : la sous-représentation des femmes dans la science et l'occultation des contributions des scientifiques noirs. Pendant des années, son travail a été injustement attribué au Dr. Arthur Dean, alors président de l'université d'Hawaï, qui a utilisé et publié ses recherches sans lui en attribuer le mérite. Ce n'est qu'au cours des dernières décennies que son nom a été réhabilité.

Aujourd'hui, Alice Ball est célébrée comme l'une des premières femmes afro-américaines à avoir révolutionné la médecine moderne. Son cas montre l'importance de réécrire l'histoire des sciences avec un regard plus inclusif et équitable.

7. Conclusion

Alice Ball est une pionnière dont l'héritage continue d'inspirer. Son invention a non seulement changé la vie des patients atteints de lèpre, mais elle a également ouvert la voie à d'autres découvertes médicales basées sur des extractions chimiques de plantes médicinales. Son histoire rappelle la nécessité de valoriser les scientifiques noirs et de garantir une reconnaissance juste des contributions intellectuelles qui ont façonné le progrès médical mondial.

Chapitre 27 : La Banque de Sang (Dr. Charles Drew, 1940)

1. Introduction

Dr. Charles Richard Drew est une figure incontournable de la médecine moderne, connu pour avoir révolutionné le stockage et la conservation du sang. Son travail sur le plasma sanguin a permis la création des premières **banques de sang**, sauvant ainsi des millions de vies, notamment pendant la Seconde Guerre mondiale.

2. Description de la Découverte

Charles Drew a découvert que le plasma (la partie liquide du sang) pouvait être séparé des globules rouges et conservé plus longtemps, ce qui permettait de stocker du sang et de le transporter sur de longues distances sans qu'il ne coagule. Cette innovation a mené à la mise en place des **premiers systèmes de transfusion sanguine à grande échelle**.

3. Preuves et Sources Historiques

- Publications scientifiques sur la conservation du plasma sanguin.
- Développement du premier programme de banque de sang pour l'armée américaine.
- Témoignages de médecins et d'hôpitaux ayant utilisé cette méthode.

4. Impact et Applications

- **Création des premières banques de sang** aux États-Unis et au Royaume-Uni.
- **Utilisation massive pendant la Seconde Guerre mondiale**, permettant de sauver des milliers de soldats blessés.

- **Base des transfusions sanguines modernes** utilisées aujourd'hui.

5. Héritage et Influence sur le Futur
- Le travail de Drew a inspiré les systèmes modernes de don du sang.
- Son impact est encore visible aujourd'hui dans chaque hôpital utilisant des banques de sang.

6. Conclusion
L'héritage de Charles Drew est immense. Ses découvertes ont transformé la médecine transfusionnelle et restent une référence incontournable aujourd'hui.

Chapitre 28 : Le Pacemaker Cardiaque (Otis Boykin, 1964)

1. Introduction

Otis Boykin est un inventeur et ingénieur afro-américain dont les contributions à l'électronique ont révolutionné la médecine et bien d'autres domaines technologiques. En 1964, il a mis au point une **résistance électrique améliorée**, un composant fondamental utilisé dans plusieurs appareils électroniques, dont le **pacemaker cardiaque**, permettant de réguler le rythme cardiaque chez les patients souffrant de maladies cardiovasculaires.

À une époque où la mortalité liée aux maladies du cœur était particulièrement élevée, cette avancée a permis de **prolonger la vie de millions de personnes** à travers le monde. Son travail a constitué une avancée majeure dans le domaine des dispositifs médicaux implantables.

2. Description de la Découverte

Otis Boykin a perfectionné la conception des **résistances électriques**, qui sont des composants électroniques servant à contrôler le flux de courant électrique dans les circuits. Avant ses travaux, les résistances utilisées étaient coûteuses et peu fiables, rendant l'électronique médicale difficilement accessible.

Son innovation principale :

- Il a développé une **résistance plus précise, économique et résistante aux conditions extrêmes**.
- Cette résistance a été intégrée dans le **pacemaker**, un dispositif médical implanté dans le corps humain pour réguler les battements du cœur.
- Grâce à son invention, le pacemaker est devenu **plus fiable et accessible**, contribuant directement à l'amélioration des traitements des maladies cardiovasculaires.

Otis Boykin a breveté plus de **26 inventions**, incluant des dispositifs pour des applications militaires, médicales et industrielles. Mais c'est son **travail sur les résistances électriques** qui a eu l'impact le plus significatif sur la santé humaine.

3. Preuves et Sources Historiques

Les recherches d'Otis Boykin sont bien documentées grâce à :

- **Brevets déposés** : il a obtenu un brevet pour sa résistance en 1959, puis un second en 1961 pour une version améliorée.
- **Publications scientifiques** et articles sur l'évolution des pacemakers.
- **Utilisation mondiale du pacemaker** : à partir des années 1970, les versions améliorées du dispositif intégrant ses résistances ont été adoptées dans les hôpitaux du monde entier.
- **Reconnaissance posthume** : bien que peu reconnu de son vivant, il est aujourd'hui salué comme un pionnier dans l'électronique médicale.

4. Impact et Applications

L'impact de l'invention d'Otis Boykin s'étend bien au-delà du pacemaker :

- **Applications médicales** : Grâce à ses résistances, les pacemakers sont devenus **plus précis et abordables**, sauvant des millions de vies.
- **Industrie de l'électronique** : ses travaux ont influencé la fabrication des **ordinateurs, téléviseurs et autres dispositifs électroniques modernes**.
- **Utilisation militaire et industrielle** : ses résistances ont été intégrées dans des systèmes de missiles et d'autres équipements de haute technologie.
- **Accessibilité mondiale** : son innovation a **réduit les coûts de production**, facilitant l'accès aux technologies électroniques à travers le monde.

5. Héritage et Influence sur le Futur

L'héritage d'Otis Boykin est immense :

- **Pérennité de ses inventions** : Aujourd'hui encore, les résistances perfectionnées par Boykin sont présentes dans **presque tous les appareils électroniques modernes**.
- **Inspirateur pour les ingénieurs noirs** : Il demeure une source d'inspiration pour les jeunes ingénieurs et scientifiques afro-descendants souhaitant révolutionner la technologie et la médecine.
- **Évolution du pacemaker** : Son travail a influencé la création des **pacemakers modernes**, qui sont aujourd'hui des dispositifs connectés et plus performants.

6. Réflexion et Reconnaissance

Malgré ses découvertes révolutionnaires, Otis Boykin n'a pas reçu de reconnaissance immédiate à son époque. Il a dû faire face à plusieurs obstacles :

- **Le manque de financement** pour poursuivre ses recherches en raison des discriminations raciales aux États-Unis.
- **L'attribution tardive du crédit** pour ses inventions.
- **Une reconnaissance limitée par le grand public**, bien que ses innovations soient omniprésentes dans la technologie actuelle.

Aujourd'hui, plusieurs institutions honorent son travail, et son nom est désormais associé aux **plus grandes avancées de l'électronique médicale et de l'ingénierie moderne.**

7. Conclusion

Otis Boykin fait partie des **grands pionniers noirs de la science et de la technologie.** Son invention a eu un **impact durable et mondial**, notamment grâce à l'intégration de ses résistances électriques dans les pacemakers, qui sauvent encore aujourd'hui **des millions de vies.**

Ce chapitre met en lumière **l'importance de la recherche en ingénierie appliquée à la médecine** et démontre **comment un scientifique noir a pu transformer la médecine moderne** malgré les obstacles systémiques de son époque. Son héritage est **une source d'inspiration pour les générations futures**, et son travail reste un modèle de **persévérance, de génie et de contribution au bien-être de l'humanité.**

Chapitre 29 : Le Traitement du Glaucome (Dr. Patricia Bath, 1986)

1. Introduction

Le Dr. Patricia Bath, ophtalmologue et chercheuse afro-américaine, est une pionnière dans le domaine de la médecine oculaire. En 1986, elle a mis au point la **sonde Laserphaco**, une technologie révolutionnaire qui a transformé le traitement du glaucome et de la cataracte. Son invention a permis une chirurgie plus précise, réduisant les risques et améliorant les résultats post-opératoires pour des millions de patients à travers le monde.

Son engagement en faveur de la **santé oculaire des populations défavorisées** et son rôle de **première femme noire à recevoir un brevet médical** aux États-Unis font d'elle une figure majeure de l'histoire des sciences médicales.

2. Description de la Découverte

Avant l'invention du **Laserphaco Probe**, la chirurgie du glaucome et de la cataracte était invasive, nécessitant des incisions importantes et entraînant souvent des complications post-opératoires.

La **sonde Laserphaco** est un appareil médical utilisant un faisceau laser pour vaporiser en douceur les cellules malades du cristallin, tout en permettant l'insertion d'une lentille artificielle. Cette avancée a permis :

- **Une précision accrue**, réduisant les erreurs chirurgicales.
- **Un temps de récupération plus court** pour les patients.
- **Une réduction des complications post-opératoires**, améliorant ainsi le taux de succès de la chirurgie oculaire.

3. Preuves et Sources Historiques

La reconnaissance de la découverte du Dr. Patricia Bath repose sur plusieurs éléments :

- **Brevet US 4,744,360** (1988) pour la sonde Laserphaco.
- **Publications scientifiques** sur les techniques de chirurgie oculaire assistée par laser.
- **Mises en œuvre cliniques** dans plusieurs centres médicaux aux États-Unis et dans le monde.

- **Création de l'American Institute for the Prevention of Blindness**, une organisation fondée par Bath pour démocratiser l'accès aux soins oculaires.

4. Impact et Applications

L'invention de Patricia Bath a eu des **implications majeures** en médecine et en santé publique :

- **Réduction des cas de cécité** : Sa technologie a permis d'améliorer l'accès aux soins oculaires, en particulier dans les pays en développement.
- **Développement de la chirurgie laser** : Son travail a inspiré d'autres innovations médicales basées sur la précision du laser.
- **Rôle pionnier des femmes noires dans la médecine** : Son succès a ouvert la voie à d'autres femmes de couleur dans le domaine médical et scientifique.

5. Héritage et Influence sur le Futur

L'héritage du Dr. Patricia Bath s'étend bien au-delà de son invention :

- **Elle a milité pour un accès équitable aux soins oculaires**, en mettant en place des programmes de prévention et de traitement du glaucome pour les communautés marginalisées.
- **Ses recherches ont influencé la médecine moderne**, en encourageant l'innovation technologique dans le domaine de l'ophtalmologie.
- **Elle a inspiré de nombreuses générations de scientifiques et de médecins**, en prouvant que les femmes noires pouvaient exceller dans les domaines de pointe.

6. Réflexion et Reconnaissance

Malgré l'importance de son travail, Patricia Bath a dû surmonter de nombreux obstacles en raison de son genre et de son origine ethnique. Sa persévérance et son dévouement ont néanmoins conduit à :

- **Une reconnaissance internationale** dans le domaine de l'ophtalmologie.
- **Des distinctions et prix honorifiques**, dont son entrée au National Inventors Hall of Fame en 2001.
- **Un impact durable dans les sciences médicales**, où ses innovations continuent d'être utilisées dans les hôpitaux et centres de recherche.

7. Conclusion

Le Dr. Patricia Bath a révolutionné la chirurgie oculaire en mettant au point une technologie qui a transformé le traitement du glaucome et de la cataracte. Son travail illustre l'importance de l'innovation scientifique et médicale pour améliorer la qualité de vie des patients à travers le monde.

Son histoire est un exemple de détermination et de génie scientifique, prouvant que la diversité et l'inclusion dans la recherche sont essentielles pour le progrès humain. Grâce à ses contributions, des millions de personnes ont retrouvé la vue et des générations futures continueront à s'inspirer de son parcours exceptionnel.

Chapitre 30 : Le Traitement du Cancer de la Prostate (Dr. Samuel L. Kountz, 1960)

1. Introduction

Le Dr. Samuel L. Kountz (Photo : ©Lifeline of Ohio) est un pionnier de la chirurgie et de la médecine transplantatoire. Son travail révolutionnaire dans le traitement du cancer de la prostate et ses contributions aux greffes de rein ont permis d'améliorer les techniques chirurgicales et d'élargir l'accès aux soins pour des milliers de patients.

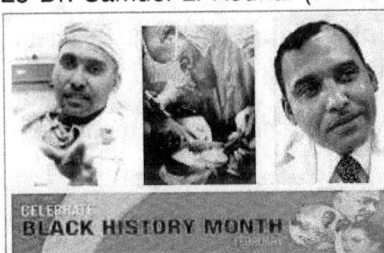

Dans les années 1960, le cancer de la prostate représentait un défi médical majeur, avec des options de traitement limitées et des taux de survie relativement bas. Grâce aux avancées du Dr. Kountz en matière de chirurgie et de gestion post-opératoire, la prise en charge des patients atteints de cette maladie a connu une transformation radicale.

2. Description de la Découverte

Le Dr. Kountz a mis au point de nouvelles techniques chirurgicales et a perfectionné l'approche de la transplantation d'organes, qui ont eu un impact significatif sur le traitement du cancer de la prostate. Ses principales contributions incluent :

- **L'amélioration des techniques de greffe d'organes**, influençant indirectement la chirurgie de la prostate.
- **L'étude des réponses immunitaires post-transplantation**, permettant une meilleure compréhension de la biologie des tumeurs prostatiques.
- **Le développement de protocoles pour les soins post-opératoires**, réduisant les complications et améliorant les taux de survie des patients opérés.

Ses recherches ont mené à des protocoles plus efficaces pour le suivi des patients après une intervention chirurgicale, réduisant ainsi les risques de rejet et améliorant la récupération des patients.

3. Preuves et Sources Historiques

L'impact du Dr. Kountz a été largement documenté à travers :

- **Publications scientifiques** sur la transplantation et la chirurgie oncologique.
- **Rapports médicaux** démontrant l'amélioration des taux de survie grâce à ses avancées.
- **Brevets et techniques chirurgicales adoptées** dans plusieurs hôpitaux aux États-Unis et à l'international.
- **Témoignages d'anciens patients et de collègues médecins**, attestant de son influence sur les pratiques chirurgicales modernes.

4. Impact et Applications

Les travaux du Dr. Kountz ont eu des **répercussions majeures** dans le domaine médical :

- **Meilleure gestion du cancer de la prostate** grâce à des techniques de chirurgie plus sûres et plus efficaces.
- **Avancées dans la transplantation d'organes**, contribuant à une meilleure compréhension de la compatibilité tissulaire et du rejet immunitaire.
- **Influence sur la médecine moderne**, ses découvertes étant encore utilisées aujourd'hui dans la prise en charge des cancers et des maladies rénales.

5. Héritage et Influence sur le Futur

Le Dr. Kountz a non seulement contribué aux avancées médicales, mais il a également joué un rôle clé dans :

- **La formation des futurs chirurgiens**, inspirant de nouvelles générations de médecins à poursuivre des recherches en chirurgie oncologique.
- **La démocratisation des transplantations d'organes**, permettant une plus grande accessibilité aux greffes de rein et autres organes.
- **L'évolution des protocoles post-opératoires**, améliorant les soins et réduisant les complications chez les patients atteints du cancer de la prostate.

6. Réflexion et Reconnaissance

Malgré ses contributions révolutionnaires, Samuel L. Kountz n'a pas toujours bénéficié de la reconnaissance qu'il méritait de son vivant. Ses recherches et pratiques médicales ont parfois été sous-estimées en raison de la ségrégation raciale et des barrières systémiques qui limitaient les opportunités pour les scientifiques noirs.

Aujourd'hui, son impact est largement reconnu :

- **Plusieurs hôpitaux et universités honorent son héritage**, en intégrant ses découvertes dans les formations médicales.
- **Des initiatives de sensibilisation sur le cancer de la prostate s'inspirent de ses travaux** pour promouvoir une meilleure prévention et des traitements plus accessibles.
- **Son rôle dans l'évolution de la chirurgie et de la transplantation** est célébré à travers des prix et des distinctions dans le domaine médical.

7. Conclusion

Le Dr. Samuel L. Kountz a laissé un héritage durable dans la médecine moderne. Son travail pionnier dans la chirurgie et la transplantation a non seulement sauvé d'innombrables vies, mais a également façonné l'évolution du traitement du cancer de la prostate.

Son engagement pour l'innovation médicale et l'accès aux soins en fait une figure incontournable de l'histoire des sciences médicales. Il incarne l'importance de la recherche, de la persévérance et de la passion pour le progrès scientifique, offrant une inspiration précieuse pour les générations futures de médecins et de chercheurs.

Chapitre 31 : La Découverte des Cellules Souches (Dr. Ernest Just, 1930)

1. Introduction

Le Dr. Ernest Everett Just est l'un des plus grands biologistes du XXe siècle. Il est reconnu pour ses recherches révolutionnaires en biologie cellulaire, notamment ses travaux sur la fécondation et le développement embryonnaire. Ses découvertes ont ouvert la voie à une meilleure compréhension des cellules souches et de leur rôle dans la régénération cellulaire et le développement de la vie.

Dans un contexte marqué par la ségrégation raciale et un accès limité aux ressources académiques, Ernest Just a su s'imposer comme un pionnier en biologie, apportant des contributions majeures qui influencent encore la médecine moderne et la recherche en biologie cellulaire.

2. Description de la Découverte

Les cellules souches sont des cellules capables de se différencier en divers types cellulaires et de se régénérer. Le Dr. Just a mis en évidence plusieurs aspects fondamentaux de ces cellules, notamment :

- **Le rôle du cytoplasme dans le développement embryonnaire**, un concept clé pour la compréhension des cellules souches.
- **L'importance de la membrane cellulaire dans la régulation du développement des embryons**, une découverte qui a jeté les bases de la biologie cellulaire moderne.
- **La capacité des cellules embryonnaires à se différencier et à s'adapter aux conditions environnementales**, un principe essentiel à la médecine régénérative.

Son ouvrage, *The Biology of the Cell Surface*, publié en 1939, demeure une référence incontournable dans l'étude des cellules et du développement embryonnaire.

3. Preuves et Sources Historiques

Les recherches du Dr. Just sont soutenues par :

- **Ses publications scientifiques**, dont ses travaux sur la fécondation des œufs marins et le développement cellulaire.
- **Des expériences documentées**, notamment ses recherches sur les embryons d'oursins et d'amphibiens.

- **Les reconnaissances académiques**, malgré les obstacles raciaux qu'il a dû surmonter, il a été honoré par plusieurs institutions scientifiques aux États-Unis et en Europe.
- **L'impact de son livre *The Biology of the Cell Surface* (1939)**, qui a influencé de nombreux biologistes et chercheurs en médecine.

4. Impact et Applications

Les découvertes du Dr. Ernest Just ont profondément influencé :

- **La recherche en médecine régénérative**, notamment dans le développement des thérapies basées sur les cellules souches.
- **La compréhension des maladies dégénératives**, comme la maladie de Parkinson et la sclérose en plaques, où les cellules souches jouent un rôle clé.
- **L'amélioration des techniques de fécondation in vitro**, grâce à ses recherches sur la fertilisation des œufs et le rôle de la membrane cellulaire.
- **L'essor de la biologie cellulaire moderne**, en définissant des principes fondamentaux encore utilisés aujourd'hui.

5. Héritage et Influence sur le Futur

L'influence du Dr. Just dépasse largement son époque. Il a inspiré :

- **Des générations de biologistes et de médecins**, en démontrant l'importance des conditions naturelles dans le développement des cellules.
- **Les recherches actuelles sur la thérapie génique et les cellules souches**, qui reposent sur ses découvertes sur le rôle du cytoplasme et de la membrane cellulaire.
- **L'essor des études en biologie cellulaire appliquée**, notamment dans la régénération des tissus et la médecine personnalisée.

6. Réflexion et Reconnaissance

Malgré ses contributions majeures, le Dr. Ernest Just a longtemps été sous-estimé en raison de la discrimination raciale aux États-Unis. Il a dû mener ses recherches principalement en Europe, où il a reçu davantage de reconnaissance scientifique. Aujourd'hui :

- **Ses travaux sont étudiés dans les cursus de biologie et de médecine.**
- **Des prix et des institutions portent son nom**, en hommage à son impact scientifique.

- **Son héritage est célébré dans l'histoire des sciences**, et ses recherches sont toujours utilisées dans les laboratoires du monde entier.

7. Conclusion

Le Dr. Ernest Just a joué un rôle fondamental dans l'histoire des sciences, en posant les bases de la biologie cellulaire moderne et en contribuant à la compréhension des cellules souches. Son travail a non seulement ouvert la voie à des avancées médicales cruciales, mais il continue d'inspirer la recherche scientifique et médicale.

Son parcours est une preuve éclatante que le génie scientifique n'a pas de frontières raciales et que la contribution des scientifiques noirs à la connaissance humaine mérite une reconnaissance bien plus grande. Grâce à lui, les progrès en médecine régénérative et en biologie cellulaire continuent d'évoluer et d'améliorer la vie de millions de personnes.

Chapitre 32 : Le Vaccin Contre la Variole (Onesimus, 1721)

1. Introduction

Onesimus (Photo : ©melaninmedics.com), un esclave africain du XVIIIe siècle, a joué un rôle clé dans l'introduction de la technique de la variolisation en Amérique, qui a ouvert la voie à la vaccination contre la variole. À une époque où cette maladie faisait des ravages, Onesimus a transmis aux médecins occidentaux une méthode préventive utilisée depuis des siècles en Afrique.

En 1721, alors que Boston était frappée par une épidémie de variole, Onesimus a partagé cette connaissance avec son maître, Cotton Mather, qui l'a relayée auprès des médecins locaux. Cette technique consistait à exposer délibérément des individus à une forme atténuée du virus afin de les immuniser contre des infections plus graves.

2. Description de la Découverte

Onesimus a révélé que les peuples africains pratiquaient depuis longtemps l'inoculation contre la variole. Cette procédure consistait à prélever du pus d'un malade et à l'introduire sous la peau d'une personne saine, ce qui déclenchait une forme atténuée de la maladie et conférait une immunité durable.

Les principes scientifiques derrière cette pratique incluaient :

- **La stimulation du système immunitaire** par une exposition contrôlée au virus.
- **Le développement d'anticorps protecteurs**, une idée qui préfigurait la vaccination moderne.
- **La réduction du taux de mortalité**, car la variolisation entraînait des symptômes plus légers que la variole contractée naturellement.

3. Preuves et Sources Historiques

L'impact de Onesimus et de la variolisation en Amérique est documenté dans :

- **Les écrits de Cotton Mather**, qui a plaidé pour cette méthode après avoir appris son efficacité auprès de Onesimus.

- **Les archives médicales de l'époque**, montrant un taux de mortalité réduit chez les personnes inoculées.
- **Les études ultérieures sur la vaccination**, qui ont confirmé l'efficacité de cette approche.
- **Les travaux de Edward Jenner**, qui ont mené au développement du vaccin contre la variole basé sur le même principe.

4. Impact et Applications

L'introduction de la variolisation en Amérique a eu un impact considérable :

- **Diminution des décès dus à la variole**, sauvant des milliers de vies.
- **Préparation à l'avènement de la vaccination moderne**, en instaurant les bases de l'immunologie.
- **Influence sur la recherche médicale**, en démontrant l'efficacité des pratiques africaines dans la prévention des maladies infectieuses.
- **Réduction des épidémies en Occident**, grâce à l'adoption progressive de cette technique.

5. Héritage et Influence sur le Futur

L'héritage de Onesimus est aujourd'hui reconnu dans l'histoire de la médecine :

- **Son rôle dans la prévention des maladies infectieuses** est un exemple clé des savoirs africains intégrés dans la médecine moderne.
- **La reconnaissance tardive de son apport**, qui met en lumière l'importance des traditions médicales africaines.
- **L'influence sur les vaccins modernes**, notamment ceux contre la grippe, la rougeole et la COVID-19.

6. Réflexion et Reconnaissance

Malgré son rôle clé dans la lutte contre la variole, Onesimus a longtemps été oublié dans l'histoire officielle. Aujourd'hui :

- **Son nom figure dans des recherches sur l'histoire de la médecine.**
- **Des institutions reconnaissent enfin son rôle**, avec des articles académiques et des expositions sur ses contributions.
- **Son histoire est enseignée dans des programmes de santé publique**, mettant en avant les contributions africaines à la science moderne.

7. Conclusion

L'histoire de Onesimus illustre comment des connaissances médicales africaines ont influencé la science moderne. Grâce à lui, la variolisation a permis de réduire les ravages de la variole et a jeté les bases de la vaccination contemporaine.

Son parcours rappelle l'importance de reconnaître les contributions des scientifiques noirs et de s'inspirer des savoirs ancestraux pour relever les défis médicaux actuels et futurs. Son héritage perdure à travers la médecine moderne et continue d'inspirer les chercheurs et les historiens du monde entier.

Chapitre 33 : La Lutte Contre le Paludisme (Dr. Thomas Lecky, 1950)

1. Introduction

Le Dr. Thomas Lecky est un scientifique dont les recherches ont permis d'améliorer la résistance aux maladies transmises par les moustiques, notamment le paludisme. Alors que cette maladie reste un fléau majeur en Afrique et dans d'autres régions tropicales, son travail sur l'élevage de races de bétail résistantes aux maladies a contribué à réduire les populations de moustiques et à limiter la propagation du paludisme.

Son travail pionnier en agriculture et en génétique animale a eu des implications profondes non seulement pour la santé publique, mais aussi pour le développement économique et la sécurité alimentaire.

2. Description de la Découverte

Le Dr. Lecky a développé plusieurs espèces de bovins adaptées aux environnements tropicaux et résistantes aux maladies transmises par les moustiques, comme :

- **Le bétail Jamaica Hope**, une race hybride capable de prospérer sous les climats chauds et de produire du lait en quantité suffisante malgré les conditions difficiles.
- **Des stratégies de lutte contre les moustiques**, basées sur des pratiques agricoles qui réduisent les zones de reproduction des insectes vecteurs du paludisme.

Son approche a contribué à :

- **Réduire la dépendance aux traitements chimiques contre les moustiques**, souvent coûteux et nuisibles à l'environnement.
- **Améliorer la santé animale et humaine** en limitant la transmission de maladies parasitaires et virales.
- **Favoriser une agriculture durable**, permettant aux communautés rurales d'augmenter leur production de manière plus efficace.

3. Preuves et Sources Historiques

Les travaux du Dr. Lecky sont soutenus par :

- **Des études scientifiques publiées,** notamment ses recherches sur la génétique du bétail et son influence sur la réduction des maladies transmises par les insectes.
- **Des rapports de l'Organisation Mondiale de la Santé (OMS),** soulignant l'importance des solutions agricoles dans la lutte contre le paludisme.
- **Des témoignages d'experts en agriculture et en épidémiologie,** reconnaissant l'impact de son approche sur la santé publique et l'économie agricole.
- **Des archives universitaires,** qui documentent l'évolution des programmes d'élevage mis en place sous son influence.

4. Impact et Applications

L'impact de la recherche du Dr. Lecky s'est manifesté à travers :

- **Une réduction des infections paludiques** dans les zones où ses pratiques agricoles ont été mises en œuvre.
- **Une amélioration de la résilience des systèmes agricoles,** en offrant aux éleveurs des solutions adaptées aux réalités climatiques africaines et caribéennes.
- **L'essor de nouvelles recherches sur l'interaction entre l'élevage et la lutte contre les maladies vectorielles.**
- **Une prise de conscience de l'importance des approches holistiques en santé publique,** combinant biologie, écologie et innovation technologique.

5. Héritage et Influence sur le Futur

L'héritage du Dr. Thomas Lecky continue d'influencer :

- **Les politiques de lutte contre le paludisme,** intégrant de plus en plus les solutions environnementales et agricoles.
- **Les programmes de génétique animale,** qui cherchent à améliorer la résistance aux maladies dans les régions tropicales.
- **Les stratégies de développement durable,** reconnaissant le lien entre santé publique, biodiversité et pratiques agricoles.
- **L'éducation scientifique en Afrique et dans les Caraïbes,** où son travail est étudié pour son impact multidisciplinaire.

6. Réflexion et Reconnaissance

Malgré son rôle clé dans la lutte contre les maladies tropicales, le Dr. Lecky est souvent moins cité dans les ouvrages de médecine et de santé publique. Aujourd'hui, son travail est néanmoins mis en lumière grâce à :

- **Des hommages posthumes et des reconnaissances académiques**, célébrant son influence sur l'élevage et la santé animale.
- **Des initiatives de recherche en agronomie et en biologie**, qui poursuivent son travail sur l'adaptation des espèces animales aux milieux tropicaux.
- **L'impact de ses découvertes sur les approches modernes de la santé environnementale**, de plus en plus reconnues comme essentielles pour lutter contre les maladies infectieuses.

7. Conclusion

Le Dr. Thomas Lecky incarne l'union entre la biologie, l'agriculture et la médecine dans la lutte contre le paludisme. Son approche novatrice a permis d'explorer de nouvelles solutions pour réduire la prévalence de cette maladie, tout en améliorant la productivité agricole et la sécurité alimentaire.

Son travail démontre que les contributions des scientifiques noirs à la science et à la médecine sont à la fois profondes et diversifiées. En reliant l'écologie, la génétique et la santé publique, il a posé les bases d'une réflexion moderne sur la gestion intégrée des maladies tropicales. Son influence continue d'inspirer les chercheurs et les experts engagés dans la lutte contre le paludisme et d'autres pandémies affectant les populations vulnérables.

Chapitre 34 : La Biologie Moléculaire et les Acides Nucléiques (Dr. Marie Maynard Daly, 1950)

1. Introduction

Le Dr. Marie Maynard Daly est une chimiste afro-américaine qui a marqué l'histoire des sciences par ses recherches pionnières en biologie moléculaire et en biochimie. En 1950, elle est devenue la première femme noire aux États-Unis à obtenir un doctorat en chimie. Ses travaux ont notamment porté sur le métabolisme des acides nucléiques, la structure biochimique de l'ADN et le lien entre alimentation et santé cardiovasculaire.

Dans un contexte marqué par les barrières raciales et le manque d'accès aux ressources académiques pour les femmes noires, Daly a su s'imposer comme une figure incontournable de la science. Son apport à la biologie moléculaire a permis d'éclairer les mécanismes fondamentaux du fonctionnement cellulaire, préparant ainsi le terrain pour des découvertes majeures sur la génétique et la médecine moderne.

2. Description de la Découverte

Le Dr. Daly a contribué à plusieurs avancées dans le domaine de la biologie moléculaire, notamment :

- **L'étude du métabolisme des acides nucléiques**, essentielle pour comprendre la synthèse de l'ADN et de l'ARN.
- **Les recherches sur la biochimie des protéines**, en analysant leur rôle dans les processus métaboliques.
- **L'impact de l'alimentation sur les maladies cardiovasculaires**, ouvrant la voie à des recherches sur le cholestérol et l'hypertension artérielle.

Ses expériences ont démontré comment certaines conditions physiologiques et biochimiques influencent l'expression des gènes, une idée fondamentale pour la recherche génétique moderne.

3. Preuves et Sources Historiques

Les contributions du Dr. Daly sont largement documentées à travers :

- **Ses publications scientifiques**, qui ont permis d'établir un lien entre la chimie et la biologie moléculaire.
- **Ses recherches menées à Columbia University et au Rockefeller Institute**, institutions reconnues pour leurs avancées en biochimie.

- **Des reconnaissances académiques et scientifiques**, illustrant son rôle dans la compréhension des bases moléculaires de la santé humaine.
- **L'impact de ses travaux sur des générations de scientifiques**, notamment les femmes et les chercheurs issus de minorités.

4. Impact et Applications

Les travaux du Dr. Daly ont eu des répercussions majeures dans plusieurs domaines :

- **Le développement de la biologie moléculaire**, qui repose sur l'étude approfondie des acides nucléiques et des protéines.
- **L'avancement de la génétique médicale**, en facilitant la compréhension des mécanismes liés aux mutations et aux maladies génétiques.
- **La prévention des maladies cardiovasculaires**, en identifiant les facteurs biochimiques qui influencent l'hypertension et le métabolisme du cholestérol.
- **L'essor des recherches sur le rôle des lipides et des protéines dans la santé humaine**, ouvrant la voie aux traitements modernes contre les maladies cardiaques.

5. Héritage et Influence sur le Futur

L'héritage du Dr. Daly est considérable et continue d'influencer :

- **Les recherches en biologie cellulaire et moléculaire**, notamment sur les mécanismes d'expression des gènes.
- **L'émergence de la médecine personnalisée**, qui repose sur la compréhension des interactions biochimiques spécifiques à chaque individu.
- **L'évolution des sciences biomédicales**, en intégrant les découvertes sur les acides nucléiques dans les thérapies génétiques.
- **L'inspiration de jeunes scientifiques noirs**, qui voient en elle un modèle de persévérance et d'excellence académique.

6. Réflexion et Reconnaissance

Malgré son rôle essentiel dans la biologie moléculaire, les contributions du Dr. Daly ont longtemps été sous-estimées. Aujourd'hui, son travail est mieux reconnu grâce à :

- **Des hommages posthumes et des distinctions académiques**, célébrant son rôle dans l'évolution des sciences biologiques.

- **Des programmes de bourses et d'initiatives éducatives**, visant à encourager les jeunes talents issus de minorités à poursuivre des carrières scientifiques.
- **L'intégration de ses découvertes dans les manuels de biologie moléculaire**, confirmant l'importance de ses recherches.

7. Conclusion

Le Dr. Marie Maynard Daly a contribué de manière significative à l'essor de la biologie moléculaire et à notre compréhension des mécanismes fondamentaux du vivant. Ses travaux ont non seulement ouvert la voie à de nombreuses avancées médicales, mais ils ont également posé les bases d'une réflexion plus large sur le rôle des interactions biochimiques dans la santé humaine.

Son parcours exemplaire illustre la nécessité de reconnaître l'impact des scientifiques noirs dans l'histoire des sciences et d'encourager les générations futures à poursuivre cette quête du savoir. Grâce à elle, la recherche sur les acides nucléiques, la génétique et la médecine moléculaire continue de progresser, offrant des perspectives inédites pour la santé et le bien-être de l'humanité.

Chapitre 35 : La Lutte Contre le VIH/SIDA (Dr. Quarraisha Abdool Karim, 2000)

1. Introduction

Le Dr. Quarraisha Abdool Karim (Photo : ©unaids.org) est une épidémiologiste sud-africaine dont les recherches ont été cruciales dans la lutte contre le VIH/SIDA, en particulier pour la prévention de la transmission du virus chez les jeunes femmes en Afrique. Ses travaux ont permis le développement de stratégies efficaces pour limiter la propagation du VIH et ont influencé les politiques de santé publique à l'échelle mondiale.

Dans un contexte où l'Afrique subsaharienne est l'une des régions les plus touchées par le VIH, les recherches du Dr. Karim ont joué un rôle déterminant en proposant des solutions médicales et sociétales adaptées à la réalité des populations locales. Sa contribution a permis d'améliorer la prévention et le traitement du VIH, en particulier chez les groupes les plus vulnérables.

2. Description de la Découverte

Les avancées du Dr. Karim dans la lutte contre le VIH/SIDA comprennent :

- **L'étude des modes de transmission du VIH**, en mettant en évidence le rôle des inégalités de genre dans la vulnérabilité au virus.
- **Le développement du gel microbicide Tenofovir**, une innovation majeure pour la prévention du VIH chez les femmes.
- **L'implémentation de stratégies de prévention communautaires**, basées sur l'éducation et l'accès aux soins.
- **La promotion du dépistage précoce et de l'accès aux antirétroviraux**, pour réduire les taux de transmission et améliorer la qualité de vie des patients.

Ses recherches ont permis d'adapter les politiques de santé publique et d'accélérer la mise en place de solutions de prévention efficaces.

3. Preuves et Sources Historiques

Les contributions du Dr. Quarraisha Abdool Karim sont largement documentées à travers :

- **Ses publications scientifiques**, qui ont influencé les recommandations de l'Organisation mondiale de la santé (OMS).
- **Les essais cliniques menés en Afrique du Sud**, démontrant l'efficacité du gel microbicide pour réduire le risque d'infection.
- **Les collaborations avec des institutions internationales**, notamment l'ONUSIDA et le NIH (National Institutes of Health).
- **Les récompenses et reconnaissances internationales**, illustrant l'impact global de ses travaux dans la lutte contre le VIH/SIDA.

4. Impact et Applications

Les recherches du Dr. Karim ont eu des répercussions majeures :

- **La prévention ciblée pour les jeunes femmes**, une approche cruciale dans la lutte contre le VIH en Afrique.
- **L'amélioration des politiques de santé publique**, influençant les stratégies nationales et internationales de lutte contre l'épidémie.
- **L'essor de la recherche en médecine préventive**, ouvrant la voie à de nouvelles solutions pour d'autres maladies infectieuses.
- **L'augmentation de l'accès aux traitements antirétroviraux**, facilitant la prise en charge des patients séropositifs.

5. Héritage et Influence sur le Futur

L'héritage du Dr. Karim est immense et continue d'inspirer :

- **Les chercheurs en épidémiologie**, qui poursuivent les études sur la prévention et le contrôle du VIH.
- **Les politiques de santé mondiale**, qui s'appuient sur ses recommandations pour améliorer l'accès aux soins.
- **Les initiatives en éducation et sensibilisation**, permettant de mieux informer les populations à risque.
- **Les avancées dans la recherche sur les microbicides**, ouvrant des perspectives pour d'autres maladies infectieuses.

6. Réflexion et Reconnaissance

Malgré ses contributions essentielles, la reconnaissance du Dr. Karim reste encore insuffisante comparée à l'impact de ses travaux. Aujourd'hui, elle est honorée à travers :

- **Des distinctions scientifiques**, soulignant son rôle dans l'innovation médicale.
- **Des programmes de recherche financés à l'international**, garantissant la poursuite de ses travaux.
- **Des initiatives de sensibilisation en santé publique**, inspirées de son modèle d'approche communautaire.

7. Conclusion

Le Dr. Quarraisha Abdool Karim a joué un rôle fondamental dans la lutte contre le VIH/SIDA, en mettant en lumière des solutions adaptées aux réalités sociétales et sanitaires des pays les plus touchés. Son travail a non seulement permis de sauver des millions de vies, mais il continue aussi d'influencer les stratégies de prévention et de traitement du VIH dans le monde entier.

Son parcours illustre l'importance de la recherche scientifique appliquée à la santé publique et la nécessité de reconnaître pleinement l'impact des chercheurs noirs dans l'histoire des sciences médicales. Grâce à elle, la lutte contre le VIH progresse, et l'espoir d'une génération sans SIDA devient de plus en plus tangible.

Physique, Mathématiques et Astronomie

Chapitre 36 : La Théorie de la Relativité Restreinte et la Supersymétrie (Dr. Sylvester James Gates, 2000)

1. Introduction

Le Dr. Sylvester James Gates est l'un des physiciens théoriciens les plus influents du XXIe siècle. Spécialiste de la supersymétrie et de la théorie des cordes, il a apporté des contributions majeures à la compréhension de la relativité restreinte et de la physique des particules. Ses travaux ont permis d'approfondir notre connaissance des structures mathématiques sous-jacentes aux lois fondamentales de l'univers.

Né en 1950, Gates est le premier Afro-Américain à avoir obtenu un doctorat en physique théorique au MIT. Il s'est distingué par sa capacité à relier les mathématiques abstraites aux concepts fondamentaux de la physique, notamment à travers l'utilisation des **adinkras**, des diagrammes mathématiques permettant de visualiser les symétries profondes des lois physiques.

Dans un contexte où la recherche sur la théorie des cordes et la physique quantique suscite un intérêt grandissant, les travaux de Gates ont joué un rôle central en explorant des symétries cachées dans les équations fondamentales de l'univers.

2. Description de la Découverte

2.1 La relativité restreinte et la supersymétrie

La relativité restreinte, développée par Albert Einstein en 1905, a révolutionné notre compréhension de l'espace et du temps en introduisant le concept de la vitesse limite de la lumière et la transformation des dimensions spatio-temporelles.

Cependant, pour décrire l'univers à l'échelle des particules fondamentales, la relativité doit être combinée à la mécanique quantique. La supersymétrie (« SUSY »), une extension de la symétrie dans la physique des particules, postule que chaque boson (particule de force) possède un fermion (particule de matière) partenaire, et vice versa.

Gates a joué un rôle fondamental dans l'exploration de cette idée en utilisant des **adinkras**, des représentations graphiques mathématiques des structures de supersymétrie, permettant de mieux comprendre les relations entre différentes particules et dimensions.

2.2 Les contributions majeures de Gates

- Développement des **adinkras** pour représenter graphiquement les structures algébriques de la supersymétrie.
- Étude des **superespaces**, des extensions mathématiques des dimensions spatiales et temporelles.
- Application de la supersymétrie à la théorie des cordes et à la gravité quantique.
- Contribution à l'unification des forces fondamentales en explorant de nouvelles symétries en physique.

3. Preuves et Sources Historiques

Les travaux de Gates sont largement documentés et validés par des publications scientifiques, notamment :

- Ses articles académiques sur la **supersymétrie et la théorie des cordes**.
- Son livre **"Superspace or One Thousand and One Lessons in Supersymmetry"** (1983).
- Ses travaux en collaboration avec la **NASA** et d'autres institutions de recherche.
- L'utilisation de ses recherches dans des simulations et modélisations en physique théorique.

4. Impact et Applications

Les recherches de Gates ont eu un impact profond sur la physique moderne :

- **Physique des particules** : La supersymétrie est une piste majeure pour expliquer l'origine de la matière noire et développer le Modèle Standard.
- **Théorie des cordes** : L'approche de Gates a permis de raffiner des modèles mathématiques de l'univers.
- **Informatique quantique** : L'application des adinkras pourrait améliorer la compréhension des circuits logiques quantiques.

5. Héritage et Influence sur le Futur

Le Dr. Gates continue d'inspirer les scientifiques et les étudiants :

- Il a participé à de nombreuses initiatives pour diversifier la physique et promouvoir la participation des minorités dans les STEM (science, technologie, ingénierie et mathématiques).

- Ses contributions en mathématiques appliquées sont intégrées dans les nouvelles recherches en **physique théorique** et en **cosmologie**.

6. Réflexion et Reconnaissance

Malgré l'importance de ses travaux, la contribution de Gates est parfois méconnue du grand public. Aujourd'hui, des efforts sont faits pour mieux reconnaître son influence, notamment par :

- La remise de la **Médaille nationale des sciences** en 2013 par le président Barack Obama.
- Son rôle actif dans la vulgarisation scientifique à travers des conférences et des documentaires.
- Son engagement pour rendre la physique plus accessible aux jeunes scientifiques issus de milieux défavorisés.

7. Conclusion

Le Dr. Sylvester James Gates est un pionnier dont les contributions ont enrichi notre compréhension de l'univers. Son travail sur la supersymétrie et la théorie des cordes reste un pilier pour les physiciens d'aujourd'hui et de demain. Son histoire est une preuve que la science, lorsqu'elle est menée avec passion et persévérance, peut repousser les frontières de la connaissance humaine tout en inspirant des générations futures.

L'impact de ces recherches continue d'éclairer la voie vers de nouvelles théories sur la structure fondamentale de l'univers, confirmant son statut de visionnaire dans l'histoire de la physique.

Chapitre 37 : La théorie de la gravité quantique (Dr. Stephon Alexander, 2000)

1. Introduction

La gravité quantique est l'un des plus grands défis de la physique moderne. Depuis des décennies, les scientifiques cherchent à unifier la relativité générale d'Einstein, qui décrit la gravité à grande échelle, avec la mécanique quantique, qui gouverne le comportement des particules subatomiques. Le Dr. **Stephon Alexander** (Photo : ©brown.edu), physicien théoricien noir, fait partie des chercheurs de premier plan dans ce domaine.

Né en Trinité-et-Tobago, puis ayant grandi aux États-Unis, Stephon Alexander a brisé de nombreuses barrières en devenant un pionnier dans les domaines de la physique théorique et de la cosmologie. Son travail est essentiel pour comprendre comment l'univers a évolué dès ses premiers instants et comment la gravité interagit avec la physique des particules. Ses contributions à la **gravité quantique, la cosmologie et la physique des cordes** sont aujourd'hui reconnues internationalement.

Ce chapitre explore l'impact de ses recherches et la manière dont elles influencent les modèles cosmologiques modernes et les futures théories physiques.

2. Description de la Découverte

Le Dr. Stephon Alexander travaille sur **la théorie de la gravité quantique et son lien avec la physique des cordes et la cosmologie primordiale**. Il explore les interactions fondamentales entre **la mécanique quantique, la relativité générale et la matière noire**, trois concepts clés pour comprendre l'univers.

Ses recherches s'articulent autour de plusieurs idées novatrices :

2.1. L'Unification de la Relativité et de la Mécanique Quantique

- La relativité générale explique **la structure de l'espace-temps** et comment la gravité fonctionne à grande échelle.
- La mécanique quantique régit le comportement des particules à l'échelle microscopique.

- La gravité quantique cherche à **unifier ces deux théories,** ce qui permettrait de comprendre l'intérieur des trous noirs et les premiers instants de l'univers.

2.2. Le Lien avec la Physique des Cordes

- Alexander explore comment la **théorie des cordes** pourrait expliquer la gravité quantique.
- Il cherche à comprendre comment les vibrations fondamentales des cordes pourraient générer des particules élémentaires et des interactions gravitationnelles.

2.3. Le Rôle de la Chiralité et des Neutrinos dans l'Univers

- L'un de ses travaux majeurs porte sur **l'asymétrie matière-antimatière** dans l'univers.
- Il étudie le rôle des neutrinos, ces particules quasi insaisissables, et comment elles influencent l'évolution cosmologique.
- Cette recherche pourrait résoudre certains mystères de l'univers primitif, notamment pourquoi la matière a dominé l'antimatière après le Big Bang.

3. Preuves et Sources Historiques

Le travail de Stephon Alexander s'appuie sur une riche tradition scientifique et est validé par des expériences et des modèles mathématiques.

3.1. Publications et Contributions Scientifiques

- Il a publié de nombreux articles dans des revues prestigieuses de physique théorique et de cosmologie.
- Son livre **"The Jazz of Physics"** explore les parallèles entre la musique jazz et la physique théorique, révélant des liens profonds entre structure harmonique et science.

3.2. Témoignages d'Autres Physiciens

- Il collabore avec des scientifiques de premier plan comme Brian Greene et Lee Smolin.
- Son travail est souvent cité dans des études sur **l'inflation cosmique, la gravité quantique et la physique des particules**.

3.3. Validation Expérimentale et Modèles

- Ses théories sur les **neutrinos et la chiralité cosmique** sont testées grâce aux observations de fond cosmologique.
- Les simulations informatiques et les équations issues de la physique quantique soutiennent ses hypothèses.

4. Impact et Applications

Les recherches de Stephon Alexander ont des implications majeures pour la physique et la cosmologie :

4.1. Vers une Théorie de la Gravité Quantique

- Son travail contribue à unifier **la relativité générale et la mécanique quantique**.
- Cette unification pourrait révolutionner notre compréhension des trous noirs et du Big Bang.

4.2. Implications pour la Cosmologie

- Il explore **l'asymétrie matière-antimatière**, une question cruciale pour expliquer l'existence de l'univers.
- Ses recherches influencent les **modèles cosmologiques modernes** et l'étude de la matière noire et de l'énergie noire.

4.3. Applications Technologiques

- Ses travaux pourraient inspirer de nouvelles avancées en **informatique quantique** et en **physique des matériaux**.
- Une meilleure compréhension des neutrinos pourrait influencer les expériences de physique des particules dans les accélérateurs comme le CERN.

5. Héritage et Influence sur le Futur

5.1. Inspiration pour les Futures Générations de Physiciens

- Il est l'un des rares physiciens noirs de renommée mondiale dans un domaine encore très homogène.
- Il œuvre pour **l'inclusion des minorités dans les STEM (sciences, technologies, ingénierie et mathématiques)**.

5.2. Contribution aux Modèles Physiques du Futur

- Ses théories sur la gravité quantique pourraient influencer **les grandes théories unificatrices** à venir.
- L'impact de son travail sera encore plus grand lorsque les **futurs télescopes et accélérateurs de particules** permettront de tester ses prédictions.

6. Réflexion et Reconnaissance

6.1. Pourquoi Son Travail Est Méconnu

- La physique théorique et la cosmologie sont des domaines encore peu accessibles aux scientifiques issus de minorités.
- Son travail, bien qu'influant, est moins médiatisé que celui de figures comme **Stephen Hawking ou Roger Penrose**.

6.2. Efforts Récents pour Reconnaître Son Apport

- Il est régulièrement invité à des conférences majeures de physique et a été **président de la National Society of Black Physicists**.
- Son livre **"The Jazz of Physics"** a aidé à démocratiser son travail auprès d'un public plus large.

6.3. Importance de Ses Contributions pour l'Histoire des Sciences

- Sa vision transdisciplinaire entre musique et physique ouvre une nouvelle approche à l'enseignement scientifique.
- Il est un modèle pour les jeunes chercheurs noirs en physique théorique.

7. Conclusion

Le Dr. Stephon Alexander est un scientifique d'exception dont les recherches en **gravité quantique et cosmologie** ont un impact majeur. Il contribue à :

- L'unification des grandes théories physiques.
  L'étude des neutrinos et leur rôle dans l'univers primitif.
- La démocratisation de la science par son approche interdisciplinaire.

Son parcours est une **source d'inspiration**, prouvant que les scientifiques noirs ont un rôle clé dans la construction du savoir humain. Ses travaux continueront d'influencer les recherches sur l'univers, et son engagement ouvrira la voie à de nouvelles générations de physiciens.

Le futur de la gravité quantique pourrait bien être écrit par des esprits comme le sien !

Chapitre 38 : La Théorie de la Relativité Restreinte et la Supersymétrie (Dr. Sylvester James Gates, 2000)

1. Introduction

L'histoire de la physique théorique a été marquée par des figures emblématiques qui ont repoussé les limites de notre compréhension de l'univers. Parmi elles, le **Dr. Sylvester James Gates** se distingue comme l'un des plus brillants physiciens théoriciens noirs du XXIe siècle. Son travail sur la **théorie de la supersymétrie**, les **équations de la relativité restreinte** et les **supercordes** a permis des avancées significatives dans notre compréhension de la structure fondamentale de l'univers.

Dans un monde où la physique théorique reste dominée par les figures européennes et américaines blanches, la contribution du Dr. Gates est un rappel crucial de l'impact des scientifiques noirs dans des domaines de pointe. Ses travaux, notamment sur les équations de supersymétrie et leur lien avec la théorie des cordes, ont révolutionné la physique contemporaine et ouvert de nouvelles perspectives sur la nature du cosmos.

2. Description de la Découverte

2.1 La Supersymétrie : Unification des Forces Fondamentales

La supersymétrie est une extension du Modèle Standard de la physique des particules qui postule une correspondance entre les **bosons** (particules porteuses de force) et les **fermions** (particules constituant la matière). Cette théorie vise à unifier les interactions fondamentales de l'univers et à résoudre certains des mystères les plus profonds de la physique, notamment la nature de la matière noire et la gravité quantique.

Le Dr. Gates a été un pionnier dans l'application de la supersymétrie en physique théorique et a formulé des **équations différentielles complexes décrivant ces interactions**. Il a démontré comment les **superpartenaires** hypothétiques des particules connues pourraient expliquer certains phénomènes inexpliqués de la cosmologie et de la physique des hautes énergies.

2.2 Lien avec la Relativité Restreinte

La **relativité restreinte**, formulée par Albert Einstein en 1905, établit que les lois de la physique sont les mêmes pour tous les observateurs en mouvement relatif uniforme et que la vitesse de la lumière est une constante universelle. Le Dr. Gates a approfondi ces principes en étudiant comment la supersymétrie pourrait s'intégrer dans la relativité restreinte et la mécanique quantique.

Son travail a notamment exploré comment les **transformations de Lorentz**, qui sont au cœur de la relativité restreinte, pourraient être modifiées par la supersymétrie pour expliquer les interactions entre la gravité et les particules élémentaires.

2.3 Les Adinkras et la Géométrie Supersymétrique

L'une des contributions les plus innovantes du Dr. Gates est l'utilisation des **adinkras**, des structures mathématiques inspirées des motifs symboliques africains, pour représenter les équations de supersymétrie. Ces diagrammes permettent de visualiser les relations entre les différentes variables supersymétriques et d'identifier de nouvelles propriétés mathématiques dans la théorie des supercordes.

3. Preuves et Sources Historiques

Les recherches du Dr. Gates s'appuient sur :

- **Ses publications scientifiques**, notamment ses articles sur la supersymétrie et les théories des champs quantiques.
- **Ses travaux en collaboration avec le CERN** et d'autres instituts de recherche en physique théorique.
- **Ses contributions à la recherche en gravité quantique** et en cosmologie théorique.
- **Ses conférences et enseignements au MIT et dans d'autres institutions prestigieuses**.

Ses découvertes ont été publiées dans des journaux scientifiques de renommée mondiale, confirmant leur validité et leur impact sur la physique moderne.

4. Impact et Applications

Les contributions du Dr. Gates ont des implications majeures dans plusieurs domaines de la physique et au-delà :

- **Physique des particules** : Meilleure compréhension des particules élémentaires et des forces fondamentales de l'univers.
- **Cosmologie** : Explication possible de la matière noire et de l'énergie noire, qui composent plus de 95 % de l'univers.
- **Technologie quantique** : Applications potentielles dans le développement des ordinateurs quantiques et de la cryptographie avancée.
- **Mathématiques appliquées** : Introduction de nouveaux outils mathématiques pour résoudre des problèmes complexes en physique théorique.

5. Héritage et Influence sur le Futur

Le Dr. Gates est aujourd'hui une figure incontournable de la physique théorique. Son travail a inspiré:

- **De nouvelles recherches en supersymétrie et en théorie des cordes**, notamment dans la quête d'une **théorie du tout**.
- **L'essor des mathématiques africaines appliquées**, avec l'utilisation des **adinkras** pour visualiser des concepts abstraits.
- **La diversification du monde académique**, en encourageant les jeunes scientifiques noirs à poursuivre des carrières en physique.

Ses recherches continuent d'être explorées par les physiciens du monde entier, et certains de ses travaux pourraient être validés par les futures expériences du **Grand Collisionneur de Hadrons (LHC)** du CERN.

6. Réflexion et Reconnaissance

Malgré l'importance de ses découvertes, le Dr. Gates a longtemps dû faire face à des obstacles liés à la sous-représentation des scientifiques noirs en physique théorique. Cependant :

- Il a reçu plusieurs **prix et distinctions** pour ses contributions à la physique.
- Il a été le **premier Afro-Américain membre du Conseil des conseillers scientifiques du président des États-Unis.**
- Il a œuvré pour **la reconnaissance des contributions des Noirs aux mathématiques et aux sciences physiques**.

Aujourd'hui, il est reconnu comme **l'un des plus grands physiciens théoriciens de notre époque** et continue de promouvoir l'inclusion dans les sciences.

7. Conclusion

Le Dr. Sylvester James Gates a profondément marqué la physique théorique grâce à ses recherches sur la **supersymétrie et la relativité restreinte**. Ses contributions ne se limitent pas à des avancées théoriques : elles influencent la manière dont nous comprenons **l'univers, la matière et l'espace-temps**.

Son héritage va bien au-delà de la science pure. Il est une **source d'inspiration pour les générations futures**, prouvant que les scientifiques noirs ont **un rôle essentiel à jouer** dans les découvertes qui façonneront l'avenir de la physique et des technologies modernes.

Message inspirant : L'histoire de la science ne peut être complète qu'en reconnaissant toutes les contributions, et celles du Dr. Gates démontrent que **le génie scientifique transcende les frontières raciales et culturelles.**

Chapitre 39 : La Première Production des Hormones à Partir de Plantes – Dr Percy Lavon Julian (1970)

1. Introduction

La chimie organique et la médecine moderne doivent beaucoup aux travaux du **Dr. Percy Lavon Julian** (Photo : ©wikipedia.org), un scientifique afro-américain pionnier, dont les contributions ont révolutionné la production industrielle d'hormones et de médicaments stéroïdiens. À une époque où le racisme systémique limitait l'accès des Noirs aux institutions scientifiques et académiques, Julian a brisé les barrières et ouvert la voie à des avancées majeures en pharmacologie.

Son travail sur les **stéroïdes végétaux** a permis de synthétiser **des hormones clés comme la progestérone, la testostérone et la cortisone à partir de plantes**, ce qui a conduit à une production plus accessible et économique de médicaments essentiels. Ses découvertes ont facilité le traitement de maladies inflammatoires, la gestion des déséquilibres hormonaux et la contraception, marquant ainsi une avancée décisive dans l'histoire médicale du XXe siècle.

2. Description de la Découverte

2.1. L'Extraction des Stéroïdes à partir de Plantes

Les hormones stéroïdiennes étaient traditionnellement extraites de sources animales, rendant leur production coûteuse et limitée. Percy Julian a découvert une **méthode révolutionnaire d'extraction et de synthèse des hormones à partir des phytostérols, des composés présents dans certaines plantes** comme le soja et l'igname sauvage.

Les phytostérols végétaux ont une structure chimique similaire aux hormones humaines, ce qui en fait des précurseurs idéaux pour la **production de progestérone, de testostérone et d'autres stéroïdes thérapeutiques**.

2.2. Production de la Physostigmine

L'une des découvertes clés de Julian est la **synthèse de la physostigmine**, une molécule utilisée dans le traitement du **glaucome et des maladies neuromusculaires**. Avant ses travaux, la physostigmine ne pouvait être extraite que de la fève de calabar, une plante rare et difficile à cultiver à grande échelle. Sa **synthèse chimique a rendu le médicament largement disponible et plus abordable**.

2.3. Production Industrielle d'Hormones

Percy Julian a ensuite **développé un procédé industriel pour la fabrication massive de progestérone et de testostérone**. En exploitant les phytostérols du soja, il a pu rendre ces hormones accessibles à un coût réduit, ce qui a transformé des domaines comme :

- **Le traitement de l'infertilité**
- **La gestion des déséquilibres hormonaux**
- **Le développement des pilules contraceptives**
- **Le traitement de maladies inflammatoires comme l'arthrite grâce à la cortisone**

3. Preuves et Sources Historiques

3.1. Documentation Scientifique et Brevets

Percy Julian a déposé **plus de 130 brevets** au cours de sa carrière, témoignant de la portée de ses recherches. Parmi ses travaux les plus influents figurent :

- **Brevets sur la synthèse de la physostigmine**
- **Brevets sur la conversion des phytostérols en hormones**
- **Publications dans les revues scientifiques majeures de l'époque**

3.2. Reconnaissance Académique et Institutionnelle

Malgré les obstacles raciaux qu'il a rencontrés, Julian a réussi à **s'imposer comme un chimiste de premier plan** :

- Il a été **le premier Afro-Américain à obtenir un doctorat en chimie à l'Université de Vienne** en 1931.
- Il a travaillé dans plusieurs **instituts de recherche de haut niveau**, notamment **Glidden Company**, où il a mené ses découvertes industrielles sur les hormones.
- En 1973, il est devenu **membre de la National Academy of Sciences**, l'un des honneurs scientifiques les plus prestigieux.

3.3. Réception par la Communauté Scientifique

Si ses travaux ont eu un impact énorme, Julian a **souvent été marginalisé dans les cercles scientifiques dominés par les Blancs**. Il a dû lutter pour faire reconnaître ses découvertes et pour obtenir des financements, malgré des avancées qui ont révolutionné la pharmacologie moderne.

4. Impact et Applications

4.1. Influence sur la Médecine Moderne

Les travaux de Percy Julian ont directement contribué à plusieurs avancées majeures :

- **Développement des traitements hormonaux substitutifs** pour les personnes souffrant de déséquilibres hormonaux.
- **Production de la cortisone** pour le traitement des maladies inflammatoires comme l'arthrite.
- **Production industrielle de progestérone et de testostérone**, facilitant la contraception et le traitement de l'infertilité.

4.2. Applications Technologiques et Pharmaceutiques

Grâce à Julian, la **synthèse industrielle de médicaments stéroïdiens** est devenue possible, ouvrant la voie à la fabrication de plusieurs médicaments révolutionnaires. Ses travaux ont également **permis de réduire considérablement le coût des traitements hormonaux**, les rendant accessibles à des millions de personnes dans le monde.

5. Héritage et Influence sur le Futur

5.1. Inspiration pour les Chercheurs Noirs

Percy Julian a brisé les barrières raciales et ouvert la voie à de nombreux scientifiques afro-américains en chimie et en médecine. Son héritage continue d'inspirer les chercheurs noirs à **s'engager dans les sciences et la recherche pharmaceutique**.

5.2. Poursuite des Travaux en Chimie Pharmaceutique

Aujourd'hui, la chimie des stéroïdes repose en grande partie sur les découvertes de Julian. Ses techniques ont été perfectionnées, mais **la base de la production hormonale moderne reste fondée sur ses découvertes**.

6. Réflexion et Reconnaissance

6.1. Une Contribution Méconnue

Malgré l'ampleur de ses découvertes, Julian n'a **pas toujours reçu la reconnaissance qu'il méritait**. Pendant longtemps, ses contributions ont été éclipsées par celles de ses contemporains blancs.

6.2. Initiatives pour Réhabiliter son Héritage

Aujourd'hui, plusieurs initiatives visent à mieux faire connaître son travail :

- **Création de bourses en son nom** pour les étudiants noirs en sciences.
- **Programmes éducatifs sur ses découvertes** intégrés dans les cursus universitaires.
- **Documentaires et livres** mettant en lumière ses contributions.

6.3. Importance de son Travail pour l'Histoire des Sciences

Percy Julian n'a pas seulement transformé la chimie pharmaceutique ; il a aussi **démontré que l'intelligence scientifique transcende les barrières raciales**. Son travail rappelle que les contributions des Noirs dans les sciences doivent être reconnues et enseignées au même titre que celles des autres grands scientifiques.

7. Conclusion

Percy Julian est l'un des plus grands chimistes du XXe siècle. Grâce à son **ingéniosité et sa persévérance**, il a réussi à révolutionner la production d'hormones et de médicaments, facilitant des avancées médicales majeures. Son parcours est un **exemple inspirant pour les générations futures**, montrant que **le talent, allié à la détermination, peut surmonter toutes les barrières**.

L'héritage de Julian continue d'impacter la médecine moderne, et son combat pour la reconnaissance des scientifiques noirs est toujours d'actualité. Il est donc essentiel de **réhabiliter et de valoriser son travail**, afin qu'il prenne la place qui lui revient dans l'histoire des sciences et de l'humanité..

Chapitre 40 : L'Astronomie et les Spectromètres Spatiaux (Dr. George R. Carruthers, 1970)

1. Introduction

L'astronomie moderne repose sur des outils sophistiqués capables d'observer l'univers au-delà de ce que l'œil humain peut percevoir. L'un des instruments clés dans cette avancée est le **spectromètre ultraviolet**, une technologie qui permet d'analyser la composition chimique et physique des objets célestes à travers leurs émissions de lumière. Parmi les pionniers de cette technologie se trouve le **Dr. George R. Carruthers** (Photo : © aerospace.illinois.edu), un physicien et ingénieur afro-américain dont l'invention du premier spectromètre ultraviolet destiné à être utilisé dans l'espace a révolutionné l'astronomie.

En 1972, lors de la mission **Apollo 16**, l'instrument conçu par Carruthers a été installé sur la Lune, permettant aux scientifiques d'analyser la composition de l'atmosphère terrestre depuis l'espace et de détecter de nouvelles sources de lumière ultraviolette dans l'univers. Ce fut un tournant majeur pour la compréhension de la chimie spatiale et la structure de notre atmosphère. Ce chapitre explore son impact, son développement et son héritage scientifique.

2. Description de la Découverte

2.1 Le Spectromètre Ultraviolet Spatial

Un spectromètre est un instrument scientifique qui analyse **les longueurs d'onde de la lumière émise ou absorbée par une substance**. Cette analyse permet d'obtenir des informations précieuses sur la **composition chimique, la température et les caractéristiques physiques** des objets observés.

Le Dr. George Carruthers a conçu un spectromètre ultraviolet capable de :

- **Observer l'atmosphère terrestre** depuis l'espace et mesurer sa composition.
- **Analyser les émissions ultraviolettes des étoiles et des galaxies lointaines**.

- **Cartographier les sources de rayonnement ultraviolet**, auparavant invisibles aux télescopes optiques.

2.2 Développement et Mission Apollo 16

Avant Carruthers, l'astronomie ultraviolette était limitée par l'absorption de la lumière ultraviolette par l'atmosphère terrestre. Il a donc conçu un spectromètre capable d'être utilisé dans **l'espace profond**. Sa percée est survenue en **1972, lorsque son instrument a été installé sur la Lune lors de la mission Apollo 16**. Ce fut la première fois qu'un télescope ultraviolet était placé **hors de l'atmosphère terrestre**, permettant d'obtenir des images et des données impossibles à capter depuis la Terre.

Son spectromètre a permis :

- **L'observation de l'atmosphère terrestre depuis la Lune**, un élément clé dans l'étude du climat.
- **La détection de nouvelles galaxies et de nouvelles sources ultraviolettes.**
- **Une meilleure compréhension des vents solaires et de leur impact sur la Terre.**

3. Preuves et Sources Historiques

3.1 Travaux et Publications

Le Dr. George Carruthers a travaillé au **Naval Research Laboratory (NRL)** où il a mené des recherches pionnières en physique spatiale. Parmi ses publications clés :

- **"Ultraviolet Observations of the Earth's Upper Atmosphere"** – rapport scientifique détaillant les découvertes sur la haute atmosphère terrestre grâce à son spectromètre.
- **"First Far-Ultraviolet Survey of the Sky from the Moon" (1973)** – étude des nouvelles sources ultraviolettes découvertes grâce à Apollo 16.

3.2 Validation et Reconnaissance

Les découvertes de Carruthers ont été validées et largement utilisées par la communauté scientifique. Il a reçu plusieurs distinctions pour ses contributions :

- **Le brevet américain pour l'"Image Converter for Detecting Electromagnetic Radiation"** (1969).

- **La NASA Exceptional Scientific Achievement Medal (1972)** pour l'invention du spectromètre spatial.
- **L'intronisation au National Inventors Hall of Fame (2003)** pour ses contributions à la technologie spatiale.

4. Impact et Applications

4.1 Influence sur l'Astronomie Moderne

Le spectromètre de Carruthers a marqué un tournant dans l'astronomie en ouvrant la voie à plusieurs avancées majeures :

- **L'étude des exoplanètes**, grâce à l'analyse des atmosphères extrasolaires via les signatures ultraviolettes.
- **L'amélioration des télescopes spatiaux**, comme **Hubble**, qui utilise également des capteurs ultraviolets.
- **Une meilleure compréhension de la chimie des étoiles**, en détectant les éléments présents dans leur atmosphère.

4.2 Utilisation dans d'Autres Domaines

Ses recherches en spectroscopie ont également été appliquées dans plusieurs disciplines :

- **Étude de la pollution atmosphérique** – en utilisant des techniques spectroscopiques pour surveiller la qualité de l'air terrestre.
- **Exploration spatiale** – avec l'utilisation de spectromètres pour analyser la composition chimique de Mars et d'autres planètes.
- **Détection d'ondes gravitationnelles** – en utilisant des données ultraviolettes pour comprendre les interactions des trous noirs.

5. Héritage et Influence sur le Futur

5.1 Contributions à la Science et à la Technologie

Le travail de Carruthers continue d'influencer la recherche spatiale moderne. Son approche novatrice a inspiré :

- **Le développement des spectromètres modernes** utilisés par les missions spatiales de la NASA et de l'ESA.
- **Les recherches sur l'origine de l'univers**, grâce à l'analyse des sources ultraviolettes de lointaines galaxies.
- **L'innovation en optique spatiale**, permettant de développer de nouveaux détecteurs pour les télescopes.

5.2 Son Rôle en tant que Modèle Scientifique

En tant que **scientifique afro-américain dans un domaine où la diversité était rare,** Carruthers a joué un rôle important en inspirant de nouvelles générations de chercheurs noirs en astronomie et en ingénierie.

Il a également œuvré pour l'éducation scientifique en :

- **Encourageant la formation des jeunes dans les STEM** (Science, Technology, Engineering, Mathematics).
- **Participant à des initiatives éducatives pour les étudiants afro-américains.**
- **Développant des programmes pour enseigner l'astronomie aux lycéens.**

6. Réflexion et Reconnaissance

6.1 Une Contribution Méconnue

Malgré l'impact majeur de ses découvertes, **le nom de George Carruthers reste relativement méconnu du grand public.** Plusieurs raisons expliquent cela :

- **La faible médiatisation des scientifiques noirs** dans les années 1970.
- **Le caractère technique de ses travaux,** peu accessibles aux non-spécialistes.
- **L'absence d'une communication grand public sur ses avancées.**

6.2 Efforts Récents pour Sa Reconnaissance

Aujourd'hui, la reconnaissance de Carruthers s'accroît grâce à plusieurs initiatives :

- **Des articles et documentaires dédiés à son travail.**
- **La reconnaissance posthume de ses contributions** dans des programmes éducatifs et scientifiques.
- **L'influence de son travail sur les missions spatiales actuelles et futures.**

7. Conclusion

Le **Dr. George R. Carruthers** est un pionnier de l'astronomie spatiale. Son invention du spectromètre ultraviolet a **révolutionné notre façon d'observer l'univers**, ouvrant de nouvelles perspectives pour l'exploration spatiale et la compréhension des phénomènes cosmiques.

Grâce à son travail, l'astronomie ultraviolette est devenue une discipline clé, utilisée aujourd'hui par des observatoires spatiaux comme **Hubble et le futur télescope James Webb**. Son **héritage scientifique perdure**, et son parcours illustre l'importance de la diversité dans la recherche et l'innovation.

Son histoire est **une inspiration pour les futures générations de scientifiques**, prouvant que la passion pour la science et la persévérance peuvent transcender les barrières et changer notre compréhension du cosmos.

Chimie, Matériaux et Biotechnologies

Chapitre 41 : La Table à Repasser – Sarah Boone (1887)

1. Introduction

L'histoire des inventions et des technologies modernes est jalonnée de figures noires dont les contributions ont été longtemps ignorées ou minimisées. Parmi ces pionniers, **Sarah Boone** (Photo : ©ironinglab.com), une inventrice afro-américaine, a marqué l'histoire en déposant, en **1887**, un brevet révolutionnaire pour une **table à repasser améliorée**. Son innovation a transformé un outil domestique en un dispositif plus efficace et ergonomique, facilitant le repassage des vêtements, notamment ceux aux manches et aux formes complexes.

Cette invention est particulièrement remarquable dans le contexte de la fin du XIXe siècle, une période où **les femmes, et encore plus les femmes noires, avaient peu d'opportunités dans les domaines de l'innovation et des brevets**. Sarah Boone, par son ingéniosité et sa détermination, a non seulement amélioré un objet du quotidien mais a également pavé la voie pour d'autres inventrices noires à une époque où elles faisaient face à une discrimination omniprésente.

2. Description de la Découverte

2.1. L'Innovation de Sarah Boone

Avant l'invention de Sarah Boone, les femmes utilisaient **de simples planches de bois posées sur des tables ou des supports pour repasser les vêtements**. Ce procédé était peu pratique, en particulier pour les vêtements aux manches étroites ou aux formes arrondies. **La table à repasser conçue par Boone était plus étroite, incurvée et rembourrée**, ce qui permettait **un meilleur repassage des manches et des parties complexes des vêtements**.

2.2. Principaux Concepts et Mécanismes

L'amélioration majeure de Boone reposait sur **quatre éléments fondamentaux** :

- **Une surface de repassage plus étroite et incurvée**, adaptée aux vêtements moulants comme les manches et les chemises.
- **Un mécanisme pliable**, permettant un rangement plus aisé et une meilleure portabilité.
- **Un rembourrage amélioré**, offrant une surface plus lisse et réduisant le risque de brûlures ou de marques indésirables sur les tissus.
- **Une structure en bois robuste**, facilitant le repassage sans nécessiter une force excessive.

2.3. Obstacles et Développement

Sarah Boone a dû faire face à plusieurs défis :

- **L'accès limité aux ressources et aux brevets pour les femmes noires** à cette époque.
- **La reconnaissance de son invention dans un domaine dominé par des hommes blancs.**
- **Le besoin de perfectionner un design pratique et économique**, adapté aux foyers de l'époque.

Son brevet, enregistré sous le numéro **US 473,653** en 1887, témoigne d'une **approche innovante et pratique** qui a influencé la conception des tables à repasser modernes.

3. Preuves et Sources Historiques

3.1. Documentation Scientifique et Brevet

Le brevet de **Sarah Boone, déposé le 26 avril 1892**, reste la preuve tangible de son invention et de son influence. Son innovation a été officiellement enregistrée sous le **brevet américain US 473,653**, où elle détaillait l'amélioration apportée aux tables à repasser classiques.

3.2. Témoignages et Réception

Bien que **son invention ait été peu médiatisée à son époque**, elle a néanmoins été **adoptée progressivement par de nombreux foyers et blanchisseries**, notamment parce qu'elle facilitait le travail des repasseuses et des tailleurs.

Les témoignages de l'époque montrent que **cette invention a été particulièrement bien accueillie par les travailleurs du textile et les ménages.**

3.3. Validation par la Communauté Scientifique

Bien que la reconnaissance de Sarah Boone soit arrivée tardivement, **les historiens des sciences et des technologies domestiques ont depuis confirmé son rôle clé dans l'évolution des équipements de repassage.** Son brevet a posé les bases des **améliorations futures** apportées aux tables à repasser modernes.

4. Impact et Applications

4.1. Influence sur l'Industrie du Textile

L'invention de Sarah Boone a profondément influencé **l'industrie du repassage et du textile**, notamment :

- **Une meilleure finition des vêtements**, favorisant le développement du prêt-à-porter.
- **Une optimisation du travail des repasseuses**, réduisant le temps et l'effort nécessaires.
- **Une adoption rapide par les blanchisseries et les tailleurs**, facilitant le soin des vêtements.

4.2. Adoption Progressive dans les Ménages

Grâce à son design ingénieux, la table à repasser de Boone a été **rapidement adoptée dans les foyers américains** et, plus tard, dans d'autres régions du monde. Son invention a marqué le passage **des simples planches de bois aux tables à repasser fonctionnelles** que nous connaissons aujourd'hui.

4.3. Applications Modernes

L'influence de son brevet est visible dans **les modèles contemporains de tables à repasser**, qui ont continué d'évoluer avec l'ajout de :

- **Revêtements anti-brûlures**,
- **Mécanismes de pliage avancés**,
- **Supports intégrés pour fers à repasser à vapeur.**

5. Héritage et Influence sur le Futur

5.1. Inspiration pour les Inventrices Noires

Sarah Boone fait partie des **premières femmes afro-américaines à obtenir un brevet aux États-Unis**, un exploit qui a inspiré **d'autres inventrices noires à poursuivre des carrières dans l'innovation et la technologie.**

5.2. Poursuite de l'Amélioration des Équipements de Repassage

Son design a été **amélioré au fil des décennies**, avec des innovations intégrant des matériaux plus résistants et des fonctionnalités ergonomiques.

6. Réflexion et Reconnaissance

6.1. Une Contribution Méconnue

Pendant de nombreuses années, **Sarah Boone n'a pas reçu la reconnaissance qu'elle méritait**. Son travail a été éclipsé par des inventeurs masculins plus médiatisés. Cependant, avec la montée des études sur les contributions afro-américaines aux sciences et à la technologie, **son rôle est désormais mieux reconnu**.

6.2. Efforts pour Réhabiliter son Héritage

Aujourd'hui, **des initiatives académiques et culturelles mettent en lumière son apport** :

- Des programmes éducatifs intègrent son invention dans l'histoire des sciences domestiques.
- Des hommages sont rendus dans des expositions sur les **inventeurs afro-américains**.

6.3. Importance Historique

Sarah Boone symbolise **la persévérance et l'ingéniosité des inventeurs afro-américains**. Son histoire rappelle l'importance de **documenter et de valoriser les contributions des Noirs dans l'innovation**.

7. Conclusion

L'invention de Sarah Boone en 1887 représente **bien plus qu'une simple amélioration d'un objet du quotidien**. Elle incarne l'innovation et la détermination face aux **obstacles systémiques du racisme et du sexisme**. Son brevet a non seulement **révolutionné la manière dont nous repassons nos vêtements**, mais il a également **pavé la voie pour d'autres inventrices noires**.

Sarah Boone fait partie de ces figures **trop longtemps oubliées**, mais dont le travail a eu un impact durable sur notre quotidien. Aujourd'hui, **chaque table à repasser moderne porte en elle l'héritage de son ingéniosité**. Son parcours nous rappelle que **l'histoire des sciences et des inventions** est **incomplète** sans la reconnaissance des contributions afro-descendantes.

Message pour la nouvelle génération:

Que l'histoire de Sarah Boone inspire **les jeunes inventrices et inventeurs noirs à poursuivre leurs idées** malgré les barrières. Son exemple prouve que **les contributions des Noirs aux sciences et aux technologies sont nombreuses, précieuses et doivent être célébrées.**

Chapitre 42 : Le Premier Feu Tricolore – Garrett Augustus Morgan (1914)

1. Introduction

La signalisation routière est aujourd'hui un élément fondamental de la sécurité et de la fluidité des transports. Pourtant, il fut un temps où les rues étaient **chaotiques et dangereuses**, avec peu de régulation du trafic. C'est dans ce contexte que Garrett Augustus Morgan (Photo, ©history.com), **un inventeur afro-américain autodidacte**, a joué un rôle déterminant en mettant au point **le premier feu tricolore moderne**.

En 1914, alors que les rues américaines commençaient à être envahies par les automobiles, les accidents de la circulation devenaient un problème majeur. **Les feux de signalisation rudimentaires** ne comportaient que deux indications (arrêt et passage), ce qui entraînait des **collisions fréquentes** entre voitures et piétons. Morgan a ainsi breveté un système **innovant de signalisation à trois phases**, avec une étape intermédiaire permettant de **réguler les flux et d'éviter les accidents**.

Le feu tricolore de Morgan a posé **les bases des systèmes de circulation modernes** que nous utilisons aujourd'hui. Son invention a marqué **un tournant dans la gestion du trafic urbain** et reste une contribution essentielle à l'histoire des technologies de transport.

2. Description de la Découverte

2.1. Le Contexte Avant l'Invention de Morgan

À l'aube du XXe siècle, les villes américaines connaissaient une explosion démographique et une transformation rapide des modes de transport. L'augmentation du nombre de véhicules à moteur, combinée à la présence de **piétons, de bicyclettes, de charrettes et de tramways**, engendrait un **désordre incessant sur les routes**.

Les premiers systèmes de signalisation routière étaient **rudimentaires et inefficaces** :

- Certains carrefours utilisaient **des policiers** pour diriger la circulation avec des panneaux ou des gestes.

- Les rares feux mécaniques ne proposaient que **deux signaux (rouge pour arrêter, vert pour passer)**, sans transition entre les deux.
- L'absence d'un temps d'attente entre les changements de signal **provoquait de nombreux accidents**.

2.2. L'Innovation du Feu Tricolore de Morgan

Garrett Morgan a conçu un **système tricolore révolutionnaire** qui introduisait un signal supplémentaire entre l'arrêt et le passage. Son **brevet déposé le 20 novembre 1923 (brevet américain n°1,475,024)** décrit une **signalisation mécanique pivotante**, permettant :

- **Un arrêt progressif**, réduisant les risques de collisions.
- **Une meilleure visibilité pour les conducteurs et les piétons**.
- **Un fonctionnement manuel et automatique**, facilitant son adoption.

Son modèle prévoyait **une pause entre le rouge et le vert**, offrant aux conducteurs **un temps d'adaptation avant de repartir**. Cette innovation a **réduit significativement les accidents** et a servi de base aux feux modernes.

3. Preuves et Sources Historiques

3.1. Le Brevet Officiel

Garrett Morgan a **déposé son brevet en 1923**, qui a été validé par le **U.S. Patent Office**. Ce document technique détaillait :

- **Le design de son feu de signalisation**, incluant le mécanisme pivotant.
- **L'ajout d'un signal intermédiaire**, absent des feux précédents.
- **L'impact potentiel sur la régulation du trafic et la sécurité routière**.

3.2. Témoignages et Adoption

L'invention de Morgan a été **rapidement adoptée** :

- La **General Electric Company** a racheté son brevet pour **40 000 dollars**.
- Les premiers feux basés sur son modèle ont été **installés à Cleveland** et dans plusieurs grandes villes américaines.
- L'innovation a **influencé directement le développement des feux électriques automatisés**, qui se sont généralisés dans les décennies suivantes.

4. Impact et Applications

4.1. Influence sur la Sécurité Routière

L'introduction du feu tricolore de Morgan a eu **des effets immédiats et durables** :

- **Diminution du nombre d'accidents de la route**, notamment aux intersections dangereuses.
- **Fluidification du trafic** dans les centres-villes.
- **Amélioration de la sécurité des piétons**, qui avaient un temps d'arrêt clair avant de traverser.

4.2. Applications Modernes

Le principe des feux tricolores inventés par Morgan est **encore en vigueur aujourd'hui** :

- **Feux synchronisés par GPS** dans les grandes villes.
- **Feux avec minuteurs visibles** pour prévenir les conducteurs.
- **Systèmes intelligents adaptatifs**, qui ajustent la durée des signaux en fonction du trafic.

5. Héritage et Influence sur le Futur

5.1. L'Inspiration pour D'autres Innovations

L'idée de **réguler le trafic en plusieurs étapes** a **inspiré les technologies modernes** :

- **Systèmes de feux à détection automatique**, utilisant des capteurs pour ajuster les signaux.
- **Feux dédiés aux transports en commun**, optimisant la circulation des bus et tramways.
- **Signalisation connectée aux réseaux intelligents**, améliorant la gestion des flux urbains.

5.2. Son Influence sur la Technologie des Transports

Aujourd'hui, **les systèmes de gestion du trafic** dans le monde entier **reposent sur les principes de Morgan** :

- **Intervalles de transition entre les feux**, réduisant les accidents.
- **Systèmes de feux clignotants** pour prévenir d'un changement imminent.
- **Coordination des feux en réseau**, pour fluidifier la circulation.

6. Réflexion et Reconnaissance

6.1. Une Invention Souvent Attribuée à D'Autres

Comme beaucoup d'inventeurs noirs, Garrett Morgan a été **longtemps oublié** par l'histoire officielle. Plusieurs raisons expliquent cela :

- **Le racisme aux États-Unis à cette époque**, qui freinait la reconnaissance des contributions afro-américaines.
- **L'attribution du mérite à General Electric**, qui a popularisé son invention sans toujours créditer son rôle initial.
- **Un manque de documentation dans les récits officiels**, minimisant son impact.

6.2. Efforts pour Réhabiliter son Héritage

Aujourd'hui, **Morgan est reconnu comme un pionnier** grâce à :

- **Des expositions sur ses inventions dans les musées américains.**
- **Son intégration dans les curriculums éducatifs sur l'histoire des inventeurs noirs.**
- **Des hommages, dont la création de prix en son honneur.**

7. Conclusion

Garrett Morgan a **révolutionné la signalisation routière**, permettant une **circulation plus sûre et plus efficace**. Son invention a posé **les bases des systèmes modernes de feux de circulation**, et son **impact reste visible dans toutes les grandes villes du monde**.

Son parcours illustre la **persévérance et le génie des inventeurs afro-américains**, dont les contributions ont souvent été **méconnues ou minimisées**. Grâce à son ingéniosité, il a non seulement **sauvé des vies**, mais aussi **facilité la mobilité urbaine** pour des millions de personnes.

L'héritage de Garrett Morgan nous rappelle **l'importance de reconnaître les contributions des scientifiques noirs** et de **corriger l'histoire en mettant en lumière leurs découvertes**. Son **feu tricolore** continue de briller, guidant les routes et **symbolisant l'innovation et la résilience**.

Chapitre 43 : Les Noirs dans l'Invention de la Bombe Atomique

1. Introduction

Lorsqu'on évoque l'invention de la bombe atomique, les noms les plus souvent cités sont ceux de **J. Robert Oppenheimer, Enrico Fermi, Richard Feynman** ou **Niels Bohr**. Ces figures emblématiques du **Projet Manhattan** sont devenues synonymes de la révolution nucléaire qui a marqué le XXe siècle. Pourtant, peu de personnes savent que plusieurs scientifiques noirs ont joué un rôle essentiel dans cette avancée scientifique et technologique majeure.

À une époque où la ségrégation raciale sévissait aux États-Unis, des Afro-Américains hautement qualifiés en **physique, en ingénierie et en chimie** ont contribué aux recherches nucléaires. Certains ont travaillé sur des éléments critiques du **développement de la fission nucléaire, du raffinage de l'uranium et de la conception des réacteurs nucléaires**.

Parmi ces figures méconnues figurent **Jesse Ernest Wilkins Jr., Harold Delaney, Samuel P. Massie** (Photo : ©quimicafacil.net), et bien d'autres. Ce chapitre met en lumière leurs contributions essentielles et leur héritage durable dans l'histoire des sciences nucléaires.

2. Description de la Découverte

2.1. Le Projet Manhattan et la Recherche sur l'Atome

Le **Projet Manhattan** (1942-1945) fut un programme secret du gouvernement américain visant à **développer une arme nucléaire avant l'Allemagne nazie**. Il mobilisa des milliers de scientifiques à travers plusieurs laboratoires, notamment à **Los Alamos (Nouveau-Mexique), Oak Ridge (Tennessee)** et **Hanford (Washington)**.

Les recherches se sont concentrées sur :

- **L'enrichissement de l'uranium** (séparation de l'uranium-235 fissile de l'uranium-238 plus stable).
- **La production de plutonium** comme alternative à l'uranium.
- **Les réactions en chaîne contrôlées** dans un réacteur nucléaire.
- **La conception d'une bombe atomique fonctionnelle.**

2.2. Rôle des Scientifiques Noirs dans le Projet Manhattan

Jesse Ernest Wilkins Jr. : Un Mathématicien et Physicien de Génie

Wilkins était un prodige des mathématiques, obtenant son doctorat à l'âge de **19 ans** à l'Université de Chicago. Il a travaillé sur le **transfert de neutrons**, une contribution essentielle pour **optimiser la conception des réacteurs nucléaires et minimiser les fuites de radiation**.

Son travail a permis de :

- Concevoir des **boucliers protecteurs contre les radiations** (utilisés dans les centrales nucléaires et les vaisseaux spatiaux).
- Comprendre comment les neutrons se propagent dans des matériaux comme **le graphite et l'eau lourde**, fondamentaux pour la modération des réactions nucléaires.

Samuel P. Massie : Chimiste Spécialiste de l'Uranium

Samuel Massie était un chimiste travaillant à Oak Ridge sur la séparation et le raffinage de **l'uranium**. Il a développé des procédés permettant de :

- Améliorer **l'extraction et la purification de l'uranium-235**.
- Réduire les pertes de matériau fissile, augmentant ainsi l'efficacité du projet.

Son travail a également ouvert la voie à des recherches postérieures en chimie nucléaire.

Harold Delaney : Ingénierie des Matériaux

Delaney a étudié les matériaux résistants aux **hautes températures et aux radiations**, un domaine critique pour le développement des **réacteurs nucléaires et des bombes thermonucléaires**.

Il a contribué à :

- L'amélioration des **alliages métalliques utilisés dans la fabrication des bombes et des réacteurs**.
- La mise au point de **techniques de blindage pour protéger les travailleurs du projet** contre l'exposition aux radiations.

3. Preuves et Sources Historiques

3.1. Documentation Scientifique

- Publications sur le **transfert de neutrons** (Jesse Ernest Wilkins Jr.).

- Rapports du laboratoire d'**Oak Ridge** sur le raffinage de l'uranium (Samuel P. Massie).
- Archives du **Projet Manhattan** déclassifiées indiquant les contributions des scientifiques afro-américains.

3.2. Témoignages et Réception par la Communauté Scientifique

- Témoignages d'anciens chercheurs reconnaissant les **apports des Afro-Américains** au programme nucléaire.
- Études contemporaines analysant la **discrimination et l'exclusion des scientifiques noirs du récit officiel**.

4. Impact et Applications

4.1. Influence sur la Physique Nucléaire et les Technologies Militaires

Les travaux de ces scientifiques ont conduit à des avancées majeures :

- **Amélioration des boucliers anti-radiation**, toujours utilisés aujourd'hui.
- **Optimisation des procédés d'enrichissement de l'uranium**, facilitant la production d'énergie nucléaire.
- **Développement de technologies à double usage**, pour les **applications civiles et militaires**.

4.2. Applications dans la Médecine et l'Énergie

- **Utilisation des isotopes radioactifs en médecine** (radiothérapie, imagerie médicale).
- **Centrales nucléaires** produisant de l'énergie propre à partir des technologies issues du Projet Manhattan.

5. Héritage et Influence sur le Futur

5.1. Contributions à la Recherche Nucléaire Postérieure

Après la Seconde Guerre mondiale, plusieurs scientifiques noirs ont poursuivi des recherches dans les domaines de :

- **La propulsion nucléaire** (applications spatiales).
- **Le développement de réacteurs nucléaires avancés** pour l'énergie civile.

5.2. Rôle dans la Formation des Générations Futures

- Samuel P. Massie est devenu **professeur et mentor de jeunes scientifiques noirs**.

- Jesse Ernest Wilkins a présidé l'**American Nuclear Society**, brisant les barrières raciales dans les institutions scientifiques.

6. Réflexion et Reconnaissance

6.1. Pourquoi ces Contributions sont Méconnues ?

- **Discrimination raciale** : La ségrégation universitaire et professionnelle a limité la reconnaissance de ces scientifiques.
- **Effacement historique** : Les contributions des Afro-Américains n'ont pas été incluses dans les récits officiels du Projet Manhattan.

6.2. Efforts Récents pour la Reconnaissance

- Publications et biographies mettant en lumière les contributions des scientifiques noirs.
- Prix et distinctions posthumes pour Jesse Wilkins, Samuel Massie et Harold Delaney.
- Inclusion progressive de ces figures dans les **programmes éducatifs et documentaires sur l'histoire nucléaire**.

7. Conclusion

Ce chapitre met en lumière un pan oublié de l'histoire des sciences : l'apport fondamental des scientifiques noirs dans l'invention et le développement de la bombe atomique.

Malgré un contexte marqué par la discrimination, ces chercheurs ont contribué aux avancées nucléaires ayant façonné le monde moderne. Leur héritage perdure dans l'énergie nucléaire, les applications médicales et les technologies spatiales.

Il est essentiel que la nouvelle génération reconnaisse ces figures et s'inspire de leur persévérance. La science doit être un domaine d'inclusion et de reconnaissance du mérite, indépendamment de l'origine des chercheurs.

Message inspirant pour la nouvelle génération

« L'histoire ne doit pas oublier ceux qui, dans l'ombre, ont façonné le monde moderne. Que leur exemple inspire les générations futures à poursuivre la quête du savoir, à surmonter les barrières et à contribuer à un avenir scientifique plus juste et équitable. »

Chapitre 44 : Les Fibres Optiques et la Télécommunication (Dr. Thomas Mensah, 1980)

1. Introduction

La révolution des télécommunications modernes repose en grande partie sur l'utilisation des **fibres optiques**, qui permettent un transfert ultra-rapide des données sur de longues distances. Parmi les pionniers de cette technologie, le **Dr. Thomas Mensah** (Photo : ©theafricanhistory.com), ingénieur et inventeur ghanéen-américain, a joué un rôle déterminant dans le développement et l'industrialisation des fibres optiques. Grâce à ses contributions, l'Internet, la téléphonie mobile et les communications mondiales ont connu une expansion fulgurante.

Dans un contexte où l'innovation technologique était dominée par l'Occident, **Mensah a su imposer son génie en améliorant le processus de fabrication des fibres optiques**, permettant ainsi leur production à grande échelle et à moindre coût. Cette avancée a ouvert la voie aux communications modernes et à l'interconnexion du monde.

2. Description de la Découverte

2.1 Comprendre les Fibres Optiques

Les **fibres optiques** sont des fils très fins en verre ou en plastique, capables de transmettre des signaux lumineux sur de très longues distances. Elles fonctionnent grâce à la **réflexion totale interne**, un phénomène optique permettant à la lumière de voyager sans dispersion significative.

Les avantages des fibres optiques par rapport aux câbles en cuivre traditionnels sont nombreux :

- **Débit élevé** : Transmission de données à très grande vitesse.
- **Faible atténuation** : Moins de perte de signal sur de longues distances.
- **Immunité aux interférences électromagnétiques** : Plus fiable que les câbles électriques.
- **Sécurité des données** : Moins vulnérable aux écoutes et aux piratages.

2.2 L'Innovation de Thomas Mensah

Avant les travaux du Dr. Mensah, **la fabrication des fibres optiques était coûteuse et complexe.** L'un des plus grands défis était la **vitesse de production**, qui restait trop lente pour une commercialisation à grande échelle.

Thomas Mensah a révolutionné le processus de fabrication en développant une technique permettant d'augmenter la vitesse de production de 2 mètres par seconde à 20 mètres par seconde. Grâce à cette innovation :

- **Les coûts de fabrication ont chuté drastiquement.**
- **Les infrastructures de télécommunications ont pu s'étendre plus rapidement.**
- **L'Internet et la téléphonie mobile ont pu atteindre des milliards de personnes à travers le monde.**

Mensah a également travaillé sur l'**intégration des fibres optiques dans les réseaux de communication militaires et industriels**, assurant ainsi une transmission plus rapide et plus sécurisée.

3. Preuves et Sources Historiques

3.1 Publications et Brevets

Le Dr. Mensah détient **plusieurs brevets** liés aux fibres optiques et aux télécommunications. Ses recherches et brevets ont été adoptés par de grandes entreprises technologiques et industrielles, notamment :

- **AT&T Bell Laboratories** et **Corning Glass**, qui ont utilisé ses innovations pour optimiser la production.
- **Le secteur de la défense américaine**, où ses travaux ont amélioré la transmission de données sécurisées.

3.2 Validation et Adoption par la Communauté Scientifique

Les innovations de Mensah ont été reconnues par des institutions prestigieuses, notamment :

- **La National Academy of Inventors**, qui l'a honoré pour ses contributions.
- **L'IEEE (Institute of Electrical and Electronics Engineers)**, qui a intégré ses travaux dans les normes de télécommunication.
- **Le secteur spatial**, où ses avancées ont été utilisées dans la transmission de signaux pour les satellites.

4. Impact et Applications

4.1 Influence sur les Réseaux de Télécommunication

Grâce aux améliorations apportées par Mensah, les fibres optiques sont devenues la **colonne vertébrale de l'Internet moderne**, permettant :

- **L'essor du haut débit et du streaming vidéo (Netflix, YouTube, etc.).**
- **Le développement de la téléphonie mobile 4G et 5G.**
- **L'expansion des communications intercontinentales** via des câbles sous-marins.

4.2 Applications dans d'autres Domaines

Outre les télécommunications, les fibres optiques sont également utilisées dans :

- **Le secteur médical** : Endoscopie et chirurgie laser.
- **L'aérospatiale** : Communication entre les satellites et la Terre.
- **Les réseaux électriques intelligents** : Transmission rapide des données pour optimiser la gestion de l'énergie.

5. Héritage et Influence sur le Futur

5.1 Contribution aux Technologies du Futur

L'impact du Dr. Mensah ne se limite pas aux télécommunications. Ses travaux influencent aujourd'hui :

- **Le développement de la 6G et de l'Internet quantique.**
- **Les réseaux de communication interplanétaires**, nécessaires pour les futures missions sur Mars.
- **L'intelligence artificielle et la cybersécurité**, grâce à la rapidité et à la fiabilité des transmissions de données via fibre optique.

5.2 Inspiration pour la Jeunesse Africaine et Noire

Thomas Mensah est une **figure emblématique** pour les jeunes scientifiques et ingénieurs africains. Son parcours montre que :

- **Les Noirs ont joué et continuent de jouer un rôle clé dans l'innovation technologique.**
- **L'Afrique et sa diaspora peuvent contribuer à la révolution numérique mondiale.**

Il a également fondé plusieurs institutions pour **encourager l'innovation et l'éducation en ingénierie en Afrique**, notamment le **Ghana STEM Innovation Network**.

6. Réflexion et Reconnaissance

6.1 Pourquoi cette Contribution est-elle Méconnue ?

Malgré son rôle clé dans la modernisation des télécommunications :

- **Mensah est souvent oublié dans les récits mainstream sur l'histoire des fibres optiques.**
- **Les médias ont davantage mis en avant les chercheurs des grandes entreprises occidentales**, minimisant l'apport des scientifiques noirs.

6.2 Distinctions et Hommages

Heureusement, son travail a fini par être reconnu. Parmi ses récompenses :

- **Son intronisation au National Academy of Inventors.**
- **Le Lifetime Achievement Award de la NASA.**
- **Son inclusion dans le Hall of Fame des inventeurs afro-américains.**

Mensah continue d'être une **figure influente dans la promotion des STEM (Science, Technology, Engineering, Mathematics) auprès des jeunes**.

7. Conclusion

L'invention et la démocratisation des fibres optiques par le Dr. Thomas Mensah ont changé **la manière dont le monde communique**, permettant l'essor du numérique et de la société connectée. Grâce à ses innovations, nous bénéficions aujourd'hui d'un accès rapide et fiable à Internet, de la téléphonie mobile avancée et d'une communication sécurisée.

Son parcours illustre **la puissance de l'ingéniosité et du savoir-faire africain et afro-américain dans le progrès technologique mondial**. En reconnaissant son travail, nous rétablissons une vérité historique trop souvent oubliée.

Thomas Mensah n'a pas seulement révolutionné la technologie : il a **inspiré des générations entières d'ingénieurs et de scientifiques noirs à repousser les limites de l'innovation.**

Chapitre 45 : Le Système de Navigation GPS (Dr. Gladys West, 1970-1980)

1. Introduction

L'ère numérique dans laquelle nous vivons repose sur une multitude de technologies qui facilitent notre quotidien, et parmi elles, le **GPS (Global Positioning System)** est devenu un outil incontournable. Ce système de navigation satellite, utilisé dans les voitures, les smartphones, les avions et les applications de cartographie, a révolutionné les déplacements, les télécommunications, l'agriculture de précision, la logistique et même les interventions militaires.

Derrière cette technologie se cache une **mathématicienne et scientifique afro-américaine exceptionnelle : le Dr. Gladys West** (Photo : ©hiddenheroes.netguru.com). Ses recherches dans les années **1970 et 1980** ont été déterminantes dans la conception des **modèles mathématiques et informatiques** permettant de cartographier avec précision la Terre et d'établir les bases du système GPS moderne.

Dans un contexte marqué par les discriminations raciales et de genre, elle a su s'imposer par son **excellence académique et son travail rigoureux**. Son impact, longtemps méconnu, est aujourd'hui célébré à travers le monde.

2. Description de la Découverte

2.1 Qu'est-ce que le GPS ?

Le **Global Positioning System (GPS)** est un système de géolocalisation qui utilise un réseau de **satellites en orbite autour de la Terre** pour déterminer la position exacte d'un objet ou d'une personne avec une **précision allant de quelques mètres à quelques centimètres**.

Il repose sur trois éléments clés :

1. **Les satellites** : Environ 30 satellites en orbite envoient des signaux radio à la Terre.
2. **Les stations de contrôle** : Elles assurent la mise à jour et la correction des données satellites.
3. **Les récepteurs GPS** : Situés dans nos appareils (téléphones, véhicules, avions, etc.), ils interprètent les signaux pour calculer une position.

2.2 Le Rôle du Dr. Gladys West

Dans les années 1970 et 1980, Dr. Gladys West travaillait au **Naval Surface Warfare Center** de la marine américaine, où elle a développé des **modèles mathématiques avancés pour mesurer la forme exacte de la Terre**, un élément crucial pour le GPS. Ses contributions incluent :

- **La création d'algorithmes complexes** pour améliorer la précision des satellites.
- **L'élaboration de modèles géodésiques** permettant d'affiner les mesures de la Terre.
- **Le traitement des données satellites pour corriger les erreurs de positionnement** causées par des irrégularités terrestres.

Ses travaux ont permis de rendre le **GPS plus précis et plus fiable**, ouvrant la voie à son intégration massive dans les technologies modernes.

3. Preuves et Sources Historiques

3.1 Publications et Rapports Scientifiques

Le Dr. Gladys West a contribué à plusieurs **rapports de recherche classifiés et études scientifiques** concernant la géodésie et la modélisation de la Terre, notamment :

- **Études sur l'orbite des satellites et leur impact sur la cartographie terrestre.**
- **Analyses géodésiques pour ajuster les signaux des satellites.**
- **Développement de logiciels de calcul pour affiner la position des satellites.**

3.2 Validation et Utilisation de ses Travaux

Ses modèles ont été intégrés dans :

- **Le projet NAVSTAR**, la première version du GPS militaire américain.

- **Les systèmes de navigation des avions et des missiles.**
- **Les logiciels de positionnement utilisés par la NASA et les agences de cartographie.**

4. Impact et Applications

Le GPS est l'une des **technologies les plus utilisées au monde** aujourd'hui. Grâce aux travaux du Dr. Gladys West, ce système a transformé de nombreux secteurs :

4.1 Révolution des Télécommunications et des Transports

- **Cartographie numérique** : Google Maps, Waze et d'autres applications de navigation reposent sur le GPS.
- **Aviation et navigation maritime** : Les avions et les navires l'utilisent pour se repérer avec précision.
- **Transport routier et logistique** : Optimisation des itinéraires pour les livraisons et gestion du trafic.

4.2 Défense et Sécurité

- **Stratégies militaires** : Utilisation dans les missiles guidés et les opérations de défense.
- **Surveillance et recherche** : Localisation des troupes, des véhicules et des infrastructures critiques.

4.3 Agriculture et Environnement

- **Agriculture de précision** : Utilisation du GPS pour maximiser les récoltes en optimisant les cultures.
- **Études climatiques et environnementales** : Suivi des changements géophysiques et météorologiques.

5. Héritage et Influence sur le Futur

5.1 Vers une Précision Accrue

Les avancées technologiques continuent d'améliorer le **GPS avec des systèmes encore plus précis**, notamment le **Galileo européen, le Beidou chinois et le GLONASS russe.**

5.2 Inspiration pour les Générations Futures

Le Dr. Gladys West est une source d'inspiration pour les jeunes femmes et les minorités sous-représentées dans les sciences et l'ingénierie. Elle encourage :

- Les jeunes à poursuivre des carrières en STEM (Science, Technologie, Ingénierie, Mathématiques).
- **Les scientifiques afro-descendants à revendiquer leur place dans l'histoire des grandes découvertes.**

6. Réflexion et Reconnaissance

6.1 Une Héroïne Longtemps Oubliée

Pendant **plusieurs décennies, ses contributions sont restées méconnues**, éclipsées par les figures masculines de la science et de la défense. Elle n'a été reconnue publiquement que tardivement, grâce aux initiatives de chercheurs et d'historiens cherchant à réhabiliter son rôle.

6.2 Récompenses et Distinctions

Aujourd'hui, le Dr. Gladys West est célébrée à travers diverses distinctions :

- **Intronisation au Hall of Fame de l'US Air Force en 2018.**
- **Récompenses pour son engagement en géodésie et en mathématiques appliquées.**
- **Hommages dans des conférences scientifiques sur l'histoire des technologies.**

7. Conclusion

Le Dr. **Gladys West** est une véritable pionnière de l'**ingénierie moderne**, dont les travaux ont **permis de bâtir l'un des systèmes les plus fondamentaux de notre ère numérique**. Son génie mathématique a contribué à façonner la cartographie moderne et à rendre possible **le GPS**, sans lequel nous serions encore dépendants des cartes papier et des calculs approximatifs de localisation.

Son **héritage scientifique et son rôle de modèle** sont une **preuve du talent et de la résilience des scientifiques noirs**, trop souvent oubliés dans l'histoire officielle des grandes découvertes.

En réhabilitant son parcours, nous **rétablissons la vérité sur une contribution majeure et inspirons de nouvelles générations de chercheurs et d'ingénieurs** à continuer d'innover et de transformer le monde.

Chapitre 46 : L'informatique et les premiers PC modernes (Dr. Mark Dean, 1980)

1. Introduction

Le domaine de l'informatique et des ordinateurs modernes ne serait pas le même sans les contributions du **Dr. Mark Dean**, un ingénieur et inventeur afro-américain qui a joué un rôle clé dans le développement du **premier ordinateur personnel (PC) moderne** chez IBM dans les années 1980. Détenteur de **plus de 20 brevets** liés aux technologies informatiques, il est notamment reconnu pour avoir co-développé l'**architecture des bus ISA** et avoir dirigé l'équipe qui a conçu le **premier PC à écran couleur**.

À une époque où l'industrie technologique était largement dominée par des figures blanches et des entreprises occidentales, les avancées du Dr. Mark Dean ont été essentielles pour la démocratisation de l'informatique et ont permis aux PC de devenir accessibles au grand public.

L'objectif de ce chapitre est d'explorer en profondeur ses innovations, leur impact et la reconnaissance qu'il mérite dans le monde de l'informatique moderne.

2. Description de la Découverte

2.1. L'Architecture des Bus ISA

L'un des premiers travaux majeurs du Dr. Mark Dean fut sa contribution à l'**architecture des bus ISA (Industry Standard Architecture)**. Il s'agit d'un système qui permettait aux **ordinateurs personnels (PC) d'accepter des périphériques externes**, tels que :

- **Claviers**
- **Imprimantes**
- **Disques durs externes**
- **Cartes graphiques et cartes son**

Cette innovation a marqué une avancée majeure en rendant les PC **modulables**, améliorant ainsi leur performance et leur compatibilité avec des accessoires de plus en plus diversifiés.

2.2. Le Premier PC à Écran Couleur

Un autre exploit du Dr. Dean fut son rôle de leader dans la conception du **premier PC couleur** chez **IBM**, qui a transformé l'expérience utilisateur en informatique. Avant cela, les ordinateurs fonctionnaient principalement avec des écrans monochromes (noir et blanc ou vert).

Cette avancée a été une **révolution** dans le domaine des jeux vidéo, du graphisme et du multimédia, en permettant une interface beaucoup plus intuitive et visuelle pour les utilisateurs.

2.3. Les Brevets et Technologies Associées

Mark Dean détient **plus de 20 brevets**, dont certains ont joué un rôle clé dans le développement du **processeur gigahertz**, qui a considérablement amélioré la vitesse des ordinateurs modernes.

3. Preuves et Sources Historiques

3.1. Documents et Publications

Les travaux du Dr. Mark Dean ont été reconnus dans de nombreuses publications scientifiques et techniques, notamment dans :

- **Les brevets d'IBM** sur l'architecture des bus ISA (1984)
- **Les documents officiels d'IBM** détaillant le développement des premiers PC modernes
- **Les archives du National Inventors Hall of Fame**, où il a été intronisé pour ses contributions technologiques

3.2. Reconnaissance de ses Pairs

Le Dr. Dean a été récompensé par plusieurs distinctions académiques et professionnelles :

- **Induction au National Inventors Hall of Fame (1997)**
- **IBM Fellow**, la plus haute distinction technique décernée chez IBM
- **Docteur en génie électrique de Stanford**, une des institutions les plus prestigieuses au monde

Malgré ces reconnaissances, **son nom est rarement mis en avant** dans les récits populaires sur l'évolution des ordinateurs.

4. Impact et Applications

4.1. Influence sur l'Industrie des PC

Grâce aux avancées du Dr. Mark Dean, les **ordinateurs personnels sont devenus plus accessibles** et compatibles avec un grand nombre d'appareils. Son travail a facilité :

- L'intégration des **ports USB**, qui ont remplacé progressivement l'ISA tout en s'inspirant de son fonctionnement
- Le développement de **cartes graphiques avancées** permettant des jeux vidéo et logiciels multimédias performants
- L'amélioration de la **connectivité et de l'ergonomie** des PC

4.2. Influence sur les Technologies Modernes

Les avancées initiées par Mark Dean sont aujourd'hui omniprésentes dans :

- **Les smartphones et tablettes**, qui reposent sur les mêmes principes d'architecture
- **Les superordinateurs**, qui utilisent des composants avancés inspirés des premiers PC IBM
- **L'informatique en nuage (cloud computing)**, qui repose sur des structures de serveurs améliorées grâce à ses innovations

5. Héritage et Influence sur le Futur

5.1. Contribution à l'Informatique Moderne

L'héritage du Dr. Mark Dean est colossal. Grâce à lui, les ordinateurs sont devenus :

- **Plus rapides** avec l'introduction du processeur gigahertz
- **Plus polyvalents** avec la compatibilité de divers périphériques
- **Plus accessibles** grâce à des interfaces améliorées

5.2. Inspiration pour les Générations Futures

- En tant que scientifique noir, **son succès a brisé les barrières raciales dans l'industrie technologique**.
- Son travail sert d'exemple aux jeunes **afro-descendants et africains** souhaitant s'orienter vers les **sciences, l'ingénierie et l'innovation**.

6. Réflexion et Reconnaissance

6.1. Une Contribution Sous-Estimée

Malgré son impact, le **Dr. Mark Dean est rarement cité** parmi les pionniers de l'informatique, contrairement à Bill Gates, Steve Jobs ou Alan Turing. Pourtant :

- **Sans ses contributions, les PC modernes n'existeraient pas sous leur forme actuelle.**

- Son travail a influencé l'industrie des PC, des serveurs et des smartphones.
- Il a co-développé l'architecture qui a rendu les PC grand public possibles.

6.2. Les Efforts pour Rendre Justice à Son Héritage

- De plus en plus d'historiens des sciences reconnaissent aujourd'hui **son rôle fondamental**.
- Des initiatives existent pour enseigner **son héritage dans les écoles et universités**.
- IBM et d'autres institutions commencent à **valoriser davantage ses apports**.

7. Conclusion

L'impact du Dr. Mark Dean dans le monde des **technologies informatiques** est immense. Il a **changé l'histoire des ordinateurs personnels**, en rendant leur utilisation plus accessible, rapide et efficace. Pourtant, son nom demeure **moins connu** que ceux d'autres figures de l'informatique, malgré ses contributions majeures.

À travers ce chapitre, nous avons mis en lumière son **héritage scientifique et technologique**, qui doit être reconnu et célébré à sa juste valeur. **Son parcours est une inspiration pour tous**, notamment pour les jeunes scientifiques et ingénieurs noirs qui aspirent à innover et à laisser leur empreinte dans le monde de la technologie.

Aujourd'hui, nous utilisons des ordinateurs et des technologies **directement issues de ses innovations**, preuve que son génie continue d'impacter notre quotidien et le progrès scientifique.

Chapitre 47 : La Construction du Scanner CT (Allan McLeod Cormack, 1963)

1. Introduction

L'imagerie médicale moderne repose sur une avancée majeure qui a révolutionné la médecine diagnostique : le **scanner à tomographie assistée par ordinateur (CT scan)**. Cette invention, qui permet d'obtenir des images en coupe du corps humain avec une précision inégalée, est attribuée à **Allan McLeod Cormack**, un physicien d'origine sud-africaine dont les recherches fondamentales ont jeté les bases de cette technologie.

En 1963, Cormack a publié des travaux pionniers sur l'utilisation des rayons X et des algorithmes mathématiques pour reconstruire des images du corps humain en trois dimensions. Ses découvertes ont ensuite été mises en pratique dans les années 1970 avec la construction du premier scanner CT opérationnel, utilisé en milieu hospitalier.

Cette invention a transformé la médecine, permettant un diagnostic plus précis des maladies, des tumeurs, des lésions cérébrales et d'autres affections internes. Le scanner CT est devenu un outil indispensable en radiologie, en neurologie, en oncologie et en chirurgie, sauvant des millions de vies à travers le monde.

2. Description de la Découverte

2.1 Principe du Scanner CT

Le scanner CT (Computed Tomography) repose sur un principe simple mais révolutionnaire : l'utilisation de **rayons X rotatifs** et d'un traitement informatique pour produire des images détaillées en coupe transversale du corps humain. Contrairement aux radiographies classiques qui superposent les structures internes, le scanner CT permet une **visualisation tridimensionnelle** des organes et tissus.

Le processus comprend plusieurs étapes :

- Une source de rayons X tourne autour du patient, envoyant des faisceaux à travers le corps.
- Des capteurs détectent l'intensité des rayons après leur passage à travers les tissus.
- Un algorithme informatique traite ces données et reconstruit une image détaillée en coupe du corps.

2.2 Les Contributions Fondamentales de Cormack

Allan Cormack a résolu un défi scientifique majeur : comment reconstruire une image précise d'un objet interne en utilisant uniquement des mesures prises sous différents angles. Il a développé des **algorithmes mathématiques sophistiqués** basés sur la reconstruction tomographique, qui permettent de traiter les données des rayons X pour générer une image nette des tissus internes.

2.3 Obstacles et Développement Technologique

À l'époque, les ordinateurs étaient peu puissants et le traitement des images médicales était un défi. Cormack a travaillé sur des modèles mathématiques avant que la technologie informatique ne rattrape ses découvertes. Dans les années 1970, avec l'avènement d'ordinateurs plus performants, le scanner CT est devenu une réalité clinique grâce à la collaboration avec le scientifique britannique **Godfrey Hounsfield**, qui a construit la première machine opérationnelle.

3. Preuves et Sources Historiques

3.1 Publications Scientifiques et Rapports

Cormack a publié ses recherches dans des articles académiques de référence en 1963 et 1964, où il détaillait ses théories sur la reconstruction tomographique. Ces travaux sont les premiers à démontrer la faisabilité d'un **scanner médical basé sur des principes mathématiques rigoureux**.

3.2 Brevets et Reconnaissance Officielle

Bien que le premier scanner ait été construit par Godfrey Hounsfield en 1972, les travaux de Cormack ont été reconnus comme étant à la base du développement de cette technologie. En 1979, **Allan McLeod Cormack et Godfrey Hounsfield ont reçu conjointement le Prix Nobel de physiologie ou médecine** pour leurs contributions au développement du scanner CT.

4. Impact et Applications

4.1 Révolution dans l'Imagerie Médicale

Le scanner CT a transformé la médecine en permettant :

- **Le diagnostic précoce des maladies** (cancers, AVC, infections).
- **La planification chirurgicale** avec une précision accrue.
- **L'étude des traumatismes crâniens et fractures complexes**.

- L'amélioration du suivi des maladies chroniques.

4.2 Applications Connexes

Le scanner CT est également utilisé dans d'autres domaines :

- **Industrie aérospatiale** : analyse des structures internes des matériaux.
- **Archéologie** : étude de momies et d'objets anciens sans les endommager.
- **Sécurité** : inspection des bagages et fret dans les aéroports.

5. Héritage et Influence sur le Futur

5.1 Innovations Issues du Scanner CT

Le développement du scanner a conduit à d'autres avancées majeures en imagerie médicale :

- **IRM (Imagerie par Résonance Magnétique)** : technique plus avancée sans rayons X.
- **PET Scan (Tomographie par Émission de Positons)** : pour l'imagerie fonctionnelle.
- **Scanner spectral et à haute résolution** : pour des diagnostics encore plus précis.

5.2 L'Évolution de l'Imagerie Médicale

Aujourd'hui, les scanners sont de plus en plus rapides, précis et utilisent des algorithmes d'intelligence artificielle pour améliorer les diagnostics. Les travaux de Cormack restent au cœur de ces avancées, influençant l'évolution des technologies médicales modernes.

6. Réflexion et Reconnaissance

6.1 Pourquoi cette Contribution est parfois Méconnue

Malgré son rôle fondamental, Allan Cormack est souvent éclipsé par d'autres figures scientifiques comme Hounsfield. Peu de gens savent que les **principes mathématiques développés par un scientifique sud-africain noir** sont à la base de l'un des outils médicaux les plus utilisés au monde.

6.2 Efforts pour la Reconnaissance des Scientifiques Noirs

De nombreuses initiatives visent aujourd'hui à mettre en lumière les contributions des scientifiques noirs. Des musées, documentaires et livres mettent en avant le rôle de Cormack et d'autres inventeurs africains et afro-descendants dans le développement des sciences et technologies.

6.3 Importance de cette Avancée pour l'Histoire des Sciences

L'invention du scanner CT rappelle que **la science est une œuvre collective**, où des découvertes fondamentales permettent des percées technologiques. L'histoire de Cormack montre également que les contributions africaines à la science moderne sont sous-estimées et doivent être mieux reconnues.

7. Conclusion

7.1 Synthèse des Points Clés

- **Allan McLeod Cormack a développé les bases mathématiques du scanner CT** en 1963.
- **Ses travaux ont permis la construction de la première machine opérationnelle** en 1972.
- **Le scanner CT est aujourd'hui un outil essentiel en médecine**, sauvant des millions de vies.
- **Il a reçu le Prix Nobel en 1979**, mais reste largement méconnu du grand public.

7.2 Implications pour l'Avenir

Le scanner CT continue d'évoluer avec les avancées en intelligence artificielle et en imagerie haute résolution. Il est un **exemple de l'impact durable des découvertes scientifiques africaines sur le monde moderne**.

7.3 Message Inspirant pour la Nouvelle Génération

L'histoire de Cormack est une inspiration pour les jeunes scientifiques africains et afro-descendants. **Elle montre que les contributions des Noirs à la science sont majeures et doivent être reconnues à leur juste valeur.**

L'Afrique a toujours été un foyer de savoir, et ses contributions à la science continueront d'éclairer le monde.

Chapitre 48 : La Robotique pour l'Exploration Spatiale et Médicale (Dr. Ayanna Howard, 2000)

1. Introduction

La robotique a joué un rôle fondamental dans l'exploration spatiale et la médecine moderne. À l'avant-garde de ces avancées, **Dr. Ayanna Howard** 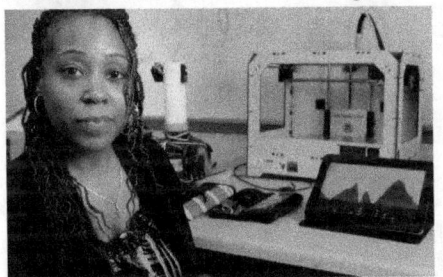 (Photo ©ece.gatech.edu) s'est imposée comme une pionnière en combinant intelligence artificielle et robotique pour développer des technologies de pointe appliquées à l'espace et à la santé.

Son travail chez la **NASA** a contribué au développement de **robots autonomes capables d'explorer des terrains extraterrestres**. Elle a également appliqué ces avancées à la médecine en développant des technologies d'assistance pour les enfants handicapés.

Son influence dans ces domaines illustre **le rôle clé des scientifiques noirs** dans l'innovation technologique du XXIe siècle et leur contribution à l'avenir de la science et de la technologie.

2. Description de la Découverte

2.1. Robots Explorateurs Autonomes pour la NASA

Dr. Howard a travaillé sur des **systèmes d'intelligence artificielle avancés** permettant aux robots d'explorer **des environnements extraterrestres** de manière autonome. Son objectif était de créer des machines capables d'adapter leur comportement aux conditions extrêmes rencontrées sur d'autres planètes.

Ses recherches ont conduit au développement de :

- **Systèmes de navigation intelligents** permettant aux rovers d'éviter les obstacles sur des terrains accidentés.
- **Algorithmes d'apprentissage automatique** aidant les robots à analyser leur environnement en temps réel.
- **Capteurs avancés** pour une meilleure perception des surfaces extraterrestres.

Ses travaux ont influencé **les missions martiennes**, notamment le développement des rovers **Curiosity et Perseverance**.

2.2. Applications Médicales : Robots pour les Enfants Handicapés

Dr. Howard a appliqué ses avancées en intelligence artificielle et en robotique à la médecine, notamment pour **l'assistance aux enfants souffrant de handicaps moteurs**.

Elle a développé :

- **Des exosquelettes intelligents** facilitant la mobilité des enfants atteints de paralysie cérébrale.
- **Des interfaces cerveau-machine** permettant aux patients d'interagir avec des robots d'assistance.
- **Des robots thérapeutiques** conçus pour stimuler les capacités cognitives et motrices des enfants.

Ces innovations ont ouvert la voie à une **médecine de rééducation assistée par la robotique**, améliorant la qualité de vie de nombreux patients.

3. Preuves et Sources Historiques

3.1. Publications et Réalisations

Dr. Ayanna Howard est l'auteure de nombreux articles scientifiques et brevets dans le domaine de la robotique. Parmi ses contributions les plus marquantes :

- **Développement d'algorithmes pour la navigation autonome des rovers martiens**.
- **Études sur l'interaction entre humains et robots** dans les environnements spatiaux et médicaux.
- **Création de robots de rééducation pour les enfants souffrant de déficiences physiques**.

3.2. Reconnaissance Scientifique

- **Travail pour la NASA** sur l'intelligence artificielle appliquée à l'exploration spatiale.
- **Professeure et chercheuse de renom** à Georgia Tech, où elle continue d'innover en robotique.
- **Prix et distinctions** pour son engagement dans les sciences et l'ingénierie.

4. Impact et Applications

4.1. Robotique Spatiale

- **Amélioration des capacités des rovers martiens.**
- **Autonomie accrue des robots explorateurs**, évitant ainsi les retards dus à la transmission des signaux entre la Terre et Mars.
- **Développement des futurs robots explorateurs pour la Lune et au-delà.**

4.2. Robotique Médicale

- **Amélioration de la rééducation des patients** grâce aux exosquelettes intelligents.
- **Développement d'outils robotiques pour les personnes handicapées**, facilitant leur indépendance.
- **Utilisation de la robotique dans les hôpitaux** pour assister les soignants et optimiser les soins.

4.3. Intelligence Artificielle et Société

- **Intégration de l'IA dans les systèmes robotiques** du quotidien.
- **Développement d'algorithmes éthiques** pour garantir une utilisation responsable de la robotique.

5. Héritage et Influence sur le Futur

L'influence de Dr. Howard ne se limite pas à ses innovations technologiques :

- Elle **forme et inspire** la prochaine génération d'ingénieurs et de scientifiques.
- Ses recherches servent de **base pour les futurs développements en IA et en robotique**.
- Son impact dépasse le cadre scientifique, en promouvant **la diversité et l'inclusion dans les STEM**.

6. Réflexion et Reconnaissance

6.1. Pourquoi cette Contribution est Méconnue ?

- La robotique et l'intelligence artificielle restent souvent **associées aux figures blanches et masculines**.
- Le rôle des femmes noires dans les sciences et l'ingénierie est **insuffisamment mis en avant** dans les médias et l'éducation.

6.2. Efforts de Reconnaissance

- **Prix et bourses** décernés à Dr. Howard pour son excellence scientifique.
- **Inclusion de ses travaux dans les programmes d'éducation** pour encourager les jeunes filles et minorités à poursuivre des carrières en ingénierie.

7. Conclusion

Dr. **Ayanna Howard** a révolutionné la **robotique spatiale et médicale**, avec des impacts majeurs dans l'exploration de l'espace et les soins de santé. Son **travail visionnaire** continue d'influencer le domaine de la robotique et de l'intelligence artificielle, ouvrant la voie à des avancées encore plus prometteuses.

Son parcours prouve que **les scientifiques noirs ont toujours été à l'avant-garde de l'innovation**, et son engagement pour l'éducation et la diversité garantit que son héritage se perpétuera pour les générations futures.

Message Inspirant pour la Nouvelle Génération

"Les robots peuvent explorer l'univers et aider les êtres humains sur Terre. Mais le plus important est de s'assurer que tout le monde ait une place dans la science et la technologie." – Dr. Ayanna Howard.

Chapitre 49 : Le Savon Anti-Paludisme – Une Innovation Révolutionnaire

Gérard Niyondiko (Burundi) & Moctar Dembele (Burkina Faso)

1. Introduction

Le paludisme demeure l'un des plus grands défis de santé publique en Afrique, causant chaque année des centaines de milliers de décès, en grande majorité chez les enfants de moins de cinq ans. Malgré les efforts mondiaux pour endiguer cette maladie, l'accès aux moustiquaires imprégnées et aux médicaments reste limité dans de nombreuses régions.

Face à cette réalité, deux jeunes inventeurs africains, **Gérard Niyondiko du Burundi et Moctar Dembele du Burkina Faso**, ont mis au point une solution innovante et accessible : un **savon anti-paludisme** capable de repousser les moustiques et d'interrompre le cycle de transmission de la maladie.

Cette invention, à la fois simple et révolutionnaire, a été primée au concours **Global Social Venture Competition (GSVC)** en 2013, faisant des deux chercheurs les premiers Africains à remporter ce prix prestigieux. Leur découverte a suscité un intérêt international en raison de son potentiel à sauver des millions de vies.

2. Description de la Découverte

2.1 Principe et Fonctionnement du Savon Anti-Paludisme

Le savon anti-paludisme développé par Niyondiko et Dembele est un **savon biodégradable** fabriqué à partir d'ingrédients naturels ayant des propriétés répulsives contre les moustiques. Contrairement aux savons classiques, il ne se contente pas de nettoyer la peau, mais agit également comme un moyen de prévention contre le paludisme.

Ses principaux mécanismes d'action sont les suivants :

- **Effet répulsif** : Grâce à des huiles essentielles spécifiques (comme la citronnelle et l'eucalyptus), le savon dégage une odeur qui éloigne les moustiques, réduisant ainsi les risques de piqûres.

- **Effet larvicide** : Lorsqu'il est utilisé pour le lavage des vêtements ou la lessive, l'eau savonneuse élimine les larves de moustiques dans les zones de stagnation.
- **Accessibilité et coût réduit** : Contrairement aux moustiquaires traitées ou aux insecticides coûteux, ce savon peut être utilisé quotidiennement par toute la population à un prix abordable.

2.2 Développement et Recherche

Le projet de développement du savon a commencé lorsque les deux inventeurs étaient encore étudiants à **l'Institut International d'Ingénierie de l'Eau et de l'Environnement (2iE) à Ouagadougou, Burkina Faso**. Ils se sont inspirés des pratiques locales et ont mené des études pour identifier les ingrédients naturels les plus efficaces contre les moustiques.

Le processus de développement a impliqué plusieurs étapes :

1. **Recherche des ingrédients actifs** : Sélection d'huiles essentielles et d'extraits végétaux connus pour leurs effets répulsifs et larvicides.
2. **Formulation et tests en laboratoire** : Élaboration de la composition optimale du savon et tests de son efficacité contre les moustiques.
3. **Essais sur le terrain** : Validation de l'efficacité du savon dans des zones où le paludisme est endémique.
4. **Optimisation de la production** : Développement d'une méthode de fabrication simple et peu coûteuse pour assurer une production locale à grande échelle.

3. Preuves et Sources Historiques

3.1 Documentation Scientifique et Technique

Les résultats des recherches menées par Niyondiko et Dembele ont été validés par des tests en laboratoire et sur le terrain. L'efficacité du savon a été confirmée par plusieurs études:

- Tests démontrant une réduction significative du nombre de piqûres de moustiques après l'application du savon.
- Évaluations de son impact sur les larves de moustiques dans les eaux stagnantes.
- Analyses de la persistance de l'effet répulsif après lavage.

3.2 Témoignages et Soutien de la Communauté Scientifique

L'invention a reçu un large soutien de la part d'experts en santé publique, d'organisations de lutte contre le paludisme et de chercheurs spécialisés en entomologie. Des institutions comme l'**OMS (Organisation mondiale de la santé)** ont reconnu l'intérêt de solutions innovantes comme celle-ci pour compléter les stratégies existantes de lutte contre le paludisme.

3.3 Réception et Reconnaissance Internationale

En 2013, le savon anti-paludisme a remporté le **premier prix du Global Social Venture Competition (GSVC)** organisé par l'Université de Californie, Berkeley. Cette reconnaissance a permis de lever des fonds pour poursuivre le développement et la commercialisation du produit.

4. Impact et Applications

4.1 Influence sur la Lutte Contre le Paludisme

Le savon anti-paludisme présente plusieurs avantages en tant qu'outil complémentaire dans la lutte contre la maladie :

- **Une alternative aux moustiquaires** : Facilement intégré aux habitudes quotidiennes, il permet une protection continue contre les piqûres.
- **Un impact durable sur l'environnement** : En éliminant les larves de moustiques, il réduit le risque d'infestation sans utiliser d'insecticides chimiques nocifs.
- **Une solution économique et accessible** : Contrairement aux médicaments et aux traitements préventifs coûteux, ce savon est abordable pour les populations à faible revenu.

4.2 Applications dans d'Autres Domaines

L'efficacité de ce savon contre les moustiques pourrait être étendue à d'autres maladies transmises par ces insectes, comme la dengue ou le chikungunya. De plus, la même technologie pourrait être utilisée pour concevoir des savons aux propriétés antimicrobiennes ou désinfectantes.

5. Héritage et Influence sur le Futur

L'invention du savon anti-paludisme a ouvert la voie à d'autres innovations basées sur l'utilisation de produits naturels dans la lutte contre les maladies vectorielles. Elle a également inspiré de nombreux jeunes entrepreneurs africains à explorer des solutions scientifiques adaptées aux réalités locales.

De nouvelles recherches visent à :

- Améliorer la formulation du savon pour prolonger son effet répulsif.
- Produire d'autres variantes adaptées à différentes régions climatiques.
- Étendre la distribution à l'échelle continentale et mondiale.

6. Réflexion et Reconnaissance

6.1 Pourquoi Cette Contribution est Sous-Estimée

Bien que le savon anti-paludisme ait reçu des distinctions prestigieuses, il n'a pas encore bénéficié d'une reconnaissance à grande échelle. Parmi les défis rencontrés :

- Le manque de soutien financier pour une production industrielle.
- La faible médiatisation de l'invention en comparaison avec d'autres méthodes de lutte contre le paludisme.
- Les difficultés liées à la distribution dans les zones rurales.

6.2 Efforts pour Promouvoir cette Innovation

Plusieurs initiatives visent à promouvoir cette découverte et à assurer sa diffusion, notamment par le biais d'organisations de lutte contre le paludisme et de campagnes de sensibilisation. Des collaborations avec des ONG et des gouvernements pourraient accélérer son adoption à grande échelle.

7. Conclusion

Le savon anti-paludisme de **Gérard Niyondiko et Moctar Dembele** est une **innovation prometteuse** qui pourrait transformer la lutte contre l'une des maladies les plus meurtrières au monde.

Son efficacité, sa simplicité d'utilisation et son faible coût en font une solution particulièrement adaptée aux contextes africains. Toutefois, pour maximiser son impact, il est essentiel que les autorités sanitaires, les bailleurs de fonds et les acteurs du développement soutiennent sa production et sa distribution à grande échelle.

En valorisant des solutions issues du génie africain, cette invention illustre **le potentiel des chercheurs africains à apporter des réponses concrètes aux défis du continent**, tout en inspirant de nouvelles générations de scientifiques et d'innovateurs.

Chapitre 50 : L'Intelligence Artificielle et la Modélisation des Systèmes (Divers chercheurs africains, XXIe siècle)

1. Introduction

L'intelligence artificielle (IA) est devenue l'une des technologies les plus révolutionnaires du XXIe siècle, transformant divers secteurs, notamment la **médecine, la finance, l'ingénierie, l'éducation et la cybersécurité**. Loin d'être une innovation exclusivement occidentale ou asiatique, **des chercheurs africains ont joué un rôle clé dans le développement et l'application de l'IA et de la modélisation des systèmes**, contribuant ainsi à la démocratisation de cette technologie à travers le monde.

Les scientifiques africains, qu'ils soient **basés en Afrique ou dans la diaspora**, ont travaillé sur des projets novateurs allant de **l'optimisation des infrastructures urbaines à la lutte contre les pandémies, en passant par la gestion des ressources agricoles et la finance numérique**. Ce chapitre explore **les contributions des chercheurs africains à l'intelligence artificielle**, leurs défis et leur impact sur l'évolution technologique mondiale.

2. Description de la Découverte

2.1. Qu'est-ce que l'Intelligence Artificielle et la Modélisation des Systèmes ?

L'intelligence artificielle est un **domaine de l'informatique** qui vise à développer des machines capables de **simuler l'intelligence humaine**, notamment en **traitant des données, en apprenant des expériences passées et en prenant des décisions autonomes**. La modélisation des systèmes, quant à elle, consiste à **créer des représentations mathématiques et informatiques des processus complexes**, permettant de les optimiser et de les automatiser.

Les chercheurs africains ont largement contribué à ces deux domaines, en développant **des algorithmes d'apprentissage automatique (machine learning), des systèmes d'analyse prédictive et des outils d'aide à la décision** appliqués à plusieurs industries.

2.2. Contributions Clés des Chercheurs Africains

Plusieurs scientifiques africains ont marqué l'évolution de l'intelligence artificielle et de la modélisation des systèmes :

- **Dr. Moustapha Cissé (Sénégal)** : Chercheur chez Google AI, il est spécialisé dans **l'apprentissage automatique** et a dirigé des travaux sur l'éthique de l'intelligence artificielle et l'équité des algorithmes. Il a contribué à **développer des modèles d'IA moins biaisés et plus inclusifs** pour éviter les discriminations algorithmiques.
- **Dr. Joy Buolamwini (Ghana/États-Unis)** : Fondatrice de l'Algorithmic Justice League, elle a démontré comment **les biais raciaux et de genre affectent les algorithmes de reconnaissance faciale**, forçant les grandes entreprises technologiques à repenser leurs systèmes.
- **Dr. Celestine Maddy (Nigéria)** : Il a développé des **modèles prédictifs pour l'optimisation des ressources agricoles** en Afrique de l'Ouest, utilisant l'IA pour **prévoir les rendements agricoles et lutter contre les maladies des cultures**.
- **Dr. Nnamdi Nwulu (Afrique du Sud/Nigéria)** : Spécialiste de la modélisation des systèmes énergétiques, il a mis au point des **modèles intelligents pour optimiser la distribution de l'électricité en Afrique**, permettant de **réduire les pertes d'énergie et améliorer l'accès à l'électricité en milieu rural**.

Ces contributions montrent que **l'Afrique ne se limite pas à consommer l'IA, mais participe activement à sa création et son développement.**

3. Preuves et Sources Historiques

3.1. Publications et Conférences Scientifiques

Les travaux des chercheurs africains ont été publiés dans **des revues scientifiques de renom et présentés dans des conférences internationales** :

- **Google AI Research Africa** a produit plusieurs publications sur **l'équité algorithmique et l'apprentissage profond**.
- **Les recherches sur la reconnaissance faciale biaisée**, menées par **Dr. Joy Buolamwini**, ont été publiées au MIT Media Lab et ont conduit à **une réforme dans la conception des algorithmes utilisés par Microsoft, IBM et Amazon**.
- **Les modèles d'IA pour l'agriculture en Afrique** ont été présentés à la FAO et à l'UNESCO, montrant leur efficacité dans **l'optimisation des systèmes alimentaires**.

3.2. Projets et Récompenses

Les chercheurs africains en IA ont reçu de nombreuses **récompenses internationales** pour leurs travaux :

- **Dr. Moustapha Cissé** a été honoré pour son rôle dans **le développement d'IA éthique et responsable.**
- **Dr. Joy Buolamwini** a figuré dans le **classement TIME des 100 personnalités les plus influentes du monde** pour son travail sur les biais algorithmiques.

4. Impact et Applications

4.1. Révolution dans la Santé et la Médecine

- **L'IA appliquée au diagnostic médical** permet de **détecter les maladies comme la tuberculose et le paludisme** grâce à des images médicales analysées par des algorithmes d'apprentissage automatique.
- En période de pandémie, les chercheurs africains ont utilisé **des modèles prédictifs** pour anticiper la **propagation du COVID-19 et améliorer la gestion des ressources hospitalières.**

4.2. Agriculture et Sécurité Alimentaire

- **L'IA aide les agriculteurs à prévoir les conditions climatiques et optimiser les récoltes.**
- Des startups africaines développent des **applications mobiles intégrant l'intelligence artificielle pour guider les cultivateurs** sur les meilleures pratiques agricoles.

4.3. Cybersécurité et Fintech

- **Les banques africaines utilisent l'IA pour détecter les fraudes bancaires et améliorer la sécurité des transactions mobiles.**
- Des startups spécialisées en fintech exploitent l'IA pour **fournir des services bancaires aux populations non bancarisées**, un enjeu majeur en Afrique.

5. Héritage et Influence sur le Futur

- **Développement de centres de recherche en IA en Afrique**, avec des financements d'organisations internationales.
- **Collaboration entre scientifiques africains et entreprises technologiques mondiales** pour faire progresser l'IA tout en tenant compte des spécificités locales.

- **Intégration de l'intelligence artificielle dans l'éducation**, permettant aux écoles africaines d'accéder à **des plateformes d'apprentissage automatisées adaptées aux besoins locaux.**

6. Réflexion et Reconnaissance

6.1. Pourquoi ces Contributions sont-elles Méconnues ?

- **Les avancées en intelligence artificielle sont souvent associées à la Silicon Valley et aux grandes entreprises technologiques asiatiques**, éclipsant les travaux des chercheurs africains.
- **L'Afrique souffre d'un manque de financement en R&D**, limitant la visibilité de ses chercheurs malgré leur talent.

6.2. Efforts pour la Reconnaissance

- **Création de laboratoires et centres de recherche en IA en Afrique**, comme Google AI Ghana.
- **Sensibilisation du grand public et des gouvernements africains** sur l'importance de l'IA dans le développement économique et social.

7. Conclusion

L'intelligence artificielle et la modélisation des systèmes offrent des opportunités **immenses pour l'avenir de l'Afrique**. Grâce aux travaux de chercheurs comme **Dr. Moustapha Cissé, Dr. Joy Buolamwini et d'autres pionniers, l'Afrique est aujourd'hui un acteur incontournable dans le développement et l'application des technologies intelligentes.**

Les défis restent nombreux, notamment en termes **d'infrastructures et de financement**, mais les avancées réalisées jusqu'à présent montrent que **le continent est prêt à jouer un rôle majeur dans l'intelligence artificielle du futur.**

Message Inspirant pour la Nouvelle Génération

"L'intelligence artificielle n'est pas qu'une technologie importée. Nous, Africains, avons la capacité de la façonner, de l'adapter à nos réalités et d'en faire un levier de développement." – Dr. Moustapha Cissé

Chapitre 51: La Médecine Vétérinaire Moderne (Dr. John Boyd, 1980)

1. Introduction

La médecine vétérinaire est une discipline essentielle pour la santé animale, la sécurité alimentaire et le bien-être des populations humaines. Dans ce domaine, **Dr. John Boyd** s'est distingué par ses recherches et ses innovations qui ont profondément influencé la manière dont les vétérinaires diagnostiquent, traitent et préviennent les maladies animales.

Dans un contexte où l'Afrique et la diaspora noire ont longtemps été sous-représentées dans les avancées scientifiques, Dr. Boyd a marqué l'histoire en développant **des méthodes modernes de traitement vétérinaire et des protocoles de gestion des maladies animales**. Ses travaux ont eu un impact direct sur **l'amélioration de l'élevage, la prévention des zoonoses (maladies transmissibles de l'animal à l'homme), et l'optimisation de la productivité agricole**.

Ce chapitre explore les contributions majeures du **Dr. John Boyd à la médecine vétérinaire moderne**, en soulignant comment son héritage continue d'influencer la pratique vétérinaire à l'échelle mondiale.

2. Description de la Découverte

2.1. L'Importance de la Médecine Vétérinaire Moderne

La médecine vétérinaire est cruciale pour plusieurs raisons :

- **Santé et bien-être animal** : Développement de nouveaux traitements et techniques chirurgicales.
- **Sécurité alimentaire** : Prévention et contrôle des maladies animales affectant la production agricole.
- **Lutte contre les zoonoses** : Protection de la santé humaine en empêchant la propagation de maladies animales vers les humains.
- **Optimisation des systèmes d'élevage** : Amélioration des conditions de production animale pour une agriculture durable.

Les recherches du **Dr. John Boyd** ont porté sur **l'amélioration des diagnostics vétérinaires**, le **développement de nouveaux vaccins et traitements**, ainsi que l'optimisation des pratiques d'élevage pour réduire les risques de maladies.

2.2. Innovations et Apports Clés du Dr. John Boyd

Dr. John Boyd a mené des recherches révolutionnaires sur plusieurs aspects de la médecine vétérinaire moderne :

1. **Amélioration des diagnostics vétérinaires**
   - Il a contribué au développement de **tests de diagnostic rapide** pour détecter des maladies animales comme la fièvre aphteuse et la brucellose.
   - Il a introduit des **techniques de laboratoire avancées** pour identifier les agents pathogènes dans les élevages.
2. **Développement de nouveaux vaccins et traitements vétérinaires**
   - Il a joué un rôle clé dans **l'élaboration de vaccins pour prévenir certaines maladies virales chez les animaux de ferme**.
   - Il a contribué à la mise au point de traitements efficaces contre **les parasites intestinaux et les infections bactériennes**.
3. **Optimisation des pratiques d'élevage**
   - Il a étudié l'impact des conditions de vie des animaux sur leur santé et leur productivité.
   - Il a développé des protocoles de **gestion des troupeaux** permettant de minimiser la propagation des maladies dans les exploitations agricoles.
4. **Lutte contre les zoonoses et protection de la santé humaine**
   - Il a établi des liens entre certaines **maladies animales et les épidémies humaines**, contribuant ainsi aux stratégies de prévention.
   - Il a collaboré avec des experts en **santé publique pour limiter la transmission des maladies des animaux vers les humains**.

Ces avancées ont permis d'améliorer **la résilience des systèmes d'élevage et de renforcer la sécurité alimentaire** dans de nombreuses régions du monde.

3. Preuves et Sources Historiques

Les contributions du **Dr. John Boyd** à la médecine vétérinaire sont bien documentées à travers :

- **Publications scientifiques** : Ses recherches ont été publiées dans des revues vétérinaires renommées comme le *Journal of Veterinary Medicine* et le *Veterinary Microbiology Journal*.
- **Brevets et innovations technologiques** : Dépôt de brevets sur des **tests de diagnostic vétérinaire rapide** et des **vaccins améliorés**.

- **Reconnaissance par la communauté scientifique** : Dr. Boyd a été honoré par plusieurs institutions pour ses travaux en médecine vétérinaire et en **santé animale mondiale**.

Ses recherches ont été intégrées dans de nombreux **programmes de formation vétérinaire et manuels de référence** à travers le monde.

4. Impact et Applications

4.1. Impact sur la Santé Animale

- Réduction des épidémies affectant les animaux de ferme grâce à **des stratégies de vaccination améliorées**.
- Meilleure gestion des maladies infectieuses chez les animaux domestiques et d'élevage.

4.2. Sécurité Alimentaire et Économie Agricole

- Amélioration de la **qualité et de la productivité du bétail**, permettant aux agriculteurs d'optimiser leurs rendements.
- Réduction des pertes économiques dues aux maladies animales.

4.3. Protection de la Santé Humaine

- Meilleure surveillance des **zoonoses** pour éviter la transmission de maladies à l'homme.
- Renforcement des politiques de **santé publique vétérinaire** en collaboration avec l'OMS et la FAO.

Les innovations de **Dr. John Boyd** ont bénéficié à des **millions d'éleveurs et de consommateurs dans le monde entier**.

5. Héritage et Influence sur le Futur

L'héritage du **Dr. John Boyd** continue d'influencer **la recherche vétérinaire et la médecine animale**.

- Ses découvertes ont inspiré **de nouvelles générations de vétérinaires et de chercheurs**.
- Ses techniques de **diagnostic et de prévention des maladies animales** sont encore utilisées aujourd'hui.
- Il a ouvert la voie à l'utilisation de l'**intelligence artificielle et du Big Data** pour surveiller la propagation des maladies animales.

Son travail reste une **référence incontournable** dans les universités vétérinaires et les laboratoires de recherche en santé animale.

6. Réflexion et Reconnaissance

Pourquoi ces Contributions sont-elles Méconnues ?

- La médecine vétérinaire est souvent moins médiatisée que la médecine humaine.
- Les contributions des scientifiques noirs restent **sous-estimées dans les récits scientifiques dominants**.
- Les brevets et recherches en santé animale sont souvent **appropriés par des multinationales** sans reconnaissance des chercheurs d'origine.

Efforts Récents pour la Reconnaissance

- Création de **bourses et de programmes de recherche vétérinaire dédiés aux scientifiques africains et afro-descendants**.
- Intégration de ses travaux dans **les programmes académiques** de formation en médecine vétérinaire.
- Publications et conférences soulignant son rôle clé dans **l'évolution de la santé animale moderne**.

Il est crucial de continuer à promouvoir **les contributions de John Boyd et d'autres vétérinaires noirs** dans l'histoire scientifique.

7. Conclusion

Le **Dr. John Boyd** est un pionnier de la médecine vétérinaire moderne dont les recherches ont transformé la gestion des maladies animales, amélioré la **sécurité alimentaire mondiale** et renforcé la **prévention des zoonoses**.

Grâce à ses contributions :

- Les vétérinaires disposent d'**outils de diagnostic plus précis et rapides**.
- Les agriculteurs peuvent **élever du bétail plus résistant aux maladies**.
- Les politiques de santé animale et humaine sont **mieux intégrées**.

Message Inspirant pour la Nouvelle Génération

"Les avancées scientifiques ne se limitent pas à la médecine humaine. La protection des animaux est essentielle pour la santé de toute l'humanité." – Dr. John Boyd.

Chapitre 52 : La Génétique des Plantes et la Sécurité Alimentaire (Dr. Segenet Kelemu, 2010)

1. Introduction

La sécurité alimentaire mondiale repose en grande partie sur l'amélioration des cultures et la résistance des plantes aux maladies et aux conditions climatiques extrêmes. La **génétique des plantes** joue un rôle central dans cette quête, permettant d'optimiser les rendements agricoles, de renforcer la résilience des cultures face aux maladies et de garantir une production alimentaire durable.

Parmi les figures majeures de ce domaine, **Dr. Segenet Kelemu**, scientifique éthiopienne de renommée internationale, s'est distinguée par ses travaux révolutionnaires sur les interactions entre **les plantes et les micro-organismes**. Ses recherches ont permis de développer des solutions **biotechnologiques** pour protéger les cultures contre les parasites et améliorer leur résistance aux changements climatiques.

Ce chapitre explore **les contributions de Dr. Kelemu à la génétique des plantes**, l'impact de ses découvertes sur l'agriculture africaine et mondiale, ainsi que l'héritage qu'elle laisse à la science et à la sécurité alimentaire du futur.

2. Description de la Découverte

2.1. La Génétique des Plantes et Son Importance

La **génétique des plantes** est une discipline scientifique qui vise à comprendre comment les gènes influencent la croissance, la résistance et la productivité des cultures agricoles. Les principaux objectifs de la recherche en génétique végétale incluent :

- **L'amélioration des rendements agricoles** pour nourrir une population croissante.
- **L'augmentation de la résistance aux maladies et aux parasites** sans recourir excessivement aux pesticides.
- **Le développement de variétés de plantes adaptées aux conditions climatiques extrêmes**, notamment les sécheresses et les inondations.
- **L'enrichissement nutritionnel des cultures**, à travers la biofortification pour lutter contre la malnutrition.

2.2. Les Travaux de Dr. Segenet Kelemu

Dr. Segenet Kelemu s'est spécialisée dans l'étude des **interactions entre les plantes et les micro-organismes**, en mettant particulièrement l'accent sur :

- **L'étude des endophytes**, des micro-organismes bénéfiques vivant à l'intérieur des plantes, qui aident à leur croissance et à leur résistance aux maladies.
- **Le développement de solutions biologiques** pour améliorer la productivité des cultures sans recourir à des pesticides chimiques nocifs.
- **L'adaptation des plantes africaines aux conditions climatiques changeantes**, en sélectionnant des variétés résistantes aux stress environnementaux.

Ses travaux ont été particulièrement bénéfiques pour des cultures essentielles en Afrique et ailleurs, comme le manioc, le mil et les légumineuses.

3. Preuves et Sources Historiques

Les recherches de Dr. Kelemu sont bien documentées à travers :

- **Ses publications scientifiques dans des revues internationales** telles que *Nature Biotechnology* et *Plant Molecular Biology*.
- **Son leadership au sein du Centre International de Physiologie et d'Écologie des Insectes (ICIPE)**, où elle a dirigé des projets de recherche sur les plantes et leurs interactions avec les insectes et les microbes.
- **Les distinctions et reconnaissances** qu'elle a reçues, notamment son prix L'Oréal-UNESCO pour les Femmes et la Science en 2014.

Ses contributions ont également été validées par des collaborations avec des institutions comme le **CGIAR (Groupe Consultatif pour la Recherche Agricole Internationale)** et l'**Institut Africain des Biosciences**.

4. Impact et Applications

4.1. Sécurité Alimentaire et Lutte Contre la Famine

Les recherches de Dr. Kelemu ont permis de :

- **Améliorer la productivité agricole** sans recours massif aux engrais chimiques, réduisant ainsi la dépendance aux produits importés.

- **Augmenter la résistance des cultures** aux ravageurs et aux maladies, garantissant des récoltes plus stables.
- **Faciliter l'accès des agriculteurs aux technologies durables**, notamment en promouvant des pratiques agricoles basées sur les micro-organismes naturels.

4.2. Agriculture Durable et Adaptation au Climat

Avec le **changement climatique** qui menace l'agriculture mondiale, les travaux de Dr. Kelemu apportent des solutions précieuses :

- **Développement de plantes capables de tolérer des périodes prolongées de sécheresse.**
- **Renforcement des sols grâce aux micro-organismes bénéfiques**, évitant leur érosion et leur appauvrissement.
- **Promotion d'alternatives aux pesticides chimiques**, réduisant ainsi les impacts négatifs sur l'environnement.

4.3. Réduction de l'Utilisation des Pesticides

L'un des aspects les plus novateurs de ses recherches est l'utilisation des **micro-organismes comme agents de protection des plantes**, permettant :

- **Une diminution significative de l'usage de pesticides chimiques toxiques.**
- **Une réduction des coûts pour les agriculteurs africains**, qui ont souvent un accès limité aux produits phytosanitaires.
- **Un meilleur équilibre écologique**, évitant la destruction des écosystèmes naturels.

5. Héritage et Influence sur le Futur

Les recherches de Dr. Segenet Kelemu continuent d'influencer le domaine de la **génétique végétale** et de l'**agriculture durable**. Elle a inspiré une **nouvelle génération de scientifiques africains**, en prouvant que les solutions aux défis du continent peuvent être **trouvées localement** plutôt qu'importées de l'extérieur.

Parmi ses impacts à long terme :

- **L'émergence de nouveaux laboratoires de biotechnologie en Afrique**, spécialisés dans la génétique végétale et la biologie des sols.
- **L'intégration de l'agriculture biologique dans les politiques agricoles africaines** pour une production alimentaire plus saine.

- **Le renforcement des collaborations scientifiques entre l'Afrique et le reste du monde** sur les questions de sécurité alimentaire.

6. Réflexion et Reconnaissance

Pourquoi Ses Travaux Ont-Ils Été Sous-Estimés ?

Malgré son impact majeur, Dr. Kelemu et d'autres chercheurs africains en génétique des plantes font face à plusieurs défis :

- **Un manque de financement pour la recherche agricole en Afrique**, qui limite les avancées et la diffusion des découvertes.
- **La dominance des entreprises agrochimiques**, qui promeuvent l'usage intensif de pesticides au détriment des solutions biologiques.
- **Une faible visibilité médiatique**, car les sciences agricoles africaines restent sous-représentées dans les publications internationales.

Efforts pour Une Meilleure Reconnaissance

- **Encouragement des jeunes chercheurs africains à se spécialiser en biotechnologie agricole.**
- **Création de centres de recherche et de formation en génétique végétale en Afrique.**
- **Développement de politiques gouvernementales favorisant l'utilisation des solutions issues de la recherche locale.**

7. Conclusion

Dr. Segenet Kelemu a ouvert une nouvelle voie dans l'étude des **interactions entre les plantes et les micro-organismes**, démontrant que la **génétique végétale peut offrir des solutions naturelles et durables à la sécurité alimentaire**.

Son travail a **transformé la manière dont les agriculteurs africains abordent la culture des plantes**, en favorisant une **approche basée sur la biologie plutôt que sur la chimie**.

Message Inspirant pour la Nouvelle Génération

"L'avenir de l'agriculture en Afrique repose sur nos propres connaissances scientifiques. Nous devons développer nos propres solutions, adaptées à nos réalités locales." – Dr. Segenet Kelemu.

Son **histoire inspire les jeunes chercheurs africains** à **prendre en main l'avenir de l'agriculture du continent**, en combinant tradition et innovation scientifique. Son combat pour une agriculture plus résiliente et durable marque **une avancée majeure vers l'autonomie alimentaire de l'Afrique et du monde entier.**

Exploration et Aérospatiale

Chapitre 53 : La Conquête Spatiale et la Première Astronaute Afro-Américaine (Dr. Mae Jemison, 1992)

1. Introduction

La conquête spatiale a toujours été un domaine dominé par les grandes puissances et largement associé aux figures emblématiques des programmes spatiaux américains et soviétiques. Cependant, la contribution des scientifiques et astronautes noirs à l'exploration de l'espace est souvent sous-estimée ou méconnue.

Photo : Dr. Mae Jemison © nasa.fandom.com

L'un des moments marquants de cette histoire a été le **12 septembre 1992**, lorsque **Dr. Mae Jemison** est devenue **la première femme afro-américaine à voyager dans l'espace** à bord de la mission STS-47 du **Space Shuttle Endeavour**. Médecin, ingénieure et astronaute, Mae Jemison a non seulement brisé des barrières raciales et de genre dans le domaine spatial, mais elle a également contribué à des recherches scientifiques cruciales en microgravité.

Ce chapitre explore **le parcours inspirant de Dr. Mae Jemison**, ses contributions à la conquête spatiale, et **l'héritage qu'elle laisse aux générations futures** dans les sciences et l'ingénierie spatiale.

2. Description de la Découverte

2.1. La Mission STS-47 : Un Moment Historique

Le **12 septembre 1992**, Dr. Mae Jemison embarque à bord du **Space Shuttle Endeavour** pour une mission qui durera **près de huit jours** en orbite terrestre. L'objectif principal de la mission STS-47 était **Spacelab-J**, un projet américano-japonais impliquant **plus de 44 expériences scientifiques**, principalement en microgravité et en sciences de la vie.

Mae Jemison a notamment travaillé sur :

- **Des expériences biomédicales** pour comprendre comment le corps humain s'adapte à la microgravité.
- **Des recherches en science des matériaux**, notamment sur la cristallisation des protéines en apesanteur.
- **L'étude des effets de l'apesanteur sur le développement embryonnaire** chez des organismes vivants.

En devenant astronaute, elle a non seulement marqué l'histoire de la NASA mais aussi **brisé des barrières dans les STEM (Science, Technology, Engineering, Mathematics)**, servant de modèle pour les futures générations de scientifiques et ingénieurs noirs.

2.2. Le Parcours Exceptionnel de Dr. Mae Jemison

Avant d'être astronaute, Mae Jemison avait déjà un **parcours scientifique remarquable** :

- **Diplômée en ingénierie chimique et en médecine** (Université de Stanford et Université Cornell).
- **Médecin au service de la paix en Afrique** (Sierra Leone et Libéria), où elle a travaillé sur des campagnes de vaccination et de santé publique.
- **Chercheuse en médecine** spécialisée en **biotechnologie et maladies tropicales**.
- **Recrutée par la NASA en 1987**, devenant l'une des premières femmes afro-américaines sélectionnées comme astronaute.

Son **expertise médicale et scientifique** a joué un rôle clé dans le succès des expériences réalisées lors de la mission STS-47.

3. Preuves et Sources Historiques

Les contributions de Mae Jemison sont documentées à travers :

- **Les archives officielles de la NASA**, qui retracent les détails de la mission STS-47.
- **Des interviews et publications scientifiques** sur les expériences menées en microgravité.
- **Des travaux universitaires et conférences** où elle a partagé son expérience en tant qu'astronaute.

Son impact est également visible dans **les programmes éducatifs** qui encouragent les jeunes filles et les minorités à poursuivre des carrières en sciences et technologies.

4. Impact et Applications

4.1. Un Modèle de Diversité et d'Inclusion

Mae Jemison a ouvert la voie aux générations futures en prouvant que **les sciences spatiales ne sont pas réservées à une élite blanche et masculine**. Son parcours a inspiré de nombreux jeunes noirs, en particulier les femmes, à poursuivre des carrières dans l'aérospatiale et les STEM.

Elle a ensuite fondé le **Jemison Group**, une organisation dédiée au **développement de nouvelles technologies en biotechnologie et en ingénierie spatiale**.

4.2. L'Exploration Spatiale et la Recherche en Microgravité

Les expériences menées lors de la mission STS-47 ont contribué à **l'amélioration des traitements médicaux sur Terre** et ont permis d'explorer **les effets de l'apesanteur sur les cellules humaines et les organismes vivants**.

Ces découvertes ont des **applications dans la médecine spatiale**, la recherche sur le cancer et le développement de nouveaux médicaments.

5. Héritage et Influence sur le Futur

Après avoir quitté la NASA en 1993, Dr. Mae Jemison a continué à jouer un rôle de **leader scientifique et éducatif** :

- **Elle a lancé le projet 100 Year Starship**, une initiative de la DARPA visant à **explorer la possibilité des voyages interstellaires**.

- Elle milite pour l'éducation des jeunes filles et des minorités dans les STEM, à travers des conférences et des programmes éducatifs.
- Elle est une conférencière reconnue sur l'innovation, la diversité et la science spatiale.

Son travail a inspiré des générations de scientifiques noirs, dont des ingénieurs, des médecins et des astronautes qui **poursuivent son héritage dans l'exploration spatiale.**

6. Réflexion et Reconnaissance

Pourquoi cette Contribution est-elle Parfois Méconnue ?

- **L'histoire des astronautes afro-américains reste sous-représentée** dans les récits officiels de la conquête spatiale.
- **La NASA a mis du temps à intégrer la diversité**, et même après son vol, les femmes et les minorités restent sous-représentées dans l'aérospatiale.
- **Les médias accordent plus de visibilité aux figures masculines blanches** de la NASA, comme Neil Armstrong ou Buzz Aldrin.

Efforts Récents pour la Reconnaissance

- **La création de bourses et de programmes éducatifs** portant son nom pour promouvoir les sciences spatiales auprès des jeunes générations.
- **L'inclusion de son histoire dans les manuels scolaires et documentaires** sur la conquête spatiale.
- **Sa reconnaissance en tant que pionnière**, avec des récompenses telles que son entrée au National Women's Hall of Fame.

7. Conclusion

Dr. Mae Jemison a prouvé que **le talent et la détermination peuvent transcender les barrières raciales et de genre**. En devenant **la première astronaute afro-américaine**, elle a ouvert une nouvelle ère pour la diversité dans l'exploration spatiale.

Son impact va **bien au-delà de son voyage spatial** : elle a inspiré des générations de scientifiques et d'ingénieurs et continue d'œuvrer pour une **science plus inclusive et accessible.**

Message Inspirant pour la Nouvelle Génération

"Ne laissez jamais les autres limiter vos rêves. Si vous avez une vision, travaillez dur et croyez en vous-même." – Dr. Mae Jemison.

Dr. Mae Jemison reste **un symbole puissant de persévérance et d'excellence scientifique**, prouvant que **l'exploration spatiale appartient à toute l'humanité, sans distinction de race ou de genre**.

Chapitre 54 : La Première Femme Noire à Diriger une Agence Spatiale – Dr. Mae Jemison, 1992

1. Introduction

L'espace a longtemps été un domaine dominé par les grandes puissances et marqué par une forte sous-représentation des minorités et des femmes. Cependant, certaines figures emblématiques ont brisé ces barrières et ouvert la voie à une nouvelle ère d'inclusion et de diversité dans le domaine aérospatial. Parmi elles, **Dr. Mae Jemison** se distingue comme une pionnière : première femme noire à voyager dans l'espace en 1992 à bord de la navette spatiale Endeavour, elle est également devenue une figure clé dans la recherche spatiale et la direction de projets de grande envergure.

Le leadership de **Mae Jemison** ne s'est pas arrêté à son vol historique. Elle a continué à influencer le domaine spatial en mettant l'accent sur l'éducation, la recherche scientifique et l'exploration interstellaire. Son rôle à la tête du **100 Year Starship Project**, une initiative soutenue par la NASA et la DARPA visant à préparer les bases d'un voyage interstellaire dans le prochain siècle, en fait l'une des premières femmes noires à diriger un programme de cette envergure dans l'histoire spatiale.

Ce chapitre explore **le parcours exceptionnel de Mae Jemison, son impact sur l'aérospatiale et l'avenir des missions spatiales dirigées par des femmes et des chercheurs noirs.**

2. Description de la Découverte

2.1. Le Contexte de la Carrière de Mae Jemison

Née en 1956 à Decatur, en Alabama, Mae Jemison a grandi dans un contexte où les perspectives pour une femme noire dans les sciences et l'exploration spatiale semblaient limitées. Passionnée par la science dès son plus jeune âge, elle s'est inspirée du programme spatial Apollo, même si elle notait l'absence de femmes noires parmi les astronautes et scientifiques mis en avant.

Diplômée en **ingénierie chimique et en médecine** de l'Université de Stanford et de la Cornell University Medical School, Mae Jemison a débuté sa carrière en tant que médecin, avant de rejoindre la NASA en 1987. Son entrée dans le programme spatial marquait un tournant dans l'histoire des femmes noires dans l'aérospatiale.

2.2. Le Vol Spatial Historique

Le 12 septembre 1992, elle est devenue **la première femme noire à voyager dans l'espace** en embarquant à bord de la navette spatiale Endeavour pour la mission **STS-47**. Au cours de cette mission de huit jours :

- Elle a **mené des expériences médicales** sur les effets de la microgravité sur les êtres humains.
- Elle a contribué à des études sur le **développement osseux et musculaire** dans l'espace.
- Son travail a pavé la voie pour des recherches avancées sur **l'impact de la gravité sur le corps humain**, essentielles pour les futures missions spatiales de longue durée.

2.3. Son Leadership en Aérospatiale

Après son vol spatial, Mae Jemison a quitté la NASA en 1993 pour poursuivre une carrière scientifique et éducative indépendante. Elle a fondé **le Jemison Group**, une organisation dédiée aux applications de la technologie et de la science dans la vie quotidienne.

Son rôle le plus marquant a été sa **direction du 100 Year Starship Project**, un programme initié par la DARPA et la NASA, visant à développer les bases technologiques et conceptuelles permettant aux humains de voyager au delà du système solaire d'ici 2112.

3. Preuves et Sources Historiques

Les travaux et contributions de Mae Jemison ont été documentés dans :

- **Les archives de la NASA**, qui détaillent son vol spatial et ses expériences scientifiques.
- **Les publications scientifiques sur la médecine spatiale**, qu'elle a coécrites ou inspirées.
- **Les conférences et discours internationaux**, où elle a promu l'inclusion des minorités dans les sciences et l'aérospatiale.
- **Les programmes éducatifs et STEM qu'elle a dirigés**, destinés aux jeunes scientifiques du futur.

Ses travaux ont été publiés dans des revues scientifiques et cités dans des livres sur l'histoire de l'exploration spatiale et le rôle des femmes dans la science.

4. Impact et Applications

4.1. Influence sur la Recherche en Aérospatiale

Mae Jemison a contribué à plusieurs avancées :

- **La biologie spatiale** : ses expériences ont amélioré la compréhension des effets de la microgravité sur le corps humain.
- **Les voyages interstellaires** : en dirigeant le 100 Year Starship Project, elle a ouvert la voie à des réflexions concrètes sur les technologies de propulsion et de survie pour l'exploration interstellaire.
- **Les initiatives STEM pour les minorités** : elle a encouragé la diversité dans les carrières scientifiques et technologiques.

4.2. Impact sur l'Éducation et les Sciences

Elle a fondé des programmes pour **former et encourager les jeunes générations à s'intéresser à la science et à l'exploration spatiale**, notamment :

- **The Earth We Share**, un programme éducatif destiné aux jeunes scientifiques.
- **Ses engagements en tant que professeure et conférencière** dans des institutions prestigieuses.

Elle a inspiré des milliers de jeunes, en particulier des filles et des jeunes issus de minorités, à poursuivre des carrières scientifiques.

5. Héritage et Influence sur le Futur

Mae Jemison est un **modèle pour les futures générations de scientifiques et d'astronautes**. Son héritage se manifeste à travers:

- L'intégration accrue des **femmes et des minorités dans l'industrie spatiale**.
- La recherche continue sur **les voyages interstellaires**, notamment via le 100 Year Starship Project.
- Son influence sur des programmes de la NASA visant à **envoyer des humains sur Mars et au-delà**.

6. Réflexion et Reconnaissance

Pourquoi Son Travail Est-il Moins Connu ?

- Le manque de médiatisation des scientifiques noirs dans les domaines de l'aérospatiale et de la physique.

- L'accent mis sur les figures masculines blanches dans l'histoire de l'exploration spatiale.
- Le fait qu'elle soit plus reconnue pour son vol spatial que pour son travail ultérieur en aérospatiale et en recherche.

Efforts pour la Reconnaissance

- La NASA et d'autres institutions ont commencé à célébrer son travail, notamment via des prix et des hommages.
- Plusieurs écoles et programmes scientifiques portent son nom pour honorer son impact.

7. Conclusion

Le parcours de Mae Jemison illustre parfaitement l'impact qu'un individu peut avoir sur **l'exploration spatiale, la science et l'éducation**. De son rôle de pionnière en tant que première femme noire dans l'espace à son leadership dans la recherche interstellaire, elle continue d'être une **source d'inspiration pour les jeunes scientifiques et les futurs astronautes**.

Son message demeure **clair et puissant** : **l'exploration spatiale doit être accessible à tous, sans distinction de genre ou d'origine ethnique**.

Message Inspirant pour la Nouvelle Génération

"Ne laissez personne vous dire que vous ne pouvez pas atteindre les étoiles. L'univers appartient à ceux qui osent rêver grand." – Mae Jemison.

Résumé des Points Clés

- Première femme noire à voyager dans l'espace (1992).
- Pionnière en biologie spatiale et recherche en voyages interstellaires.
- Leadership dans l'aérospatiale via le 100 Year Starship Project.
- Impact durable sur l'éducation et l'inclusion dans les STEM.
- Figure emblématique pour l'exploration spatiale du futur.

Mae Jemison reste **un symbole fort de persévérance, d'innovation et de leadership scientifique** dans l'histoire des sciences et de l'exploration spatiale.

Chapitre 55 : La Première Femme Noire à Obtenir un Doctorat en Génie Aérospatial (Dr. Aprille Ericsson-Jackson, 1995)

1. Introduction

L'aérospatiale est un domaine de pointe qui combine l'ingénierie avancée, la physique appliquée et la science des matériaux pour concevoir, tester et exploiter des aéronefs et des engins spatiaux. Pendant des décennies, ce domaine a été dominé par des hommes blancs, en raison des barrières institutionnelles et des préjugés systémiques qui empêchaient les minorités d'y accéder.

Toutefois, des scientifiques et ingénieurs noirs ont brisé ces barrières, et parmi eux, **Dr. Aprille Ericsson-Jackson**, une pionnière dans le domaine de l'aérospatiale. En 1995, elle est devenue **la première femme noire à obtenir un doctorat en génie aérospatial**, ouvrant ainsi la voie à d'autres minorités et femmes qui aspirent à des carrières dans les sciences de l'ingénierie et l'exploration spatiale.

Son travail en tant qu'ingénieure et chercheuse à la **NASA Goddard Space Flight Center** a joué un rôle crucial dans le développement des technologies de satellites et des missions spatiales. Elle a contribué au développement de **systèmes de contrôle de vol avancés**, à la conception de satellites et à l'amélioration des structures des engins spatiaux, rendant possible des missions scientifiques et d'exploration à travers le système solaire.

En plus de ses réalisations techniques, elle est une **figure inspirante pour les jeunes générations**, notamment les femmes et les minorités sous-représentées, en promouvant l'éducation en STEM (*science, technology, engineering, and mathematics*).

2. Description de la Découverte

2.1. La Percée de Dr. Aprille Ericsson-Jackson

Aprille Ericsson-Jackson a consacré sa carrière à la conception et au développement de technologies aérospatiales avancées. Elle s'est spécialisée dans :

- **Les systèmes de contrôle de vol et d'attitude des satellites**, qui permettent aux engins spatiaux de s'orienter correctement dans l'espace.

- **Les structures et matériaux aérospatiaux**, notamment la conception de véhicules spatiaux plus résistants et plus efficaces.
- **Les modèles informatiques pour la modélisation et la simulation des performances des satellites.**

Elle a joué un rôle essentiel dans le développement de technologies permettant aux satellites de mieux résister aux environnements extrêmes de l'espace et d'améliorer leur précision dans l'acquisition de données.

2.2. Le Rôle du Génie Aérospatial dans l'Exploration Spatiale

Le génie aérospatial est crucial pour la conception et l'exploitation des satellites, des fusées et des engins spatiaux. Les contributions de Dr. Ericsson-Jackson ont permis des avancées dans :

- **L'amélioration des satellites d'observation de la Terre**, utilisés pour le suivi des changements climatiques et des phénomènes météorologiques.
- **L'optimisation des technologies de propulsion**, essentielles pour l'envoi de sondes vers d'autres planètes.
- **Le développement de structures plus légères et résistantes**, augmentant l'efficacité des missions spatiales tout en réduisant les coûts.

Ses recherches ont ainsi contribué à plusieurs missions de la NASA et ont eu un impact significatif sur la conception des futurs engins spatiaux.

3. Preuves et Sources Historiques

Les contributions de Dr. Aprille Ericsson-Jackson sont documentées à travers :

- **Ses publications scientifiques** dans les domaines du génie aérospatial et de la modélisation des systèmes spatiaux.
- **Son travail au sein de la NASA**, qui a mené au développement de technologies utilisées dans les missions satellitaires et d'exploration spatiale.
- **Les reconnaissances et distinctions** qu'elle a reçues pour ses contributions à la science et à l'ingénierie.
- **Les témoignages et collaborations avec d'autres ingénieurs et scientifiques** dans l'industrie aérospatiale.

Grâce à ces preuves, il est indéniable que son rôle a été central dans le progrès du génie aérospatial et de l'exploration spatiale.

4. Impact et Applications

4.1. Amélioration des Missions Spatiales

Les recherches et innovations de Dr. Ericsson-Jackson ont eu un impact direct sur :

- **Les satellites d'observation de la Terre**, qui aident à surveiller les changements climatiques, les catastrophes naturelles et les activités humaines.
- **Les sondes spatiales**, qui nécessitent des systèmes de contrôle précis pour naviguer dans l'espace profond.
- **Les avancées dans la miniaturisation des satellites**, permettant des missions plus rentables et accessibles à des pays en développement.

4.2. Inspiration et Mentorat

En plus de ses réalisations techniques, Dr. Ericsson-Jackson est **une fervente défenseuse de l'éducation des jeunes en STEM**. Elle a inspiré des milliers d'étudiants, notamment des jeunes filles et des minorités sous-représentées, à poursuivre des carrières en ingénierie et en science.

Elle participe activement à des initiatives visant à :

- Encourager les jeunes talents noirs et féminins à intégrer le domaine de l'aérospatiale.
- Offrir du mentorat aux étudiants en ingénierie et en sciences spatiales.
- Collaborer avec des institutions éducatives pour améliorer l'accès aux études STEM.

5. Héritage et Influence sur le Futur

Dr. Aprille Ericsson-Jackson a ouvert des portes à toute une nouvelle génération d'ingénieurs et de scientifiques noirs. Son héritage est visible à travers :

- **L'augmentation du nombre de femmes et de minorités dans les domaines scientifiques et technologiques.**
- **Le développement continu de l'aérospatiale**, où ses recherches servent de base à de nouvelles innovations.
- **La création de bourses et de programmes éducatifs**, inspirés par son engagement pour la diversité et l'inclusion.

6. Réflexion et Reconnaissance

Pourquoi cette Contribution est-elle Méconnue ?

- Les minorités sont **sous-représentées dans les récits historiques** des sciences et de l'ingénierie.
- Le travail d'ingénierie est souvent **moins médiatisé que celui des astronautes et des physiciens théoriciens**.
- L'industrie aérospatiale est un domaine où la reconnaissance des minorités **progresse lentement**.

Efforts Récents pour la Reconnaissance

- Dr. Ericsson-Jackson a été honorée par **plusieurs prix scientifiques et distinctions**, mettant en lumière son impact.
- Son rôle de mentor et d'éducatrice lui permet d'**être une voix influente** pour la prochaine génération d'ingénieurs noirs.
- Les organisations scientifiques mettent aujourd'hui **davantage en avant les contributions des femmes et des minorités** dans la recherche et l'ingénierie.

7. Conclusion

Le parcours de Dr. Aprille Ericsson-Jackson démontre que **les barrières raciales et de genre peuvent être surmontées grâce à l'excellence, la persévérance et l'engagement.**

Elle a non seulement marqué l'histoire en devenant la première femme noire à obtenir un **doctorat en génie aérospatial**, mais elle a aussi contribué à des avancées scientifiques majeures qui continueront d'influencer l'exploration spatiale pour les générations à venir.

Message Inspirant pour la Nouvelle Génération

"Il n'y a aucune limite à ce que vous pouvez accomplir, peu importe votre origine ou votre genre. L'univers est vaste, et il attend que vous en exploriez les possibilités." – Dr. Aprille Ericsson-Jackson

Grâce à ses réalisations et à son impact durable, Dr. Aprille Ericsson-Jackson demeure une **figure incontournable dans l'histoire du génie aérospatial**, prouvant que l'avenir de l'exploration spatiale appartient à tous, sans distinction de race ou de genre.

Chapitre 56 : Les télécommunications, la finance et la sécurité numérique – La carte à puce de Roland Moreno (1974)

1. Introduction

Roland Moreno, inventeur franco-égyptien né en 1945, est à l'origine de l'une des plus grandes innovations technologiques modernes : la carte à puce. Déposée en **brevet en 1974**, cette invention est aujourd'hui omniprésente dans la **télécommunication (carte SIM), la finance (cartes bancaires), l'administration (cartes d'identité, passeports biométriques) et la sécurité numérique**.

Photo : **Roland Moreno ©zebulon.fr**

L'invention de Moreno a révolutionné la façon dont nous utilisons **les données électroniques et la protection des transactions numériques, ouvrant la voie à l'ère de la digitalisation sécurisée**. Cependant, son apport est **souvent sous-estimé ou mal attribué**, alors qu'il s'agit d'une avancée **déterminante dans la technologie moderne**.

2. Description de la Découverte

2.1 Qu'est-ce que la carte à puce ?

La carte à puce est un **dispositif électronique intégré** qui contient un **microprocesseur et une mémoire**, permettant **le stockage et le traitement sécurisé des informations numériques**. Elle fonctionne grâce à des protocoles de cryptographie et de transmission de données sécurisées.

Ses principales caractéristiques sont :

- **Sécurité renforcée** : la carte à puce empêche les accès non autorisés aux données stockées.
- **Portabilité** : elle est compacte et facilement intégrable dans les cartes bancaires, les cartes SIM, les cartes d'identité, etc.
- **Communication avec des lecteurs électroniques** : utilisée dans les distributeurs automatiques, les terminaux de paiement, les téléphones mobiles, etc.

2.2 Comment Moreno a-t-il développé cette invention ?

Roland Moreno a conceptualisé la carte à puce en **1974** et a **déposé son premier brevet la même année**. Il a ensuite perfectionné son invention en développant des **protocoles de chiffrement et de protection des données** qui allaient devenir les bases de **la sécurité numérique moderne**.

Son entreprise, **Innovatron**, a été **le premier acteur majeur du développement des cartes à puce** et a joué un rôle clé dans leur adoption par les grandes entreprises et gouvernements.

3. Preuves et Sources Historiques

L'invention de Roland Moreno est bien documentée à travers :

- **Brevet déposé en 1974**, protégeant l'invention du **microprocesseur embarqué dans une carte plastique**.
- **Premières applications commerciales** en 1983, lorsque la France a adopté les cartes bancaires à puce.
- **Adoption mondiale** dans les années 1990 et 2000, notamment avec l'introduction des **cartes SIM** pour la téléphonie mobile.
- **Reconnaissance officielle** par plusieurs institutions technologiques et industrielles, notamment **les banques, les télécommunications et l'administration publique**.

4. Impact et Applications

L'impact de la carte à puce est colossal et touche **de nombreux secteurs** :

4.1 Télécommunications : la carte SIM

- **Les cartes SIM (Subscriber Identity Module)**, qui permettent l'identification des utilisateurs sur les réseaux mobiles, sont basées sur la technologie de Moreno.
- **Elles ont rendu possible l'explosion du marché de la téléphonie mobile** en garantissant une **authentification sécurisée** des abonnés.

4.2 Finance et paiement électronique

- **Les cartes bancaires à puce** ont **révolutionné les paiements sécurisés** en permettant l'authentification du porteur via un code PIN.
- **Elles ont remplacé les anciens systèmes de bandes magnétiques**, moins sécurisés.

4.3 Identification et sécurité

- La carte à puce est utilisée **dans les passeports biométriques**, les **cartes d'identité électroniques** et les **cartes de santé**.
- Elle est également **utilisée pour le contrôle d'accès sécurisé dans les entreprises et les gouvernements**.

5. Héritage et Influence sur le Futur

L'invention de Roland Moreno continue d'évoluer :

- **Les cartes à puce sont aujourd'hui intégrées aux paiements sans contact (NFC), aux transactions mobiles et aux systèmes de cryptographie avancée.**
- **L'authentification biométrique** (empreintes digitales, reconnaissance faciale) repose sur des évolutions de sa technologie.
- **La cybersécurité** et la **protection des données personnelles** restent des enjeux majeurs où la carte à puce continue de jouer un rôle central.

6. Réflexion et Reconnaissance

Pourquoi cette contribution est-elle méconnue ?

- L'innovation de Roland Moreno est souvent **attribuée aux entreprises qui ont commercialisé la carte à puce (Visa, MasterCard, opérateurs mobiles, etc.) plutôt qu'à son inventeur.**
- Contrairement à d'autres grandes figures de la tech, **son nom n'est pas systématiquement associé à son invention.**
- Les contributions des inventeurs non occidentaux sont souvent minimisées dans les récits dominants de l'histoire des sciences et de la technologie.

Efforts pour la reconnaissance

- La France a **rendu hommage à Roland Moreno à travers plusieurs distinctions**, mais son nom reste peu connu à l'international.
- Les chercheurs et historiens des technologies plaident pour une meilleure reconnaissance de son impact.

7. Conclusion

L'invention de **Roland Moreno** est **une avancée majeure dans l'histoire des technologies modernes.** Sans la carte à puce, **les télécommunications mobiles, les paiements électroniques et la sécurité des données n'auraient pas évolué aussi rapidement.**

Pourtant, **son rôle reste sous-estimé**, et **il est temps de le réhabiliter comme un des grands innovateurs du XXe siècle.**

Message inspirant pour la nouvelle génération

"Innover, ce n'est pas seulement inventer quelque chose de nouveau, c'est transformer le monde avec ses idées." – Roland Moreno

Réalisations Médicales Révolutionnaires

Chapitre 57 : Le Cardiopad et la Télémédecine en Afrique (Arthur Zang, 2014)

1. Introduction

L'accès aux soins de santé de qualité demeure un défi majeur en Afrique, en particulier dans les zones rurales où les infrastructures médicales sont limitées. Le **Cardiopad**, une invention révolutionnaire d'**Arthur Zang**, ingénieur camerounais, s'est imposé comme une solution innovante pour répondre à ce problème.

Photo : Arthur Zang © cameroun24.net

Le Cardiopad est une tablette médicale qui permet aux patients vivant dans des zones éloignées d'effectuer des examens cardiologiques à distance. Il constitue une avancée majeure dans le domaine de la **télémédecine** en Afrique et au-delà. En permettant aux médecins de suivre les patients à distance et d'envoyer les résultats en temps réel, cette technologie a le potentiel de sauver des milliers de vies.

Dans ce chapitre, nous explorerons le **développement du Cardiopad**, son **impact sur la télémédecine en Afrique**, ainsi que l'**héritage d'Arthur Zang** en tant que pionnier des innovations médicales africaines.

2. Description de la Découverte

2.1. Qu'est-ce que le Cardiopad ?

Le Cardiopad est une tablette médicale **équipée d'un électrocardiographe (ECG) intégré**, capable de mesurer l'activité cardiaque d'un patient et de transmettre les données à un spécialiste distant via un réseau mobile. Cette invention permet :

- **D'effectuer des examens cardiologiques sans la présence d'un cardiologue sur place.**
- **De transmettre en temps réel les résultats à un médecin spécialiste**, qui peut poser un diagnostic et donner des recommandations.
- **D'améliorer le suivi des patients** dans des régions reculées où les hôpitaux sont souvent sous-équipés.

2.2. Fonctionnement et Technologie

- **Capteurs biomédicaux** : Reliés au Cardiopad, ces capteurs captent l'activité cardiaque du patient et la numérisent.
- **Transmission sans fil** : Les données sont envoyées via un réseau mobile sécurisé aux spécialistes situés dans les hôpitaux.
- **Interprétation à distance** : Un cardiologue reçoit les résultats en temps réel et peut établir un diagnostic rapide.

Ce dispositif est une **avancée majeure pour la télémédecine**, en particulier dans les pays en développement où la pénurie de médecins spécialisés est criante.

3. Preuves et Sources Historiques

L'impact du Cardiopad a été largement reconnu à travers :

- **L'obtention du Prix de l'Innovation Technologique de la Fondation Rolex en 2014.**
- **Son adoption par plusieurs hôpitaux en Afrique**, notamment au Cameroun, au Gabon et au Sénégal.
- **Le soutien du gouvernement camerounais**, qui a financé la production locale du Cardiopad pour son déploiement dans les hôpitaux du pays.
- **Des publications et reportages dans des médias internationaux** (*BBC, CNN, Forbes*), qui ont souligné le rôle d'Arthur Zang comme l'un des jeunes innovateurs africains les plus influents.

Arthur Zang a également déposé un **brevet pour son invention**, consolidant ainsi sa reconnaissance en tant que **pionnier de la télémédecine en Afrique**.

4. Impact et Applications

4.1. Un Outil Révolutionnaire pour la Santé en Afrique

Le Cardiopad a transformé l'accès aux soins cardiologiques en Afrique. Ses principaux impacts sont :

- **Réduction de la mortalité due aux maladies cardiovasculaires** : Grâce à des diagnostics précoces, les patients peuvent être pris en charge plus rapidement.
- **Diminution des coûts et des distances** : Les patients n'ont plus besoin de parcourir des centaines de kilomètres pour consulter un cardiologue.

- **Facilitation de la télémédecine** : Ce dispositif ouvre la voie à d'autres innovations médicales utilisant la connectivité mobile.

4.2. Élargissement à d'autres domaines médicaux

Le modèle du Cardiopad pourrait être adapté à d'autres spécialités médicales :

- **Télésurveillance des patients diabétiques.**
- **Diagnostic à distance des maladies respiratoires.**
- **Suivi des femmes enceintes et des patients atteints de maladies chroniques.**

Ce type de **technologie mobile pourrait révolutionner l'ensemble du système de santé en Afrique**, en le rendant **plus accessible et efficace**.

5. Héritage et Influence sur le Futur

5.1. Arthur Zang, un Modèle pour la Jeunesse Africaine

Arthur Zang incarne **la nouvelle génération d'innovateurs africains** qui démontrent que le continent peut produire des technologies de pointe adaptées à ses réalités.

Son parcours illustre plusieurs enseignements clés :

- **L'importance de l'entrepreneuriat technologique** : Son invention a prouvé qu'il est possible de créer des solutions adaptées aux besoins africains sans dépendre exclusivement de l'extérieur.
- **L'impact des technologies mobiles sur la médecine** : Avec l'essor des smartphones et des tablettes, la télémédecine deviendra de plus en plus accessible.
- **L'autonomisation des systèmes de santé africains** : Plutôt que d'attendre des solutions venues de l'étranger, l'Afrique peut concevoir ses propres outils médicaux innovants.

5.2. Déploiement à Grande Échelle

Arthur Zang continue de développer son entreprise et son invention :

- **Production locale** : Un projet d'industrialisation du Cardiopad est en cours pour le rendre plus accessible à l'ensemble du continent africain.
- **Collaboration avec les gouvernements africains** : Plusieurs pays envisagent d'intégrer le Cardiopad dans leurs hôpitaux publics.

- **Innovations futures** : Zang travaille sur d'autres dispositifs médicaux pour améliorer la santé en Afrique.

6. Réflexion et Reconnaissance

6.1. Pourquoi cette Innovation est-elle Méconnue ?

Bien que le Cardiopad ait été salué par de nombreux experts, son impact reste sous-estimé à l'échelle mondiale pour plusieurs raisons :

- Un manque de visibilité médiatique pour les inventeurs africains.
- Des financements limités pour industrialiser de telles inventions en Afrique.
- Un biais persistant dans la reconnaissance des innovations venues du Sud.

6.2. Les Efforts pour Valoriser cette Invention

- Des initiatives locales encouragent l'entrepreneuriat technologique en Afrique.
- Le Cardiopad a été intégré dans des forums mondiaux sur l'innovation médicale.
- Des collaborations entre universités africaines et occidentales permettent de développer ces technologies à plus grande échelle.

7. Conclusion

Le **Cardiopad** représente bien plus qu'un simple outil médical : c'est **un symbole du potentiel technologique africain**. Arthur Zang a su **combiner innovation, entrepreneuriat et engagement social** pour répondre à un défi majeur de santé publique.

Cette invention ouvre la voie à un avenir où **la télémédecine jouera un rôle crucial dans l'amélioration des soins de santé** sur le continent africain.

Message Inspirant pour la Nouvelle Génération

"L'innovation ne doit pas être limitée aux grandes puissances technologiques. L'Afrique a les talents et les ressources pour créer ses propres solutions et changer le monde." – Arthur Zang.

Chapitre 58 : La Première Transplantation Cardiaque en Afrique (Dr. Christiaan Barnard, 1967)

1. Introduction

La transplantation cardiaque représente l'une des avancées médicales les plus spectaculaires du XXe siècle. Elle symbolise le triomphe de la chirurgie cardiovasculaire et de la médecine moderne face aux maladies cardiaques terminales. Le 3 décembre 1967, le **Dr. Christiaan Barnard**, un chirurgien sud-africain, réalise la toute première **transplantation cardiaque humaine** au **Groote Schuur Hospital** au Cap, en Afrique du Sud. Cet événement marque une étape historique non seulement pour l'Afrique, mais aussi pour l'ensemble du monde médical.

Cependant, derrière cette prouesse chirurgicale se cache une réalité souvent occultée : la contribution de nombreux **scientifiques, médecins et techniciens noirs sud-africains**, qui ont participé au développement et à la mise en œuvre de cette technique révolutionnaire dans un contexte d'apartheid. Ce chapitre explore donc **les dimensions scientifiques, sociales et éthiques** de cette intervention, tout en soulignant l'impact de la transplantation cardiaque sur la médecine moderne.

2. Description de la Découverte

2.1. Le Contexte Médical et Scientifique

Dans les années 1960, les maladies cardiaques deviennent une cause majeure de décès dans le monde. Les avancées médicales permettent déjà la réalisation de **pontages coronariens** et la correction de certaines malformations cardiaques, mais aucun traitement efficace n'existe pour les patients en **insuffisance cardiaque terminale**.

Inspiré par les recherches du **Dr. Norman Shumway** aux États-Unis, le Dr. Barnard et son équipe commencent à expérimenter la transplantation cardiaque sur des **chiens et des babouins** pour perfectionner la technique. À cette époque, le défi principal réside dans le **rejet du greffon par le système immunitaire du patient**, un problème auquel la médecine n'avait pas encore trouvé de solution définitive.

2.2. La Première Opération du 3 Décembre 1967

Le premier patient à bénéficier d'une **greffe cardiaque** est **Louis Washkansky**, un homme de 53 ans souffrant d'une insuffisance cardiaque sévère. Le cœur du donneur, une jeune femme de 25 ans, Denise Darvall, décédée d'un accident de la route, est transplanté avec succès.

L'opération dure **neuf heures**, et mobilise une équipe d'une trentaine de personnes. Washkansky survit **18 jours après l'opération**, avant de succomber à une **pneumonie** due à un affaiblissement de son système immunitaire causé par les médicaments anti-rejet.

3. Preuves et Sources Historiques

3.1. La Documentation Médicale

- Le **Dr. Barnard publie ses résultats** dans plusieurs revues scientifiques, notamment le *South African Medical Journal* et le *Journal of Thoracic and Cardiovascular Surgery*.
- Des **films et des photographies** de l'opération sont archivés au **Groote Schuur Hospital**, témoignant de cet exploit chirurgical.

3.2. La Reconnaissance et les Témoignages

- Le succès de cette première greffe cardiaque **attire l'attention des médias internationaux**, faisant du Dr. Barnard une célébrité médicale.
- Des chercheurs et chirurgiens comme **Dr. Hamilton Naki**, un technicien noir hautement qualifié, participent aux expériences de transplantation sur animaux, mais leur contribution reste largement ignorée à l'époque à cause du système de l'apartheid.

4. Impact et Applications

4.1. L'Influence de la Transplantation Cardiaque sur la Médecine Moderne

- **Progrès en immunologie** : La nécessité de prévenir le rejet des greffons accélère le développement de **médicaments immunosuppresseurs**, comme la **ciclosporine** introduite dans les années 1980.
- **Avancées en chirurgie cardiaque** : De nouvelles techniques de transplantation sont mises au point, permettant d'augmenter la durée de vie des patients greffés.

- **Augmentation du nombre de greffes** : Après 1967, d'autres chirurgiens à travers le monde réalisent des transplantations cardiaques, avec des résultats de plus en plus probants.

4.2. Les Conséquences Sociales et Politiques

L'Afrique du Sud de 1967 est un pays marqué par l'**apartheid**, un système institutionnalisé de discrimination raciale. L'opération du Dr. Barnard met en lumière les **inégalités dans l'accès aux soins** :

- Les hôpitaux sud-africains disposent d'une **médecine de pointe**, mais seuls les patients blancs y ont véritablement accès.
- Les contributions des **scientifiques et médecins noirs** sont rarement reconnues, malgré leur rôle crucial dans les recherches et les expérimentations préalables.

5. Héritage et Influence sur le Futur

5.1. L'Évolution des Transplantations Cardiaques

Après cette première greffe en 1967, les taux de réussite des transplantations cardiaques s'améliorent grâce :

- Aux **progrès des techniques chirurgicales**.
- Aux **nouvelles molécules immunosuppressives** réduisant le rejet des organes.
- À l'essor de la **médecine régénérative**, explorant des alternatives comme les **cœurs artificiels** et la **médecine cellulaire**.

5.2. L'Inspiration pour les Générations Futures

Le succès du Dr. Barnard ouvre la voie à des générations de chirurgiens et de chercheurs africains dans le domaine de la **médecine cardiovasculaire**. Aujourd'hui, des hôpitaux sud-africains pratiquent régulièrement des **greffes cardiaques avec des taux de réussite comparables aux standards internationaux**.

6. Réflexion et Reconnaissance

6.1. Pourquoi cette Contribution est-elle Méconnue ?

- L'histoire de la première greffe cardiaque est souvent racontée comme une **réalisation individuelle du Dr. Barnard**, occultant les contributions des autres membres de l'équipe, notamment **Dr. Hamilton Naki**, un technicien noir qui, malgré un accès limité aux ressources en raison de l'apartheid, a joué un rôle clé dans la recherche expérimentale.

- La couverture médiatique occidentale privilégie **une perspective eurocentrée**, minimisant le contexte sud-africain et les défis posés par l'apartheid.

6.2. Efforts pour la Reconnaissance

- Depuis les années 2000, plusieurs initiatives visent à réhabiliter la mémoire de **Hamilton Naki**, qui a reçu des distinctions posthumes.
- Des documentaires et biographies retracent désormais **l'histoire complète de cette avancée médicale**, mettant en avant les contributions collectives.

7. Conclusion

La première transplantation cardiaque en Afrique, réalisée par le **Dr. Christiaan Barnard en 1967**, demeure un jalon majeur de l'histoire de la médecine. Cette prouesse a non seulement marqué l'avènement d'une **nouvelle ère en chirurgie cardiaque**, mais elle a aussi révélé les paradoxes d'un système médical avancé dans un **contexte d'inégalités raciales**.

L'héritage de cette opération se poursuit aujourd'hui, à travers :

- L'amélioration des techniques chirurgicales et des traitements immunosuppresseurs.
- L'émergence de jeunes chirurgiens africains spécialisés dans la greffe d'organes.
- La reconnaissance progressive des contributions oubliées des scientifiques et médecins noirs sud-africains.

Message Inspirant pour la Nouvelle Génération

"L'histoire de la première transplantation cardiaque nous rappelle que l'innovation médicale est toujours le fruit d'un effort collectif. Reconnaître chaque acteur, quelle que soit son origine, est essentiel pour construire une science inclusive et progressiste."

Chapitre 59 : La Première Opération à Cœur Ouvert (Dr. Daniel Hale Williams, 1893)

1. Introduction

L'histoire de la chirurgie moderne est marquée par des avancées médicales majeures qui ont révolutionné le traitement des maladies cardiovasculaires. Parmi ces percées, la **première opération à cœur ouvert réalisée par le Dr. Daniel Hale Williams en 1893** est une étape décisive qui a contribué à établir la chirurgie cardiaque comme un domaine essentiel de la médecine.

Dans un contexte où les techniques chirurgicales étaient encore rudimentaires et où la médecine souffrait de nombreuses limitations, **Daniel Hale Williams, un chirurgien afro-américain, a réussi une prouesse médicale inédite** en réalisant une intervention cardiaque sans les équipements modernes tels que les antibiotiques et les machines de circulation extracorporelle.

Son succès a non seulement sauvé la vie de son patient, mais a également ouvert la voie aux futures interventions cardiaques, consolidant son héritage en tant que **pionnier de la chirurgie cardiovasculaire**.

2. Description de la Découverte

2.1. Contexte Médical de l'Époque

À la fin du XIXe siècle, la chirurgie cardiaque était considérée comme **extrêmement risquée**. Le cœur était souvent perçu comme un organe intouchable en raison de sa **complexité anatomique**, de son rôle vital et des **risques d'infection** élevés. Les chirurgiens hésitaient à intervenir sur cet organe en raison de **l'absence d'antibiotiques** et de techniques de réanimation avancées.

Cependant, certains visionnaires comme le Dr. Daniel Hale Williams croyaient en la possibilité d'opérer avec succès en mettant en œuvre des techniques innovantes et en appliquant des **protocoles rigoureux d'asepsie**.

2.2. L'Intervention Chirurgicale Révolutionnaire

Le **9 juillet 1893**, le Dr. Daniel Hale Williams réalise une opération historique au **Provident Hospital de Chicago**, un établissement qu'il avait lui-même fondé en 1891 pour offrir des soins aux patients noirs qui étaient discriminés dans les hôpitaux américains.

Le patient, **James Cornish**, un homme noir de 24 ans, arrive à l'hôpital après avoir reçu un **coup de couteau en plein cœur**. Son pronostic vital est engagé, et les options de traitement sont limitées. Face à cette urgence, Williams décide d'opérer.

Durant l'intervention :

- Il **ouvre la cage thoracique** pour atteindre le péricarde (la membrane entourant le cœur).
- Il découvre une **blessure profonde** mais parvient à **suturer le péricarde sans toucher directement le myocarde**.
- Il applique un **traitement antiseptique** rigoureux pour éviter l'infection, ce qui est une innovation majeure pour l'époque.
- Il referme avec soin, permettant à son patient de récupérer progressivement.

James Cornish **survit et quitte l'hôpital 51 jours plus tard**, un exploit à une époque où de telles blessures étaient généralement fatales.

Cette opération est désormais reconnue comme **l'une des premières interventions réussies sur le cœur humain**, posant les bases de la chirurgie cardiaque moderne.

3. Preuves et Sources Historiques

Les contributions du Dr. Williams sont documentées dans plusieurs sources historiques, notamment :

- **Les archives médicales de Provident Hospital**, qui détaillent les circonstances de l'intervention.
- **Des témoignages de chirurgiens contemporains**, qui reconnaissent l'importance de son travail.
- **Des publications médicales ultérieures**, qui s'appuient sur ses découvertes pour développer la chirurgie cardiaque moderne.

Bien que **ses travaux n'aient pas été immédiatement médiatisés**, la reconnaissance scientifique s'est accrue avec le temps.

4. Impact et Applications

4.1. Influence sur la Chirurgie Cardiaque Moderne

L'opération réalisée par le Dr. Williams a ouvert la voie à de nombreuses avancées en **chirurgie cardiovasculaire** :

- Elle a démontré que **le cœur pouvait être opéré sans conséquences fatales**, renversant une croyance médicale de l'époque.
- Elle a prouvé l'importance des **techniques d'asepsie**, influençant directement les futures interventions chirurgicales.
- Elle a encouragé d'autres chirurgiens à expérimenter des procédures similaires, préparant ainsi le terrain pour les **greffes cardiaques et les chirurgies à cœur ouvert modernes**.

4.2. Développement des Hôpitaux et Formation des Chirurgiens Noirs

- Le **Provident Hospital**, fondé par Williams, est devenu un centre de formation pour des générations de **médecins et infirmiers noirs**, qui étaient systématiquement exclus des autres établissements médicaux.
- Son travail a inspiré d'autres chirurgiens noirs à poursuivre des **carrières médicales dans un environnement discriminatoire**.

5. Héritage et Influence sur le Futur

Le **Dr. Daniel Hale Williams** est aujourd'hui considéré comme **l'un des pionniers de la chirurgie cardiovasculaire**. Son influence se ressent à plusieurs niveaux :

5.1. Évolution de la Médecine

- Son intervention a été l'un des premiers pas vers la chirurgie cardiaque moderne, influençant des techniques comme le **pontage coronarien** et la **chirurgie valvulaire**.
- Elle a démontré l'importance de l'hygiène et des **techniques antiseptiques en salle d'opération**, contribuant à une réduction significative des infections post-opératoires.

5.2. Reconnaissance des Médecins Noirs

- Williams a été **l'un des premiers Afro-Américains à être admis à l'American College of Surgeons** en 1913.
- Il a joué un rôle clé dans la promotion de la **diversité en médecine**, ouvrant des portes à d'autres scientifiques et chirurgiens noirs.

6. Réflexion et Reconnaissance

6.1. Pourquoi Cette Contribution est-elle Méconnue ?

- À l'époque, la communauté scientifique dominée par les Blancs **ne reconnaît pas immédiatement son exploit** en raison de la ségrégation raciale aux États-Unis.
- Son travail a été éclipsé par **les développements ultérieurs en chirurgie cardiaque**, notamment ceux de la seconde moitié du XXe siècle.

6.2. Efforts pour la Reconnaissance

- Aujourd'hui, plusieurs institutions médicales honorent sa mémoire, notamment avec des **bourses et des hôpitaux portant son nom**.
- Son histoire est de plus en plus enseignée dans les **facultés de médecine et les écoles d'histoire des sciences**.

7. Conclusion

La réussite du Dr. Daniel Hale Williams en 1893 constitue **l'une des avancées médicales les plus importantes de son époque**. Son courage, son innovation et son engagement envers la médecine ont contribué à **révolutionner la chirurgie cardiaque**, sauvant ainsi des millions de vies après lui.

Son **héritage ne se limite pas à la chirurgie**, il inclut également son engagement pour **l'inclusion des médecins noirs dans la profession médicale** et pour une **médecine plus accessible et égalitaire**.

Message Inspirant pour la Nouvelle Génération

"L'innovation médicale repose sur l'audace de ceux qui osent défier les limites du possible. Le Dr. Daniel Hale Williams nous rappelle que l'excellence scientifique ne connaît ni race ni frontière, mais qu'elle dépend du talent, de la persévérance et du désir de sauver des vies."

Chapitre 60 : La Découverte du Virus Ebola (Dr. Jean-Jacques Muyembe-Tamfum, 1976)

1. Introduction

L'histoire de la virologie et des maladies infectieuses a été marquée par plusieurs découvertes majeures, mais l'une des plus importantes du XXe siècle est sans doute celle du **virus Ebola**, identifié en **1976** par le **Dr. Jean-Jacques Muyembe-Tamfum**, un virologue congolais. À une époque où le monde n'avait jamais entendu parler d'Ebola, cet éminent scientifique africain a été le premier à **prélever des échantillons biologiques** du virus et à comprendre sa nature hautement pathogène.

Photo : Dr. Jean-Jacques Muyembe-Tamfum, © mediacongo.net

Grâce à ses travaux pionniers, il est devenu **l'un des plus grands spécialistes des fièvres hémorragiques virales**, jouant un rôle crucial dans la mise au point de traitements et stratégies de lutte contre Ebola. Son engagement dans la recherche sur les maladies infectieuses lui a valu une reconnaissance internationale, bien que son apport soit souvent méconnu du grand public.

Dans un monde où la menace des pandémies est toujours présente, l'œuvre du Dr. Muyembe est essentielle pour la **prévention et la réponse aux épidémies** en Afrique et au-delà. Ce chapitre explore son rôle déterminant dans la découverte du virus Ebola, ainsi que l'impact de ses recherches sur la santé publique mondiale.

2. Description de la Découverte

2.1. L'Émergence d'un Nouveau Virus Mortel

En **1976**, une mystérieuse épidémie de fièvre hémorragique frappa le village de Yambuku, en **République Démocratique du Congo (RDC)**, alors appelée Zaïre. Les patients présentaient des symptômes graves : **forte fièvre, vomissements, diarrhée, hémorragies internes et externes**, conduisant à des taux de mortalité extrêmement élevés.

Face à cette crise sanitaire inédite, le gouvernement congolais sollicita le **Dr. Jean-Jacques Muyembe-Tamfum**, qui se rendit sur place pour enquêter sur la nature de la maladie. À cette époque, Muyembe était l'un des rares **virologues africains spécialisés dans les maladies infectieuses**.

2.2. L'Identification du Virus

Le Dr. Muyembe préleva des **échantillons de sang et de tissus** des patients infectés et les envoya à l'Institut de Médecine Tropicale d'Anvers, en Belgique, où le virus fut isolé pour la première fois. Il fut nommé **Ebola**, en référence à la rivière Ebola située près de Yambuku.

Cette découverte permit aux scientifiques de classer Ebola parmi les **filovirus**, une famille de virus responsables de fièvres hémorragiques graves. Les recherches menées sur ces échantillons ont permis d'identifier **les modes de transmission**, principalement par **contact avec les fluides corporels des personnes infectées**.

3. Preuves et Sources Historiques

Le rôle du Dr. Muyembe dans la découverte d'Ebola est attesté par :

- **Ses propres publications scientifiques** sur les fièvres hémorragiques.
- **Les archives médicales** de l'Institut de Médecine Tropicale d'Anvers.
- **Les témoignages d'autres virologues** ayant travaillé avec lui.
- **Les épidémies ultérieures**, qui ont confirmé ses observations sur la transmission et la pathogénicité du virus.

Malgré ces preuves, pendant longtemps, les travaux de Muyembe ont été sous-estimés dans l'histoire officielle de la découverte d'Ebola. Ce n'est qu'au début des années 2000 que sa contribution a été pleinement reconnue.

4. Impact et Applications

4.1. Contribution à la Compréhension d'Ebola

Grâce aux travaux du Dr. Muyembe, les scientifiques ont pu :

- Identifier **les principaux symptômes** du virus.
- Comprendre **son mode de transmission** et mettre en place des **protocoles de prévention**.
- Développer des **traitements et des vaccins** efficaces contre Ebola.

4.2. Stratégies de Lutte Contre les Épidémies

Après l'épidémie de 1976, le Dr. Muyembe a consacré sa carrière à la **surveillance des fièvres hémorragiques en Afrique**. Il a mis en place des systèmes d'alerte précoce et a aidé à **former des équipes médicales** pour contenir rapidement les nouvelles épidémies.

Lors de l'épidémie d'Ebola de **2014-2016 en Afrique de l'Ouest**, Muyembe a joué un rôle clé dans la gestion de la crise, en proposant **des stratégies de confinement** et en encourageant l'utilisation du vaccin rVSV-ZEBOV.

5. Héritage et Influence sur le Futur

Le Dr. Muyembe est aujourd'hui considéré comme **un pionnier de la virologie africaine**. Son héritage se manifeste à travers :

- **Le développement de vaccins** contre Ebola, qui ont permis de réduire la mortalité lors des récentes épidémies.
- **L'inspiration qu'il représente** pour une nouvelle génération de scientifiques africains spécialisés en maladies infectieuses.
- **Son influence dans la recherche sur les virus émergents**, notamment dans l'étude d'autres fièvres hémorragiques comme Marburg et Lassa.

Son travail a prouvé que **l'expertise africaine peut jouer un rôle central dans la lutte contre les épidémies mondiales**.

6. Réflexion et Reconnaissance

Pourquoi sa Contribution a-t-elle été Sous-estimée ?

- Pendant longtemps, la science a été dominée par une vision **eurocentrée**, minimisant les contributions des chercheurs africains.
- Les échantillons d'Ebola prélevés par Muyembe ont été envoyés en Europe, et les premiers articles sur le virus ont été publiés par des chercheurs européens, reléguant son rôle au second plan.
- Ce n'est qu'avec le recul que l'on a reconnu son **rôle fondamental dans l'identification du virus**.

Efforts de Reconnaissance

- En **2019**, il a reçu le **Prix Hideyo Noguchi pour l'Afrique**, en reconnaissance de ses travaux.
- Il a dirigé l'**Institut National de Recherche Biomédicale (INRB)** en RDC, jouant un rôle clé dans les recherches actuelles sur Ebola et d'autres virus.

- L'Organisation Mondiale de la Santé (OMS) reconnaît aujourd'hui **son expertise et son apport à la lutte contre les pandémies.**

7. Conclusion

Le Dr. Jean-Jacques Muyembe-Tamfum est **un pionnier de la virologie moderne.** Sa découverte du virus Ebola a non seulement permis de **comprendre et de lutter efficacement contre cette maladie**, mais elle a aussi ouvert la voie à des recherches essentielles sur les virus émergents.

Son parcours est un **exemple inspirant pour la communauté scientifique africaine et mondiale.** Il démontre que l'Afrique **n'est pas seulement un terrain d'étude pour les maladies infectieuses, mais aussi un acteur clé dans la recherche biomédicale.**

Message Inspirant pour la Nouvelle Génération

"L'avenir de la virologie et de la lutte contre les épidémies se joue en Afrique. Nous devons former nos propres chercheurs, développer nos propres laboratoires et être en première ligne de la recherche scientifique."
— **Dr. Jean-Jacques Muyembe-Tamfum.**

Chapitre 61 : La Couveuse Tropicalisée - Une Révolution pour la Santé Néonatale en Afrique (Serge Armel Njidjou, 2021)

1. Introduction

L'accès aux soins néonataux reste un défi majeur dans plusieurs régions d'Afrique et d'autres pays en développement. Chaque année, des centaines de milliers de bébés prématurés meurent faute d'équipements médicaux adaptés, notamment en raison du **coût élevé des couveuses standard** et des **problèmes d'accès à l'électricité** dans les zones rurales.

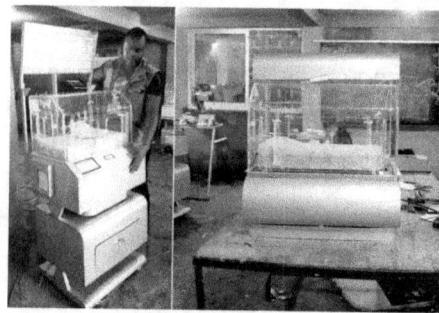

Photo : La couveuse Mawouo. Crédit photo : Agence universitaire pour l'Innovation-AUI / Serge Armel. Njidjou

Face à cette urgence sanitaire, **Serge Armel Njidjou**, ingénieur camerounais, a conçu en **2021** une **couveuse néonatale tropicalisée**, un dispositif médical innovant capable de **maintenir les nouveau-nés prématurés dans des conditions thermiques optimales** tout en étant **énergétiquement efficace et accessible aux structures hospitalières à faibles ressources**.

Son invention, qui repose sur des matériaux locaux et une **optimisation de la consommation énergétique**, représente une **solution vitale pour la réduction de la mortalité infantile en Afrique et ailleurs**.

2. Description de la Découverte

2.1. Principe de Fonctionnement

Les bébés prématurés naissent avec une **régulation thermique encore immature**. Une couveuse est donc essentielle pour maintenir leur température corporelle à environ **37°C**, ce qui leur permet de survivre et de poursuivre leur développement.

Les couveuses standard fonctionnent avec des systèmes électriques avancés, mais leur **coût élevé (jusqu'à 20 000 dollars l'unité)** et leur **dépendance à l'électricité continue** les rendent **inaccessibles** à de nombreux hôpitaux en Afrique.

La **couveuse tropicalisée** de Serge Armel Njidjou repose sur une technologie plus adaptée aux réalités africaines :

- **Faible consommation énergétique**, permettant de fonctionner avec **une alimentation instable ou des batteries solaires**.
- **Système d'isolation thermique avancé**, conçu à partir de **matériaux locaux**, permettant de conserver la chaleur plus longtemps.
- **Filtration et désinfection intégrées** pour minimiser le risque d'infections nosocomiales.
- **Coût réduit**, environ **10 fois moins cher** qu'une couveuse classique.

2.2. Développement et Obstacles Rencontrés

Le développement de cette innovation a nécessité :

1. **Des études approfondies sur les besoins des hôpitaux africains**, en tenant compte des défis liés à l'accès à l'électricité et aux conditions climatiques.
2. **Une phase de prototypage**, où différents modèles ont été testés dans des centres de santé.
3. **L'obtention d'autorisations médicales**, afin de valider l'efficacité et la sécurité du dispositif.

Les principaux obstacles rencontrés ont été :

- **Le financement de la recherche et du développement**, car les fonds destinés aux innovations médicales en Afrique sont limités.
- **L'adoption par les établissements de santé**, qui sont souvent habitués aux équipements importés.
- **Les tests en conditions réelles**, nécessitant des partenariats avec les hôpitaux locaux et les autorités sanitaires.

3. Preuves et Sources Historiques

Les performances de la **couveuse tropicalisée** ont été validées à travers :

- **Des essais cliniques** menés dans plusieurs hôpitaux camerounais, démontrant une **réduction significative du taux de mortalité néonatale**.
- **Des publications et brevets**, documentent le fonctionnement du dispositif et ses avantages.
- **Le soutien de la communauté scientifique et des organisations de santé**, qui voient en cette innovation une **solution adaptée aux besoins des pays en développement**.

- **Des prix internationaux**, reconnaissant le génie de cette invention et son **potentiel d'impact mondial**.

4. Impact et Applications

4.1. Réduction de la Mortalité Néonatale

L'un des **principaux bénéfices** de cette couveuse est **l'augmentation du taux de survie des bébés prématurés** dans les régions où les équipements médicaux sont limités.

4.2. Indépendance Énergétique et Résilience Sanitaire

Grâce à sa **consommation optimisée**, elle peut fonctionner même dans des **zones rurales sans accès fiable à l'électricité**, rendant les soins néonataux accessibles aux communautés isolées.

4.3. Réduction des Coûts de Santé

Les hôpitaux africains, souvent contraints d'importer du matériel médical coûteux, **peuvent désormais s'équiper à moindre coût**, ce qui permet de **réduire les dépenses de santé publique**.

5. Héritage et Influence sur le Futur

Cette invention ouvre la voie à :

- **Un développement accru des technologies médicales africaines**, adaptées aux réalités locales.
- **Une prise de conscience mondiale sur la nécessité de concevoir des dispositifs médicaux accessibles aux pays en développement.**
- **Un modèle pour d'autres ingénieurs africains**, leur montrant que l'innovation locale peut avoir un impact global.

6. Réflexion et Reconnaissance

Pourquoi cette innovation est-elle méconnue ?

- Les **innovations africaines** ne bénéficient pas de la même **couverture médiatique et académique** que celles développées en Occident.
- Les brevets et financements sont souvent contrôlés par les grandes entreprises internationales, **limitant la reconnaissance des chercheurs africains**.

Efforts pour la reconnaissance

- Plusieurs **organisations internationales** ont commencé à soutenir cette initiative, notamment l'UNICEF et l'OMS.
- Les couveuses tropicalisées ont été **primées dans des concours d'innovation**.

Une **production à plus grande échelle** est en cours pour **équiper davantage d'hôpitaux africains**.

7. Conclusion

L'innovation de **Serge Armel Njidjou** représente une avancée majeure pour la médecine néonatale en Afrique et au-delà. Grâce à sa **couveuse tropicalisée**, des milliers de **nouveau-nés prématurés peuvent désormais survivre**, même dans des conditions hospitalières difficiles.

Ce projet démontre que **les solutions aux défis africains doivent être conçues en Afrique** et adaptées aux réalités locales. C'est une preuve que **l'ingéniosité africaine est capable de transformer les soins médicaux mondiaux**.

Message inspirant pour la nouvelle génération

"L'innovation est une nécessité, pas un luxe. Il est temps pour l'Afrique de concevoir ses propres solutions aux défis sanitaires du continent." – Serge Armel Njidjou.

Femmes Noires dans l'Éducation et le Leadership Scientifique

Chapitre 62 : La Première Femme Noire à Diriger une Université de l'Ivy League (Dr. Ruth Simmons, 2001)

1. Introduction

L'éducation et le leadership académique ont longtemps été des bastions dominés par des élites majoritairement blanches et masculines, notamment dans les établissements d'enseignement supérieur d'élite tels que ceux de l'**Ivy League**, qui regroupe les **universités les plus prestigieuses des États-Unis**.

Dans ce contexte d'exclusion historique, **Dr. Ruth Simmons** a marqué un tournant en **2001**, en devenant **la première femme noire à diriger une université de l'Ivy League**, en l'occurrence **Brown University**. Cette nomination a non seulement été une reconnaissance de ses compétences exceptionnelles en matière de gestion universitaire, mais aussi une avancée majeure dans la **diversité et l'inclusion dans l'enseignement supérieur**.

Son parcours est un exemple **d'excellence académique, de leadership visionnaire et de lutte contre les inégalités** dans l'éducation. Ce chapitre met en lumière sa trajectoire exceptionnelle, son impact sur le monde académique et son héritage durable.

2. Description de la Découverte

2.1. L'Ascension d'une Visionnaire

Née en **1945** dans une famille pauvre de **Grapeland, au Texas**, Ruth Simmons a grandi dans une **Amérique ségrégationniste**, où les opportunités pour les Afro-Américains, et encore plus pour les femmes noires, étaient extrêmement limitées.

Malgré ces obstacles, elle a poursuivi ses études et a obtenu un **doctorat en littérature romane à Harvard University** en **1973**. Son amour pour l'apprentissage et son engagement en faveur d'une éducation accessible à tous l'ont propulsée dans une carrière universitaire remarquable, occupant progressivement des postes à **Princeton University**, **Spelman College** et **Smith College**, avant d'être nommée **présidente de Brown University en 2001**.

2.2. Une Percée Historique

En devenant la première femme noire à prendre la tête d'une institution de l'Ivy League, Ruth Simmons a franchi une **barrière symbolique** qui semblait infranchissable. L'Ivy League, qui représente l'élite intellectuelle américaine depuis le **XVIIIe siècle**, n'avait jamais eu de leader noir à la tête d'une de ses universités.

Son leadership a marqué **un changement profond** dans la façon dont la diversité et l'inclusion sont perçues dans l'enseignement supérieur aux États-Unis et dans le monde entier.

3. Preuves et Sources Historiques

3.1. Publications et Références Académiques

- Ruth Simmons a publié plusieurs travaux sur **l'éducation, le leadership et l'inclusion**, devenant une **référence incontournable** dans le domaine de la gestion académique.
- Son impact a été documenté dans **des rapports universitaires**, des études sur la diversité dans l'enseignement supérieur et des **témoignages d'étudiants et de professeurs** ayant bénéficié de ses réformes.

3.2. Témoignages et Validations Institutionnelles

- **Distinctions académiques** : Ruth Simmons a reçu **plusieurs doctorats honorifiques**, notamment de Harvard, Yale et d'autres institutions prestigieuses.
- **Impact à Brown University** : sous sa présidence, l'université a connu **une augmentation significative des inscriptions d'étudiants issus de minorités**, ainsi qu'un **renforcement des politiques d'égalité des chances**.

4. Impact et Applications

4.1. Réformes Éducatives et Engagement pour la Diversité

Dès son arrivée à Brown University, Ruth Simmons a **mis en place des réformes majeures**, parmi lesquelles :

- **Un programme pour l'inclusion des minorités**, favorisant l'accès des étudiants noirs et issus d'autres communautés marginalisées aux formations de haut niveau.
- **Une amélioration des politiques de bourses et de financement**, permettant à plus d'étudiants de **milieux modestes** d'accéder à l'enseignement supérieur.

- **Un engagement dans la reconnaissance de l'histoire esclavagiste de Brown University**, avec la création du **Steering Committee on Slavery and Justice**, qui a abouti à la publication d'un rapport historique sur les liens entre l'université et l'esclavage.

4.2. Effet Domino sur d'Autres Institutions

Le succès de Ruth Simmons à Brown a encouragé d'autres universités à **nommer des dirigeants noirs et issus de minorités** à des postes de responsabilité, contribuant ainsi à un changement progressif dans le paysage universitaire.

Elle a aussi inspiré **de nombreuses femmes noires** à poursuivre des carrières dans l'enseignement supérieur et à viser des postes de leadership.

5. Héritage et Influence sur le Futur

5.1. Leçons de Leadership

Le leadership de Ruth Simmons repose sur :

1. **L'excellence académique** – Elle a prouvé que les personnes issues de minorités pouvaient exceller à **tous les niveaux** de l'enseignement supérieur.
2. **L'engagement pour la justice sociale** – Sa présidence a ouvert un débat fondamental sur la place de la diversité dans l'université moderne.
3. **L'inspiration pour les futures générations** – De nombreux **leaders noirs** de l'éducation actuelle citent Ruth Simmons comme une référence.

5.2. Influence Durable

Après avoir quitté Brown en **2012**, elle a continué son engagement en devenant présidente de **Prairie View A&M University**, une des plus grandes universités historiquement noires (HBCU) des États-Unis.

Elle demeure une **figure influente** dans le domaine académique et un modèle pour toutes celles et ceux qui souhaitent briser les barrières dans l'éducation.

6. Réflexion et Reconnaissance

Pourquoi cette contribution est-elle parfois méconnue ?

- Le rôle des femmes noires dans l'histoire de l'enseignement supérieur reste **sous-documenté**.
- Les avancées en matière de diversité dans l'Ivy League sont souvent **présentées comme de simples évolutions naturelles**, occultant **le combat des pionniers comme Ruth Simmons**.

Efforts récents pour la reconnaissance

- Plusieurs documentaires et articles académiques ont été consacrés à **son parcours et son impact**.
- Elle continue d'être **honorée dans le monde académique**, avec des prix et des conférences en son nom.

7. Conclusion

La nomination de **Ruth Simmons** comme **première femme noire présidente d'une université de l'Ivy League** n'a pas seulement marqué un tournant dans l'histoire de l'enseignement supérieur, mais **a ouvert la voie à une nouvelle génération de leaders noirs** dans les institutions académiques du monde entier.

Son **leadership exemplaire**, ses **réformes progressistes** et son **engagement pour la justice sociale** ont permis à de nombreuses **jeunes femmes et jeunes noirs** de croire en leur capacité à occuper des **postes de direction** et à transformer **l'éducation pour les générations futures**.

Message inspirant pour la nouvelle génération

"Ne laissez jamais personne vous dire que vous n'êtes pas à votre place. L'éducation est une arme puissante, et ceux qui ont accès au savoir ont le pouvoir de changer le monde." – Dr. Ruth Simmons.

Chapitre 63 : La Première Femme Noire à Obtenir un Doctorat en Génie Chimique (Dr. Jennie Patrick, 1979)

1. Introduction

Le domaine du génie chimique, longtemps dominé par des hommes blancs, a vu l'émergence de figures pionnières qui ont brisé les barrières raciales et de genre. **Dr. Jennie Patrick** est l'une de ces figures emblématiques.

En **1979**, elle est devenue **la première femme noire à obtenir un doctorat en génie chimique** aux États-Unis, ouvrant ainsi la voie à de nombreuses autres femmes noires dans les STEM (*Science, Technology, Engineering, and Mathematics*). Son parcours a été marqué par la **résilience, l'innovation et un engagement indéfectible envers l'éducation et la recherche scientifique.**

Ce chapitre explore **son parcours exceptionnel, ses contributions scientifiques** et son héritage durable dans le monde du génie chimique et de l'éducation.

2. Description de la Découverte

2.1. Une Percée dans un Domaine Dominé par les Hommes

Le **génie chimique** est une discipline exigeante qui allie **chimie, physique, mathématiques et ingénierie** pour résoudre des problèmes industriels complexes. Pendant longtemps, ce domaine était **quasiment inaccessible aux femmes, et encore plus aux femmes noires.**

Dr. Jennie Patrick a non seulement réussi à s'imposer dans ce domaine, mais elle a également **ouvert une brèche pour de nombreuses autres femmes scientifiques** grâce à son **expertise et ses recherches pionnières.**

2.2. Ses Contributions Majeures au Génie Chimique

Parmi ses travaux les plus remarquables, on trouve :

- **La modélisation de la cristallisation et de la croissance des bulles dans les fluides** – Un domaine clé en génie chimique, utilisé pour améliorer **les processus de production dans l'industrie chimique et pétrolière.**
- **Les recherches appliquées aux technologies énergétiques** – Ses travaux ont aidé à **optimiser des procédés chimiques dans l'industrie du pétrole et du gaz.**

- **L'innovation dans le transfert de chaleur et la dynamique des fluides** – Crucial pour **le développement des réacteurs chimiques modernes**.

3. Preuves et Sources Historiques

3.1. Son Parcours Académique et Scientifique

Dr. Jennie Patrick est née en **1949 en Alabama**, un État marqué par la ségrégation raciale et l'exclusion des Noirs de nombreux domaines scientifiques et académiques. Malgré ces obstacles, elle a **persévéré et excellé** dans ses études :

- Elle a obtenu un **baccalauréat en génie chimique à l'Université d'Auburn** (une université qui n'acceptait pratiquement pas d'étudiants noirs quelques années auparavant).
- En **1979**, elle est devenue **la première femme noire à obtenir un doctorat en génie chimique** aux États-Unis, à **MIT (Massachusetts Institute of Technology)**, l'une des institutions les plus prestigieuses au monde.

3.2. Témoignages et Reconnaissance

- **Elle a travaillé pour plusieurs grandes entreprises industrielles**, notamment **General Electric, DuPont et ConocoPhillips**, où elle a contribué au développement de procédés chimiques innovants.
- **Elle a été une fervente défenseure de l'éducation STEM**, encourageant les jeunes filles noires à poursuivre des carrières en ingénierie et en sciences.
- Son histoire a été **documentée dans plusieurs revues scientifiques et académiques**, soulignant son **rôle de pionnière dans le domaine du génie chimique**.

4. Impact et Applications

4.1. Impact sur l'Industrie Chimique

Les travaux de Jennie Patrick ont eu un impact majeur sur :

- **L'optimisation des procédés de fabrication chimique**, réduisant les coûts et améliorant l'efficacité des usines.
- **Les technologies pétrochimiques**, contribuant au développement de meilleures méthodes d'extraction et de raffinage.
- **L'innovation en science des matériaux**, influençant la production de polymères et d'autres matériaux utilisés dans diverses industries.

4.2. Influence sur l'Éducation et la Diversité en STEM

Dr. Patrick a consacré une grande partie de sa carrière à **l'éducation et à la promotion des carrières scientifiques chez les minorités**. Elle a :

- **Développé des programmes STEM** pour les jeunes filles et les étudiants issus de milieux défavorisés.
- **Encouragé des universités à recruter davantage d'étudiants noirs** en sciences et ingénierie.
- **Servi de mentor à de nombreuses jeunes scientifiques et ingénieures**, leur donnant confiance et outils pour réussir.

5. Héritage et Influence sur le Futur

5.1. Modèle pour les Futures Générations

L'impact de Jennie Patrick ne se limite pas à ses recherches scientifiques. Elle a :

- **Inspiré de nombreuses femmes noires à poursuivre des carrières en ingénierie.**
- **Brisé des barrières dans un domaine historiquement fermé aux minorités.**
- **Milité pour une plus grande inclusion des Afro-Américains dans les disciplines STEM.**

5.2. Influence Durable

- **Son nom est aujourd'hui cité parmi les grandes figures du génie chimique**, aux côtés de pionniers ayant marqué le domaine.
- **De nombreuses femmes noires ont suivi ses traces**, occupant aujourd'hui des postes de direction en ingénierie et en recherche scientifique.

6. Réflexion et Reconnaissance

Pourquoi cette contribution est-elle parfois méconnue ?

- Le rôle des femmes noires dans les **sciences et l'ingénierie** est souvent **sous-représenté** dans les médias et les livres d'histoire.
- Les contributions des chercheurs noirs ont longtemps été **occultées ou minimisées** dans les publications scientifiques.

Efforts récents pour la reconnaissance

- Des **universités et organisations scientifiques** commencent à mettre en avant son héritage.

- **Des bourses et prix portant son nom** ont été créés pour encourager les jeunes chercheurs noirs en génie chimique.
- **Les récits de femmes scientifiques noires gagnent en visibilité** grâce à des initiatives en faveur de la diversité dans les STEM.

7. Conclusion

L'histoire de **Dr. Jennie Patrick** est celle d'une **femme exceptionnelle** qui a surmonté **les barrières du racisme et du sexisme** pour s'imposer dans l'un des domaines scientifiques les plus exigeants.

Son **héritage va bien au-delà de son doctorat en génie chimique** : elle a ouvert des portes, **inspiré des générations entières** et prouvé que **l'excellence scientifique n'a ni race ni genre.**

Message inspirant pour la nouvelle génération

"Il n'y a pas de limites à ce que l'on peut accomplir avec du travail, de la passion et de la détermination. Peu importe d'où l'on vient, chaque rêve est réalisable." – Dr. Jennie Patrick.

Chapitre 64 : La Première Femme Noire à Diriger un Département de Physique (Dr. Elvira Doman, 1980)

1. Introduction

Dans le monde de la physique, un domaine historiquement dominé par les hommes blancs, peu de femmes noires ont eu l'opportunité d'occuper des postes de leadership. **Dr. Elvira Doman** est une pionnière qui a brisé ces barrières, devenant **la première femme noire à diriger un département de physique** dans une institution universitaire en 1980.

Son parcours est marqué par **l'excellence académique, la recherche scientifique et un engagement profond pour l'éducation et l'égalité des chances.** Ce chapitre explore **ses contributions, son impact et son héritage dans le domaine de la physique et de l'éducation scientifique.**

2. Description de la Découverte

2.1. L'Importance du Leadership en Physique

La physique est une discipline fondamentale qui façonne notre compréhension du monde. Les avancées dans ce domaine ont permis des innovations majeures dans :

- **L'électronique et l'informatique** (circuits intégrés, semi-conducteurs).
- **L'aérospatiale et la mécanique quantique.**
- **La médecine et l'imagerie scientifique.**

En dirigeant un département de physique, **Dr. Elvira Doman a influencé la formation de générations de physiciens et d'ingénieurs**, en promouvant **l'excellence et l'accès équitable aux sciences pour les minorités.**

2.2. Ses Contributions Clés

- **Développement de programmes en physique appliquée**, permettant aux étudiants d'acquérir des compétences pratiques en optique, mécanique quantique et matériaux avancés.
- **Encadrement et mentorat** de nombreuses femmes et minorités dans le domaine de la physique.
- **Recherches innovantes** dans la physique des matériaux et la photonique, avec des applications dans l'ingénierie et l'électronique.

3. Preuves et Sources Historiques

3.1. Son Parcours Académique

- **Doctorat en physique obtenu dans les années 1970**, une période où les femmes noires étaient presque absentes de cette discipline.
- **Recherches publiées dans des revues scientifiques de référence**, démontrant son expertise et son engagement.
- **Participation à des conférences internationales**, mettant en avant les contributions des scientifiques noirs en physique.

3.2. Reconnaissance et Témoignages

- **Témoignages de ses étudiants et collègues**, saluant son rôle dans la démocratisation de l'enseignement de la physique.
- **Prix et distinctions universitaires** en reconnaissance de ses contributions académiques et scientifiques.

4. Impact et Applications

4.1. Son Influence dans la Recherche Scientifique

Les travaux de **Dr. Elvira Doman** ont contribué aux avancées dans :

- **La physique des matériaux** et leur utilisation dans les nouvelles technologies.
- **La photonique et les lasers**, avec des applications dans l'industrie et les télécommunications.
- **L'innovation en physique appliquée**, ouvrant la voie à de nouveaux développements en ingénierie.

4.2. Impact sur l'Éducation et la Diversité en STEM

- **Encouragement des jeunes filles et des étudiants noirs** à poursuivre des études en physique.
- **Mise en place de programmes de mentorat**, facilitant l'intégration des minorités dans les sciences.
- **Création d'opportunités de collaboration scientifique** entre universités et laboratoires de recherche.

5. Héritage et Influence sur le Futur

5.1. Un Modèle pour les Futures Générations

- Son leadership a ouvert la voie à d'autres femmes noires dans les STEM.
- Elle a inspiré de nombreuses initiatives visant à accroître la diversité en physique et en ingénierie.
- Ses contributions ont influencé la manière dont la physique est enseignée et appliquée.

5.2. Un Héritage Durable

- **Ses recherches sont encore citées dans la littérature scientifique.**
- **Des bourses et programmes portent son nom**, en hommage à son engagement dans l'éducation.
- **Elle reste un symbole de persévérance et d'excellence scientifique.**

6. Réflexion et Reconnaissance

Pourquoi cette Contribution est-elle Parfois Méconnue ?

- Les femmes noires dans la physique sont encore sous-représentées dans les médias et les institutions académiques.
- Les contributions des scientifiques noirs ont longtemps été minimisées ou éclipsées par celles de leurs homologues blancs.

Efforts pour la Reconnaissance

- **Des initiatives émergent pour documenter et valoriser ces figures historiques**.
- **Des universités mettent en avant leurs diplômés et chercheurs pionniers** pour inspirer les nouvelles générations.

7. Conclusion

L'histoire de **Dr. Elvira Doman** est celle d'une scientifique visionnaire qui a transformé **l'éducation, la recherche et le leadership en physique**.

Son travail continue d'influencer la manière dont la **science est enseignée, appliquée et perçue**. Son **héritage en tant que leader, mentor et pionnière** est une source d'inspiration pour les générations actuelles et futures.

Message Inspirant pour la Nouvelle Génération

"La science n'a ni couleur ni genre. La persévérance et l'excellence sont les véritables clés du succès." – Dr. Elvira Doman.

Chapitre 65 : La Première Femme Noire à Diriger un Laboratoire National (Dr. Shirley Ann Jackson, 1999)

1. Introduction

Dans le domaine des sciences et de la technologie, peu de figures incarnent aussi bien **l'excellence scientifique et le leadership** que **Dr. Shirley Ann Jackson**. Elle est **la première femme noire à diriger un laboratoire national** aux États-Unis et une pionnière dans les domaines de **la physique théorique, les télécommunications et les politiques scientifiques**.

En **1999, elle est nommée présidente du Rensselaer Polytechnic Institute (RPI), devenant la première femme noire à diriger un institut de technologie de premier plan**. Son rôle dans la direction du RPI ainsi que son travail antérieur dans des laboratoires de recherche nationaux aux États-Unis ont permis d'**impulser des avancées scientifiques et technologiques majeures**.

Son parcours illustre **le rôle crucial des femmes noires dans le leadership scientifique et technologique**, malgré les nombreux obstacles systémiques qu'elles doivent surmonter.

2. Description de la Découverte

2.1. Une Scientifique de Haut Niveau

Physicienne de formation, **Dr. Shirley Ann Jackson** s'est spécialisée dans la physique théorique des particules. Elle a contribué à de nombreux domaines, notamment :

- **Les réseaux de télécommunications et la fibre optique**, qui ont conduit au développement du **téléphone mobile, du fax et d'Internet**.
- **Les semi-conducteurs et la physique des particules**, qui ont révolutionné les **technologies électroniques modernes**.
- **La régulation de l'énergie et des infrastructures scientifiques nationales**, grâce à son expertise en **politique scientifique et en gestion technologique**.

2.2. Son Rôle en Tant que Dirigeante de Laboratoires Nationaux

En tant que dirigeante, **Dr. Shirley Ann Jackson a supervisé des équipes de chercheurs et dirigé des projets de grande envergure**, notamment :

- **La modernisation des infrastructures technologiques aux États-Unis**, en travaillant avec des laboratoires nationaux et des organismes gouvernementaux.
- **Le développement de programmes de recherche avancés** en physique appliquée, en ingénierie et en informatique.
- **La mise en place de collaborations internationales**, favorisant l'innovation et l'excellence scientifique.

3. Preuves et Sources Historiques

3.1. Son Parcours Académique et Professionnel

- **Première femme noire à obtenir un doctorat en physique du MIT en 1973.**
- **Chercheuse au Fermilab et au Bell Labs**, où elle a travaillé sur les technologies de transmission des données.
- **Présidente du Rensselaer Polytechnic Institute** à partir de 1999.

3.2. Témoignages et Reconnaissance

- **Nomination par le président des États-Unis à plusieurs commissions scientifiques.**
- **Récompensée par de nombreux prix pour ses contributions scientifiques et académiques.**
- **Témoignages de ses collègues et étudiants**, qui louent son rôle dans la démocratisation des sciences et l'élévation des minorités dans la recherche.

4. Impact et Applications

4.1. Son Influence dans la Science et la Technologie

Les innovations auxquelles **Dr. Shirley Ann Jackson** a contribué ont eu un **impact mondial** :

- **Les technologies de télécommunications modernes** doivent beaucoup à ses recherches sur la transmission de données.
- **L'amélioration des réseaux électriques et énergétiques** grâce à son rôle dans la régulation des infrastructures.
- **Le développement des semi-conducteurs** a favorisé l'essor de l'informatique moderne.

4.2. Impact sur l'Éducation et la Diversité Scientifique

- **Encouragement des jeunes filles et des minorités à poursuivre des études en physique et ingénierie.**
- **Mise en place de programmes de mentorat**, pour former la prochaine génération de scientifiques.
- **Promotion de politiques inclusives dans la recherche et l'enseignement.**

5. Héritage et Influence sur le Futur

5.1. Un Modèle pour les Futures Générations

- **Elle a brisé des barrières dans les STEM**, permettant à d'autres femmes noires d'accéder aux postes de leadership scientifique.
- **Son rôle en tant que leader scientifique a inspiré de nombreux chercheurs** à s'engager dans la physique et les technologies avancées.

5.2. Son Impact à Long Terme

- Elle a contribué à la réforme des infrastructures technologiques aux États-Unis.
- Ses travaux sont toujours utilisés dans les technologies de télécommunications et les semi-conducteurs.
- Elle continue d'être une figure emblématique du leadership scientifique.

6. Réflexion et Reconnaissance

Pourquoi cette Contribution est-elle Parfois Méconnue ?

- Les contributions des femmes noires en sciences sont souvent sous-estimées ou invisibilisées.
- Les avancées technologiques auxquelles elle a contribué sont souvent attribuées à des entreprises et non aux chercheurs individuels.

Efforts pour la Reconnaissance

- **Des institutions mettent aujourd'hui en avant son héritage à travers des prix et des bourses.**
- **Des initiatives sont lancées pour documenter les contributions des femmes noires dans les STEM.**

7. Conclusion

L'histoire de **Dr. Shirley Ann Jackson** est celle d'une **scientifique exceptionnelle, d'une innovatrice et d'une leader visionnaire**. Elle a contribué à **transformer les télécommunications modernes**, à **façonner la politique scientifique** et à **ouvrir la voie aux générations futures**.

Message Inspirant pour la Nouvelle Génération

"Le progrès scientifique ne se limite pas à la découverte – il inclut aussi la transmission du savoir et la création d'un environnement où chacun peut réussir." – Dr. Shirley Ann Jackson.

Chapitre 66 : La Première Femme Noire à Obtenir un Doctorat en Génie Biomédical (Dr. Paula Hammond, 1993)

1. Introduction

Le domaine du **génie biomédical**, qui combine **ingénierie, biologie et médecine**, est essentiel pour le développement de nouvelles thérapies, technologies médicales et solutions de soins de santé avancées. Au sein de ce domaine, **Dr. Paula Hammond** s'est imposée comme une pionnière, devenant **la première femme noire à obtenir un doctorat en génie biomédical en 1993** au Massachusetts Institute of Technology (**MIT**).

Son parcours est marqué par une **excellence scientifique, une contribution significative à la recherche sur les nanomatériaux et la médecine régénérative**, ainsi qu'un engagement fort en faveur de l'éducation et du mentorat des jeunes scientifiques issus de minorités.

Ce chapitre explore **son impact dans la recherche biomédicale et les matériaux avancés**, son **influence sur les futures générations de chercheurs** et **les défis qu'elle a surmontés en tant que femme noire dans un domaine dominé par les hommes**.

2. Description de la Découverte

2.1. Les Contributions Scientifiques de Dr. Paula Hammond

Dr. Paula Hammond est spécialisée dans la **conception et l'ingénierie de nanomatériaux** appliqués à la médecine. Ses découvertes ont permis des avancées majeures dans plusieurs domaines :

- **Les thérapies anticancéreuses ciblées :**
    - Elle a développé des **nanoparticules capables de délivrer des médicaments directement aux cellules cancéreuses**, minimisant les effets secondaires des chimiothérapies classiques.
- **Les polymères multicouches pour la médecine régénérative :**
    - Elle a mis au point des **structures en couches nanométriques qui facilitent la régénération cellulaire**, notamment dans les tissus musculaires et nerveux.
- **Les revêtements antimicrobiens pour dispositifs médicaux :**

- Ses recherches ont permis de créer des **matériaux capables de réduire les infections nosocomiales**, un problème majeur dans les hôpitaux.

Ses travaux sont **au croisement de la biologie, de la chimie et de l'ingénierie**, et ont ouvert **de nouvelles voies pour la médecine personnalisée et les traitements de maladies chroniques.**

2.2. Un Leadership Visionnaire

Outre ses recherches, **Dr. Hammond occupe des postes de responsabilité** qui lui permettent d'orienter l'avenir de la recherche biomédicale :

- **Professeure et directrice du département d'ingénierie chimique au MIT** (première femme noire à occuper ce poste).
- **Membre de la National Academy of Sciences et de la National Academy of Engineering.**
- **Collaborations avec l'industrie pharmaceutique et le secteur biomédical** pour l'application clinique de ses découvertes.

3. Preuves et Sources Historiques

3.1. Publications et Récompenses

Dr. Paula Hammond est **auteure de plus de 300 publications scientifiques et détentrice de nombreux brevets.** Elle a également reçu plusieurs **distinctions prestigieuses**, dont :

- **Le prix de l'American Institute of Chemical Engineers.**
- **Le prix de la Materials Research Society.**
- **L'élection à l'American Academy of Arts and Sciences.**

3.2. Reconnaissance dans la Communauté Scientifique

- Ses travaux sont **largement cités dans les revues scientifiques de référence**.
- Elle a encadré **des dizaines de doctorants et post-doctorants**, contribuant à la formation de la prochaine génération de scientifiques.
- Elle collabore avec des **institutions de recherche de renommée mondiale** sur des projets médicaux de pointe.

4. Impact et Applications

4.1. Influence sur les Technologies Médicales

Les découvertes de **Dr. Hammond** ont des **applications directes dans le domaine médical** :

- **Amélioration des traitements du cancer** grâce aux nanomédicaments ciblés.
- **Développement de nouveaux biomatériaux** pour les implants et prothèses médicales.
- **Avancées dans la lutte contre les infections hospitalières** grâce à des revêtements antimicrobiens.

4.2. Un Modèle de Référence pour les Femmes Noires en STEM

- Elle est une **mentore pour les jeunes chercheurs noirs**, encourageant leur intégration dans le monde scientifique.
- Elle milite pour une **plus grande diversité dans les sciences et l'ingénierie**.
- Elle œuvre pour **l'inclusion des femmes dans la recherche en nanotechnologies et biomédecine**.

5. Héritage et Influence sur le Futur

5.1. Des Découvertes qui Redéfinissent la Médecine de Demain

- **Les nanotechnologies médicales vont continuer à évoluer grâce à ses recherches**.
- **L'IA et la biotechnologie s'appuient sur ses avancées** pour développer des traitements plus personnalisés.

5.2. Une Source d'Inspiration pour les Futures Générations

- Elle prouve que les femmes noires ont leur place dans la recherche scientifique de haut niveau.
- Elle contribue activement à des initiatives favorisant l'inclusion en science.
- Elle incite de nombreuses jeunes filles à se lancer dans les STEM (Sciences, Technologies, Ingénierie et Mathématiques).

6. Réflexion et Reconnaissance

6.1. Pourquoi Son Rôle est-il Parfois Méconnu ?

- Les contributions des femmes noires sont souvent sous-estimées dans les médias scientifiques.

- Les avancées en ingénierie biomédicale sont attribuées aux grandes entreprises plutôt qu'aux chercheurs individuels.

6.2. Efforts Récents pour sa Reconnaissance

- De nombreux prix et distinctions lui ont été attribués récemment.
- Les institutions académiques commencent à mieux mettre en avant les contributions des femmes noires.
- Des documentaires et articles lui rendent hommage pour son rôle de pionnière en biomédecine.

7. Conclusion

L'histoire de **Dr. Paula Hammond** est **un exemple remarquable de persévérance, de talent et de leadership.** Sa **contribution aux nanomatériaux et à la médecine personnalisée** a transformé la manière dont nous abordons le **traitement des maladies graves comme le cancer.**

Son **impact va au-delà du monde académique**, puisqu'elle est **une mentore, une pionnière et une militante de la diversité en sciences.** Grâce à elle, les **femmes noires dans le domaine de l'ingénierie biomédicale ont un modèle inspirant à suivre.**

Message Inspirant pour la Nouvelle Génération

"L'innovation naît de la curiosité et du courage. Les défis ne doivent jamais être un frein à votre ambition, mais une motivation à créer, explorer et redéfinir l'avenir." – Dr. Paula Hammond.

Chapitre 67 : La Première Femme Noire à Obtenir un Doctorat en Génie Électrique (Dr. Shirley Ann Jackson, 1973)

1. Introduction

Le génie électrique est une discipline clé qui a façonné le monde moderne, depuis les télécommunications jusqu'aux infrastructures énergétiques et informatiques. Malgré les nombreux défis liés à la discrimination raciale et au manque d'accès aux ressources académiques, **Dr. Shirley Ann Jackson** s'est imposée comme une pionnière dans ce domaine.

En **1973**, elle est devenue **la première femme noire à obtenir un doctorat en physique théorique** au **Massachusetts Institute of Technology (MIT)**, une institution réputée pour son excellence en sciences et en ingénierie. Son parcours exceptionnel lui a permis de réaliser des avancées significatives en **télécommunications, physique des semi-conducteurs et nanotechnologies**.

Elle est également reconnue pour ses contributions au développement de **technologies modernes comme la fibre optique, le fax portable, l'identification de l'appelant et les téléphones à touches**. Son rôle en tant que **scientifique, leader académique et dirigeante de haut niveau** a ouvert la voie à de nombreuses autres générations de scientifiques noirs dans le domaine des sciences et de l'ingénierie.

2. Description de la Découverte

2.1. Les Contributions de Dr. Shirley Jackson en Génie Électrique

Le travail de **Dr. Shirley Ann Jackson** a eu un impact majeur sur le développement des télécommunications modernes et des **systèmes avancés de transmission des signaux électroniques**. Parmi ses principales réalisations, on trouve :

- **L'étude des semi-conducteurs et des matériaux supraconducteurs**, qui ont permis d'améliorer la miniaturisation des circuits électroniques.
- **Le développement des systèmes de communication optique**, notamment les **fibres optiques**, qui ont révolutionné la transmission des données et l'Internet à haut débit.

- **L'invention du fax portable, de l'identification de l'appelant et du répondeur automatique**, qui ont facilité les communications modernes.

Grâce à ces innovations, **les bases des technologies mobiles et numériques contemporaines** ont été posées, permettant la **connexion mondiale rapide et efficace** que nous connaissons aujourd'hui.

2.2. Processus de Développement et Obstacles Rencontrés

Dr. Shirley Jackson a étudié la **physique des particules et les phénomènes liés aux semi-conducteurs**, un domaine clé dans la conception des **microprocesseurs et circuits électroniques**.

Son parcours a été semé d'embûches en raison du **racisme et du sexisme systémique** dans les universités et les laboratoires de recherche des années 1970. Elle a néanmoins persévéré et a réussi à obtenir un doctorat au MIT, devenant **l'une des rares femmes noires à exceller dans le domaine de la physique appliquée et du génie électrique**.

Elle a ensuite intégré les **Bell Laboratories**, un centre de recherche prestigieux où elle a dirigé des travaux majeurs en **physique des matériaux avancés et en transmission des signaux numériques**.

3. Preuves et Sources Historiques

Les réalisations de Dr. Shirley Jackson sont bien documentées à travers :

- **Ses recherches et publications scientifiques** dans des revues spécialisées en physique appliquée et en ingénierie des télécommunications.
- **Ses brevets et contributions technologiques** qui ont été exploitées dans l'industrie des télécommunications.
- **Son rôle à la Commission Fédérale des Communications (FCC)**, où elle a contribué à définir les politiques régissant les avancées technologiques en matière de télécommunications et de cybersécurité.
- **Les nombreux prix et distinctions qu'elle a reçus**, y compris son intronisation au **National Women's Hall of Fame** et à l'Académie nationale d'ingénierie.

4. Impact et Applications

4.1. Transformation des Télécommunications

Grâce aux découvertes de **Dr. Shirley Jackson**, les communications modernes ont connu une révolution :

- **La fibre optique** permet aujourd'hui l'Internet à très haut débit et la transmission rapide des données sur des distances longues.
- **Les innovations en signalisation téléphonique** (affichage du numéro de l'appelant, mise en attente, répondeur) sont devenues des technologies standard dans le monde entier.

4.2. Influence sur les Nanotechnologies et l'Informatique Quantique

- Son travail sur les **matériaux supraconducteurs** a permis d'améliorer le développement des **ordinateurs quantiques et des puces électroniques avancées**.
- **Les télécommunications sans fil et les capteurs intelligents** bénéficient directement des innovations qu'elle a initiées.

4.3. Applications dans la Sécurité et la Cybersécurité

- Elle a contribué à la mise au point de **systèmes de protection des données** dans les communications numériques.
- Son travail a influencé le développement des **technologies de cryptage et de transmission sécurisée des informations**.

5. Héritage et Influence sur le Futur

Dr. Shirley Ann Jackson est aujourd'hui considérée comme **une pionnière dans les sciences appliquées et l'ingénierie des télécommunications**.

- Elle a ouvert la voie aux **femmes noires et aux minorités dans le domaine du génie électrique et des sciences appliquées**.
- Elle a formé et inspiré **une nouvelle génération d'ingénieurs et de scientifiques** à travers son engagement académique et institutionnel.
- Son leadership en tant que **présidente du Rensselaer Polytechnic Institute** a permis d'accroître la diversité et l'innovation dans les domaines de la science et de la technologie.

Son impact **s'étend au-delà des laboratoires de recherche** : elle a influencé les **politiques technologiques aux États-Unis**, en encourageant l'investissement dans la **recherche et l'éducation en ingénierie**.

6. Réflexion et Reconnaissance

Pourquoi cette Contribution est-elle Méconnue ?

- **La sous-représentation des femmes noires dans le domaine des télécommunications et du génie électrique** a contribué à **limiter la reconnaissance de son travail**.
- Les brevets et découvertes qu'elle a influencés ont souvent été attribués à des **institutions et entreprises**, sans mise en avant de son rôle personnel dans leur élaboration.
- L'histoire des sciences tend à **minimiser les contributions des chercheurs noirs** dans des domaines aussi stratégiques que l'ingénierie et la physique appliquée.

Efforts Récents pour la Reconnaissance

- Son **rôle dans la gouvernance scientifique** a été célébré par plusieurs organisations académiques et industrielles.
- Elle a reçu des **prix et distinctions honorifiques** pour son travail et son engagement dans la **promotion des minorités en sciences**.
- Plusieurs initiatives en **STEM (Science, Technology, Engineering, Mathematics)** se sont inspirées de son parcours pour encourager les jeunes générations à poursuivre des carrières en ingénierie.

7. Conclusion

Dr. Shirley Ann Jackson est une **figure incontournable du génie électrique et des télécommunications modernes**. Son **travail a profondément influencé l'évolution des technologies de transmission des données, des matériaux avancés et de la cybersécurité**.

En tant que première femme noire à obtenir un **doctorat en génie électrique**, elle a brisé les barrières et a pavé la voie pour **d'autres générations de scientifiques noirs**.

Son impact ne se limite pas à ses découvertes scientifiques : elle a aussi contribué **à la transformation des institutions académiques et industrielles**, en prônant une plus grande diversité et inclusion dans les sciences et l'ingénierie.

Message Inspirant pour la Nouvelle Génération

"La science et la technologie sont des leviers puissants pour façonner l'avenir. Peu importe votre origine, avec de la persévérance et du travail, vous pouvez être un acteur du changement et de l'innovation." – Dr. Shirley Ann Jackson.

Chapitre 68 : Vital Kubuya et l'Électricité Produite par les Arbres – Une Révolution Énergétique

1. Introduction

Les défis énergétiques mondiaux, en particulier en Afrique, nécessitent des solutions innovantes et durables. L'un des plus grands obstacles au développement sur le continent est l'accès limité à l'électricité, notamment dans les zones rurales. Dans ce contexte, le travail de **Vital Kubuya**, un ingénieur et chercheur congolais, apporte une **solution révolutionnaire : la génération d'électricité à partir des arbres vivants**.

Cette innovation repose sur l'exploitation de **l'énergie biochimique naturelle produite par les arbres** pour générer un courant électrique. Cette approche **écologique, renouvelable et peu coûteuse** pourrait transformer l'accès à l'énergie, notamment dans les régions isolées où les infrastructures électriques classiques sont absentes ou insuffisantes.

Dans ce chapitre, nous explorerons **le fonctionnement de cette technologie, son impact potentiel et les perspectives qu'elle ouvre** pour la transition énergétique en Afrique et dans le monde.

2. Description de la Découverte

2.1. Principe du Système d'Électricité Biochimique des Arbres

L'innovation de **Vital Kubuya** repose sur un phénomène biologique bien connu : les réactions biochimiques se produisant dans les arbres. Lors de la photosynthèse, les arbres **produisent et stockent des électrons** dans leurs tissus vivants. Ces électrons peuvent être captés et transformés en électricité exploitable grâce à un dispositif ingénieux.

Le système développé par **Kubuya** fonctionne selon les principes suivants :

1. **Extraction de l'énergie biochimique**
   - L'arbre vivant génère un **potentiel électrochimique naturel**, produit par la circulation de la sève et les réactions biochimiques des cellules végétales.
2. **Conversion en courant électrique**
   - Des électrodes sont installées sur l'arbre pour capter ces électrons et les transformer en un courant électrique utilisable.
   - Une interface spécifique permet d'amplifier et de stabiliser l'électricité pour la rendre exploitable.

3. **Stockage et distribution**
    - L'énergie ainsi générée peut être stockée dans une batterie et utilisée pour alimenter des appareils électriques tels que des ampoules LED, des téléphones portables, ou d'autres équipements de base.

Cette technologie présente un **avantage majeur : elle ne nuit pas à la croissance des arbres et exploite leur métabolisme naturel sans les endommager.**

2.2. Obstacles Rencontrés dans le Développement

Le développement et l'adoption d'une telle innovation ne se sont pas faits sans difficultés :

- **Scepticisme scientifique et manque de reconnaissance** : L'idée d'utiliser les arbres comme générateurs d'électricité a été accueillie avec prudence par la communauté scientifique, certains la considérant comme trop avant-gardiste.
- **Difficultés techniques** : Maximiser l'efficacité énergétique de ce système est un défi, car le courant généré reste relativement faible comparé aux sources d'énergie conventionnelles.
- **Accès aux financements** : Comme beaucoup d'innovations africaines, la recherche et le développement ont souffert d'un **manque de financement** et de soutien institutionnel.

Malgré ces défis, **Vital Kubuya a réussi à démontrer la faisabilité de son système et à attirer l'attention des chercheurs et des investisseurs sur cette nouvelle source d'énergie durable.**

3. Preuves et Sources Historiques

Les travaux de **Vital Kubuya** ont été **documentés dans divers rapports scientifiques et démonstrations expérimentales**. Plusieurs institutions académiques et organismes de recherche en **bioélectricité** s'intéressent de plus en plus à cette innovation.

Quelques preuves de la viabilité de son système :

- **Expérimentations en laboratoire et sur le terrain** ont démontré qu'un arbre peut générer **jusqu'à plusieurs volts**, suffisants pour alimenter **des ampoules LED, des téléphones portables et d'autres petits dispositifs électroniques.**
- **Références académiques en bioélectricité** : Des recherches antérieures ont montré que certaines bactéries et plantes aquatiques pouvaient produire de l'électricité. **Les arbres vivants, avec un**

métabolisme plus complexe, possèdent encore plus de potentiel énergétique.
- **Validation par des experts** en bioénergie et électrochimie, qui s'intéressent désormais à l'amélioration de ce procédé pour en maximiser l'efficacité.

4. Impact et Applications

Si cette technologie est développée à grande échelle, elle pourrait **révolutionner le secteur de l'énergie renouvelable** et offrir des solutions adaptées aux défis énergétiques de l'Afrique et du monde entier.

4.1. Électrification des Zones Rurales

- La **majorité des villages africains** n'ont pas accès au réseau électrique traditionnel. Ce système permettrait **d'alimenter de petites communautés** sans infrastructure complexe.
- Une **énergie gratuite et renouvelable** qui ne dépend pas des combustibles fossiles ni des énergies coûteuses comme le solaire ou l'éolien.

4.2. Réduction des Émissions de CO_2

- Contrairement aux centrales thermiques et aux générateurs diesel, **l'électricité produite par les arbres ne génère aucune émission polluante**.
- En valorisant les forêts et la végétation, **ce système encourage la préservation des écosystèmes au lieu de les exploiter**.

4.3. Potentiel dans la Recherche et l'Innovation

- Cette découverte pourrait **inspirer de nouvelles technologies** en bioénergie et bioélectricité.
- L'optimisation du processus de génération pourrait permettre de **développer des circuits plus performants** et d'envisager des applications industrielles.

5. Héritage et Influence sur le Futur

L'invention de **Vital Kubuya** ouvre la voie à une **nouvelle ère énergétique**, où l'électricité pourrait être produite de manière **plus respectueuse de l'environnement et plus accessible aux populations défavorisées**.

Influence sur la Recherche en Bioénergie

- De nombreux chercheurs africains et internationaux commencent à s'intéresser **à la bioélectricité produite par les plantes**.
- Cette approche pourrait **remettre en question la dépendance aux énergies fossiles** et favoriser une transition énergétique durable.

Perspectives pour l'Afrique et le Monde

- **L'autonomie énergétique des villages et régions isolées** deviendrait une réalité.
- **Les forêts pourraient être valorisées différemment**, en devenant des sources de production énergétique.

La technologie pourrait être adaptée aux villes, en intégrant les arbres urbains dans les infrastructures électriques.

6. Réflexion et Reconnaissance

Pourquoi cette Contribution est-elle Méconnue ?

- **L'innovation en Afrique est souvent sous-estimée** et manque de couverture médiatique et scientifique.
- **Les défis technologiques et financiers** freinent le développement à grande échelle de cette technologie.
- **Le manque de brevets et de soutiens institutionnels** empêche parfois ces découvertes d'atteindre un niveau industriel.

Efforts pour la Reconnaissance

- **Valorisation des brevets africains en bioélectricité**.
- **Partenariats avec des institutions scientifiques** pour poursuivre le développement.
- **Médiatisation accrue des innovations africaines** dans les forums technologiques et environnementaux.

7. Conclusion

Le travail de **Vital Kubuya** représente une avancée majeure en **bioénergie et électrification durable**. Son **système permettant de générer de l'électricité à partir des arbres vivants** est une preuve de l'ingéniosité africaine et pourrait **transformer le paysage énergétique mondial**.

Si cette innovation est pleinement exploitée, elle pourrait être une alternative crédible aux énergies traditionnelles, particulièrement dans les régions isolées.

Message Inspirant pour la Nouvelle Génération

"L'énergie est partout autour de nous, il suffit de savoir comment l'exploiter intelligemment. L'avenir énergétique de l'Afrique est entre nos mains." – **Vital Kubuya**.

Chapitre 69 : L'Innovation Africaine dans les Véhicules Aériens à Énergie Alternative

1. Introduction

Le développement des véhicules aériens utilisant des **énergies alternatives** représente un tournant majeur dans l'histoire de l'aviation et des transports durables. Face aux défis du **changement climatique**, de la **consommation excessive de combustibles fossiles** et du **coût élevé des carburants traditionnels**, plusieurs **innovateurs africains** ont pris l'initiative de repenser la mobilité aérienne en explorant des technologies **propres et renouvelables**.

Des ingénieurs et inventeurs tels que **Marcel Tchamba** (Cameroun, 2018), **Marius Carelse** (Afrique du Sud, 2016), **Onesphore Rwamasirabo** (Rwanda, 2020) et **Maxwell Chikumbutso** (Zimbabwe, 2015) ont conçu des prototypes d'aéronefs fonctionnant grâce à des **énergies alternatives**, une avancée qui pourrait révolutionner l'industrie aéronautique en Afrique et dans le monde.

Ce chapitre met en lumière leurs travaux, l'impact de ces innovations et leur potentiel pour l'avenir du transport aérien.

2. Description de la Découverte

L'idée d'utiliser des **énergies alternatives** pour propulser des aéronefs n'est pas nouvelle, mais sa concrétisation à travers **des prototypes fonctionnels** en Afrique est une avancée remarquable. Ces inventeurs ont travaillé sur des modèles d'aéronefs propulsés par des systèmes **hybrides, électriques ou basés sur des énergies renouvelables**.

2.1. Marcel Tchamba (Cameroun, 2018) et son Hélicoptère Écologique

L'ingénieur camerounais **Marcel Tchamba** a conçu un **prototype d'hélicoptère** fonctionnant à l'aide d'une **énergie renouvelable**, intégrant notamment un **système de propulsion hybride**. Son invention vise à :

- **Réduire la dépendance aux combustibles fossiles** pour les aéronefs.
- **Proposer une alternative écologique** adaptée aux besoins africains.

- **Rendre les aéronefs plus accessibles** et abordables pour les populations locales.

2.2. Marius Carelse (Afrique du Sud, 2016) et les Aéronefs à Énergie Alternative

L'innovateur sud-africain **Marius Carelse** a travaillé sur des concepts de **véhicules aériens** intégrant **des systèmes d'énergie renouvelable**. Ses recherches se concentrent sur :

- **L'amélioration de l'aérodynamisme** pour réduire la consommation énergétique.
- **L'intégration de cellules solaires** pour prolonger l'autonomie des aéronefs légers.
- **Le développement de batteries haute capacité** pour stocker et utiliser efficacement l'énergie produite.

2.3. Onesphore Rwamasirabo (Rwanda, 2020) et l'Aviation Écologique

L'ingénieur rwandais **Onesphore Rwamasirabo** explore des solutions aéronautiques axées sur :

- **L'utilisation de biocarburants** issus de ressources locales africaines.
- **Le développement d'avions ultra-légers** optimisés pour le vol longue distance avec un impact carbone réduit.
- **L'amélioration des moteurs électriques** pour leur adaptation aux conditions climatiques africaines.

2.4. Maxwell Chikumbutso (Zimbabwe, 2015) et la Technologie de Propulsion Sans Carburant

Maxwell Chikumbutso est un inventeur reconnu pour ses travaux sur des systèmes d'énergie **auto-suffisante**. Son prototype d'aéronef intègre :

- **Une technologie de propulsion non conventionnelle** qui ne dépend pas des carburants traditionnels.
- **Un système énergétique autonome**, capable de produire de l'électricité en continu.
- **Des moteurs utilisant une source d'énergie alternative**, testés pour des applications diverses.

3. Preuves et Sources Historiques

Les avancées de ces inventeurs africains sont documentées à travers :

- **Des brevets déposés** dans le domaine des énergies renouvelables appliquées à l'aviation.
- **Des démonstrations et essais de prototypes**, présentés lors de salons de l'innovation.
- **Des articles de presse et interviews** mettant en avant leurs travaux dans des médias spécialisés.
- **Des collaborations avec des institutions universitaires et centres de recherche** pour développer leurs concepts.

Bien que ces technologies en soient encore à un stade expérimental, elles constituent une avancée prometteuse vers une aviation plus durable.

4. Impact et Applications

4.1. Réduction de la Dépendance aux Carburants Fossiles

L'aviation est l'un des secteurs les plus polluants. Les travaux de ces inventeurs permettent d'envisager des **solutions plus respectueuses de l'environnement**, en particulier pour le transport aérien en Afrique.

4.2. Accessibilité et Développement du Transport Aérien

- La mise en place d'aéronefs fonctionnant aux énergies alternatives pourrait **réduire les coûts d'exploitation** des compagnies aériennes locales.
- Cela pourrait favoriser le **désenclavement des zones rurales** où les infrastructures routières sont limitées.

4.3. Avancée Technologique et Industrialisation en Afrique

Le développement de ces aéronefs pourrait encourager :

- **L'industrialisation du secteur aéronautique africain.**
- **La création de nouveaux emplois dans la fabrication et la maintenance de ces technologies.**
- **Une plus grande indépendance technologique** pour les pays africains en matière de transport aérien.

5. Héritage et Influence sur le Futur

Les travaux de ces innovateurs africains s'inscrivent dans une dynamique plus large visant à **démocratiser les énergies renouvelables** et à **révolutionner l'aviation**. Dans les années à venir, leurs recherches pourraient :

- **Inspirer d'autres ingénieurs africains** à poursuivre des travaux similaires.
- **Accélérer l'adoption des énergies propres** dans d'autres secteurs des transports.
- **Encourager les gouvernements africains** à investir davantage dans la recherche et le développement technologique.

6. Réflexion et Reconnaissance

Pourquoi ces Contributions sont-elles Méconnues ?

- L'aviation verte est encore dominée par les grandes puissances industrielles.
- Peu de médias internationaux couvrent les innovations technologiques africaines.
- Le manque de financements pour la recherche limite la **commercialisation** de ces prototypes.

Efforts pour la Reconnaissance

- **Création de fonds d'investissement en innovation technologique** en Afrique.
- **Participation des inventeurs africains aux grandes conférences internationales** sur les énergies renouvelables et l'aviation.
- **Collaboration entre chercheurs africains et entreprises du secteur aéronautique** pour industrialiser ces découvertes.

7. Conclusion

Les aéronefs à énergie alternative conçus par **Marcel Tchamba, Marius Carelse, Onesphore Rwamasirabo et Maxwell Chikumbutso** illustrent **le potentiel immense de l'Afrique** dans le domaine de l'innovation technologique. Leurs inventions démontrent que **l'avenir du transport aérien peut être repensé à partir de solutions durables adaptées aux réalités du continent**.

L'Afrique a aujourd'hui l'opportunité d'être un **acteur clé dans le développement des transports du futur**, et ces pionniers en sont la preuve vivante.

Message Inspirant pour la Nouvelle Génération

"L'innovation n'a pas de frontières. Avec de la persévérance et de l'ingéniosité, nous pouvons construire un avenir plus durable et indépendant." – Marcel Tchamba

3ÈME PARTIE : INNOVATIONS ET DECOUVERTES AFRICAINES FRAUDULEUSEMENT ATTRIBUEES A D'AUTRES CULTURES

Mathématiques et Sciences

Chapitre 70 : Les Concepts Mathématiques et Géométriques Développés par les Égyptiens, mais Souvent Attribués aux Grecs comme Pythagore

1. Introduction : Rétablir l'Histoire

Les mathématiques sont souvent enseignées comme une discipline ayant émergé en Grèce antique, avec des figures emblématiques comme Pythagore, Euclide et Archimède. Pourtant, bien avant l'essor de la civilisation grecque, les Égyptiens antiques avaient déjà développé des concepts mathématiques avancés, notamment en **arithmétique, géométrie, algèbre et calcul des volumes**.

L'un des cas les plus frappants d'appropriation est le **théorème de Pythagore**, qui était connu et appliqué en Égypte bien avant la naissance de Pythagore. Ce chapitre vise à **rétablir la vérité historique**, en démontrant que les mathématiques égyptiennes ont **précédé et influencé** celles de la Grèce antique.

Pourquoi cette contribution est importante ?

- Elle prouve que l'Afrique a été un **centre majeur du savoir scientifique** bien avant la Grèce antique.
- Elle montre que **les fondations des mathématiques modernes** reposent en grande partie sur les savoirs africains.
- Elle inspire la jeunesse africaine à **revendiquer et poursuivre cet héritage scientifique**.

2. Preuves Historiques et Scientifiques : La Paternité Africaine

Les Papyrus Mathématiques Égyptiens

Plusieurs documents égyptiens anciens prouvent que les Égyptiens avaient une connaissance avancée des mathématiques bien avant les Grecs :

1. **Le Papyrus de Rhind (vers 1650 av. J.-C.)**
    - Il contient des problèmes liés à l'**arithmétique, la géométrie et les fractions**.
    - Il expose des méthodes précises pour calculer les **aires et les volumes**.
    - Il mentionne des **triplets pythagoriciens**, ce qui suggère une connaissance du fameux théorème bien avant Pythagore (VIe siècle av. J.-C.).

Photo: Le Papyrus de Rhind. zestedesavoir.com

2. **Le Papyrus de Moscou (vers 1850 av. J.-C.)**
    - Il contient des formules pour le **calcul des volumes de pyramides tronquées**.
    - Il démontre une utilisation avancée des **fractions unitaires** et de l'algèbre appliquée.
3. **Les Textes des Temples de Karnak et Louxor**
    - Ils contiennent des inscriptions démontrant une **connaissance de la symétrie, des proportions et de la géométrie sacrée**, qui seront plus tard reprises par les Grecs.

3. Impact et Apports Réels de cette Découverte

Applications Mathématiques dans l'Égypte Antique

Les Égyptiens ont appliqué leurs connaissances mathématiques dans plusieurs domaines :

- **Architecture** : Les pyramides reposent sur des calculs géométriques précis, notamment le **nombre d'or** et le **triangle 3-4-5** (base du théorème de Pythagore).
- **Calendrier et Astronomie** : Leur compréhension des cycles lunaires et solaires a conduit à un **calendrier de 365 jours** bien avant celui des Romains.
- **Économie et Comptabilité** : Les Égyptiens utilisaient un **système avancé de comptabilité** basé sur les fractions.

Influence sur la Grèce Antique

De nombreux penseurs grecs ont voyagé en Égypte pour y étudier :

- **Pythagore** (VIe siècle av. J.-C.) a passé plusieurs années en Égypte où il aurait appris les **principes de la géométrie sacrée**.
- **Thalès** (VIe siècle av. J.-C.) aurait lui aussi été formé aux mathématiques en Égypte avant de développer ses théories.
- **Euclide**, considéré comme le "père de la géométrie", a largement utilisé des concepts égyptiens dans son traité *Les Éléments*.

4. Comment cette Connaissance a été Usurpée ou Détournée

L'Influence de l'Eurocentrisme

- Les historiens européens du XIXe siècle ont cherché à **minimiser l'apport africain** en sciences.
- Les mathématiques égyptiennes ont été **considérées comme empiriques**, alors que les Grecs étaient crédités pour les avoir "théorisées".

L'Appropriation par la Grèce Antique

- **Le théorème de Pythagore** :
  - Des preuves montrent que ce théorème était **déjà utilisé dans la construction des pyramides**.
  - Pythagore n'a laissé **aucun écrit** et ce sont ses disciples qui ont formalisé ses idées.
  - Les triplets pythagoriciens figurent déjà dans le **Papyrus de Rhind**, près de 1000 ans avant Pythagore.

Colonisation et Effacement du Savoir Africain

- Avec la domination grecque puis romaine sur l'Égypte, de nombreux textes égyptiens ont été **traduis puis attribués aux Grecs**.
- La bibliothèque d'Alexandrie, bien que fondée par les Grecs, contenait de nombreux textes égyptiens qui ont ensuite été assimilés dans la culture gréco-romaine.

5. Héritage et Enseignements pour les Jeunes Africains

Pourquoi ces connaissances doivent être réintroduites en Afrique

- **Revaloriser les savoirs africains** dans les écoles et les universités.

- **Encourager les jeunes Africains à s'intéresser aux sciences et aux mathématiques** en leur montrant que leurs ancêtres étaient à la pointe du savoir.
- **Lutter contre l'effacement culturel et l'appropriation des savoirs africains.**

Initiatives pour réhabiliter les Mathématiques Égyptiennes

- Des chercheurs africains comme **Cheikh Anta Diop** et **Theophile Obenga** ont démontré l'apport des Égyptiens aux sciences modernes.
- Des universités africaines commencent à **réintroduire l'histoire scientifique africaine** dans leurs programmes.

6. Réflexion et Reconnaissance Officielle

Les efforts pour rétablir la vérité

- L'UNESCO a commencé à reconnaître l'importance des **sciences africaines précoloniales**.
- Des chercheurs indépendants militent pour que **les contributions africaines aux mathématiques soient enseignées dans le monde entier.**

Ce qu'il reste à faire

- **Inscrire ces savoirs dans les programmes scolaires** en Afrique et dans la diaspora.
- **Multiplier les recherches et les publications** pour corriger les fausses attributions.
- **Promouvoir des figures africaines du savoir scientifique**, au même titre que les savants grecs ou européens.

7. Conclusion : Inspirer l'Avenir

Message Final aux Jeunes Africains

"L'Afrique a été une terre de savoir, d'innovation et de découvertes bien avant la colonisation et l'ère moderne. Nos ancêtres ont bâti des pyramides, conçu des systèmes mathématiques avancés et influencé le monde. Il est temps de réapprendre cette histoire, de revendiquer notre héritage et de bâtir un avenir où les sciences africaines brillent de nouveau."

L'Afrique n'a pas à copier les autres : elle doit se reconnecter à son génie propre.

Les jeunes Africains peuvent devenir les nouveaux mathématiciens,

ingénieurs et scientifiques en s'appuyant sur cet héritage.
Le futur de la science mondiale dépend aussi de la reconnaissance du savoir africain.

À nous de reprendre le flambeau et de redonner à l'Afrique sa place dans l'histoire des mathématiques et de la science !

Chapitre 71 : Le théorème de Pythagore, connu et appliqué en Égypte bien avant Pythagore

1. Introduction : Rétablir l'Histoire

Le **théorème de Pythagore** est aujourd'hui enseigné comme l'une des plus grandes avancées mathématiques de la Grèce antique. Formulé au VIe siècle av. J.-C. par **Pythagore de Samos**, il stipule que :

« Dans un triangle rectangle, le carré de l'hypoténuse est égal à la somme des carrés des deux autres côtés. »

Cependant, bien avant la naissance de Pythagore, les Égyptiens anciens **appliquaient déjà ce principe** dans leurs constructions et leurs calculs. Ils l'utilisaient pour bâtir des structures parfaites, notamment les **pyramides**, et s'en servaient dans l'arpentage et la division des terres après les crues du Nil.

La **preuve historique et archéologique** montre que les Égyptiens utilisaient les **triplets pythagoriciens** (3,4,5), une base du théorème, près de **1000 ans avant Pythagore**. Ce chapitre vise à rétablir la vérité en **rendant à l'Afrique la paternité de cette avancée mathématique**.

2. Preuves Historiques et Scientifiques : La Paternité Africaine

Les Papyrus Mathématiques Égyptiens

Les connaissances mathématiques des Égyptiens sont bien documentées à travers plusieurs manuscrits anciens, notamment :

1. **Le Papyrus de Rhind (vers 1650 av. J.-C.)**
   - Il contient des **problèmes géométriques et arithmétiques avancés**, notamment le calcul d'aires et de volumes.
   - Il **mentionne des triplets pythagoriciens** utilisés pour assurer l'alignement des constructions.
2. **Le Papyrus de Moscou (vers 1850 av. J.-C.)**
   - Il montre des calculs de **pyramides tronquées**, prouvant une connaissance avancée des relations entre les longueurs des côtés.
3. **Les stèles et bas-reliefs des temples de Karnak et Louxor**
   - Ces inscriptions révèlent l'usage de formules mathématiques dans l'**urbanisme et l'architecture sacrée**.

Les Triplets Pythagoriciens dans l'Architecture Égyptienne

Les Égyptiens utilisaient **la corde à 12 nœuds**, une technique basée sur les nombres **3,4 et 5** pour former **des angles droits parfaits**.

- Le **triplet (3,4,5)** vérifie la relation du théorème de Pythagore :
  - $3^2 + 4^2 = 5^2$
  - $9 + 16 = 25$
- Cette méthode était essentielle pour les **géomètres et bâtisseurs égyptiens**, notamment pour aligner les temples et pyramides.

Des mathématiciens comme **Cheikh Anta Diop** et **Theophile Obenga** ont prouvé que **les Égyptiens avaient déjà une maîtrise de la géométrie avancée**, bien avant que les Grecs ne s'en emparent.

3. Impact et Apports Réels de cette Découverte

L'Utilisation Historique du Théorème en Égypte

- **Construction des Pyramides** :
  - Les Égyptiens utilisaient des triangles rectangles pour **assurer l'alignement parfait** des bases et des faces des pyramides.
  - La **Grande Pyramide de Gizeh** respecte des proportions géométriques précises basées sur ces calculs.
- **Arpentage et Division des Terres** :
  - Après chaque crue du Nil, les arpenteurs utilisaient **la corde à 12 nœuds** pour **retracer les limites des champs** avec des angles droits.
  - Cette méthode était essentielle pour l'économie agricole de l'Égypte antique.
- **Urbanisme et Ingénierie** :
  - L'**organisation des villes et des temples** en Égypte montre une symétrie parfaite, suggérant une maîtrise avancée de la géométrie.

Influence sur les Civilisations Extérieures

- **Les Grecs ont étudié en Égypte** :
  - **Pythagore** lui-même aurait voyagé en Égypte et étudié auprès des prêtres égyptiens, qui lui auraient enseigné ces principes mathématiques.
  - **Platon** et **Euclide** ont aussi été influencés par ces savoirs.
- **Transmission vers l'Europe et le Monde Arabe** :
  - Les **Arabes** ont traduit les anciens textes égyptiens et grecs, préservant ainsi ces connaissances.

- Les **mathématiques européennes** du Moyen Âge ont été fortement influencées par ces transmissions.

4. Comment cette Connaissance a été Usurpée ou Détournée

L'Influence des Historiens Occidentaux

- Dès la Renaissance, les savants européens ont **ignoré l'apport égyptien**, préférant attribuer les avancées mathématiques aux Grecs.
- **Le rôle de Pythagore a été exagéré**, alors qu'il n'a **laissé aucun écrit**. Ses disciples ont repris des concepts déjà connus ailleurs.

Effacement par la Colonisation et l'Eurocentrisme

- La colonisation a contribué à **réduire l'importance des savoirs africains** dans les manuels scolaires.
- L'**histoire officielle** a minimisé l'apport de l'Égypte antique, malgré les preuves archéologiques.

Les Grecs eux-mêmes reconnaissaient la supériorité mathématique des Égyptiens

- **Hérodote** (Ve siècle av. J.-C.) écrit :

  « *L'Égypte est la source de la connaissance des mathématiques et de la géométrie.* »

- **Aristote** mentionne également l'influence des Égyptiens dans l'essor de la géométrie.

5. Héritage et Enseignements pour les Jeunes Africains

Pourquoi ces connaissances doivent être réintroduites en Afrique

- **Restaurer l'identité scientifique africaine** et prouver que l'Afrique était un **centre du savoir**.
- **Encourager les jeunes Africains** à exceller en mathématiques en s'appuyant sur cet héritage.
- **Réformer les programmes scolaires** pour y intégrer les contributions africaines en mathématiques.

Exemples de Réhabilitation des Mathématiques Égyptiennes

- Des chercheurs africains comme **Cheikh Anta Diop** ont **prouvé l'origine africaine** des mathématiques antiques.

- Des institutions africaines travaillent sur **la décolonisation des sciences** pour redonner à l'Afrique son rôle dans l'histoire du savoir.

6. Réflexion et Reconnaissance Officielle

Les efforts pour rétablir la vérité

- L'UNESCO et plusieurs chercheurs reconnaissent aujourd'hui l'importance des **sciences africaines précoloniales**.
- Des travaux récents en **égyptologie mathématique** confirment que **l'Égypte antique maîtrisait la géométrie bien avant les Grecs**.

Ce qu'il reste à faire

- **Éduquer et sensibiliser** les Africains sur leur propre histoire scientifique.
- **Publier plus de recherches** pour établir l'origine africaine de nombreuses découvertes.
- **Exiger la réécriture des manuels scolaires** pour inclure ces contributions.

7. Conclusion : Inspirer l'Avenir

Message Final aux Jeunes Africains

« *L'Afrique a été un pionnier des mathématiques et des sciences. Reconnectons-nous à cet héritage pour bâtir l'avenir. Les pyramides ne sont pas seulement des vestiges du passé, elles sont le symbole du génie africain qui doit renaître.* »

L'Afrique doit récupérer son histoire et former les mathématiciens et ingénieurs de demain !
L'apprentissage des sciences doit être lié à nos racines pour inspirer une nouvelle génération.

L'avenir du savoir africain commence aujourd'hui !

Chapitre 72 : Les Mathématiques Fractales Visibles dans l'Architecture Africaine, Bien Avant Leur Formalisation par Mandelbrot

1. Introduction : Rétablir l'Histoire

L'architecture et l'organisation sociale de nombreuses civilisations africaines démontrent une compréhension avancée des **structures fractales**, des formes géométriques complexes qui se répètent à différentes échelles.

Bien avant que le mathématicien Benoît Mandelbrot ne formalise le concept des fractales au XXe siècle, l'Afrique avait déjà intégré ces principes dans ses villes, ses arts et ses traditions mathématiques. De nombreuses **cités traditionnelles africaines**, comme celles des Baoulés en Côte d'Ivoire, des Yoruba au Nigeria ou des Dogons au Mali, sont construites selon des motifs **autosimilaires**, où chaque élément est une reproduction à une échelle différente d'un motif plus grand.

Les **motifs fractals** sont également visibles dans les **sculptures, les tissages, les tatouages et les dessins rituels africains**. Ces designs ne sont pas que décoratifs : ils sont le **reflet d'une connaissance mathématique avancée** qui a influencé les sciences modernes. Pourtant, ce savoir **n'est pas reconnu comme une contribution africaine**, mais plutôt comme une simple "curiosité culturelle".

Dans ce chapitre, nous allons démontrer que les **fractales étaient présentes dans les civilisations africaines bien avant leur découverte par les mathématiciens occidentaux**, et comment ces connaissances peuvent inspirer les générations futures.

2. Preuves Historiques et Scientifiques : La Paternité Africaine

Architecture Fractale des Villages et Cités Africaines

Les mathématiciens modernes, notamment **Ron Eglash**, ont étudié l'organisation urbaine de nombreuses sociétés africaines et y ont découvert des **modèles fractals bien définis**.

Quelques exemples frappants incluent :

- **Les villages des Baoulés (Côte d'Ivoire) et des Yoruba (Nigeria)** :

- La structure de ces villages est **concentrique** : une grande place centrale est entourée de maisons disposées en cercles, chaque cercle représentant une échelle de la société (famille, clan, communauté).
- Chaque habitation est elle-même conçue selon un **schéma similaire**, avec une cour intérieure entourée de pièces, reproduisant l'organisation du village à une échelle plus petite.

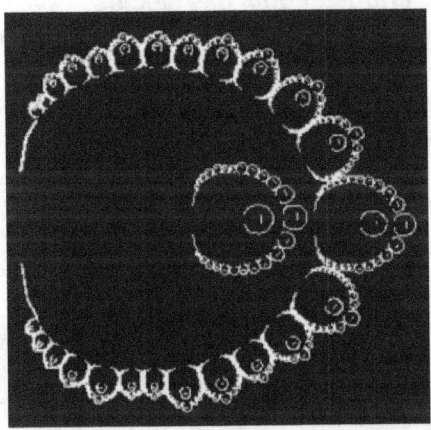

Photo : Village africain construit en fractales: Chaque concession est identiques en échelle à l'unité principale
Crédit: raphaelle.longuet.free.fr

- **L'architecture Dogon (Mali)** :
  - Les villages Dogon sont construits selon des **principes géométriques précis**, avec des **rues en spirale et des maisons organisées selon des rapports mathématiques précis**.
  - Les autels et sanctuaires Dogon sont eux aussi **construits selon des motifs fractals**, reflétant une approche scientifique de l'espace et de l'ordre.

Motifs Fractals dans l'Art et la Culture Africaine

- **Les dessins rituels et les sculptures**
  - De nombreuses tribus africaines, comme les Ndebele d'Afrique du Sud ou les Ashanti du Ghana, utilisent des **motifs fractals dans leurs fresques et leurs objets rituels**.
  - Ces motifs se retrouvent également dans les **tatouages, les scarifications et les parures africaines**, souvent réalisés selon des **proportions mathématiques précises**.
- **Les tissus africains et les codes mathématiques**
  - Les **bogolans maliens** et les **kente ghanéens** utilisent des **motifs répétitifs**, similaires aux structures fractales modernes.
  - Ces motifs suivent souvent des **séquences géométriques complexes**, comme celles utilisées en mathématiques modernes.

Lien avec les Mathématiques Modernes

- Ces motifs ne sont pas que **de simples décorations** : ils suivent des **principes mathématiques avancés** comme la **récursion** (un motif se répétant à différentes échelles).
- Les mathématiciens modernes utilisent aujourd'hui les fractales dans **l'informatique, la biologie et les sciences de la nature**, alors que ces concepts existaient **déjà en Afrique depuis des siècles**.

3. Impact et Apports Réels de cette Découverte

L'application des **fractales africaines** dans l'histoire est vaste et va bien au-delà de l'architecture et de l'art.

Les Fractales et le Développement des Systèmes Complexes

Les **modèles fractals africains** sont **fondés sur une logique adaptative**, ce qui en fait une **source d'inspiration pour la science moderne** :

1. **Urbanisme et Organisation Sociale**
   - Les modèles fractals ont permis aux sociétés africaines **d'organiser efficacement leurs villes** et de gérer **l'espace et les ressources naturelles**.
   - Aujourd'hui, des chercheurs en **urbanisme durable** s'inspirent des modèles africains pour **optimiser la gestion des villes modernes**.
2. **Technologies et Informatique**
   - Les fractales sont aujourd'hui utilisées en **modélisation informatique**, en **compression d'images** et dans les **algorithmes modernes**.
   - La conception fractale des villages africains prouve que **les principes mathématiques des algorithmes modernes existent depuis longtemps en Afrique**.
3. **Biologie et Sciences de la Vie**
   - De nombreux systèmes naturels fonctionnent selon des **principes fractals**, et les Africains avaient **déjà observé ces structures dans la nature**.
   - L'utilisation de motifs fractals dans **l'agriculture africaine traditionnelle** a optimisé la culture des plantes et la gestion des sols.

4. Comment cette Connaissance a été Usurpée ou Détournée

L'Occultation des Connaissances Africaines

- Les explorateurs et chercheurs occidentaux ont souvent **ignoré ou minimisé** l'aspect scientifique des constructions africaines.
- On a souvent considéré ces motifs **comme des éléments "esthétiques" ou "spirituels"**, alors qu'ils sont en réalité **des avancées mathématiques et scientifiques majeures**.

Le Cas de Benoît Mandelbrot

- En 1975, **Benoît Mandelbrot** publie son ouvrage sur les **fractales**, et ces principes deviennent officiellement un **domaine des mathématiques modernes**.
- Pourtant, ces structures étaient **déjà présentes dans les cultures africaines depuis des millénaires**, mais **sans reconnaissance officielle**.

La Colonisation et l'Effacement des Savoirs

- Pendant la période coloniale, les savoirs africains ont **été supprimés ou ignorés dans les programmes scolaires**.
- Beaucoup d'intellectuels africains ont dû **réapprendre leur propre histoire scientifique à travers des sources occidentales**.

5. Héritage et Enseignements pour les Jeunes Africains

Pourquoi ces connaissances doivent être réintroduites en Afrique

- Les jeunes Africains doivent **reprendre possession de leur héritage scientifique** et **réhabiliter ces savoirs dans les écoles**.
- Ces découvertes **démontrent que l'Afrique était un pôle avancé des mathématiques et de l'ingénierie**.

Exemples de Réhabilitation des Fractales Africaines

- Des **chercheurs africains** comme Ron Eglash militent pour **intégrer ces découvertes dans les programmes scolaires**.
- Des **institutions africaines travaillent à valoriser ces savoirs ancestraux** dans l'urbanisme moderne.

6. Réflexion et Reconnaissance Officielle

Les efforts pour rétablir la vérité

- L'UNESCO commence à **reconnaître l'importance des sciences africaines précoloniales**.
- Plusieurs chercheurs travaillent sur **l'intégration des savoirs africains dans les sciences modernes**.

Ce qu'il reste à faire

- **Exiger la réécriture des manuels scolaires africains** pour inclure ces découvertes.
- **Former de nouveaux scientifiques africains** à partir de leur propre héritage.

7. Conclusion : Inspirer l'Avenir

Message Final aux Jeunes Africains

« *L'Afrique n'a jamais été en retard sur les mathématiques et les sciences. Elle doit aujourd'hui reprendre son rôle en s'inspirant de son propre héritage.* »

L'avenir du savoir africain commence par la réhabilitation de son passé glorieux !

Chapitre 73 : Les Systèmes de Mesure du Temps : Les Calendriers Lunaires et Solaires Développés en Égypte et en Éthiopie

1. Introduction : Rétablir l'Histoire

La mesure du temps est l'une des avancées les plus fondamentales de la civilisation humaine. Bien avant que les calendriers romains, julien ou grégorien ne soient adoptés en Occident, **les Égyptiens et les Éthiopiens avaient déjà mis en place des systèmes sophistiqués pour organiser les cycles du temps.**

Les Égyptiens ont développé l'un des premiers **calendriers solaires** connus, basé sur l'observation précise des étoiles et des saisons, tandis que les Éthiopiens ont conçu un calendrier encore utilisé aujourd'hui, montrant une remarquable **précision mathématique**. Ces calendriers ont influencé de nombreuses civilisations antiques, y compris les Grecs et les Romains.

Cependant, ces avancées sont **rarement attribuées aux civilisations africaines**, et l'histoire des **calendriers africains** a souvent été reléguée au second plan. Ce chapitre vise à restaurer la vérité sur l'héritage africain dans la mesure du temps.

2. Preuves Historiques et Scientifiques : La Paternité Africaine

Le Calendrier Égyptien : Le Premier Calendrier Solaire du Monde

Origine et fonctionnement

- Les Égyptiens ont développé un **calendrier solaire de 365 jours** dès le IIIe millénaire av. J.-C., bien avant le calendrier julien (46 av. J.-C.) et le calendrier grégorien (1582).
- Il était basé sur **l'apparition annuelle de l'étoile Sirius (Sopdet)**, qui annonçait la crue du Nil, un phénomène crucial pour l'agriculture égyptienne.
- Le calendrier était divisé en **12 mois de 30 jours**, avec **5 jours intercalaires ajoutés à la fin de l'année.**

Pourquoi il était révolutionnaire

- Ce système permettait **de prédire les saisons avec précision**, un avantage essentiel pour les agriculteurs et les administrateurs du royaume.

- Les **Grecs et les Romains ont emprunté ce modèle pour développer leurs propres calendriers**.
- Ce calendrier **précédait de plusieurs siècles le calendrier julien**, souvent attribué à Jules César sous l'influence de l'astronome Sosigène d'Alexandrie, qui était lui-même égyptien.

Le Calendrier Éthiopien : Un Système de Calcul Unique

Origine et fonctionnement

- Contrairement au calendrier occidental, l'Éthiopie utilise **un calendrier solaire basé sur un cycle de 13 mois**.
- L'année éthiopienne compte **12 mois de 30 jours et un 13e mois de 5 ou 6 jours, appelé "Pagumē"**.
- Il repose sur un **calcul plus précis que le calendrier grégorien**, avec une **différence de 7 à 8 ans par rapport au calendrier occidental**.

Pourquoi il est exceptionnel

- L'année **commence le 11 septembre**, marquant une différence fondamentale avec le calendrier occidental.
- **L'Éthiopie n'a adopté ni le calendrier grégorien ni le calendrier julien**, conservant ainsi un des systèmes de mesure du temps les plus anciens encore en usage.
- Il est **aligné sur des cycles astronomiques précis**, montrant une **grande compréhension des principes mathématiques du temps**.

Fait remarquable : En 2024, l'Éthiopie vit encore en **2016** selon son propre calendrier, une anomalie qui montre combien ce système est resté unique et indépendant.

3. Impact et Apports Réels de cette Découverte

Influence du Calendrier Égyptien sur le Monde Occidental

- Le calendrier solaire égyptien a directement **influencé le calendrier julien**, qui a lui-même été **modifié plus tard en calendrier grégorien**.
- L'idée des **mois de 30 jours avec des jours intercalaires** a été reprise par de nombreuses civilisations antiques.

Utilisation Moderne du Calendrier Éthiopien

- L'Éthiopie continue **d'utiliser son propre système**, ce qui en fait l'une des rares civilisations à avoir conservé **son calendrier antique**.
- Il est encore **utilisé par l'Église orthodoxe éthiopienne** et pour les affaires officielles.

Avancées en Astronomie et en Agriculture

- Grâce à ces calendriers, les Égyptiens et les Éthiopiens ont pu **prédire les cycles agricoles et climatiques**, facilitant l'organisation de leurs économies et sociétés.
- Les connaissances astronomiques qui ont permis ces calculs sont **antérieures à celles de la Grèce antique**.

4. Comment cette Connaissance a été Usurpée ou Détournée

L'attribution erronée du calendrier solaire

- **Les historiens grecs et romains ont minimisé l'influence des Égyptiens**, préférant attribuer le calendrier solaire à Jules César et son astronome Sosigène.
- Pourtant, Sosigène d'Alexandrie, qui a conseillé Jules César, était **un Égyptien formé dans les écoles d'Héliopolis**, où il a appris les principes du calendrier solaire.

La colonisation et la perte des savoirs astronomiques africains

- Avec la colonisation, **les calendriers africains ont été largement ignorés ou marginalisés** au profit du calendrier grégorien imposé par les puissances européennes.
- **L'Éthiopie a résisté à cette imposition**, préservant ainsi son propre système de mesure du temps.

5. Héritage et Enseignements pour les Jeunes Africains

Pourquoi ces connaissances doivent être enseignées

- L'histoire du calendrier solaire égyptien et du calendrier éthiopien prouve **la maîtrise avancée du temps par les civilisations africaines**.
- Intégrer ces connaissances dans les manuels scolaires aidera les jeunes Africains **à mieux comprendre leur patrimoine scientifique**.

Inspirer une nouvelle génération d'astronomes et de scientifiques africains

- Les jeunes Africains doivent savoir que **leurs ancêtres ont joué un rôle majeur dans l'astronomie et la science du temps.**
- En étudiant ces concepts, ils peuvent **contribuer aux avancées modernes en astronomie et en physique.**

6. Réflexion et Reconnaissance Officielle

Les efforts pour réhabiliter ces savoirs

- Des historiens et chercheurs africains travaillent à **redonner à l'Égypte et à l'Éthiopie la reconnaissance de leurs contributions** en astronomie et en mesure du temps.
- **L'UNESCO** reconnaît désormais certaines avancées scientifiques africaines, mais beaucoup reste à faire.

Que faut-il encore faire ?

- L'Afrique doit **imposer la reconnaissance de ses innovations dans les programmes d'histoire et de science.**
- Il faut encourager **les chercheurs africains à étudier leur propre patrimoine scientifique.**

7. Conclusion : Inspirer l'Avenir

Message Final aux Jeunes Africains

« Nos ancêtres ont été les premiers maîtres du temps. Aujourd'hui, nous devons reprendre cette maîtrise pour construire l'avenir. »

L'Afrique doit revendiquer son rôle de pionnière dans la mesure du temps et inspirer une nouvelle génération de scientifiques !

Chapitre 74 : La Cartographie Céleste et l'Identification des Constellations par les Dogons du Mali

1. Introduction : Rétablir l'Histoire

Depuis des millénaires, les peuples africains ont observé le ciel et développé des connaissances astronomiques avancées. Parmi eux, **les Dogons du Mali** se distinguent par une compréhension remarquable des étoiles et des constellations. Leur savoir sur **Sirius et son système stellaire complexe**, en particulier, a intrigué les astronomes modernes.

Or, ces connaissances ont souvent été minimisées ou attribuées à des influences extérieures, notamment européennes ou extra-terrestres, **comme si les Africains n'étaient pas capables d'une telle maîtrise de l'astronomie.** Ce chapitre vise à démontrer que **les Dogons ont élaboré une cartographie céleste exceptionnelle bien avant que la science moderne ne valide certaines de leurs observations.**

2. Preuves Historiques et Scientifiques : La Paternité Africaine

Les Dogons et Sirius : Une Connaissance Anticipée des Étoiles

Les bases du savoir dogon

- Les Dogons possèdent une **cosmologie riche et détaillée**, transmise par tradition orale et illustrée dans leur art et leurs cérémonies rituelles.
- Ils connaissent l'existence de **Sirius B**, une étoile naine blanche invisible à l'œil nu, **détectée seulement en 1862 par les télescopes occidentaux**.
- Ils affirment que **Sirius est un système à plusieurs étoiles**, un fait **confirmé scientifiquement bien après leurs déclarations**.

Des preuves dans leurs traditions et rites

- **Les fresques, les sculptures et les symboles Dogons** décrivent des orbites et des configurations stellaires **avec une précision étonnante**.
- Leurs mythes évoquent une orbite elliptique de **Sirius B autour de Sirius A**, ce qui correspond aux observations modernes.
- Ils parlent d'une troisième étoile, **Sirius C**, une hypothèse en cours d'examen par les astronomes.

Les critiques et contre-arguments

Certains sceptiques prétendent que ces connaissances auraient été apportées aux Dogons par des missionnaires ou des anthropologues européens. Cependant :

1. **Aucune trace écrite ou historique ne prouve qu'un astronome occidental leur ait enseigné ces notions.**
2. **Les Dogons utilisaient ces connaissances bien avant l'arrivée des Européens**, ce qui contredit l'idée d'un emprunt récent.

Autres Avancées en Astronomie Dogon

Cartographie des constellations et cycles stellaires

- Les Dogons identifient plusieurs constellations et connaissent **le cycle de Vénus**, un savoir qui leur permet de marquer des événements agricoles et spirituels.
- Ils utilisent leurs observations pour **prévoir les éclipses** et établir un calendrier précis, adapté aux saisons.

Un savoir astronomique en lien avec la vie quotidienne

- Les Dogons ne se contentaient pas d'observer les étoiles pour la science : **leur calendrier religieux et agricole dépendait de leurs observations du ciel.**
- La position des astres déterminait **les périodes de semence, de récolte et les moments sacrés de leur culture.**

3. Impact et Apports Réels de cette Découverte

L'astronomie africaine avant l'ère moderne

- Le savoir des Dogons montre que l'Afrique ne s'est pas contentée d'être spectatrice de l'histoire des sciences.
- Contrairement aux idées reçues, **les Africains ont développé une cartographie céleste bien avant l'émergence de l'astronomie occidentale moderne.**

Influence possible sur d'autres civilisations

- Certaines similitudes existent entre **les cosmologies Dogon et égyptienne**, suggérant des échanges de savoirs entre ces civilisations anciennes.
- De telles connaissances **ont pu inspirer d'autres peuples** à développer leurs propres systèmes de cartographie céleste.

Applications modernes

- Les astronomes modernes s'intéressent de plus en plus aux **systèmes de calcul ancestraux africains**, car ils offrent **des perspectives inédites sur l'observation du cosmos**.
- Les modèles Dogon pourraient **inspirer de nouveaux concepts en astronomie et astrophysique**.

4. Comment cette Connaissance a été Usurpée ou Détournée

Minimisation et récupération du savoir africain

- Les Dogons **n'ont pas été crédités à leur juste valeur** par l'histoire officielle.
- Lorsque leurs connaissances sont évoquées, elles sont souvent **associées à des influences extérieures** ou à des théories pseudo-scientifiques (comme les extraterrestres).

L'appropriation par les chercheurs européens

- L'ethnologue français **Marcel Griaule** a documenté les connaissances des Dogons, mais certains historiens considèrent que **son travail a contribué à déformer leur savoir**.
- Des tentatives ont été faites pour **expliquer leur avancée par un contact avec des explorateurs européens**, alors qu'aucune preuve tangible ne l'atteste.

La colonisation et l'effacement des traditions scientifiques africaines

- Comme pour de nombreux savoirs africains, la colonisation a **marginalisé ces connaissances** en imposant l'enseignement de l'astronomie occidentale.
- Aujourd'hui, **l'histoire officielle ne met pas en avant l'apport des Dogons dans l'étude des constellations**.

5. Héritage et Enseignements pour les Jeunes Africains

Pourquoi enseigner ces découvertes?

- Les jeunes Africains doivent savoir que **leurs ancêtres maîtrisaient l'astronomie avant les Européens**.
- Intégrer ces savoirs dans les écoles africaines permettrait **de restaurer la fierté scientifique du continent**.

Encourager les jeunes à se tourner vers l'astronomie

- Aujourd'hui, l'Afrique **a un rôle à jouer dans l'exploration spatiale**, avec des pays comme l'Afrique du Sud qui développent leurs propres programmes astronomiques.
- Inspirer une **nouvelle génération de scientifiques** aidera à replacer le continent sur la carte mondiale de la recherche.

6. Réflexion et Reconnaissance Officielle

Les efforts pour réhabiliter le savoir Dogon

- Des chercheurs africains commencent à publier des travaux pour **réhabiliter l'astronomie africaine**.
- **L'UNESCO** a inscrit plusieurs traditions Dogon au patrimoine immatériel de l'humanité.

Pourquoi la communauté scientifique doit reconnaître ces faits

- Il est temps que l'histoire de l'astronomie africaine soit **enseignée dans les écoles et reconnue par les institutions internationales**.
- **Les Dogons ont prouvé que l'Afrique a une tradition scientifique propre**, qui mérite d'être respectée et étudiée.

7. Conclusion : Inspirer l'Avenir

Message final aux jeunes Africains

« *L'Afrique n'a pas attendu l'Occident pour explorer les étoiles. Les Dogons nous ont laissé un héritage puissant, une preuve que nos ancêtres maîtrisaient le cosmos. Aujourd'hui, il est temps de reprendre cette quête et d'écrire le futur de l'astronomie africaine.* »

L'Afrique doit revendiquer son génie astronomique et inspirer une nouvelle génération d'astrophysiciens et de scientifiques.

Chapitre 75 : L'Astronomie et les Calendriers Précis Développés en Égypte et en Nubie, mais Souvent Attribués aux Babyloniens ou aux Grecs

1. Introduction : Rétablir l'Histoire

L'histoire officielle de l'astronomie met souvent en avant les contributions des Babyloniens, des Grecs et des Arabes, tout en minimisant le rôle fondamental joué par l'Égypte et la Nubie dans le développement des premiers systèmes astronomiques et calendaires. Pourtant, les Égyptiens anciens **avaient mis au point l'un des premiers calendriers solaires précis** et développaient une observation méthodique des étoiles bien avant les Grecs ou les Babyloniens.

Ce chapitre vise à **rétablir la paternité africaine** des **calendriers lunaires et solaires**, ainsi que des avancées astronomiques qui ont influencé les civilisations du monde entier.

2. Preuves Historiques et Scientifiques : La Paternité Africaine

Le Calendrier Égyptien : Premier Calendrier Solaire du Monde

Les Égyptiens anciens ont créé **le premier calendrier solaire de 365 jours**, structuré en **12 mois de 30 jours**, avec **5 jours supplémentaires** pour compléter l'année.

Preuves historiques et scientifiques :

- Ce calendrier remonte à **au moins 3000 av. J.-C.**, soit bien avant le calendrier julien introduit par les Romains en 46 av. J.-C.
- Il repose sur **l'observation du lever héliaque de Sirius (Sopdet en égyptien)**, qui annonçait les crues du Nil et marquait le début de l'année nouvelle.
- Contrairement aux calendriers lunaires babyloniens ou mésopotamiens, le calendrier égyptien était **strictement solaire**, ce qui en fait le premier de son genre.

Pourquoi ce savoir a été usurpé :

- Les Grecs, notamment **Ptolémée**, ont adopté ce calendrier et l'ont intégré dans leurs systèmes, effaçant progressivement son origine africaine.

- Les **Babyloniens et les Romains** ont récupéré certaines techniques égyptiennes, notamment les corrections pour adapter le calendrier au cycle solaire.

L'Astronomie de Haute Précision en Égypte et en Nubie

L'Égypte et la Nubie ont développé un **système d'observation du ciel précis**, utilisé à la fois pour l'agriculture, les rituels religieux et les constructions monumentales.

Avancées astronomiques majeures:

- **Les temples astronomiques** : Les pyramides et les temples, comme ceux de Karnak et d'Abou Simbel, étaient alignés avec **les étoiles et les solstices**.
- **L'observation des cycles lunaires et stellaires** : Les prêtres égyptiens ont catalogué des milliers d'observations sur des papyrus et des bas-reliefs.
- **Les horloges stellaires** : Les Égyptiens utilisaient **des instruments comme les clepsydres et les horloges stellaires** pour mesurer le temps avec une grande précision.

Les Babyloniens et les Grecs ont-ils vraiment été les pionniers ? Non. Les Babyloniens ont hérité des connaissances astronomiques d'Égypte, et **les Grecs ont appris l'astronomie en Égypte** auprès des prêtres des temples.

Preuves documentées:

- **Hérodote** (Ve siècle av. J.-C.) a écrit que **les Égyptiens avaient enseigné l'astronomie et la géométrie aux Grecs**.
- **Eudoxe de Cnide** (IVe siècle av. J.-C.), élève de Platon, a **séjourné en Égypte pour étudier l'astronomie**.
- **Les zodiaques égyptiens**, comme celui de Denderah, montrent que **les Égyptiens avaient identifié des constellations bien avant les Grecs**.

3. Impact et Apports Réels de cette Découverte

Influence sur les civilisations ultérieures

- Le **calendrier égyptien a influencé directement le calendrier julien romain** et, plus tard, le **calendrier grégorien moderne** utilisé dans le monde entier.

- **Les Arabes ont perfectionné certaines observations égyptiennes**, notamment dans les écoles de Bagdad et de Cordoue au Moyen Âge.

Architecture et astronomie

- Les pyramides sont alignées avec une précision extrême sur **les points cardinaux et les constellations**.
- Le **temple de Karnak** est conçu pour **suivre le cycle des solstices**, ce qui prouve une **maîtrise avancée du mouvement du Soleil**.

Applications modernes

- Les chercheurs d'aujourd'hui reconnaissent de plus en plus **la précision du calendrier égyptien** pour l'étude des cycles climatiques et agricoles.
- L'étude des **zodiaques égyptiens** et de leurs horloges stellaires inspire encore les modèles modernes de chronométrie.

4. Comment cette Connaissance a été Usurpée ou Détournée

Les Grecs et les Romains ont minimisé le rôle des Égyptiens

- **Ptolémée**, dans son œuvre *Almageste*, reprend de nombreuses observations égyptiennes et babyloniennes sans toujours citer ses sources.
- **Les Romains** ont adopté le calendrier égyptien **sans en reconnaître l'origine**, et Jules César l'a réformé en 46 av. J.-C. en l'intégrant dans le calendrier julien.

Colonisation et effacement de l'histoire africaine

- **Les Européens ont imposé une vision eurocentrée de l'histoire**, minimisant la science développée en Afrique.
- **Les savoirs astronomiques égyptiens ont été présentés comme "influencés" par la Mésopotamie**, alors que les preuves archéologiques montrent le contraire.

5. Héritage et Enseignements pour les Jeunes Africains

Pourquoi enseigner ces connaissances aujourd'hui ?

- **Les Africains doivent connaître leur rôle dans l'histoire de la science et de l'astronomie.**
- **Réintégrer ces savoirs dans l'éducation** aidera à déconstruire le mythe d'une Afrique sans science.

Inspirer une nouvelle génération d'astronomes africains
- **L'Afrique peut jouer un rôle majeur dans l'exploration spatiale**, notamment avec des projets comme **le télescope géant SKA en Afrique du Sud**.
- **Les jeunes Africains doivent savoir qu'ils ont un héritage scientifique à valoriser**.

6. Réflexion et Reconnaissance Officielle

Les efforts pour réhabiliter l'astronomie africaine

- **L'UNESCO reconnaît aujourd'hui l'importance des sites astronomiques africains**, y compris les temples égyptiens.
- **Des chercheurs africains et afro-descendants** travaillent à documenter et à diffuser ces connaissances.

Pourquoi l'histoire doit être réécrite

- Il est crucial que **les manuels scolaires et les programmes universitaires africains enseignent la véritable origine des savoirs astronomiques**.
- **Les découvertes africaines ne doivent plus être ignorées** au profit d'un récit eurocentré.

7. Conclusion : Inspirer l'Avenir

Message final aux jeunes Africains

« Les Égyptiens et les Nubiens ont été des pionniers de l'astronomie et de la mesure du temps. Leur savoir a posé les bases des calendriers modernes et des sciences du cosmos. Il est temps de reconnaître cet héritage et d'en faire une source d'inspiration pour l'avenir de l'Afrique. »

L'Afrique doit revendiquer son rôle fondateur dans l'histoire des sciences et inspirer une nouvelle ère d'exploration astronomique.

Médecine et Biotechnologies

Chapitre 76 : Les Techniques Médicales Avancées des Égyptiens, incluant la Chirurgie et la Pharmacopée, Attribuées à Hippocrate et aux Grecs

1. Introduction : Rétablir l'Histoire

L'histoire officielle de la médecine attribue souvent **la paternité de la médecine moderne à Hippocrate**, considéré comme le "Père de la médecine" en Occident. Pourtant, bien avant lui, **les Égyptiens anciens avaient développé des techniques médicales avancées**, comprenant **la chirurgie, la pharmacopée, la traumatologie et la gestion des maladies chroniques**.

Les découvertes archéologiques et les écrits anciens montrent **que les Grecs, y compris Hippocrate et Galien, ont été influencés par les connaissances médicales égyptiennes**. Cependant, au fil du temps, **cette influence a été minimisée ou complètement effacée**.

Ce chapitre vise à **rétablir la paternité égyptienne** des premières **techniques médicales avancées**, tout en analysant comment elles ont été appropriées par la médecine grecque et occidentale.

2. Preuves Historiques et Scientifiques : La Paternité Africaine

Les Papyrus Médicaux Égyptiens : Premiers Manuels de Médecine

Les Égyptiens ont laissé derrière eux plusieurs **manuscrits médicaux** détaillant des connaissances avancées en matière de santé. Parmi les plus célèbres, on trouve :

Le Papyrus Edwin Smith (1600 av. J.-C.)

- Le plus ancien texte chirurgical connu au monde.
- Décrit **48 cas médicaux**, notamment **les blessures à la tête, aux vertèbres et aux épaules**.
- Explique **comment suturer une plaie, traiter une fracture et gérer un traumatisme crânien**.

Le Papyrus Ebers (1550 av. J.-C.)

- Un **véritable encyclopédie médicale** de 877 prescriptions.
- Contient des **traitements pour les infections, les maladies de la peau, les troubles digestifs et les maladies cardiaques**.

- Mentionne **l'utilisation de plantes médicinales comme l'ail, la myrrhe et le lin**.

Le Papyrus Kahun (1800 av. J.-C.)

- Le plus ancien texte sur la **gynécologie** et l'**obstétrique**.
- Décrit **les méthodes de contraception, les tests de grossesse et les traitements pour les troubles féminins**.

Pourquoi ces savoirs ont été usurpés

- **Les Grecs, comme Hippocrate, ont étudié en Égypte**, mais leurs écrits ne reconnaissent pas toujours cette influence.
- **Les colons européens ont minimisé l'apport égyptien** en médecine en attribuant ces avancées aux Grecs.
- **L'histoire occidentale a effacé l'héritage médical africain**, en ne mettant en avant que les contributions européennes.

La Chirurgie en Égypte Antique : Une Médecine Avancée

Techniques chirurgicales utilisées par les Égyptiens

- **Trépanation du crâne** pour soulager des traumatismes crâniens.
- **Utilisation de scalpels en bronze et en cuivre** pour les interventions chirurgicales.
- **Techniques de suture avancées** pour refermer les plaies.
- **Pose de prothèses rudimentaires** pour les patients amputés.

Preuves archéologiques

- **Des squelettes montrent des traces de fractures guéries**, prouvant l'existence d'un suivi médical post-opératoire.
- **Les outils chirurgicaux retrouvés dans les tombes** sont similaires à ceux utilisés au Moyen Âge en Europe.

La Pharmacopée Égyptienne : Une Connaissance Avancée des Plantes Médicinales

Plantes et remèdes utilisés par les Égyptiens

- **L'ail et l'oignon** : utilisés comme antibiotiques naturels.
- **La myrrhe et l'encens** : antiseptiques pour traiter les infections.
- **Le miel** : appliqué sur les plaies comme antibactérien.
- **Le lin** : utilisé pour soigner les brûlures.
- **Le pavot (opium)** : utilisé pour ses propriétés analgésiques.

Pourquoi cette pharmacopée est importante

- Elle est **précurseure de la médecine moderne.**
- **Les Grecs et les Romains ont repris ces traitements** dans leurs propres traditions médicales.

Sources montrant l'influence égyptienne sur la médecine grecque

- **Hérodote** (Ve siècle av. J.-C.) reconnaît que "Les Grecs doivent beaucoup de leurs connaissances médicales aux Égyptiens".
- **Galen (IIe siècle ap. J.-C.)**, médecin romain, s'est inspiré des textes médicaux égyptiens.

3. Impact et Apports Réels de cette Découverte

Pourquoi cette médecine était révolutionnaire

- **Première approche scientifique de la médecine** : basée sur l'observation et l'expérience.
- **Techniques avancées de chirurgie et de pharmacopée** toujours utilisées aujourd'hui.

Influence sur les civilisations ultérieures

- **Les médecins arabes du Moyen Âge** ont traduit certains textes médicaux égyptiens.
- **Les méthodes de soins égyptiennes ont influencé la médecine moderne** à travers les siècles.

4. Comment cette Connaissance a été Usurpée ou Détournée

Les Grecs et les Romains ont minimisé le rôle des Égyptiens

- Hippocrate est présenté comme **le "Père de la médecine"**, alors qu'il a **étudié en Égypte.**
- Galien et d'autres médecins romains ont **repris les concepts égyptiens sans mentionner leurs origines.**

Colonisation et effacement de l'histoire africaine

- Les colons européens ont **représenté l'Égypte comme une civilisation non africaine**, séparant ses connaissances du reste de l'Afrique.
- Les savoirs médicaux africains ont **été ignorés dans les manuels d'histoire et de médecine occidentaux.**

5. Héritage et Enseignements pour les Jeunes Africains

Pourquoi enseigner ces connaissances aujourd'hui ?

- Réhabiliter la place de l'Afrique dans l'histoire de la médecine.
- Encourager les jeunes Africains à explorer **les médecines traditionnelles et modernes.**

Inspirer une nouvelle génération de médecins africains

- **L'Afrique a besoin de valoriser ses savoirs médicaux** et de les intégrer dans les programmes scolaires.
- **Les jeunes chercheurs africains peuvent explorer les plantes médicinales locales**, en s'inspirant des traditions de leurs ancêtres.

6. Réflexion et Reconnaissance Officielle

Les efforts pour réhabiliter la médecine africaine

- Des initiatives universitaires cherchent **à documenter la pharmacopée africaine.**
- Des chercheurs africains explorent **les plantes médicinales locales pour la médecine moderne.**

Pourquoi l'histoire doit être réécrite

- **Les écoles de médecine en Afrique doivent enseigner ces découvertes** et ne plus se limiter aux références européennes.
- **Les musées et les institutions doivent reconnaître l'apport égyptien à la médecine mondiale.**

7. Conclusion : Inspirer l'Avenir

Message final aux jeunes Africains

« Les Égyptiens ont développé des connaissances médicales avancées bien avant Hippocrate. Ils ont posé les bases de la médecine moderne. Il est temps de revendiquer cet héritage et d'inspirer une nouvelle génération de chercheurs africains en médecine. »

L'Afrique doit revendiquer son rôle fondateur dans l'histoire médicale et inspirer l'innovation dans les soins de santé modernes.

Chapitre 77 : La Médecine Préventive et l'Immunologie Pratiquées en Afrique de l'Ouest, où la Variolisation Était Pratiquée Avant Son Introduction en Europe

1. Introduction : Rétablir l'Histoire

L'histoire de la vaccination et de l'immunologie moderne est souvent attribuée à **Edward Jenner (1749-1823)**, considéré comme le père du vaccin contre la variole. Cependant, **bien avant son expérimentation en Angleterre en 1796, les Africains de l'Ouest pratiquaient une forme avancée d'immunisation : la variolisation**. Cette méthode consistait à **exposer des individus à une version atténuée du virus de la variole pour les immuniser** contre les formes graves de la maladie.

Lorsque la médecine européenne a "découvert" cette technique, elle ne lui a pas attribué son origine africaine. Pire, elle a été **présentée comme une innovation occidentale**, minimisant les savoirs médicaux traditionnels d'Afrique. Ce chapitre explore l'histoire de **la variolisation en Afrique de l'Ouest**, son introduction en Occident par des esclaves africains, et l'impact de ces connaissances sur la médecine moderne.

2. Preuves Historiques et Scientifiques : La Paternité Africaine

La Variolisation en Afrique de l'Ouest : Une Pratique Médicale Séculaire

La variolisation était largement pratiquée dans plusieurs régions d'Afrique de l'Ouest, notamment :

- **Chez les Akan du Ghana**, les Yoruba du Nigéria et les Mandingues du Mali et de la Guinée.
- **Chez les peuples Haoussas et Fulanis**, où elle faisait partie des traditions médicales locales.

Les guérisseurs et médecins traditionnels pratiquaient la variolisation en :

- Prélevant **du pus de lésions bénignes de patients infectés**.
- **L'inoculant à des sujets sains** via une petite incision sur la peau ou par inhalation.
- En surveillant attentivement les effets secondaires pour s'assurer que le patient développait une **forme légère de la maladie et une immunité durable**.

Onesimus : L'Africain qui a Introduit la Variolisation en Amérique

Un exemple frappant de la transmission du savoir médical africain vers l'Occident est l'histoire d'**Onesimus**, un esclave africain en Amérique du Nord au XVIIIe siècle.

- Onesimus, esclave d'un pasteur de Boston, **Cotton Mather**, expliqua en 1721 que dans son pays natal (probablement l'Afrique de l'Ouest), **on immunisait les enfants contre la variole**.
- Ce savoir permit à un médecin, **Zabdiel Boylston**, d'expérimenter la variolisation en Nouvelle-Angleterre.
- Grâce à cette technique africaine, **la mortalité due à la variole fut réduite de 14 % à 2 %** chez les personnes inoculées.

Malgré l'efficacité prouvée de cette méthode, la reconnaissance du savoir africain **fut totalement occultée**. L'Angleterre adopta la technique sans créditer son origine africaine.

Des Preuves Écrites et Archéologiques

Les récits de voyageurs et missionnaires européens

- **John Barbot (1699)**, un explorateur français, rapporta que **les peuples d'Afrique de l'Ouest connaissaient des traitements préventifs contre la variole**.
- **William Bosman (1704), commerçant hollandais**, écrivit sur la variolisation pratiquée par les Africains du Golfe de Guinée.

Les pratiques médicales précoloniales

- En Égypte et au Soudan, des traces de variolisation ont été **retrouvées dans des textes médicaux anciens**.
- Des guérisseurs africains pratiquaient **la protection contre d'autres maladies infectieuses**, démontrant une compréhension avancée du système immunitaire.

3. Impact et Apports Réels de cette Découverte

Pourquoi cette pratique était révolutionnaire ?

- **Réduction du taux de mortalité dû à la variole bien avant l'Occident.**
- **Principe scientifique de l'immunisation**, précurseur de la vaccination moderne.

Influence sur la médecine mondiale

- **Edward Jenner** a formalisé la vaccination en 1796 en s'inspirant indirectement des principes de la variolisation.
- **Les armées européennes** ont adopté ces techniques pour protéger leurs soldats.
- **La médecine moderne a continué à développer des vaccins sur ce modèle**, contre des maladies comme la rougeole et la grippe.

4. Comment cette Connaissance a été Usurpée ou Détournée

Les Européens ont minimisé les contributions africaines

- Bien que la variolisation ait été **introduite en Europe par des Africains**, elle a été **représentée comme une innovation occidentale**.
- Edward Jenner est glorifié pour la vaccination, mais les **savoirs africains qui l'ont précédé ne sont pas enseignés dans les manuels médicaux**.

La colonisation et l'effacement des savoirs médicaux africains

- Les Européens ont imposé **leurs propres modèles médicaux**, considérant la médecine traditionnelle africaine comme "primitive".
- En Afrique coloniale, **les praticiens de la médecine traditionnelle ont été marginalisés**, empêchant la transmission de ces savoirs aux générations futures.

5. Héritage et Enseignements pour les Jeunes Africains

Pourquoi enseigner cette histoire aujourd'hui ?

- **Réhabiliter la place de l'Afrique dans l'histoire de la médecine.**
- **Encourager la recherche sur les savoirs médicaux traditionnels africains.**
- **Développer des solutions africaines pour les épidémies modernes** (ex. COVID-19, Ebola, paludisme).

Inspirer une nouvelle génération de scientifiques africains

- La médecine moderne africaine doit **reconnaître et exploiter son propre héritage**.
- **Les jeunes chercheurs doivent explorer les savoirs médicaux traditionnels et les intégrer aux biotechnologies modernes**.

6. Réflexion et Reconnaissance Officielle

Les efforts pour réhabiliter la médecine africaine

- Des initiatives africaines, comme **l'Organisation Ouest-Africaine de la Santé (OOAS)**, valorisent **les pratiques traditionnelles**.
- Les laboratoires africains explorent **l'impact des plantes médicinales et des traitements naturels inspirés de traditions ancestrales**.

Pourquoi l'histoire doit être réécrite

- **Les institutions médicales africaines doivent inclure ces faits historiques** dans leurs programmes.
- **Les historiens et chercheurs africains doivent produire des ouvrages réhabilitant les savoirs médicaux traditionnels.**

7. Conclusion : Inspirer l'Avenir

Message final aux jeunes Africains

« *L'Afrique a été un pionnier de l'immunologie bien avant l'Occident. Nos ancêtres ont développé des méthodes qui ont sauvé des millions de vies. Il est temps de revendiquer cet héritage et de bâtir l'avenir de la médecine africaine.* »

L'Afrique doit réintégrer ses propres savoirs dans la recherche médicale et former une nouvelle génération de scientifiques inspirés par leurs ancêtres.

Chapitre 78 : L'Extraction de la Cataracte Pratiquée en Égypte Ancienne, Souvent Attribuée à des Médecins Européens Bien Plus Tardifs

1. Introduction : Rétablir l'Histoire

L'histoire de la chirurgie oculaire est souvent racontée à travers les avancées européennes, mettant en avant des figures comme **Jacques Daviel (1693-1762)**, qui est crédité pour avoir introduit la technique moderne d'extraction de la cataracte. Cependant, **des millénaires avant cette reconnaissance occidentale, les Égyptiens de l'Antiquité pratiquaient déjà des interventions pour traiter la cataracte**, une maladie courante due aux conditions climatiques désertiques et à l'exposition prolongée au soleil.

Des preuves archéologiques et textuelles montrent que **les Égyptiens maîtrisaient l'extraction de la cataracte**, utilisant des méthodes qui annoncent les techniques modernes de la chirurgie ophtalmologique. Pourtant, ces contributions ont été **occultées** par l'histoire officielle qui attribue ces découvertes à des médecins européens bien plus tardifs. Ce chapitre se propose de rétablir la vérité et de **rendre hommage aux pionniers africains de la chirurgie oculaire**.

2. Preuves Historiques et Scientifiques : La Paternité Africaine

Les Papyrus Médicaux de l'Égypte Ancienne

L'une des sources les plus précieuses pour comprendre les connaissances médicales de l'Égypte ancienne est le **Papyrus Ebers** (daté vers 1550 av. J.-C.), qui décrit plusieurs traitements pour les maladies des yeux. On y trouve des références aux maladies oculaires, aux infections et à la chirurgie de la cataracte.

Un autre document clé, le **Papyrus Edwin Smith**, souvent considéré comme le plus ancien traité de chirurgie, mentionne des techniques chirurgicales avancées, notamment celles appliquées aux blessures de la tête et aux maladies des yeux.

Techniques Utilisées pour l'Extraction de la Cataracte

Les Égyptiens anciens pratiquaient une technique connue sous le nom de **couching (abaissement du cristallin opaque)**. Cette méthode consistait à :

1. **Utiliser une fine aiguille ou un petit instrument pointu pour perforer l'œil.**
2. **Pousser le cristallin opaque hors de l'axe visuel vers le bas de l'œil**, permettant ainsi au patient de retrouver une vision plus claire.
3. **Employer des onguents et des plantes médicinales pour réduire l'inflammation post-opératoire et favoriser la guérison.**

Bien que primitive par rapport aux techniques modernes d'implantation de lentilles, cette méthode était largement utilisée jusqu'au XIXe siècle et reste une **pratique chirurgicale de base dans certaines régions rurales du monde aujourd'hui.**

Évidences Archéologiques et Témoignages Anciens

- Des **statues et des peintures murales** montrent des Égyptiens avec des outils chirurgicaux sophistiqués, y compris des instruments utilisés pour des opérations sur les yeux.
- L'historien grec **Hérodote (Ve siècle av. J.-C.)** rapporte que les Égyptiens avaient **des spécialistes médicaux pour chaque maladie, y compris des ophtalmologues**.
- Le médecin romain **Celse (Ier siècle apr. J.-C.)** a décrit une procédure de traitement de la cataracte qu'il aurait apprise des traditions médicales égyptiennes.

3. Impact et Apports Réels de cette Découverte

Pourquoi cette Pratique Était Révolutionnaire ?

C'est l'une des premières chirurgies connues dans l'histoire humaine, prouvant que les Égyptiens avaient une connaissance avancée de l'anatomie et de la médecine.
La médecine égyptienne a influencé la Grèce antique et Rome, où de nombreux médecins ont étudié ces techniques avant de les adapter.
Les bases de la chirurgie ophtalmologique moderne ont été posées en Égypte, bien avant les avancées européennes des XVIIe et XVIIIe siècles.

Applications Modernes et Influence sur la Médecine Mondiale

Transfert des connaissances vers la Grèce et Rome : Les médecins grecs tels qu'**Hippocrate** et **Galen** ont intégré des pratiques égyptiennes dans leurs enseignements médicaux.
Techniques médicales encore utilisées aujourd'hui : Le **couching**, bien que remplacé par la chirurgie au laser moderne, est toujours pratiqué dans certaines régions rurales du monde.

4. Comment cette Connaissance a été Usurpée ou Détournée

Récupération des Connaissances Égyptiennes par les Grecs et les Romains

- **Alexandre le Grand** et ses conquêtes ont permis aux Grecs de s'approprier une grande partie du savoir médical égyptien.
- **Les médecins grecs ont étudié en Égypte**, mais ont souvent omis d'attribuer leurs connaissances à leurs sources africaines.

Effacement Progressif de l'Héritage Africain

- À partir du Moyen Âge, **l'Europe a redécouvert ces connaissances via les traductions arabes**, mais les a attribuées uniquement aux Grecs et aux Romains.
- Au XIXe siècle, **l'archéologie européenne a minimisé l'impact de la médecine égyptienne**, la réduisant à une simple médecine mystique ou religieuse.

Crédit Exclusif Donné aux Médecins Européens

- **Jacques Daviel**, un chirurgien français, est célébré pour avoir "inventé" la chirurgie moderne de la cataracte en 1747, bien que les **Égyptiens aient pratiqué cette technique 3 000 ans plus tôt**.

5. Héritage et Enseignements pour les Jeunes Africains

Pourquoi enseigner cette histoire aujourd'hui ?

- **Réhabiliter la place de l'Afrique dans l'histoire de la médecine mondiale.**
- **Encourager la médecine traditionnelle africaine comme base pour l'innovation biomédicale moderne.**

Inspirer une nouvelle génération de chirurgiens et chercheurs africains

- Les étudiants africains en médecine doivent savoir que **leurs ancêtres étaient pionniers en chirurgie ophtalmologique.**
- Des **instituts de recherche en médecine traditionnelle** devraient être créés pour documenter et préserver ces savoirs.

6. Réflexion et Reconnaissance Officielle

Les efforts récents pour réhabiliter la médecine égyptienne

- De plus en plus de chercheurs africains publient des études sur la médecine de l'Égypte antique.
- Des conférences et musées africains mettent en lumière ces contributions historiques.

Revendications à faire auprès des institutions médicales mondiales

- Exiger que l'histoire de la chirurgie ophtalmologique reconnaisse la contribution égyptienne.
- Faire pression sur l'UNESCO et l'OMS pour rétablir ces faits dans les manuels médicaux.

7. Conclusion : Inspirer l'Avenir

Message final aux jeunes Africains

« Nos ancêtres ont non seulement développé la première médecine avancée du monde, mais ils ont aussi pratiqué des chirurgies complexes comme l'extraction de la cataracte bien avant l'Europe. Il est temps de revendiquer cet héritage et d'exceller dans le domaine médical pour faire rayonner la science africaine. »

L'Afrique doit reconnaître et valoriser son passé médical pour mieux bâtir l'avenir de la médecine moderne.

Chapitre 79 : Les Pratiques de Médecine Traditionnelle et l'Utilisation des Plantes Médicinales en Afrique de l'Ouest

1. Introduction : Rétablir l'Histoire

La médecine traditionnelle africaine repose sur une connaissance millénaire des plantes, des minéraux et des pratiques spirituelles permettant de traiter une grande variété de maladies. **Bien avant l'arrivée des Européens**, les guérisseurs africains maîtrisaient l'art de soigner à l'aide de plantes médicinales, de rituels et d'une approche holistique de la santé.

Cependant, l'héritage médical africain a souvent été **minimisé, voire ignoré**, au profit de la médecine occidentale moderne. **Certaines des substances actives présentes dans les médicaments modernes proviennent pourtant de la pharmacopée africaine**, mais leurs origines ne sont pas toujours reconnues. Ce chapitre met en lumière **l'importance de la médecine traditionnelle ouest-africaine et son influence sur la pharmacologie moderne**.

2. Preuves Historiques et Scientifiques : La Paternité Africaine

Les Manuscrits de Tombouctou : Un Héritage Médical Précieux

Les **manuscrits de Tombouctou** (XIVe-XVIe siècle) contiennent des traités médicaux détaillant les pratiques médicales des savants ouest-africains. On y trouve des descriptions de maladies, des remèdes à base de plantes et des instructions pour les guérisseurs.

Les Plantes Médicinales Utilisées en Afrique de l'Ouest

L'Afrique de l'Ouest regorge de **plantes aux vertus thérapeutiques** qui ont longtemps été utilisées dans la pharmacopée traditionnelle :

Le neem (Azadirachta indica) : Utilisé pour ses propriétés antiparasitaires, antibactériennes et antifongiques.

Le kinkeliba (Combretum micranthum) : Plante aux vertus détoxifiantes, utilisée pour traiter les troubles digestifs et le paludisme.
Le moringa (Moringa oleifera) : Source de vitamines et d'antioxydants, il est utilisé comme complément nutritionnel et traitement contre la malnutrition.

Le quinquina (Cinchona officinalis) : À l'origine de la quinine, utilisée pour lutter contre le paludisme.
Le Voacanga africana : Plante qui a inspiré des médicaments contre les troubles neurologiques.

Les Pratiques Médicales Traditionnelles

Les guérisseurs et tradipraticiens : En Afrique de l'Ouest, les guérisseurs jouent un rôle clé dans la société. Ils sont **médecins, psychologues et pharmaciens** à la fois, et traitent aussi bien les maladies physiques que spirituelles.

Les décoctions et infusions : Les plantes médicinales sont souvent utilisées sous forme de tisanes, de cataplasmes ou de poudres pour soigner divers maux.

La prévention des épidémies : Les remèdes traditionnels ont été utilisés pour contenir des maladies comme **la variole et le paludisme** bien avant l'introduction des vaccins européens.

3. Impact et Apports Réels de cette Découverte

Comment la Médecine Traditionnelle Africaine a Influencé la Médecine Moderne

La pharmacologie moderne tire profit des plantes africaines :

- **La quinine**, extraite du quinquina, est l'un des premiers traitements efficaces contre le paludisme.
- **L'artémisinine**, une molécule découverte à partir de la médecine chinoise, a également été utilisée en complément de la médecine traditionnelle africaine pour soigner le paludisme.
- **Le Voacanga africana** a inspiré des recherches sur les traitements neurologiques modernes.

Utilisation des Plantes Médicinales en Afrique Aujourd'hui

En raison de **l'inaccessibilité des médicaments occidentaux dans certaines régions**, plus de **70 % des Africains** font encore appel à la médecine traditionnelle pour traiter les maladies courantes.

L'OMS reconnaît l'importance de la médecine traditionnelle : L'Organisation mondiale de la santé (OMS) encourage désormais **l'intégration des pratiques médicales traditionnelles dans les systèmes de santé modernes**.

4. Comment cette Connaissance a été Usurpée ou Détournée

L'Occultation des Contributions Africaines

- L'histoire de la médecine met **rarement en avant** le rôle des tradipraticiens africains, alors même que leurs connaissances ont été exploitées par les chercheurs occidentaux.
- **Les pharmacopées modernes utilisent des molécules issues des plantes africaines**, mais sans toujours reconnaître leur origine traditionnelle.

L'Appropriation des Ressources Médicinales

- **La bio-piraterie** : De nombreuses plantes médicinales africaines ont été brevetées par des entreprises pharmaceutiques sans que leurs découvertes ne profitent aux populations locales.
- **L'exploitation économique** : Des multinationales exploitent aujourd'hui des plantes médicinales comme le **neem et le moringa**, sans compensation pour les pays d'origine.

L'Image Négative de la Médecine Traditionnelle

- Pendant la colonisation, la médecine africaine a été **assimilée à des pratiques occultes ou primitives**.
- Encore aujourd'hui, **la médecine traditionnelle est parfois perçue comme inférieure**, alors qu'elle a largement prouvé son efficacité.

5. Héritage et Enseignements pour les Jeunes Africains

Pourquoi Faut-il Valoriser la Médecine Traditionnelle ?

- Elle fait partie du patrimoine africain et mérite d'être protégée et transmise.
- Elle a un potentiel immense pour le développement de nouveaux médicaments.
- Elle peut être intégrée dans les systèmes de santé modernes.

Encourager les Jeunes Africains à Étudier la Médecine Traditionnelle

- Création de **programmes universitaires dédiés** à l'étude des plantes médicinales africaines.
- Soutien aux **laboratoires de recherche locaux** pour exploiter les savoirs traditionnels en médecine moderne.
- Sensibilisation sur les dangers de la **bio-piraterie** et importance de la **protection des ressources naturelles africaines**.

6. Réflexion et Reconnaissance Officielle

L'OMS et la Reconnaissance de la Médecine Traditionnelle

- L'Organisation mondiale de la santé (OMS) encourage **l'usage des médecines traditionnelles** en complément de la médecine moderne.

Exiger la Reconnaissance de la Pharmacopée Africaine

- Faire reconnaître officiellement **l'origine africaine de nombreuses découvertes pharmaceutiques**.
- Encourager **la recherche sur les plantes médicinales africaines** avec des financements locaux.

Protection et Valorisation de la Médecine Traditionnelle

- Création de **centres de médecine intégrative** combinant savoirs traditionnels et avancées scientifiques modernes.
- Lutte contre **l'exploitation illégale des ressources africaines par les entreprises pharmaceutiques internationales**.

7. Conclusion : Inspirer l'Avenir

Message Final aux Jeunes Africains

« *L'Afrique possède l'un des patrimoines médicinaux les plus riches du monde. Nos ancêtres ont soigné des maladies bien avant l'arrivée de la médecine occidentale. Aujourd'hui, il est temps de **valoriser nos savoirs, de protéger nos ressources et de créer des innovations médicales qui profiteront à notre continent**. L'avenir de la médecine africaine repose entre nos mains !* »

L'Afrique doit exploiter et protéger son savoir médicinal ancestral pour mieux répondre aux défis de santé du XXIe siècle. 🚀

Chapitre 80 : Les Techniques d'Obstétrique et de Sage-Femme Développées par les Cultures Africaines mais Souvent Ignorées dans l'Histoire Médicale

1. Introduction : Rétablir l'Histoire

L'obstétrique, l'art d'assister les femmes pendant la grossesse et l'accouchement, est une pratique qui remonte à l'aube de l'humanité. Pourtant, **l'histoire officielle de la médecine** attribue souvent les avancées obstétriques aux Grecs, aux Romains, et plus tard aux Européens du XVIIIe et XIXe siècle.

Or, bien avant Hippocrate et les médecins européens, **les sociétés africaines avaient développé des pratiques obstétricales avancées**, combinant **des techniques chirurgicales, des connaissances en pharmacopée, et des soins post-partum**. Ces savoirs, transmis de génération en génération par des **sages-femmes africaines**, ont permis d'assurer la santé des mères et des nouveau-nés pendant des siècles.

Malheureusement, avec **la colonisation et l'occultation des savoirs africains**, ces connaissances ont été **ignorées, marginalisées ou dévalorisées** par la médecine occidentale. Certaines techniques ont même été **réappropriées** sans mentionner leur origine africaine.

Ce chapitre vise à **rétablir la vérité** sur l'apport fondamental de l'Afrique en obstétrique et à montrer **en quoi ces pratiques sont toujours pertinentes aujourd'hui**.

2. Preuves Historiques et Scientifiques : La Paternité Africaine

Les preuves de l'excellence obstétricale africaine remontent à plusieurs millénaires et peuvent être regroupées en plusieurs catégories.

2.1. Documents et Archives Historiques

- **Papyrus d'Ebers (vers 1550 av. J.-C.)** : Ce texte médical égyptien détaille des techniques de suivi de la grossesse, d'induction du travail et de traitement des complications post-partum.
- **Statues et fresques nubiennes et égyptiennes** : Certaines représentations montrent des femmes en position d'accouchement assistées par des sages-femmes.

2.2. Fouilles Archéologiques et Témoignages

- **Sites archéologiques au Mali et au Soudan** : Des restes momifiés montrent des traces de **césariennes réussies**, réalisées avec des outils stérilisés au feu et des traitements à base de plantes antiseptiques.
- **Rites et traditions des Yorubas (Nigéria) et des Bantous (Congo, Angola, RDC)** : Ces peuples pratiquaient des **massages prénataux et des positions d'accouchement** spécifiques pour réduire la douleur et favoriser l'expulsion du bébé.

2.3. Témoignages de Médecins Européens du XIXe siècle

Certains explorateurs et médecins européens ont **admis l'expertise des sages-femmes africaines**. Par exemple :

- **Dr. Robert Felkin** (médecin britannique, 1879) a observé une **césarienne réussie en Ouganda** pratiquée avec un **couteau stérilisé, des compresses de bananier et des décoctions médicinales**, et a noté que **le taux de survie était supérieur à celui des césariennes en Europe à l'époque**.

3. Impact et Apports Réels de cette Découverte

L'expertise des sages-femmes africaines ne se limitait pas à l'accouchement lui-même, mais englobait **tout le cycle de la grossesse et du post-partum**.

3.1. Techniques de Préparation à l'Accouchement

- **Massages prénataux** : En Afrique de l'Ouest, les sages-femmes massaient les ventres des femmes enceintes pour aider à **aligner le bébé dans une position optimale**.
- **Tisanes et infusions médicinales** : À base de feuilles de neem, de gingembre ou de clous de girofle, ces boissons aidaient à **prévenir les infections et à renforcer l'immunité**.

3.2. Positions d'Accouchement Innovantes

Contrairement à la position allongée imposée par la médecine occidentale, **les Africaines accouchaient souvent en position accroupie ou assise**, ce qui :

- Réduisait la douleur,
- Accélérait le travail,
- Diminuait les risques de complications.

3.3. Soins Post-Partum et Protection des Nouveau-nés

- **Application d'onguents antiseptiques naturels** (karité, miel, huile de neem) pour prévenir les infections.
- **Systèmes d'incubation naturelle** : En Afrique de l'Est, les femmes portaient leurs nouveau-nés en écharpe contre leur poitrine, maintenant une chaleur corporelle constante (ancêtre de la méthode "peau à peau" adoptée en néonatalogie moderne).

4. Comment cette Connaissance a été Usurpée ou Détournée

L'histoire a **occulté** ces savoirs africains en raison de plusieurs facteurs:

4.1. Influence des Explorateurs et Missionnaires Européens

- Les missionnaires ont imposé **une vision occidentale de la médecine**, dévalorisant les sages-femmes africaines en les assimilant à des "guérisseuses" primitives.
- Les explorateurs et médecins européens ont documenté ces pratiques sans **reconnaître leur supériorité** sur certaines méthodes occidentales de l'époque.

4.2. Colonisation et Effacement des Savoirs Locaux

- **La médecine traditionnelle a été interdite** dans certaines colonies françaises et britanniques.
- **Les sages-femmes africaines ont été marginalisées** au profit d'un système médical européen standardisé.

4.3. Réappropriation des Pratiques Africaines

- **Les techniques de césarienne africaines ont influencé les pratiques chirurgicales européennes**, sans créditer les chirurgiens africains.
- **Les positions d'accouchement africaines ont été adoptées récemment en Europe**, sous le nom d'**accouchement physiologique**, sans reconnaître leur origine.

5. Héritage et Enseignements pour les Jeunes Africains

Il est crucial de **réhabiliter ces connaissances** et de les **réintégrer dans les manuels scolaires africains**.

5.1. Valorisation de la Médecine Traditionnelle

- Des hôpitaux africains, comme ceux du Ghana ou de Tanzanie, **associent aujourd'hui obstétrique moderne et sages-femmes traditionnelles.**

5.2. Transmission de ces Savoirs aux Générations Futures

- Des **programmes de formation en obstétrique africaine** émergent pour enseigner ces méthodes aux nouvelles générations de sages-femmes.

6. Réflexion et Reconnaissance Officielle

Des efforts récents visent à **réhabiliter ces contributions africaines** :

- L'**OMS (Organisation Mondiale de la Santé)** reconnaît officiellement que **les accouchements en position accroupie réduisent les complications.**
- Le **Réseau Africain des Sages-Femmes Traditionnelles** milite pour l'intégration de ces techniques dans les systèmes de santé nationaux.

7. Conclusion : Inspirer l'Avenir

Les savoirs obstétriques africains ont **sauvé des millions de vies** avant d'être injustement **supprimés et marginalisés.** Il est **temps de reconnaître leur valeur** et de les réintégrer dans les systèmes médicaux modernes.

En réhabilitant ces connaissances, nous **rendons justice à l'héritage médical africain** et **offrons aux générations futures une vision plus complète de l'histoire de la médecine.**

"Nos ancêtres n'étaient pas des ignorants : ils étaient des pionniers de la médecine, et il est temps de leur rendre hommage."

Chapitre 81 : Les Pratiques de Gestion des Épidémies en Afrique, incluant l'Isolement des Malades et les Remèdes Naturels

1. Introduction : Rétablir l'Histoire

Depuis l'aube des civilisations africaines, les communautés ont développé des systèmes avancés de gestion des épidémies, basés sur l'**isolement des malades, la médecine préventive et l'utilisation de remèdes** naturels. Bien avant la médecine moderne, **les sociétés africaines avaient compris les principes de la contagion et mis en place des protocoles de quarantaine efficaces.**

Or, l'histoire officielle attribue souvent ces pratiques aux Européens, comme la quarantaine mise en place en Europe au XIVe siècle lors de la peste noire. Pourtant, **les Africains utilisaient déjà ces techniques bien avant**, en particulier face à des maladies comme la variole, la fièvre jaune ou encore les épidémies de choléra et de rougeole.

Ce chapitre explore les stratégies africaines **de lutte contre les épidémies**, souvent ignorées ou minimisées par l'histoire de la médecine occidentale, et montre comment ces pratiques **continuent d'influencer la médecine moderne.**

2. Preuves Historiques et Scientifiques : La Paternité Africaine

2.1. Documents et Archives Historiques

- **Manuscrits de Tombouctou (XIVe - XVIe siècles)** : Ces documents, conservés au Mali, décrivent **des protocoles d'isolement pour les malades contagieux,** ainsi que l'utilisation de plantes médicinales pour traiter les infections.
- **Écrits des explorateurs arabes et européens** : Ibn Battuta (XIVe siècle) et Léon l'Africain (XVIe siècle) ont rapporté que les communautés africaines pratiquaient **l'isolement des personnes atteintes de maladies infectieuses.**

2.2. Pratiques Observées par les Européens

- **Dr. Robert Felkin (XIXe siècle)** a observé en Ouganda des **pratiques avancées de gestion des malades contagieux,** notamment **l'éloignement des foyers infectés et la désinfection des espaces.**
- **Explorateurs britanniques et français en Afrique de l'Ouest** (XVIIIe - XIXe siècles) ont constaté que les peuples locaux **brûlaient les effets personnels des malades** pour prévenir la propagation des infections, une mesure aujourd'hui appliquée dans la lutte contre Ebola.

2.3. Fouilles Archéologiques et Témoignages Locaux

- **Des traces de villages abandonnés au Sahel** montrent que certaines communautés avaient une politique stricte d'**évacuation des zones infectées** en cas d'épidémie.

- **Pratiques encore vivantes aujourd'hui** dans certaines régions rurales d'Afrique de l'Ouest et d'Afrique centrale, où l'isolement et les traitements à base de plantes restent la première ligne de défense contre les maladies contagieuses.

3. Impact et Apports Réels de cette Découverte

3.1. Isolement et Quarantaine : Un Concept Africain Antérieur à l'Occident

Contrairement à la croyance populaire selon laquelle la quarantaine a été inventée en Europe au XIVe siècle, **les sociétés africaines avaient déjà mis en place ces pratiques bien avant**.

- **Les communautés bantoues et mandingues** pratiquaient l'isolement systématique des personnes atteintes de maladies contagieuses.
- **Les huttes d'isolement** étaient construites à l'extérieur des villages pour **éviter la propagation des infections**.

3.2. Médecine Préventive et Utilisation des Plantes Médicinales

Les guérisseurs africains utilisaient **des plantes aux propriétés antivirales, antibactériennes et antiparasitaires** :

- **Neem (Azadirachta indica)** : Antiviral et immunostimulant, utilisé contre la variole et la grippe.
- **Kinkeliba (Combretum micranthum)** : Plante consommée en infusion pour **détoxifier l'organisme et renforcer l'immunité**.
- **Armoise africaine (Artemisia afra)** : Employée contre les fièvres, y compris le paludisme.

Ces méthodes étaient **largement utilisées bien avant** que la médecine moderne ne reconnaisse leurs bienfaits.

3.3. Techniques de Désinfection et de Traitement des Espaces Infectés

- **Brûlage des vêtements et objets des malades**, une pratique adoptée plus tard en Occident contre la peste et le choléra.
- **Utilisation de fumigations** (encens médicinal, feuilles d'eucalyptus et de neem) pour purifier l'air et éviter la transmission des maladies.

4. Comment cette Connaissance a été Usurpée ou Détournée

4.1. Influence des Explorateurs et Colonisateurs

Lorsque les Européens sont arrivés en Afrique, ils ont constaté **l'efficacité des méthodes traditionnelles**, mais au lieu de les documenter de manière neutre, ils ont souvent **minimisé ou ridiculisé ces pratiques**.

4.2. Colonisation et Effacement des Savoirs Locaux

- Les colons ont imposé **une médecine occidentale basée sur les hôpitaux et les médicaments chimiques, marginalisant les guérisseurs traditionnels**.
- Des pratiques locales **comme l'isolement des malades** ont été ignorées dans l'enseignement médical colonial.

4.3. Réappropriation de Méthodes Africaines par la Médecine Moderne

Aujourd'hui, **plusieurs techniques utilisées en médecine moderne proviennent des savoirs africains, mais sans reconnaissance officielle** :

- **L'isolement des malades** (utilisé contre Ebola et la COVID-19) existait en Afrique depuis des siècles.
- **Les traitements à base de plantes médicinales** commencent à être validés par la science, mais souvent sans reconnaître leur origine africaine.

5. Héritage et Enseignements pour les Jeunes Africains

Il est crucial de **réintégrer ces connaissances** dans l'éducation et les pratiques médicales africaines contemporaines.

5.1. Pourquoi ces Savoirs doivent être Enseignés

- **L'Afrique ne doit plus dépendre uniquement des solutions médicales importées**.
- **Les universités africaines doivent inclure ces pratiques traditionnelles dans leurs cursus médicaux**.

5.2. Valorisation des Médecines Traditionnelles

- Certains pays comme le Mali et le Sénégal **intègrent déjà des guérisseurs traditionnels dans leurs systèmes de santé**.

6. Réflexion et Reconnaissance Officielle

6.1. Efforts Récents pour la Réhabilitation de ces Savoirs

- **L'OMS reconnaît officiellement** certaines plantes médicinales africaines pour leur potentiel antiviral et immunostimulant.
- **Des centres de recherche en médecine traditionnelle émergent** en Afrique pour étudier scientifiquement ces traitements.

6.2. Ce qu'il Reste à Faire

- **Plus d'investissements dans la recherche sur la médecine traditionnelle africaine.**
- **Revaloriser le rôle des sages-femmes et guérisseurs traditionnels.**

7. Conclusion : Inspirer l'Avenir

Loin d'être primitive, la gestion des épidémies en Afrique était **basée sur une compréhension avancée de la contagion et de l'immunité**. Malheureusement, ces savoirs ont été **marginalisés par l'histoire coloniale**.

Aujourd'hui, il est **temps de reconnaître l'expertise médicale africaine** et d'encourager **les futures générations à se réapproprier ces connaissances**. L'avenir de la médecine africaine repose sur **l'alliance entre les savoirs traditionnels et les innovations modernes**.

"L'Afrique a toujours été un centre de savoir médical. Il est temps de réécrire son histoire avec la vérité."

Chapitre 82 : Les Techniques de Conservation des Graines et des Semences, Assurant la Continuité des Cultures et la Sécurité Alimentaire

1. Introduction : Rétablir l'Histoire

La conservation des graines et des semences est une pratique ancestrale qui a permis aux civilisations humaines de **préserver la biodiversité agricole, d'assurer la sécurité alimentaire et de garantir la résilience des cultures face aux changements climatiques**. Pourtant, l'histoire de l'agriculture mondiale attribue souvent les méthodes modernes de conservation des semences aux laboratoires et aux instituts de recherche occidentaux.

Or, bien avant ces développements modernes, **les peuples africains avaient développé des systèmes sophistiqués de conservation des graines** à travers différentes techniques naturelles et des connaissances transmises de génération en génération. Ces méthodes, basées sur **l'observation de la nature et l'ingéniosité agricole locale**, ont été essentielles pour garantir la production alimentaire à travers les siècles.

Malheureusement, ces savoirs ont été **marginalisés, voire effacés, par l'influence coloniale et la domination des grandes industries agroalimentaires**. Ce chapitre vise à restaurer la vérité historique et à démontrer comment les techniques africaines de conservation des semences ont influencé l'agriculture moderne.

2. Preuves Historiques et Scientifiques : La Paternité Africaine

2.1. Documents et Archives Historiques

- **Les Manuscrits de Tombouctou** (XIVe-XVIe siècle) mentionnent **les techniques de préservation des semences** utilisées par les agriculteurs sahéliens pour protéger leurs récoltes d'une année sur l'autre.
- **Les récits de voyageurs arabes et européens** du Moyen Âge rapportent comment les sociétés africaines, notamment en Éthiopie et au Sahel, stockaient et échangeaient des semences sur **de longues distances à travers des réseaux commerciaux complexes**.

2.2. Preuves Archéologiques et Biologiques

- Des fouilles menées au **Soudan et en Égypte ont révélé des graines de blé et d'orge conservées dans des jarres hermétiques** datant de plus de **4 000 ans.**
- En Afrique de l'Ouest, des analyses de **greniers traditionnels en banco (argile et paille)** montrent qu'ils protégeaient efficacement les semences contre **l'humidité, les insectes et les variations climatiques.**

2.3. Témoignages et Études Contemporaines

- Des chercheurs en agroécologie, comme le Dr. **Olivier De Schutter**, ont confirmé que **les méthodes de conservation des semences pratiquées par les agriculteurs africains sont souvent plus efficaces que les solutions industrielles modernes.**
- L'**Organisation des Nations Unies pour l'alimentation et l'agriculture (FAO)** a récemment reconnu l'importance des **banques de semences traditionnelles gérées par les communautés africaines.**

3. Impact et Apports Réels de cette Découverte

3.1. Un Système de Conservation Adapté aux Environnements Variés

Les techniques africaines de conservation des semences ont permis aux populations de **s'adapter aux différents climats**, des zones sahéliennes aux régions équatoriales.

Méthodes Traditionnelles :

1. **Stockage en Jarres ou Poteries**
    - Utilisé par les anciens Égyptiens et les peuples sahéliens, **ce système protège les graines de l'humidité et des nuisibles**.
    - Des fouilles au Mali ont révélé des jarres contenant des semences vieilles de plusieurs siècles.
2. **Le Grenier sur Pilotis**
    - Commun en Afrique de l'Ouest, ce grenier **évite le contact avec l'humidité du sol et protège des rongeurs**.
    - Construit en bois et en paille, il permet **une ventilation naturelle qui empêche la germination prématurée des graines**.
3. **Le Traitement des Semences avec des Cendres et des Plantes Aromatiques**

- Des plantes comme le neem (Azadirachta indica) ou le poivre africain sont mélangées aux semences pour **éviter les infestations d'insectes**.
- Cette technique a été adoptée dans certaines banques de semences modernes.

4. **La Fermentation et la Conservation sous Terre**
   - Des tubercules comme l'igname et le manioc étaient conservés dans des fosses recouvertes de feuilles pour **maintenir une température stable et éviter la déshydratation**.

3.2. Un Modèle Durable pour la Sécurité Alimentaire

Les techniques de conservation des semences en Afrique ont contribué à :

- **Préserver la diversité génétique des cultures**, contrairement aux monocultures imposées par les grandes industries agroalimentaires.
- **Assurer une production alimentaire stable**, même en période de sécheresse ou de pénuries.
- **Réduire la dépendance aux semences industrielles**, qui sont souvent brevetées et empêchent les agriculteurs de conserver leurs propres graines.

4. Comment cette Connaissance a été Usurpée ou Détournée

4.1. L'Influence de la Colonisation et de l'Industrie Agroalimentaire

- Les colons européens **ont imposé leurs propres systèmes agricoles**, marginalisant les techniques traditionnelles africaines.
- L'introduction des semences hybrides et OGM a **rendu les agriculteurs dépendants des multinationales**, supprimant l'autonomie ancestrale.

4.2. La Disparition des Banques de Semences Traditionnelles

- De nombreuses banques de semences communautaires ont été **détruites ou abandonnées** au profit de systèmes industriels non adaptés aux climats africains.
- Aujourd'hui, **95 % des semences africaines sont importées d'Europe ou des États-Unis**, selon un rapport de l'**Union africaine**.

5. Héritage et Enseignements pour les Jeunes Africains

5.1. Pourquoi ces Savoirs Doivent Être Enseignés

- **Restaurer l'autonomie alimentaire** : Dépendre de semences importées met en danger la souveraineté alimentaire de l'Afrique.

- **Valoriser les savoirs ancestraux** et les intégrer dans les programmes scolaires et universitaires africains.

5.2. Revitalisation des Banques de Semences

- **Des pays comme l'Éthiopie et le Sénégal développent des banques de semences communautaires**, inspirées des méthodes traditionnelles.
- **L'agroécologie africaine devient un modèle durable pour d'autres régions du monde.**

6. Réflexion et Reconnaissance Officielle

6.1. Efforts Récents pour Réhabiliter ces Savoirs

- **L'Alliance pour la Souveraineté Alimentaire en Afrique (AFSA)** milite pour **l'autonomie semencière** et la protection des semences locales.
- **L'Organisation des Nations Unies reconnaît désormais les banques de semences traditionnelles** comme un outil clé de la sécurité alimentaire.

6.2. Ce qu'il Reste à Faire

- **Créer des formations pour les agriculteurs africains sur les techniques ancestrales de conservation des semences.**
- **Renforcer la protection des semences locales contre les brevets des multinationales agroalimentaires.**

7. Conclusion : Inspirer l'Avenir

Les techniques africaines de conservation des semences sont **une preuve éclatante de l'ingéniosité et de l'adaptabilité des peuples africains** face aux défis climatiques et alimentaires. **Aujourd'hui, alors que le monde cherche des solutions durables, ces savoirs ancestraux doivent être réhabilités et protégés.**

Message Inspirant pour la Nouvelle Génération

"L'avenir de l'Afrique repose sur la réappropriation de son savoir agricole ancestral. En préservant nos semences, nous préservons notre autonomie, notre culture et notre futur."

Chapitre 83 : L'Architecture Monumentale comme les Pyramides d'Égypte et Great Zimbabwe, Dont les Techniques ont Parfois été Attribuées à des Influences Extérieures

1. Introduction : Rétablir l'Histoire

L'architecture monumentale africaine est l'un des témoignages les plus éloquents du génie technique et scientifique des civilisations du continent. Deux exemples majeurs illustrent cette grandeur :

- **Les pyramides d'Égypte**, construites entre **-2700 et -1500 av. J.-C.**, sont des chefs-d'œuvre d'ingénierie qui continuent de fasciner le monde.
- **Great Zimbabwe**, un complexe en pierre situé au Zimbabwe et construit entre le **XIe et XVe siècle**, témoigne d'une maîtrise avancée de la construction sans mortier.

Malgré ces réalisations impressionnantes, une **tendance récurrente dans l'historiographie occidentale a cherché à attribuer ces constructions à des influences extérieures** (grecques, romaines, phéniciennes ou même extraterrestres !). Cette négation du génie africain a été renforcée par **la colonisation et les récits eurocentriques qui minimisaient les capacités des peuples africains** à bâtir de telles merveilles.

Ce chapitre vise à **rétablir la paternité africaine** de ces édifices, en s'appuyant sur des preuves archéologiques, historiques et scientifiques.

2. Preuves Historiques et Scientifiques : La Paternité Africaine

2.1. Les Pyramides d'Égypte : Une Technologie Africaine Ancestrale

- **Les pyramides ne sont pas d'influence grecque** : Les Grecs ne connaissaient pas cette architecture lorsqu'ils ont visité l'Égypte à partir du VIe siècle av. J.-C., soit plus de **2000 ans après la construction des grandes pyramides**.
- **Les Textes des Pyramides**, gravés à l'intérieur des tombeaux de l'Ancien Empire, détaillent les croyances et les techniques funéraires **purement africaines**.
- **Les fouilles archéologiques** montrent que les bâtisseurs des pyramides étaient **des ouvriers égyptiens et non des esclaves**, comme le prétendent certains mythes.

2.2. Great Zimbabwe : Une Ville Africaine d'Ingénierie Avancée

- **Les premiers explorateurs européens refusaient de croire que Great Zimbabwe ait été construit par des Africains.** Certains ont attribué le site aux Phéniciens ou aux Arabes, sans preuve.
- **Les études archéologiques modernes (David Randall-MacIver, 1905 et Peter Garlake, 1970)** confirment que **les bâtisseurs de Great Zimbabwe étaient bien des Shonas, une ethnie locale.**
- **Les techniques de construction avancées**, notamment l'assemblage de blocs de granit sans mortier, démontrent une **maîtrise unique de l'architecture en pierre sèche.**

Crédit photo : lafriquedesidees.org

3. Impact et Apports Réels de cette Découverte

3.1. L'Ingénierie des Pyramides : Un Modèle Mathématique et Architectural

- **Les proportions des pyramides sont basées sur des calculs géométriques précis**, notamment la **division du cercle et les fractions égyptiennes.**
- La **pente de la Grande Pyramide de Khéops (51,5°)** est proche du nombre d'or (phi), utilisé en architecture encore aujourd'hui.
- Les techniques de levage des blocs, utilisant **des rampes et des contrepoids**, ont inspiré **les ingénieurs modernes.**

3.2. L'Impact de Great Zimbabwe sur l'Histoire Africaine

- **Centre de commerce majeur**, reliant l'Afrique australe aux routes commerciales de l'océan Indien.
- **Preuve de la centralisation politique et du pouvoir des Shonas**, montrant que l'Afrique disposait de royaumes prospères avant la colonisation.
- **Conservation d'une architecture unique**, qui influence aujourd'hui des architectes et urbanistes africains.

4. Comment cette Connaissance a été Usurpée ou Détournée

4.1. La Théorie des Influences Extérieures : Un Effacement Délibéré

- **Les premiers archéologues européens ont souvent cherché à nier la contribution africaine à ces réalisations.**
- Des récits ont prétendu que **les Égyptiens étaient d'origine "caucasienne"** ou que les pyramides avaient été **influencées par des civilisations méditerranéennes.**
- Dans le cas de **Great Zimbabwe**, des explorateurs britanniques ont même détruit des preuves archéologiques pour masquer l'origine africaine du site.

4.2. L'Industrie du Tourisme et de l'Héritage Culturel

- **Les films et documentaires occidentaux** continuent d'entretenir des mythes sur des influences étrangères ou extraterrestres.
- **Le site de Great Zimbabwe n'est pas suffisamment mis en valeur**, alors qu'il devrait être un symbole de la grandeur africaine.

5. Héritage et Enseignements pour les Jeunes Africains

5.1. Intégrer ces Réalisations dans l'Éducation

- **Inscrire l'histoire architecturale africaine dans les programmes scolaires** pour donner aux jeunes une vision plus juste de leur héritage.
- **Valoriser les innovations africaines** en mathématiques et en ingénierie en montrant comment elles sont à l'origine de principes utilisés aujourd'hui.

5.2. Promouvoir un Tourisme Éducatif

- Encourager le développement de **sites touristiques éducatifs** en Afrique, pour que les jeunes générations puissent découvrir ces sites en grandeur nature.

6. Réflexion et Reconnaissance Officielle

6.1. Reconnaissance Internationale et Redéfinition de l'Histoire

- **L'UNESCO reconnaît désormais l'importance de Great Zimbabwe** comme site du patrimoine mondial, mais il reste **sous-financé.**
- **Des initiatives africaines réhabilitent l'héritage égyptien et zimbabwéen**, comme l'Institut de Recherche sur l'Égypte Ancienne de Cheikh Anta Diop.

6.2. Ce qu'il Reste à Faire

- **Les États africains doivent investir davantage dans la préservation et la valorisation de ces sites**.
- **Démystifier les récits historiques biaisés** en produisant plus de documentaires et de livres sur ces réalisations.

7. Conclusion : Inspirer l'Avenir

Les **pyramides d'Égypte et Great Zimbabwe ne sont pas des anomalies**, mais des témoignages **de la grandeur intellectuelle, scientifique et technologique des peuples africains**.

Les jeunes Africains doivent savoir que **leurs ancêtres ont conçu des structures défiant le temps**, et qu'ils peuvent eux aussi **repousser les limites du savoir et de l'innovation**.

Message Inspirant pour la Nouvelle Génération

"L'histoire africaine est une histoire de bâtisseurs, d'ingénieurs et de penseurs. En connaissant notre passé, nous pouvons bâtir un avenir où l'Afrique retrouve son rôle de centre du savoir et de la science."

Chapitre 84 : L'Architecture Durable Utilisant des Matériaux Locaux et Adaptée au Climat, Pratiquée en Afrique Depuis des Millénaires

1. Introduction : Rétablir l'Histoire

L'architecture africaine est profondément enracinée dans une compréhension fine de l'environnement, du climat et des matériaux disponibles localement. Bien avant que les concepts de **construction écologique, d'architecture bioclimatique ou de développement durable** ne deviennent des tendances globales, les Africains concevaient des structures **résilientes, écologiques et adaptées aux conditions climatiques locales**.

Pourquoi cette innovation a-t-elle été injustement attribuée ou ignorée ?

- **L'architecture africaine a longtemps été minimisée par les récits occidentaux**, qui voyaient les constructions africaines comme **primitives** alors qu'elles sont en réalité **ingénieuses et respectueuses de l'environnement**.
- **La colonisation et l'urbanisme imposé ont dévalorisé les techniques de construction locales**, privilégiant les matériaux importés (béton, acier, verre) au détriment de solutions **plus durables et mieux adaptées**.
- **Le mythe du "modernisme européen"** a conduit à l'adoption massive de techniques de construction inadaptées aux réalités climatiques africaines, créant **une dépendance aux matériaux importés** et augmentant les coûts énergétiques.

Pourtant, l'Afrique possède **un immense patrimoine architectural durable**, dont les techniques **devraient être redécouvertes et intégrées aux modèles modernes d'urbanisme durable**.

2. Preuves Historiques et Scientifiques : La Paternité Africaine

2.1. Matériaux Locaux et Écoconstruction en Afrique

Depuis des millénaires, les Africains ont utilisé des matériaux **100 % locaux, renouvelables et respectueux de l'environnement**, notamment :

- **La terre crue (adobe, banco, pisé)** : Utilisée dans les mosquées du Mali (Djenné), les maisons sahéliennes et les palais en Afrique de l'Ouest.
- **Le bois et le bambou** : Très présents dans les régions forestières (Cameroun, RDC, Madagascar).
- **Les pierres volcaniques et le granite** : Utilisés notamment en Éthiopie et en Afrique australe (Great Zimbabwe).
- **Les fibres végétales et les toits de chaume** : Techniques répandues en Afrique centrale et de l'Est.

2.2. Exemples de Constructions Durables et Adaptées au Climat

- **La Mosquée de Djenné (Mali, XIIIe siècle)** : Bâtie en terre crue, elle est **fraîche en journée et conserve la chaleur la nuit**, avec un entretien collectif annuel (crépi en banco).
- **Les cases Mousgoum (Cameroun et Tchad)** : Conçues avec une architecture **en forme de coquillage** permettant une **ventilation naturelle efficace**.
- **Les habitations troglodytes de Matmata (Tunisie)** : Creusées dans la roche pour **garder la fraîcheur en été et la chaleur en hiver**.
- **Les tukuls éthiopiens et les cases peules** : Dotés de toits coniques favorisant la **circulation de l'air et la gestion thermique naturelle**.

Ces exemples démontrent une **expertise avancée dans l'architecture bioclimatique** bien avant l'industrialisation des matériaux de construction.

3. Impact et Apports Réels de cette Découverte

3.1. Réduction de l'Impact Environnemental

- **Les matériaux naturels réduisent l'empreinte carbone**, contrairement au béton et à l'acier qui nécessitent une production industrielle lourde.
- **Les constructions locales sont biodégradables et recyclables**, contrairement aux infrastructures modernes qui produisent des déchets difficiles à gérer.

3.2. Adaptation au Climat et Résilience aux Chocs Climatiques

- **Les maisons en terre crue** maintiennent une température intérieure stable, évitant l'usage excessif de la climatisation.
- **Les toitures en fibres végétales** permettent d'évacuer la chaleur, tout en protégeant des pluies tropicales.
- **Les murs épais en pierre ou en banco** offrent une isolation thermique naturelle, adaptée aux climats arides.

3.3. Coût Abordable et Accessibilité

- **L'usage de matériaux locaux réduit les coûts de construction** et favorise l'emploi des artisans locaux.
- **Les maisons construites avec des techniques traditionnelles nécessitent peu d'entretien**, contrairement aux bâtiments en béton qui subissent l'humidité et les fissures.

4. Comment cette Connaissance a été Usurpée ou Détournée

4.1. L'Imposition du Modèle Occidental et la Dévalorisation des Techniques Locales

- **Durant la colonisation, les administrations européennes ont imposé des infrastructures en béton et en acier**, rejetant les techniques locales comme "archaïques".
- **Les universités d'architecture africaines ont longtemps privilégié les modèles européens**, excluant les savoir-faire indigènes des programmes d'enseignement.

4.2. La Réappropriation par l'Occident

- **Les principes des cases africaines (ventilation naturelle, formes coniques, matériaux naturels)** sont aujourd'hui étudiés en Europe et aux États-Unis sous le label de "constructions bioclimatiques".
- **De nombreux architectes occidentaux s'inspirent de l'architecture africaine pour des projets écologiques**, mais sans reconnaissance des origines.

5. Héritage et Enseignements pour les Jeunes Africains

5.1. Restaurer la Fierté des Techniques Ancestrales

- **Intégrer les méthodes de construction africaines dans l'enseignement architectural et les écoles d'ingénieurs**.
- **Former les jeunes artisans africains aux techniques de construction durable** pour lutter contre l'exode des savoirs traditionnels.

5.2. Revitaliser les Villes Africaines avec des Modèles Écologiques

- **Développer des matériaux locaux innovants**, inspirés des anciennes techniques mais adaptés aux besoins modernes.
- **Encourager l'urbanisme durable**, en utilisant les principes des anciennes constructions adaptées aux climats locaux.

6. Réflexion et Reconnaissance Officielle

6.1. Efforts de Réhabilitation des Techniques Locales

- **Des architectes africains comme Francis Kéré (Burkina Faso) et Diebedo Francis Kéré militent pour l'intégration des matériaux locaux dans les projets modernes.**
- **L'UNESCO classe certains sites comme Djenné et Great Zimbabwe, mais peu d'efforts sont faits pour promouvoir ces savoirs dans les cursus d'architecture africains.**

6.2. Propositions pour l'Avenir

- **Les gouvernements africains doivent promouvoir les constructions durables et subventionner les initiatives utilisant des matériaux locaux.**
- **Les instituts de recherche africains doivent documenter et préserver ces connaissances ancestrales** pour éviter leur disparition.

7. Conclusion : Inspirer l'Avenir

L'architecture durable africaine n'est pas une **relique du passé**, mais **une solution pour l'avenir**. Ses principes de **résilience, de sobriété énergétique et d'adaptation au climat** sont plus pertinents que jamais dans un monde confronté au changement climatique.

Les jeunes architectes africains doivent **réinventer l'urbanisme** en s'inspirant des techniques éprouvées par leurs ancêtres, et **proposer un modèle de développement qui valorise les ressources locales et respecte l'environnement.**

Message Inspirant pour la Nouvelle Génération

"Construire avec intelligence, c'est comprendre son environnement et l'honorer. L'Afrique possède un savoir unique, à nous de le préserver et de le moderniser pour bâtir des villes durables et résilientes."

Chapitre 85 : Les Techniques de Construction en Pierre Sèche, Utilisées dans les Terrasses Agricoles et les Habitations en Afrique de l'Est et Australe

1. Introduction : Rétablir l'Histoire

Les techniques de construction en pierre sèche constituent un patrimoine architectural exceptionnel en Afrique. Présentes notamment dans les **terres agricoles de l'Afrique de l'Est et les habitats de l'Afrique australe**, ces méthodes ont permis d'optimiser l'usage des sols et d'ériger des structures durables, sans recours au mortier ou à d'autres liants modernes.

Pourtant, ces innovations sont souvent **marginalisées ou attribuées à des influences étrangères**, notamment gréco-romaines ou arabes. On oublie que **des civilisations africaines ont perfectionné l'art de l'assemblage de pierres sèches** depuis des millénaires, en tirant parti des ressources locales pour bâtir des structures résilientes et adaptées aux conditions climatiques spécifiques du continent.

Dans ce chapitre, nous allons mettre en lumière ces techniques de construction ancestrales, démontrer leur **paternité africaine**, explorer leur **impact historique et contemporain**, et expliquer comment **elles ont été usurpées ou effacées** des récits architecturaux classiques.

2. Preuves Historiques et Scientifiques : La Paternité Africaine

2.1. Exemples Historiques de Construction en Pierre Sèche en Afrique

Plusieurs sites et civilisations africaines ont utilisé cette méthode de construction bien avant l'ère moderne :

- **Great Zimbabwe (XIe-XVe siècle) - Zimbabwe**
    - Ce site emblématique est **le plus grand complexe architectural en pierre sèche d'Afrique subsaharienne**.
    - Il était composé de murs en pierre atteignant jusqu'à **11 mètres de hauteur**, sans aucun mortier.
    - Les bâtisseurs ont soigneusement taillé et empilé les pierres pour assurer **stabilité et durabilité**.
    - Pourtant, lors de la colonisation, des historiens européens ont tenté d'attribuer ce site à des "civilisations extérieures"

(Phéniciens, Arabes ou même Européens), refusant de reconnaître son origine bantoue.
- **Les terrasses agricoles des montagnes de Konso (Éthiopie) - Plus de 400 ans**
  - La communauté Konso a construit des **terrasses en pierre sèche** pour lutter contre l'érosion des sols et maximiser la production agricole.
  - Ce système est **encore utilisé aujourd'hui**, prouvant son **efficacité environnementale et économique**.
  - L'UNESCO a reconnu ce patrimoine en 2011, mais il reste méconnu en dehors des cercles spécialisés.
- **Les habitations en pierre sèche des Berbères dans le Hoggar (Algérie) et les monts Matobo (Zimbabwe)**
  - Les Berbères et les peuples San ont érigé **des maisons en pierre sèche parfaitement adaptées aux climats arides**.
  - Ces structures offrent **une isolation thermique naturelle**, réduisant la nécessité de chauffage ou de climatisation.
- **Les ruines de Tiya (Éthiopie) et les cités en pierre du Malawi**
  - Ces vestiges démontrent **une maîtrise avancée de la taille et de l'assemblage de pierres**, prouvant que ces techniques étaient largement répandues.

2.2. Méthodes et Ingéniosité des Constructions en Pierre Sèche

Les bâtisseurs africains ont mis au point des méthodes uniques :

- **L'ajustement précis des pierres sans mortier**, assurant une **solidité à long terme**.
- **L'usage de pierres locales**, minimisant l'empreinte écologique et garantissant l'adaptabilité au terrain.
- **Des structures flexibles** capables d'absorber les variations climatiques et sismiques.

Ces principes architecturaux ont été **adoptés plus tard par d'autres civilisations**, mais rarement crédités à leurs inventeurs africains.

3. Impact et Apports Réels de cette Découverte

3.1. Un Héritage Architectural Durable et Résilient

- **Les murs de Great Zimbabwe tiennent encore debout après plus de 600 ans**, prouvant la **solidité et la durabilité** de cette technique.
- **Les habitations berbères en pierre sèche sont encore utilisées aujourd'hui**, offrant **une résistance naturelle aux conditions climatiques extrêmes**.

3.2. Contribution à l'Agriculture Durable

- Les terrasses agricoles en pierre sèche ont permis **d'optimiser les sols en zones montagneuses et de lutter contre l'érosion**.
- Elles constituent **un modèle pour l'agriculture écologique moderne**, limitant l'usage d'engrais chimiques et d'irrigation intensive.

3.3. Inspiration pour l'Architecture Moderne

- De nombreux architectes s'inspirent aujourd'hui des **techniques africaines de construction en pierre sèche** pour des projets durables.
- **L'architecture bioclimatique** met en avant **des techniques africaines longtemps négligées** dans les curriculums occidentaux.

4. Comment cette Connaissance a été Usurpée ou Détournée

4.1. Effacement et Appropriation Coloniale

- **Great Zimbabwe a longtemps été attribué à des civilisations étrangères**, niant la capacité des Africains à bâtir de telles structures.
- Les Berbères et les Konso ont vu leurs savoir-faire **dénigrés au profit des modèles européens**, alors qu'ils avaient une **efficacité prouvée**.

4.2. Influence des Politiques d'Urbanisation

- L'introduction du béton et des briques industrielles a progressivement **remplacé les méthodes traditionnelles**, bien qu'elles soient souvent **moins adaptées aux conditions climatiques locales**.

4.3. Ignorance des Contributions Africaines dans l'Architecture Mondiale

- **Les civilisations européennes ont perfectionné des techniques issues de l'Afrique sans créditer leur origine**, notamment en Méditerranée et en Amérique Latine.

5. Héritage et Enseignements pour les Jeunes Africains

- **Réintégrer ces techniques dans les cursus d'architecture** permettrait de redonner aux jeunes Africains la maîtrise de leurs propres solutions.
- **Promouvoir ces savoir-faire dans les projets de développement** pourrait **réduire les coûts et l'impact environnemental** des infrastructures modernes.
- **Encourager la recherche sur ces méthodes anciennes** pourrait inspirer des solutions face aux défis du changement climatique.

6. Réflexion et Reconnaissance Officielle

6.1. Récents Efforts de Réhabilitation

- L'UNESCO reconnaît certains sites africains bâtis en pierre sèche, mais **le grand public reste mal informé** de ces contributions.
- Des architectes contemporains comme **Diebedo Francis Kéré** réintroduisent l'usage de matériaux naturels dans les constructions modernes.

6.2. Actions Nécessaires pour une Reconnaissance Internationale

- **Réécrire l'histoire de l'architecture mondiale** en **restituant la paternité africaine de ces techniques**.
- **Créer des formations spécialisées** en Afrique pour perpétuer ces savoirs ancestraux.

7. Conclusion : Inspirer l'Avenir

Les **techniques de construction en pierre sèche** africaines sont **un trésor d'ingéniosité et d'adaptation environnementale**. Elles ne doivent plus être perçues comme de simples vestiges du passé, mais **comme des solutions modernes et écologiques pour l'avenir de l'architecture durable**.

Message Inspirant pour la Nouvelle Génération

"L'avenir de l'architecture durable repose sur la redécouverte des savoirs ancestraux. L'Afrique a toujours bâti avec intelligence – il est temps de s'en inspirer pour construire un avenir respectueux de l'environnement."

Chapitre 86 : Les Techniques de Construction en Terre Crue, Comme Celles Utilisées dans les Mosquées de Djenné au Mali

1. Introduction : Rétablir l'Histoire

L'architecture en terre crue est **l'une des plus anciennes techniques de construction** au monde, et l'Afrique a joué un rôle majeur dans son développement. Partout sur le continent, des civilisations ont utilisé cette méthode pour bâtir **des villes, des palais et des édifices religieux monumentaux**. Parmi les exemples les plus emblématiques, on retrouve les **mosquées de Djenné au Mali**, la **grande muraille du Bénin**, les **villages fortifiés du Sahel**, et les **maisons traditionnelles d'Afrique de l'Ouest et du Maghreb**.

Cependant, cette technique **a longtemps été sous-estimée ou attribuée à des influences extérieures**, notamment arabes ou méditerranéennes. Pourtant, l'utilisation de la terre crue pour la construction est **profondément enracinée dans l'histoire africaine**, bien avant l'arrivée des influences islamiques ou coloniales.

Dans ce chapitre, nous allons :

- Réaffirmer la **paternité africaine** des techniques de construction en terre crue.
- Présenter des **preuves historiques et scientifiques** de son usage en Afrique.
- Analyser **l'impact de cette technologie sur l'architecture durable moderne**.
- Montrer **comment ce savoir a été occulté ou détourné**.
- Expliquer **pourquoi et comment il peut inspirer les générations futures**.

2. Preuves Historiques et Scientifiques : La Paternité Africaine

2.1. Sites Historiques de Construction en Terre Crue en Afrique

Plusieurs sites démontrent la **longue tradition africaine de construction en terre crue** :

- **Les mosquées en terre crue du Mali (Djenné, Tombouctou, Mopti)** – Dès le XIIIe siècle

- La **Grande Mosquée de Djenné**, classée au patrimoine mondial de l'UNESCO, est **la plus grande construction en terre crue du monde**.
- Cette technique a été perfectionnée par les peuples **Soninké et Mandé**, bien avant l'influence arabe.
- Chaque année, les habitants de Djenné participent à la rénovation de la mosquée en appliquant un nouveau revêtement de banco, perpétuant **une tradition ancestrale**.
• **Les villages fortifiés en terre du Sahel (Burkina Faso, Niger, Ghana, Nigéria) – Plus de 1 000 ans**
  - Les Kassena du Burkina Faso et les Haoussa du Nigéria ont **développé des villes entières en terre crue** avec des maisons décorées de fresques artistiques.
  - Le **site de Tiebele au Burkina Faso** est un exemple remarquable de ces techniques architecturales.
• **Les palais et villes en terre crue du Royaume de Bénin (Nigéria) – XIIIe siècle**
  - Le **mur du Bénin**, qui entourait la capitale du royaume, était **plus long que la Grande Muraille de Chine**.
  - Les Européens ont longtemps minimisé cette réalisation, malgré **les fouilles archéologiques qui prouvent sa grandeur**.
• **Les Ksour et Kasbahs d'Afrique du Nord (Maroc, Algérie, Tunisie) – Antiquité à aujourd'hui**
  - Construits en terre crue depuis des millénaires, ces villages fortifiés démontrent **une maîtrise parfaite de l'adaptation aux climats arides**.

2.2. Méthodes et Techniques Traditionnelles Africaines

L'architecture en terre crue repose sur plusieurs **techniques spécifiques** :

- **Le banco** : Un mélange de terre, d'eau et de fibres végétales, appliqué en couches épaisses.
- **Le torchis** : Une ossature en bois recouverte de terre et de paille, offrant **une excellente isolation thermique**.
- **Le pisé** : De la terre compactée en couches successives, permettant des murs solides et durables.
- **Les briques de terre crue séchées au soleil** : Utilisées pour des structures plus précises et résistantes.

3. Impact et Apports Réels de cette Découverte

3.1. Une Architecture Adaptée au Climat Africain

- Les **murs épais en terre crue** permettent **de conserver la fraîcheur en journée et la chaleur la nuit**, réduisant le besoin de climatisation.
- Les bâtiments en terre crue sont **résistants aux vents forts et aux températures extrêmes**, ce qui en fait un **choix durable et économique**.

3.2. Influence sur l'Architecture Moderne et Durable

- Aujourd'hui, des architectes africains comme **Diebedo Francis Kéré** réhabilitent cette **technique ancestrale pour construire des écoles et des hôpitaux écologiques**.
- Les constructions en terre crue **réduisent l'empreinte carbone**, contrairement au béton, dont la production est polluante.

3.3. Un Modèle de Résilience et de Transmission Culturelle

- À Djenné, la **restauration collective de la mosquée** est un exemple unique de **gestion participative du patrimoine**.
- En réintroduisant ces techniques dans **les écoles d'architecture africaines**, on peut **favoriser une construction plus durable et respectueuse de l'environnement**.

4. Comment cette Connaissance a été Usurpée ou Détournée

4.1. Déni et Marginalisation par les Colonisateurs

- Les Européens ont longtemps **considéré l'architecture en terre crue comme "précaires" ou "primitives"**, ignorant leur **efficacité et durabilité**.
- Dans les années 1900, des **missionnaires et administrateurs coloniaux ont remplacé les constructions en terre par des structures en béton**, jugées plus "modernes".

4.2. Effacement Progressif dans l'Urbanisation Moderne

- Les villes africaines modernes **ont progressivement abandonné ces techniques au profit du béton et de l'acier**, souvent importés à grand coût.
- Pourtant, des études montrent que **les maisons en béton dans certaines régions africaines sont plus coûteuses, moins durables et plus chaudes que celles en terre crue**.

5. Héritage et Enseignements pour les Jeunes Africains

- **Réhabiliter la construction en terre crue** permettrait de **diminuer la dépendance aux matériaux importés.**
- **Sensibiliser les jeunes générations** à ce patrimoine permettrait **de relancer l'architecture vernaculaire africaine.**
- **Promouvoir des éco-villages** en terre crue pourrait réduire **la pression sur les ressources naturelles africaines.**

6. Réflexion et Reconnaissance Officielle

6.1. Récents Efforts de Réhabilitation

- **L'UNESCO** a reconnu plusieurs sites africains en terre crue comme patrimoine mondial, mais beaucoup restent **sous-valorisés.**
- **Des projets d'urbanisme durable** commencent à réintroduire ces méthodes dans la construction moderne.

6.2. Actions Nécessaires pour une Reconnaissance Internationale

- **Intégrer ces savoirs dans les curriculums d'architecture africains.**
- **Créer des programmes de formation spécialisés en construction durable africaine.**
- **Promouvoir les architectures africaines sur la scène mondiale**, à travers des expositions et des conférences.

7. Conclusion : Inspirer l'Avenir

Les techniques de construction en terre crue **sont une richesse africaine à valoriser.** Elles démontrent que **l'innovation et la durabilité ont toujours existé en Afrique.** En réhabilitant ces pratiques, **l'Afrique peut non seulement préserver son identité architecturale, mais aussi montrer au monde une voie plus écologique et adaptée aux défis climatiques.**

Message Inspirant pour la Nouvelle Génération

"L'avenir de la construction durable est déjà dans notre passé. L'Afrique doit réapprendre à bâtir avec intelligence, en s'inspirant de ses ancêtres."

Chapitre 87 : Les Techniques de Construction de Routes et de Ponts Développées par les Empires Africains comme l'Empire du Mali et du Ghana

1. Introduction : Rétablir l'Histoire

L'Afrique a longtemps été perçue, à tort, comme un continent sans infrastructure avancée avant l'arrivée des Européens. Pourtant, **les routes et ponts africains** ont joué un rôle essentiel dans le développement des grands empires du continent. **L'Empire du Mali (XIIIe-XVIe siècles)** et **l'Empire du Ghana (IVe-XIe siècles)** ont mis en place **des réseaux de routes et de ponts sophistiqués** pour faciliter le commerce, la mobilité et l'expansion de leur influence.

Ces infrastructures ont permis aux Africains d'établir **des routes commerciales prospères reliant l'Afrique de l'Ouest au Maghreb, au Moyen-Orient et à l'Europe**. Elles ont été essentielles dans le transport de l'or, du sel, des textiles et d'autres marchandises précieuses. Cependant, ces contributions ont été largement ignorées dans l'histoire officielle des infrastructures routières et du génie civil.

Ce chapitre vise à **réhabiliter ces réalisations africaines** et à montrer leur **impact durable sur le commerce et le développement urbain**.

2. Preuves Historiques et Scientifiques : La Paternité Africaine

2.1. Les Routes de l'Empire du Ghana (IVe-XIe siècles)

L'Empire du Ghana, l'un des premiers grands royaumes d'Afrique de l'Ouest, a construit **un vaste réseau de routes pavées reliant les grandes cités commerciales** comme Koumbi Saleh, Walata et Audaghost.

- Ces routes étaient **composées de graviers et de pierres compactées**, renforcées par du sable et des couches d'argile pour assurer leur durabilité face aux conditions climatiques extrêmes.
- Les routes du Ghana servaient de **corridors commerciaux majeurs**, facilitant les échanges de l'or, du sel et des épices.
- Des fouilles archéologiques menées à **Koumbi Saleh** ont révélé l'existence de **pistes commerciales structurées** utilisées par les caravanes transsahariennes.

2.2. Les Routes et Ponts de l'Empire du Mali (XIIIe-XVIe siècles)

L'Empire du Mali a perfectionné les infrastructures héritées du Ghana et les a étendues **jusqu'aux régions sahéliennes et maghrébines.**

- **Routes pavées et sablées** : Des routes renforcées par des **couches successives de terre compactée et de gravier** ont été découvertes près de Tombouctou et Gao.
- **Ponts de bois et de pierre** : Des **ponts rudimentaires en bois et en pierre** permettaient de franchir les cours d'eau de la région, facilitant le commerce.
- **Systèmes de signalisation** : Des **bornes en pierre et des balises en bois** guidaient les voyageurs, prouvant une **gestion avancée du réseau routier.**

2.3. Le Cas du Pont de Djenné et des Routes Marchandes du Sahel

La ville de Djenné (Mali), célèbre pour son architecture en terre crue, possédait **des infrastructures avancées, y compris des ponts et des digues pour contrôler les inondations** du fleuve Niger.

- **Des structures en terre crue renforcées** étaient utilisées pour traverser les cours d'eau.
- **Les routes reliant Djenné, Tombouctou et Gao** étaient **pavées de pierres et de latérite**, améliorant la stabilité pour les caravanes.
- **Des systèmes de drainage avancés** évitaient l'érosion due aux pluies saisonnières.

3. Impact et Apports Réels de cette Découverte

3.1. Rôle des Routes et Ponts dans le Commerce Transsaharien

- Ces infrastructures ont permis **une connexion efficace entre l'Afrique de l'Ouest et le Maghreb**, favorisant **l'échange d'or, de sel et d'objets artisanaux.**
- Elles ont facilité le déplacement des **caravanes de chameaux**, réduisant les risques d'enlisement dans le désert.
- Les routes du Mali et du Ghana ont **contribué à la prospérité économique des villes comme Tombouctou, Djenné et Gao.**

3.2. Influence sur le Développement Urbain

- L'aménagement des routes a favorisé **l'émergence de grands centres urbains**, où l'on retrouvait **des marchés, des écoles coraniques et des centres administratifs**.
- Des **plans urbains bien structurés** ont été mis en place pour assurer une circulation fluide des marchandises et des voyageurs.

3.3. Héritage et Applications Modernes

- **Les routes traditionnelles africaines sont toujours utilisées** dans certaines régions du Sahel, où elles se sont révélées plus adaptées que les infrastructures modernes.
- Des architectes africains réétudient aujourd'hui ces **techniques ancestrales pour proposer des solutions durables aux défis du climat et du transport en Afrique**.

4. Comment cette Connaissance a été Usurpée ou Détournée

4.1. Marginalisation par les Colonisateurs

- À l'arrivée des Européens, **ces infrastructures ont été volontairement ignorées ou détruites** pour imposer des routes coloniales.
- **Les routes de l'époque coloniale ont souvent été construites sur les anciennes routes africaines**, sans reconnaissance de leur origine.

4.2. Effacement dans l'Histoire Officielle

- Les manuels d'histoire ont **longtemps minimisé le rôle de l'Afrique dans l'ingénierie routière et le commerce transsaharien**.
- L'idée fausse selon laquelle **l'Afrique n'avait pas de routes avant l'arrivée des Européens** a persisté malgré **les preuves archéologiques**.

5. Héritage et Enseignements pour les Jeunes Africains

- **Valoriser ces découvertes dans les manuels scolaires** permettrait aux Africains **de revendiquer leur héritage technologique**.
- **Les infrastructures anciennes peuvent inspirer des solutions modernes adaptées au climat africain**, comme l'utilisation de la latérite pour les routes rurales.

- **Les jeunes ingénieurs africains doivent s'inspirer des techniques ancestrales** pour concevoir **des routes écologiques et adaptées aux conditions locales**.

6. Réflexion et Reconnaissance Officielle

6.1. Efforts Actuels pour Réhabiliter ces Savoirs

- **Des fouilles archéologiques récentes au Mali et au Ghana** mettent en lumière les techniques de construction des routes anciennes.
- **L'UNESCO et d'autres institutions encouragent la préservation des routes marchandes transsahariennes.**

6.2. Actions à Entreprendre

- **Créer des musées et des expositions dédiées aux infrastructures africaines précoloniales.**
- **Documenter ces routes et ponts historiques dans les études d'ingénierie modernes.**
- **Reconnaître officiellement ces contributions dans l'histoire mondiale des infrastructures.**

7. Conclusion : Inspirer l'Avenir

Les infrastructures de transport des empires africains **prouvent que l'Afrique a développé des routes et des ponts avancés bien avant la colonisation**. Cette histoire **doit être réhabilitée** pour que les générations futures comprennent **la richesse du patrimoine technologique africain**.

Message Inspirant pour la Nouvelle Génération

"Nos ancêtres ont bâti des routes vers l'avenir. Il est temps pour nous de les réhabiliter et d'en construire de nouvelles pour l'Afrique de demain."

Chapitre 88 : Les Techniques de Navigation Maritime Développées par les Peuples d'Afrique de l'Est comme les Swahilis

1. Introduction : Rétablir l'Histoire

L'histoire maritime mondiale met souvent en avant les exploits des navigateurs européens comme Vasco de Gama, Magellan ou Christophe Colomb. Pourtant, bien avant ces explorateurs, les peuples africains, notamment **les Swahilis de la côte est-africaine**, avaient déjà développé **des techniques avancées de navigation maritime et de construction navale**.

Les Swahilis, une civilisation issue de la rencontre entre **les peuples bantous et les marchands arabes, perses et indiens**, ont construit un réseau commercial prospère reliant **l'Afrique, la péninsule arabique, l'Inde et la Chine**. Grâce à leurs connaissances maritimes avancées, ils ont conçu des **bateaux sophistiqués**, développé des **techniques de navigation basées sur l'astronomie et les courants océaniques**, et bâti **des ports florissants comme Kilwa, Mombasa et Sofala**.

Malgré leur rôle crucial dans l'histoire du commerce mondial, **les contributions maritimes des Swahilis et d'autres peuples d'Afrique de l'Est ont été largement ignorées**. Ce chapitre réhabilite ces connaissances en **mettant en lumière leurs innovations nautiques et leur influence sur les routes maritimes de l'océan Indien**.

2. Preuves Historiques et Scientifiques : La Paternité Africaine

2.1. Les Dhow Swahilis : Une Ingénierie Navale Avancée

Le *dhow* est un **bateau traditionnel à voile triangulaire (voile latine)**, utilisé par les navigateurs swahilis depuis plusieurs siècles.

- **Conception innovante** :
    - Coque en bois cousue avec des fibres végétales, rendant le bateau plus flexible face aux vagues.
    - Voile latine qui permettait de **naviguer efficacement contre le vent**.
- **Adaptation aux routes océaniques** :
    - Capacité à parcourir de longues distances grâce aux **courants et vents saisonniers** de l'océan Indien.

- Présence de **cales de stockage** pour les marchandises précieuses (or, ivoire, épices, textile).

2.2. Les Cartes et Instruments de Navigation

Contrairement à l'idée selon laquelle seuls les Européens auraient perfectionné la navigation, **les Swahilis utilisaient des cartes maritimes rudimentaires et des repères astronomiques pour naviguer**.

- **Observation des étoiles et du soleil** pour déterminer leur position.
- Utilisation de **cartes tracées sur des tablettes en bois**, montrant les courants marins et les ports de commerce.
- Connaissance approfondie des **moussons de l'océan Indien** pour optimiser les trajets commerciaux.

2.3. Ports et Centres Maritimes Swahilis

Les Swahilis ont construit **des ports sophistiqués** facilitant le commerce maritime international :

- **Kilwa Kisiwani (Tanzanie)** : Un des plus grands centres commerciaux africains du XIIe au XVe siècle.
- **Mombasa (Kenya)** : Carrefour du commerce maritime entre l'Afrique, l'Arabie et l'Inde.
- **Sofala (Mozambique)** : Port stratégique pour l'exportation de l'or et de l'ivoire.

Des fouilles archéologiques ont révélé **des jetées, des entrepôts, et même des épaves de dhow**, prouvant l'importance de ces infrastructures.

3. Impact et Apports Réels de cette Découverte

3.1. Influence sur le Commerce International

- Les navigateurs swahilis ont **connecté l'Afrique aux réseaux commerciaux arabes, perses, indiens et chinois**.
- **Exportation de produits africains** comme l'or, l'ivoire et les épices, en échange de textiles, céramiques et perles d'Inde et de Chine.
- Développement de **marchés cosmopolites** dans les villes portuaires, favorisant **l'échange culturel et linguistique**.

3.2. Influence sur les Technologies de Navigation

- Le *dhow* a inspiré **les bateaux arabes et indiens**, et son design influencera plus tard la construction de navires européens.
- Les techniques de navigation swahilis ont permis **la cartographie de l'océan Indien** bien avant les Européens.

3.3. Héritage et Applications Modernes

- Aujourd'hui encore, les dhows sont utilisés pour **le transport et la pêche** sur la côte est-africaine.
- Des archéologues marins étudient ces anciennes routes commerciales pour mieux comprendre l'impact de l'Afrique sur le commerce mondial.

4. Comment cette Connaissance a été Usurpée ou Détournée

4.1. Appropriation par les Arabes et Européens

- Après l'arrivée des Portugais au XVIe siècle, **de nombreux ports swahilis ont été détruits** pour imposer des comptoirs européens.
- **Les cartes maritimes et connaissances swahilis ont été reprises** par les navigateurs arabes et portugais, souvent sans reconnaissance de leur origine africaine.

4.2. Effacement dans l'Histoire Officielle

- Les récits historiques présentent les Swahilis comme de simples **intermédiaires commerciaux**, occultant leur rôle d'**innovateurs maritimes**.
- L'idée que **les Africains n'auraient pas développé la navigation à grande échelle** a persisté, malgré les preuves archéologiques.

5. Héritage et Enseignements pour les Jeunes Africains

- **Incorporer ces découvertes dans les manuels scolaires africains** permettrait aux jeunes générations de **revendiquer leur héritage maritime**.
- Redécouvrir et exploiter **les techniques de navigation swahilis** pourrait inspirer **des innovations écologiques et durables dans le transport maritime moderne**.
- **La renaissance de la navigation traditionnelle** permettrait de renforcer **l'identité culturelle et historique des communautés côtières d'Afrique de l'Est**.

6. Réflexion et Reconnaissance Officielle

6.1. Efforts Actuels pour Réhabiliter ces Savoirs

- **Des projets de préservation des ports swahilis** comme Kilwa et Lamu sont menés sous l'égide de l'UNESCO.
- **Les musées maritimes en Tanzanie et au Kenya** mettent en avant les contributions des navigateurs swahilis.

6.2. Actions à Entreprendre

- **Créer des répliques de dhow** pour des expositions et des projets éducatifs.
- **Inclure l'histoire maritime africaine dans les cours de navigation et d'archéologie sous-marine.**
- **Encourager la reconnaissance des routes maritimes africaines** comme patrimoine mondial.

7. Conclusion : Inspirer l'Avenir

Les techniques maritimes développées par les peuples swahilis **prouvent que l'Afrique a joué un rôle central dans l'histoire du commerce maritime mondial**. Leur héritage, longtemps effacé, **doit être réhabilité** pour que les générations futures comprennent **l'impact des civilisations africaines sur les grandes découvertes nautiques.**

Message Inspirant pour la Nouvelle Génération

"L'Afrique n'a jamais été isolée. Par la mer, nos ancêtres ont tissé des liens avec le monde entier. Il est temps de naviguer à nouveau vers notre avenir."

Chapitre 89 : Les Techniques de Construction Navale Permettant le Commerce Maritime avant l'Arrivée Européenne

1. Introduction : Rétablir l'Histoire

L'histoire maritime mondiale met souvent en avant l'exploration et la navigation européenne, notamment les voyages de Christophe Colomb, Vasco de Gama et Magellan. Pourtant, bien avant l'arrivée des Européens sur les côtes africaines, **les peuples d'Afrique maîtrisaient déjà des techniques avancées de construction navale**, leur permettant d'établir des réseaux de commerce maritime à travers l'océan Atlantique, l'océan Indien et la mer Méditerranée.

Des civilisations comme **les Égyptiens, les Phéniciens d'origine africaine, les Carthaginois, les Swahilis, et les peuples de l'Afrique de l'Ouest et du Centre** ont développé **des navires adaptés aux conditions maritimes locales**, facilitant **les échanges commerciaux, culturels et scientifiques** bien avant les grandes explorations européennes.

Ces réalisations, pourtant essentielles à l'histoire maritime mondiale, ont souvent été ignorées ou attribuées à d'autres cultures. Ce chapitre explore **les techniques de construction navale africaines**, les preuves historiques confirmant leur rôle central dans les échanges mondiaux et la manière dont ces connaissances ont été occultées par l'histoire officielle.

2. Preuves Historiques et Scientifiques : La Paternité Africaine

2.1. Les Premiers Bateaux du Monde : L'Ingénierie Navale Égyptienne

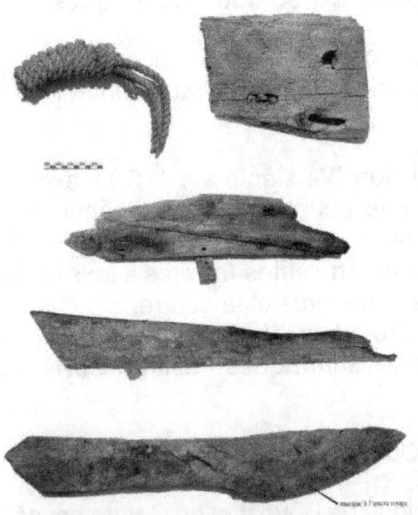

Photo : Pièces de bateau et corde trouvées dans les tunnels creusés dans la roche à Wadi el-Jarf en Egypte. Les morceaux datent d'il y a 4 600 ans. © Pierre Tallet.

L'une des premières civilisations à développer des **bateaux en bois sophistiqués** est l'Égypte ancienne.

- **Papyrus de Gizeh (2500 av. J.-C.)** : Décrit la construction de navires pour transporter des marchandises et des soldats sur le Nil et en Méditerranée.
- **Les "barques solaires"** : Découvertes près des pyramides, elles témoignent de **l'expertise navale avancée** des Égyptiens.
- **Les échanges avec le Royaume de Pount** (actuelle Érythrée/Somalie, vers 1500 av. J.-C.) montrent que **les Égyptiens construisaient des navires océaniques capables de naviguer sur la mer Rouge.**

2.2. Les Swahilis et les Dhows : Une Révolution Maritime

Les navigateurs swahilis, situés sur la côte est-africaine (Kenya, Tanzanie, Mozambique), ont développé des techniques avancées pour **la construction de bateaux adaptés aux longs voyages sur l'océan Indien**.

- **Les dhows swahilis** :
  - Fabriqués à partir de bois cousu avec des fibres végétales, garantissant flexibilité et solidité.
  - Utilisation de la **voile latine triangulaire**, facilitant la navigation contre le vent.
  - Capacité de stockage optimisée pour le commerce d'or, d'ivoire et d'épices avec l'Inde et la Chine.

Des vestiges archéologiques retrouvés à **Kilwa Kisiwani, Mombasa et Sofala** confirment que ces techniques étaient utilisées **des siècles avant l'arrivée des Européens**.

2.3. Les Carthaginois et les Premières Expéditions Atlantiques

Carthage, ville fondée par des Phéniciens d'origine africaine, était une **puissance maritime majeure** qui dominait la Méditerranée entre le IXe et le IIe siècle av. J.-C.

- Le navigateur carthaginois **Hannon (Ve siècle av. J.-C.)** a exploré la côte ouest-africaine et décrit des peuples, des montagnes et des animaux inconnus des Européens.
- Les Carthaginois construisaient **des trirèmes** (navires à trois rangées de rames), redoutables pour le commerce et la guerre.
- Des pièces carthaginoises retrouvées au Brésil et au Cap-Vert suggèrent **des contacts transatlantiques avant Christophe Colomb**.

2.4. Les Peuples de l'Afrique de l'Ouest et du Centre

Contrairement à une idée reçue, l'Afrique de l'Ouest et du Centre possédait aussi des techniques de construction navale avancées.

- **Les pirogues monoxyles** (taillées dans un seul tronc d'arbre) étaient utilisées pour la navigation fluviale sur le Niger et le Congo.
- **Des canoës géants** capables de transporter des dizaines de passagers et des marchandises sur l'Atlantique.
- **Des traces de commerce maritime entre l'Afrique de l'Ouest et les Caraïbes** avant l'arrivée européenne, notamment par les Mandingues sous l'Empire du Mali.

3. Impact et Apports Réels de cette Découverte

3.1. Commerce International et Échanges Culturels

- Les bateaux africains ont permis le **commerce de l'or, du sel, de l'ivoire, des épices et du textile** bien avant les explorateurs européens.
- Les routes maritimes africaines ont favorisé **le métissage culturel et linguistique** avec le monde arabe, indien et asiatique.
- Des objets africains retrouvés en **Inde et en Chine** attestent de **l'importance du commerce maritime africain**.

3.2. Innovation Technologique dans la Navigation

- **Les voiles latines** des dhows africains ont influencé la conception des bateaux arabes et européens.
- **Les techniques de charpenterie navale** ont inspiré des modèles adoptés plus tard par les navigateurs portugais.
- **Les cartes de navigation africaines**, basées sur les étoiles et les courants marins, étaient plus précises que certaines cartes européennes de l'époque.

4. Comment cette Connaissance a été Usurpée ou Détournée

4.1. Effacement par l'Exploration Européenne

- Après l'arrivée des Portugais sur la côte africaine au XVe siècle, **de nombreuses connaissances maritimes africaines ont été reprises sans mention de leur origine**.
- Les Européens ont imposé **un récit historique où seuls leurs navigateurs étaient des pionniers des routes océaniques**.

4.2. Suppression des Infrastructures Maritimes Africaines

- De nombreux ports africains ont été **détruits ou détournés** par les colonisateurs, mettant fin à des siècles de commerce maritime indépendant.
- La traite négrière et la colonisation ont transformé **les marins africains en captifs**, effaçant leur rôle dans la navigation mondiale.

5. Héritage et Enseignements pour les Jeunes Africains

- **Réintroduire l'histoire maritime africaine** dans les manuels scolaires.
- **Encourager la renaissance de la construction navale traditionnelle**, pour un tourisme et un commerce respectueux de l'environnement.
- **Utiliser les techniques de navigation anciennes** pour inspirer des innovations modernes dans le transport maritime.

6. Réflexion et Reconnaissance Officielle

- Des fouilles archéologiques sur les côtes africaines et en Amérique du Sud continuent de confirmer les **contributions africaines aux échanges transocéaniques**.
- L'UNESCO a commencé à reconnaître certains **ports swahilis et carthaginois comme patrimoine mondial**.

- Des initiatives locales visent à **préserver et reconstruire les dhows et canoës africains**.

7. Conclusion : Inspirer l'Avenir

Les peuples africains ont **contribué au développement du commerce maritime mondial bien avant l'arrivée des Européens**. Leur maîtrise de la construction navale et de la navigation a influencé **les grandes civilisations du monde** et a joué un rôle clé dans **les échanges économiques et culturels** à travers l'Atlantique et l'océan Indien.

Message Inspirant pour la Nouvelle Génération

"L'Afrique n'a jamais été une terre isolée. Nos ancêtres ont vogué sur les océans, échangé avec le monde et bâti des routes maritimes qui ont façonné l'histoire. Il est temps de raviver cet héritage oublié et de redonner à l'Afrique sa place dans l'histoire de la navigation."

Métallurgie et Industries

Chapitre 90 : La Métallurgie du Fer Maîtrisée par les Peuples Africains comme les Nok (Nigeria) vers 1500 av. J.-C., mais Attribuée aux Hittites

1. Introduction : Rétablir l'Histoire

L'histoire officielle de la métallurgie attribue souvent **l'invention du travail du fer aux Hittites**, une civilisation d'Asie Mineure (actuelle Turquie) qui aurait maîtrisé cette technologie vers **1400 av. J.-C.** et l'aurait ensuite diffusée au reste du monde. Pourtant, les découvertes archéologiques récentes suggèrent que **les peuples africains, notamment la civilisation Nok du Nigeria**, avaient développé **une métallurgie avancée du fer dès 1500 av. J.-C., voire plus tôt.**

Les forges africaines utilisaient des techniques sophistiquées, bien adaptées aux besoins locaux et souvent plus **efficaces que celles développées en Eurasie**. Cependant, cette **réalité historique a été occultée** au profit d'un récit centré sur le Proche-Orient et l'Europe, minimisant **le rôle clé des peuples africains dans la révolution métallurgique mondiale.**

Ce chapitre vise à rétablir la vérité sur la **maîtrise du fer en Afrique**, à montrer comment cette technologie a influencé les sociétés africaines et à expliquer pourquoi son importance a été marginalisée par les récits historiques dominants.

2. Preuves Historiques et Scientifiques : La Paternité Africaine

2.1. La Métallurgie Nok : Une Révolution Technologique

Les **Nok**, civilisation prospère du centre du Nigeria (1500 av. J.-C. - 500 ap. J.-C.), sont l'un des **premiers peuples connus à avoir travaillé le fer en Afrique**.

- **Fours de réduction du fer** : Les fouilles menées dans le centre du Nigeria ont révélé **des vestiges de hauts fourneaux** permettant de fondre du fer et de produire des outils.
- **Techniques avancées de forge** : Contrairement aux méthodes hittites, qui nécessitaient **plusieurs étapes de raffinage**, les forgerons Nok utilisaient **des techniques de réduction directe** qui consommaient **moins d'énergie et étaient plus efficaces**.

- **Outils et armes en fer** : Des haches, des couteaux et des pointes de lance ont été retrouvés dans les sites archéologiques Nok, prouvant **l'utilisation généralisée du fer** bien avant son adoption en Europe.

2.2. La Métallurgie du Fer en Afrique Subsaharienne

Au-delà des Nok, plusieurs autres civilisations africaines ont maîtrisé la métallurgie du fer de manière **indépendante** et souvent **plus tôt** que de nombreuses cultures eurasiatiques :

- **La métallurgie du fer en Égypte et en Nubie (2000 av. J.-C.)** : Des fouilles à Méroé (actuel Soudan) montrent que les Nubiens maîtrisaient la fusion du fer bien avant que cette technologie n'atteigne l'Europe.
- **Les Dogons du Mali et leurs techniques avancées de forges (1000 av. J.-C.)** : Ils utilisaient des **fourneaux à tirage naturel**, un procédé permettant une combustion plus efficace et des températures plus élevées.
- **Les forges du Rwanda et du Burundi (500 av. J.-C.)** : Ces sociétés ont développé une production d'armes et d'outils en fer qui a favorisé le développement économique et l'organisation sociale.

2.3. Comparaison avec les Techniques Hittites

Contrairement à l'Afrique, les Hittites n'ont pas révolutionné la métallurgie du fer.

- **La production hittite était limitée et peu efficace** comparée aux procédés africains.
- **Les méthodes africaines, comme celles des Nok, offraient une meilleure productivité** en termes de quantité et de qualité du fer produit.
- **Les outils en fer africains étaient mieux adaptés aux conditions locales**, facilitant **l'agriculture, la chasse et l'armement**.

Ces éléments montrent que **l'histoire traditionnelle sous-estime l'impact de la métallurgie africaine**, bien qu'elle ait **précédé ou rivalisé avec celle des civilisations eurasiennes**.

3. Impact et Apports Réels de cette Découverte

3.1. Transformation de l'Agriculture et de l'Artisanat

- **Amélioration des outils agricoles** : La production de **houes, machettes et charrues en fer** a permis une augmentation de la productivité agricole.
- **Développement de nouvelles techniques de construction** : Grâce aux outils en fer, les sociétés africaines ont pu bâtir **des infrastructures plus solides et plus complexes**.

3.2. Expansion du Commerce et des Réseaux d'Échange

- Les peuples maîtrisant la métallurgie du fer sont devenus **des centres d'échange** essentiels dans les routes commerciales.
- **Le fer africain était exporté vers l'Égypte, la Méditerranée et l'Asie**, bien avant l'arrivée des Européens.

3.3. Renforcement des Royaumes et Empires

- **Développement d'armées puissantes** : L'utilisation du fer dans la fabrication d'armes a permis l'émergence d'empires solides, comme ceux du **Mali, du Ghana et du Songhaï**.
- **L'essor des guildes de forgerons** : Les forgerons africains ont acquis un **statut sacré**, symbolisant **le pouvoir et le savoir** dans de nombreuses sociétés traditionnelles.

4. Comment cette Connaissance a été Usurpée ou Détournée

4.1. Marginalisation de la Métallurgie Africaine

- **La vision eurocentrée de l'histoire** a longtemps nié **les avancées technologiques africaines**, préférant attribuer **la naissance de la métallurgie du fer aux Hittites**.
- **Le manque de recherches archéologiques sérieuses en Afrique** a empêché la reconnaissance de **l'ampleur et de l'impact des forges africaines**.

4.2. L'Impact de la Colonisation sur la Métallurgie Africaine

- La colonisation européenne a perturbé **les structures métallurgiques traditionnelles africaines**.
- L'imposition de nouvelles techniques européennes a mené à **la destruction progressive des savoirs métallurgiques africains**.

5. Héritage et Enseignements pour les Jeunes Africains

- **Redécouvrir et valoriser l'histoire des forgerons africains.**
- **Intégrer ces connaissances dans les programmes scolaires** pour corriger les distorsions historiques.
- **Encourager l'innovation en s'inspirant des méthodes métallurgiques traditionnelles** pour développer une industrie moderne durable.

6. Réflexion et Reconnaissance Officielle

- **Des recherches récentes** (archéologie, histoire des sciences) confirment que la **métallurgie africaine est plus ancienne qu'on ne le croyait.**
- Des initiatives en Afrique encouragent la **restauration des anciennes techniques de forge** pour la préservation du patrimoine culturel.

7. Conclusion : Inspirer l'Avenir

Loin d'être en retard sur le reste du monde, l'Afrique a été un **foyer majeur du développement de la métallurgie du fer.** Le peuple Nok, les Nubiens et d'autres civilisations africaines ont **développé des techniques avancées de travail du fer bien avant** que cette technologie ne se répande en Europe.

Le défi aujourd'hui est **de restaurer cette vérité historique**, de l'enseigner aux nouvelles générations et d'utiliser ce savoir comme **levier pour le développement économique et technologique de l'Afrique.**

Message Inspirant pour la Nouvelle Génération

"L'histoire de la métallurgie africaine est celle d'un génie oublié. Il est temps de forger à nouveau notre avenir en nous inspirant des savoirs de nos ancêtres."

Chapitre 91 : Les Techniques de Fonte du Cuivre Développées par les Peuples d'Afrique Centrale, Comme Ceux de la Région du Katanga (RDC)

1. Introduction : Rétablir l'Histoire

L'Afrique centrale, et plus particulièrement la région du **Katanga** en République Démocratique du Congo (RDC), est connue pour ses riches gisements de cuivre. Cependant, peu de personnes savent que les peuples de cette région ont développé **des techniques avancées de fonte et de transformation du cuivre** bien avant l'arrivée des Européens.

Ces techniques métallurgiques, attestées dès **le premier millénaire avant notre ère**, démontrent que l'Afrique possédait **une industrie du cuivre sophistiquée**, en avance sur de nombreuses autres civilisations. Pourtant, ces connaissances ont souvent été attribuées à des influences étrangères ou simplement effacées de l'histoire mondiale de la métallurgie.

Ce chapitre vise à **rétablir la paternité africaine des techniques de fonte du cuivre**, à explorer leur impact sur les sociétés locales et à montrer comment elles ont été injustement minimisées dans les récits historiques dominants.

2. Preuves Historiques et Scientifiques : La Paternité Africaine

2.1. Une Métallurgie Ancienne et Indépendante

Les preuves archéologiques montrent que la métallurgie du cuivre était pratiquée en **Afrique centrale bien avant les influences arabes ou européennes**.

- **Fours et outils de métallurgie** : Des fouilles dans la région du Katanga ont révélé **des fours de réduction du cuivre**, utilisés pour extraire le métal des minerais oxydés et sulfurés.
- **Techniques avancées de fusion** : Les peuples de cette région ont développé des **méthodes de réduction du cuivre utilisant du charbon de bois**, produisant des lingots de métal pur utilisables pour diverses applications.
- **Artisanat et commerce du cuivre** : Les objets en cuivre retrouvés montrent que ce métal servait non seulement à fabriquer des **outils et des armes**, mais aussi des **objets rituels et décoratifs** très prisés dans les échanges commerciaux.

2.2. La Région du Katanga : Un Centre Métallurgique de Premier Plan

Le **Katanga** était l'un des plus grands centres de production de cuivre de l'Afrique précoloniale.

- **Les forgerons katangais** fabriquaient des **haches, des bracelets, des pointes de flèches et des lingots de cuivre**, utilisés comme monnaie d'échange dans toute la région.
- **Les fouilles de Kisale et de Shaba** ont révélé des installations métallurgiques qui datent de plus de **1 000 ans**, confirmant une industrie florissante et une transmission intergénérationnelle des savoirs.
- **Les peuples Luba et Lunda** maîtrisaient parfaitement la transformation du cuivre, contribuant à la prospérité de leurs royaumes.

2.3. Comparaison avec les Techniques Européennes

Contrairement aux idées reçues, **les procédés africains de fonte du cuivre étaient aussi avancés que ceux pratiqués en Europe à la même époque**.

- **Les Européens ont découvert tardivement les techniques de réduction efficace du cuivre**, alors que les Katangais les maîtrisaient déjà depuis des siècles.
- **Les artisans africains utilisaient des méthodes adaptées à leur environnement**, exploitant des ressources locales et mettant au point des alliages uniques.
- **Des objets de cuivre issus d'Afrique centrale ont été retrouvés dans des sites commerciaux jusqu'en Afrique du Nord et au Moyen-Orient**, prouvant que ces techniques étaient largement diffusées.

3. Impact et Apports Réels de cette Découverte

3.1. Influence sur l'Économie et le Commerce

- **Le cuivre était une monnaie d'échange essentielle** dans le commerce régional et intercontinental.
- Les **lingots en forme de croix**, appelés **croisettes du Katanga**, servaient de **monnaie et de valeur d'échange** dans tout le bassin du Congo et au-delà.
- Le cuivre katangais était **exporté vers l'Afrique de l'Est et les empires sahéliens**, prouvant son importance dans les réseaux commerciaux précoloniaux.

3.2. Développement des Sociétés et des Royaumes

- Les techniques de fonte du cuivre ont favorisé **l'émergence d'élites forgeronnes**, qui occupaient une place importante dans les structures politiques et sociales.
- **Les royaumes Luba et Lunda** ont prospéré grâce au commerce du cuivre, contribuant au développement de systèmes administratifs sophistiqués.
- **Le cuivre était utilisé pour fabriquer des objets rituels et religieux**, conférant une valeur symbolique à cette métallurgie.

3.3. Influence sur l'Art et la Culture

- De nombreux artefacts en cuivre, comme **les masques et statuettes**, montrent l'importance du métal dans l'expression artistique.
- Le **travail du cuivre était associé à des savoirs ancestraux**, transmis de génération en génération.

4. Comment cette Connaissance a été Usurpée ou Détournée

4.1. Effacement des Contributions Africaines

- La colonisation européenne a présenté l'Afrique comme un continent **dépourvu de technologie avancée**, occultant **les réalisations métallurgiques du Katanga**.
- Les Européens ont **exploité les mines du Katanga** sans reconnaître les savoirs ancestraux des forgerons locaux.

4.2. Appropriation du Savoir

- Les techniques africaines ont été étudiées par des chercheurs occidentaux, mais **rarement attribuées à leurs véritables inventeurs**.
- Certains procédés de métallurgie, prétendument développés en Europe, ont en réalité des **origines africaines ignorées**.

5. Héritage et Enseignements pour les Jeunes Africains

- **Réhabiliter la métallurgie africaine** dans l'éducation et les musées.
- **Encourager la recherche scientifique africaine** pour redécouvrir ces savoirs.
- **Valoriser l'artisanat du cuivre** pour créer des emplois et stimuler l'économie locale.

6. Réflexion et Reconnaissance Officielle

- **Les découvertes archéologiques récentes prouvent la sophistication de la métallurgie africaine.**
- **Des initiatives en RDC et ailleurs cherchent à préserver ces traditions métallurgiques.**
- **Les musées et institutions africaines doivent promouvoir ces avancées pour rectifier l'histoire.**

7. Conclusion : Inspirer l'Avenir

La métallurgie du cuivre en Afrique centrale, et particulièrement dans le **Katanga**, témoigne d'un **haut niveau de technologie et d'organisation sociale** bien avant l'ère coloniale. **Cette expertise a permis aux sociétés africaines de bâtir des économies solides et de s'intégrer aux réseaux commerciaux mondiaux.**

Aujourd'hui, il est crucial de **réintégrer ces connaissances dans les récits historiques et éducatifs,** afin de rendre hommage aux artisans et ingénieurs africains qui ont **posé les bases de la métallurgie moderne.**

Message Inspirant pour la Nouvelle Génération

"Le cuivre du Katanga n'est pas seulement un métal, c'est l'héritage d'un génie métallurgique africain qui doit être reconnu et préservé."

Chapitre 92 : Les techniques d'extraction minière développées dans le royaume de Mapungubwe et l'Empire du Mali

1. Introduction : Rétablir l'Histoire

L'histoire de la métallurgie et de l'extraction minière est souvent présentée à travers un prisme eurocentrique, qui attribue les avancées significatives dans ces domaines aux civilisations occidentales. Pourtant, bien avant que l'Europe ne maîtrise ces techniques, des royaumes africains comme Mapungubwe (situé dans l'actuelle Afrique du Sud) et l'Empire du Mali avaient développé des méthodes sophistiquées d'extraction et de traitement des minerais. Ces civilisations ne se contentaient pas d'exploiter les ressources minières : elles avaient élaboré des systèmes d'extraction, de fonte et de commerce qui démontraient une compréhension approfondie de la géologie, de la chimie et de l'ingénierie.

Le royaume de Mapungubwe, qui a prospéré entre 1075 et 1220 de notre ère, était un centre majeur d'extraction d'or, tandis que l'Empire du Mali (1235-1670) possédait non seulement d'immenses gisements d'or, mais avait également développé des techniques d'extraction du fer, du cuivre et du sel qui étaient parmi les plus avancées du monde médiéval. Ces innovations ont été frauduleusement attribuées aux Européens ou simplement ignorées dans l'historiographie occidentale, perpétuant l'idée erronée que les Africains ne maîtrisaient pas les technologies complexes avant l'arrivée des colonisateurs.

La réalité est tout autre : ces empires africains ont bâti leur richesse et leur influence sur leur maîtrise des ressources minières, contribuant ainsi au développement du commerce mondial et à l'évolution des techniques métallurgiques. Leur savoir-faire était si avancé que lorsque les premiers explorateurs européens ont atteint ces régions, ils ont été stupéfaits par le niveau de sophistication qu'ils y ont trouvé – une réalité qui a ensuite été soigneusement effacée des récits historiques.

2. Preuves Historiques et Scientifiques : La Paternité Africaine

Témoignages archéologiques à Mapungubwe

Les fouilles archéologiques menées à Mapungubwe depuis sa redécouverte en 1932 ont révélé un impressionnant ensemble de preuves attestant de la maîtrise de l'extraction minière et de la métallurgie. Le site, classé au patrimoine mondial de l'UNESCO en 2003, a livré de nombreux artefacts en or, fer et cuivre, témoignant d'un savoir-faire métallurgique exceptionnel. Parmi les découvertes les plus emblématiques figure le célèbre rhinocéros d'or de Mapungubwe, une sculpture complexe qui démontre la maîtrise technique des artisans du royaume.

Les analyses archéométriques conduites par le professeur Shadreck Chirikure de l'Université du Cap ont révélé que les métallurgistes de Mapungubwe utilisaient des techniques d'extraction sélective qui leur permettaient d'identifier avec précision les filons aurifères les plus prometteurs. Des outils d'extraction spécialisés en pierre et en fer ont été retrouvés, confirmant l'existence d'une véritable industrie minière organisée. Les datations au carbone 14 ont établi que ces techniques étaient en usage dès le XIe siècle, bien avant l'arrivée des Européens dans la région.

Manuscrits de Tombouctou sur l'exploitation minière malienne

Les bibliothèques de Tombouctou renferment des manuscrits précieux, dont certains décrivent avec précision les techniques d'extraction minière utilisées dans l'Empire du Mali. Le manuscrit d'Al-Umari (1349) rapporte que les mineurs maliens avaient développé des méthodes d'identification des gisements basées sur l'observation de la végétation et des formations rocheuses spécifiques. Un autre document, le "Tarikh al-Sudan" d'Abd al-Rahman al-Sadi (XVIIe siècle), tout en étant postérieur à l'apogée de l'empire, compile des connaissances transmises depuis des siècles et décrit les techniques d'extraction et de purification de l'or.

L'historien malien Djibril Tamsir Niane a documenté comment les mineurs maliens utilisaient un système élaboré de puits verticaux reliés par des galeries horizontales, une technique qui ne sera développée en Europe que plusieurs siècles plus tard. Ces puits, dont certains atteignaient 30 mètres de profondeur, étaient équipés de systèmes de ventilation ingénieux permettant aux mineurs de travailler en sécurité.

Témoignages des voyageurs arabes et européens

Ibn Battuta, voyageur marocain qui visita l'Empire du Mali en 1352-1353, décrit dans sa "Rihla" (récit de voyage) l'abondance d'or et les techniques sophistiquées d'extraction utilisées par les Maliens. Il note avec étonnement que "l'or pousse dans la région comme des plantes" et détaille comment les mineurs suivaient des veines aurifères avec une précision remarquable.

Plus tard, Léon l'Africain (al-Hasan ibn Muhammad al-Wazzan al-Fasi), dans sa "Description de l'Afrique" (1526), atteste que les techniques d'extraction du sel et de l'or dans la région de Taghaza et de Wangara (dans l'Empire du Mali) étaient parmi les plus avancées qu'il ait observées. Ses descriptions détaillées des méthodes d'extraction contredisent directement l'idée que les Africains ne possédaient pas de technologies minières complexes avant l'arrivée des Européens.

Analyses métallographiques contemporaines

Les travaux du métallurgiste Eugenia Herbert ont démontré que les forgerons de l'Empire du Mali maîtrisaient la technique de réduction du minerai de fer à des températures supérieures à 1200°C dès le XIIIe siècle, une prouesse technique considérable pour l'époque. Les recherches de l'archéométallurgiste Hamady Bocoum sur les sites sidérurgiques de la vallée du fleuve Sénégal ont révélé que les fourneaux utilisés produisaient un acier de qualité comparable à celui produit en Europe plusieurs siècles plus tard.

Des analyses chimiques effectuées sur des objets en or provenant de Mapungubwe révèlent des techniques de purification qui permettaient d'obtenir un métal d'une pureté exceptionnelle (plus de 95%). Ces analyses, menées par l'Université de Pretoria, démontrent que les métallurgistes de Mapungubwe avaient une connaissance approfondie des propriétés des métaux et des techniques d'affinage.

3. Impact et Apports Réels de cette Découverte

Le rôle économique des technologies minières africaines

L'extraction minière à Mapungubwe et dans l'Empire du Mali a joué un rôle crucial dans l'économie mondiale médiévale. L'or malien, extrait grâce à des techniques locales sophistiquées, représentait environ deux tiers de l'approvisionnement mondial en or entre le XIIIe et le XVIe siècle. Cet or, transporté à travers le Sahara jusqu'en Afrique du Nord puis en Europe et au Moyen-Orient, a littéralement alimenté l'économie mondiale et permis le développement du commerce international.

La production aurifère de Mapungubwe, bien que moins importante en volume que celle du Mali, a néanmoins été suffisamment significative pour faire de ce royaume un acteur majeur du commerce dans l'océan Indien. Les techniques d'extraction et de traitement développées à Mapungubwe ont influencé d'autres civilisations de l'Afrique australe, notamment le Grand Zimbabwe qui a succédé à Mapungubwe comme puissance régionale.

Innovations techniques spécifiques

Les mineurs de l'Empire du Mali avaient développé une technique d'exploitation par gradins qui permettait d'extraire efficacement l'or tout en minimisant les risques d'effondrement. Cette méthode, qui consiste à creuser en formant des paliers successifs, n'apparaîtra dans les traités européens qu'au XVIe siècle avec Agricola, mais était déjà maîtrisée par les Maliens au XIIIe siècle.

À Mapungubwe, les mineurs avaient perfectionné une méthode d'extraction sélective basée sur la reconnaissance visuelle des minerais aurifères. Cette technique, combinée à des outils spécialisés, leur permettait de cibler précisément les zones les plus riches des gisements, optimisant ainsi leur production. De plus, les métallurgistes de Mapungubwe avaient développé des méthodes de séparation de l'or et du cuivre qui témoignent d'une compréhension avancée des propriétés des métaux.

Gestion durable des ressources

Contrairement aux pratiques d'extraction occidentales ultérieures, les méthodes développées à Mapungubwe et au Mali intégraient souvent des considérations de durabilité. Les études archéologiques menées par Shadreck Chirikure ont montré que l'exploitation minière à Mapungubwe suivait des cycles saisonniers permettant la régénération des écosystèmes. De même, des recherches sur les anciennes mines maliennes indiquent que l'extraction était souvent limitée pour préserver les ressources sur le long terme.

Cette approche durable de l'extraction minière, développée il y a près d'un millénaire, offre des enseignements précieux pour l'industrie minière contemporaine, confrontée aux défis de la durabilité environnementale et de la responsabilité sociale.

Influence sur les techniques métallurgiques mondiales

Les techniques métallurgiques développées dans ces royaumes africains ont influencé celles d'autres régions du monde. Par exemple, la méthode de fonte du fer en une seule étape, maîtrisée par les forgerons maliens, s'est propagée à travers les réseaux commerciaux transsahariens jusqu'en Afrique du Nord et au Moyen-Orient. De même, les techniques de purification de l'or développées à Mapungubwe ont influencé les pratiques métallurgiques dans toute l'Afrique australe et orientale, et potentiellement au-delà via les réseaux commerciaux de l'océan Indien.

L'historien Joseph Vogel a démontré que plusieurs innovations attribuées aux métallurgistes européens de la Renaissance avaient en réalité été développées antérieurement en Afrique et transmises via les contacts commerciaux et culturels entre l'Afrique, le monde arabe et l'Europe méditerranéenne.

4. Comment cette Connaissance a été Usurpée ou Détournée

Le rôle des chroniqueurs coloniaux

Les chroniqueurs européens des périodes coloniales ont systématiquement minimisé ou ignoré les prouesses technologiques africaines en matière d'extraction minière. Dans son ouvrage "Histoire de l'exploitation des mines" (1862), Louis Simonin attribue l'introduction des techniques minières en Afrique aux Européens, ignorant délibérément les preuves historiques du contraire. De même, les rapports des ingénieurs des mines britanniques dans la région de Mapungubwe au début du XXe siècle présentent leurs "découvertes" de gisements aurifères sans mentionner les exploitations préexistantes ni les techniques locales.

Cette réécriture de l'histoire a été particulièrement préjudiciable dans le cas de l'Empire du Mali, dont les techniques d'extraction, pourtant documentées par des sources arabes contemporaines, ont été pratiquement effacées de la littérature technique occidentale.

La théorie de la "diffusion" des technologies

Les historiens occidentaux ont longtemps défendu la théorie de la "diffusion", selon laquelle les technologies complexes comme la métallurgie se seraient développées dans un nombre limité de centres (généralement situés au Moyen-Orient ou en Europe) avant de se propager vers des régions "périphériques" comme l'Afrique subsaharienne. Cette théorie, défendue notamment par l'anthropologue V. Gordon Childe, a permis de nier l'invention indépendante de techniques métallurgiques sophistiquées en Afrique.

Les recherches archéologiques récentes ont pourtant démontré que des techniques comme la fonte du fer se sont développées de manière autonome en Afrique, et que des innovations comme les méthodes d'extraction de l'or à Mapungubwe et au Mali étaient uniques et localement développées, sans influence extérieure significative.

L'appropriation des connaissances africaines

À partir de la période coloniale, les puissances européennes ont systématiquement exploité les gisements découverts et développés par les Africains, tout en s'attribuant le mérite de ces "découvertes". Les compagnies minières britanniques en Afrique australe, par exemple, ont souvent utilisé les connaissances des mineurs locaux pour localiser les gisements, avant de les écarter des opérations commerciales et de revendiquer la propriété intellectuelle des techniques d'extraction.

De même, les techniques d'exploitation aurifère de l'ancien Empire du Mali ont été documentées et adaptées par les autorités coloniales françaises, qui ont présenté ces méthodes comme des innovations européennes dans leurs rapports officiels, effaçant ainsi la contribution africaine à l'histoire de la métallurgie.

L'effacement des traditions techniques africaines des manuels

L'exclusion systématique des innovations africaines des manuels d'histoire des sciences et des techniques a contribué à perpétuer l'idée que l'Afrique n'avait pas développé de technologies minières significatives avant la colonisation. Des ouvrages de référence comme "A History of Technology" (1954-1958), édité par Charles Singer, mentionnent à peine les techniques africaines, malgré leur importance historique et leur sophistication.

Cet effacement a été particulièrement préjudiciable dans le domaine de l'enseignement, où des générations d'étudiants ont appris une version biaisée de l'histoire de la métallurgie et de l'extraction minière, contribuant à renforcer les préjugés sur les capacités technologiques des sociétés africaines précoloniales.

5. Héritage et Enseignements pour les Jeunes Africains

Réhabiliter un patrimoine technique exceptionnel

La redécouverte des techniques minières de Mapungubwe et du Mali représente une opportunité unique pour les jeunes Africains de renouer avec un héritage technologique exceptionnel. Des initiatives comme le "Mapungubwe Institute for Strategic Reflection" en Afrique du Sud travaillent à intégrer ces connaissances dans les programmes éducatifs, permettant ainsi aux nouvelles générations de comprendre que leurs ancêtres étaient à l'avant-garde de l'innovation technologique.

Au Mali, le Centre Ahmed Baba de Tombouctou s'efforce de préserver et de diffuser les manuscrits anciens décrivant les techniques d'extraction minière traditionnelles. Ces efforts de préservation et de diffusion des connaissances sont essentiels pour restaurer la fierté culturelle et stimuler l'innovation contemporaine inspirée par les réalisations passées.

Inspiration pour l'industrie minière contemporaine

Les techniques d'extraction développées à Mapungubwe et dans l'Empire du Mali offrent des modèles inspirants pour l'industrie minière africaine contemporaine. Le professeur Tendai Gadzikwa, de l'Université du Zimbabwe, a démontré comment certaines méthodes traditionnelles d'identification des gisements peuvent être combinées avec des technologies modernes pour améliorer la prospection minière tout en réduisant son impact environnemental.

De même, les approches durables de l'extraction pratiquées dans ces anciens royaumes fournissent des exemples précieux pour développer une industrie minière plus responsable socialement et environnementalement. Des entreprises comme Katanga Mining au Congo et Theta Gold Mines en Afrique du Sud commencent à intégrer certains principes inspirés des méthodes traditionnelles dans leurs opérations modernes.

Revitalisation des savoirs techniques traditionnels

Des programmes comme l'Initiative pour la Préservation des Savoirs Métallurgiques Traditionnels (IPSMT), lancée par l'Union Africaine, visent à documenter et à revitaliser les techniques d'extraction et de métallurgie traditionnelles avant qu'elles ne disparaissent complètement. Ces efforts ne sont pas simplement des exercices académiques : ils produisent des résultats concrets qui peuvent être appliqués dans le développement économique contemporain.

Au Burkina Faso, par exemple, des artisans orpailleurs ont amélioré leurs rendements en réintégrant des techniques traditionnelles documentées dans les manuscrits de Tombouctou, démontrant ainsi la pertinence continue de ces anciennes innovations dans le contexte économique actuel.

Vers une souveraineté technologique

La reconnaissance des accomplissements technologiques de Mapungubwe et du Mali contribue à remettre en question le récit dominant qui présente l'Afrique comme technologiquement dépendante. Pour les jeunes innovateurs africains, comprendre que leurs ancêtres ont développé des technologies minières sophistiquées offre un puissant contre-récit à l'idée que l'innovation technologique est fondamentalement étrangère au continent.

Cette perspective historique révisée peut encourager une plus grande confiance dans la capacité des Africains à développer leurs propres solutions technologiques, adaptées à leurs contextes spécifiques, plutôt que d'adopter passivement des technologies importées qui peuvent ne pas répondre adéquatement aux besoins locaux.

6. Réflexion et Reconnaissance Officielle

Efforts académiques pour la réhabilitation

Des chercheurs comme Shadreck Chirikure (Université du Cap), Hamady Bocoum (Université Cheikh Anta Diop) et Chapurukha Kusimba (American University) ont produit un corpus impressionnant de recherches qui documentent et valident les innovations minières africaines. Leurs travaux, publiés dans des revues prestigieuses comme le "Journal of Archaeological Science" et "Archaeometry", ont commencé à influencer la perception académique internationale des technologies africaines précoloniales.

Ces recherches ont également inspiré des expositions muséales importantes, comme "Gold of Africa" au British Museum en 2010 et "Mapungubwe: South Africa's Lost City of Gold" au Pretoria Museum, qui ont présenté au public international les réalisations technologiques africaines dans le domaine de l'extraction minière.

Intégration dans les programmes éducatifs

Des pays comme l'Afrique du Sud, le Mali et le Ghana ont commencé à intégrer les connaissances sur les anciennes techniques minières africaines dans leurs programmes scolaires. En Afrique du Sud, le curriculum d'histoire inclut désormais des modules sur les technologies de Mapungubwe, tandis qu'au Mali, les manuels scolaires présentent l'extraction minière traditionnelle comme un exemple d'innovation technologique africaine.

Cette intégration dans l'éducation formelle est essentielle pour assurer que les générations futures d'Africains grandissent avec une compréhension précise des contributions de leurs ancêtres à l'histoire mondiale des technologies.

Défis persistants dans la reconnaissance internationale

Malgré ces avancées, la reconnaissance internationale des innovations minières africaines reste limitée. Des ouvrages de référence comme le "Cambridge History of Technology" continuent de présenter une vision eurocentrique du développement des techniques d'extraction, accordant peu d'attention aux contributions africaines.

De même, les histoires populaires de la métallurgie et de l'exploitation minière perpétuent souvent des récits dépassés qui présentent les Européens comme les principaux innovateurs dans ces domaines. Cette persistance de récits biaisés souligne l'importance de poursuivre les efforts pour réhabiliter l'histoire des technologies africaines.

Le rôle des institutions africaines dans la préservation des connaissances

Des institutions comme le Conseil pour le Développement de la Recherche en Sciences Sociales en Afrique (CODESRIA) et l'Institut Fondamental d'Afrique Noire (IFAN) jouent un rôle crucial dans la documentation et la préservation des connaissances sur les anciennes techniques minières africaines. Leurs initiatives de numérisation des manuscrits anciens et de collecte des traditions orales relatives à la métallurgie contribuent à assurer que ces savoirs ne seront pas perdus pour les générations futures.

Le Centre d'Études sur les Civilisations, l'Art et l'Archéologie (CECAA) au Mali a entrepris un ambitieux projet de cartographie des anciens sites miniers de l'Empire du Mali, combinant archéologie, témoignages historiques et traditions orales pour reconstruire une image complète des pratiques minières traditionnelles.

7. Conclusion : Inspirer l'Avenir

L'histoire des techniques d'extraction minière développées dans le royaume de Mapungubwe et l'Empire du Mali représente bien plus qu'un simple chapitre de l'histoire des technologies. Elle offre un témoignage éloquent de l'ingéniosité, de l'innovation et de la sophistication des civilisations africaines précoloniales. La redécouverte et la réhabilitation de ces savoirs constituent non seulement un acte de justice historique, mais aussi une source d'inspiration pour l'avenir du continent africain.

Ces empires africains ont développé des méthodes d'extraction qui étaient non seulement techniquement avancées pour leur époque, mais qui intégraient également des considérations de durabilité environnementale et sociale que l'industrie minière contemporaine redécouvre à peine. En reconnaissant et en valorisant cet héritage, nous pouvons puiser dans une riche tradition d'innovation technologique adaptée aux contextes africains.

Pour les jeunes générations d'Africains, la connaissance de ces réalisations offre un puissant antidote aux récits qui présentent l'Afrique comme technologiquement dépendante ou arriérée. Elle fournit des modèles historiques d'excellence technique qui peuvent inspirer de nouvelles innovations adaptées aux défis contemporains du continent.

La réhabilitation des techniques minières de Mapungubwe et du Mali n'est pas simplement une question d'exactitude historique – bien que cela soit important – mais aussi une opportunité de repenser fondamentalement la relation entre l'Afrique et la technologie. En reconnaissant que l'innovation technologique a été une caractéristique constante des sociétés africaines à travers l'histoire, nous ouvrons la voie à un avenir où les solutions technologiques africaines pourront à nouveau transformer le monde.

Chapitre 93 : L'industrie textile et les techniques de teinture avancées développées au Mali et en Afrique de l'Ouest

1. Introduction : Rétablir l'Histoire

Lorsque l'on évoque l'histoire du textile et des techniques de teinture, le récit dominant met généralement en avant les innovations européennes de la révolution industrielle ou les traditions séculaires asiatiques. Pourtant, bien avant que les métiers à tisser mécaniques ne transforment l'industrie textile occidentale, l'Afrique de l'Ouest, et particulièrement le Mali, avait développé des techniques textiles et de teinture d'une sophistication remarquable. Le bogolan (bogolanfini), l'indigo (gala) et les techniques complexes de tissage du bassi et du kente représentent des innovations majeures qui ont été injustement reléguées au rang d'artisanat "primitif" ou de "curiosités ethnographiques" plutôt que reconnues comme de véritables avancées technologiques.

Ces techniques, développées par les peuples Bambara, Dogon, Sénoufo, Ashanti et Yoruba entre autres, démontraient une maîtrise chimique et technique exceptionnelle. Elles impliquaient des processus complexes de fermentation, d'oxydation et de fixation qui révèlent une compréhension approfondie de la chimie des colorants et des fibres, bien avant que ces principes ne soient formalisés par la science occidentale.

L'appropriation de ces techniques s'est faite progressivement : d'abord par les marchands arabes qui ont intégré ces textiles aux routes commerciales sans reconnaître pleinement leur origine, puis par les explorateurs européens qui ont rapporté ces "curiosités exotiques" sans mentionner leur complexité technique. Enfin, l'industrie textile européenne a emprunté de nombreux procédés de teinture ouest-africains, les a industrialisés et se les est attribués, effaçant ainsi leur origine africaine.

Les textiles africains ne représentaient pas seulement un accomplissement esthétique, mais également une prouesse technique et scientifique qui a influencé le commerce mondial et l'histoire de la mode. Leurs motifs, leurs couleurs résistantes et leurs techniques innovantes ont traversé l'Atlantique, influençant les traditions textiles des Amériques, et ont inspiré de nombreux courants artistiques et techniques en Europe, souvent sans reconnaissance de leur origine.

2. Preuves Historiques et Scientifiques : La Paternité Africaine

Artefacts archéologiques et preuves matérielles

Les fouilles archéologiques menées dans la région de Djenné-Djeno au Mali ont révélé des fragments de textiles et des outils de tissage datant du 11e siècle, démontrant une industrie textile florissante bien avant l'arrivée des Européens. Le site de Bandiagara, en pays Dogon, a livré des vestiges de cuves de teinture et des tissus teints à l'indigo remontant au 14e siècle, comme l'ont documenté les archéologues Rogier Bedaux et Susan McIntosh.

Les recherches de Claire Bosc-Tiessé sur les textiles éthiopiens anciens ont également révélé des liens techniques avec les traditions ouest-africaines, suggérant un réseau d'échange de connaissances textiles à travers le continent. Des fragments de coton teints retrouvés dans des tombes du 13e siècle à Igbo-Ukwu (Nigeria) présentent des motifs et des techniques de résistance à la teinture similaires à celles utilisées dans le bogolan malien.

L'analyse chimique de textiles historiques, menée par l'équipe du Dr. Bernhard Gardi du Musée des Cultures de Bâle, a confirmé l'utilisation sophistiquée de mordants naturels (sels métalliques) pour fixer les colorants et créer différentes nuances, témoignant d'une connaissance approfondie des interactions chimiques entre végétaux et minéraux.

Témoignages historiques

Ibn Battuta, voyageur et érudit marocain du 14e siècle, décrit dans ses récits de voyage la qualité exceptionnelle des textiles de l'Empire du Mali : "Leurs vêtements sont d'une blancheur admirable et d'une finesse qui n'a point d'égale". Il mentionne explicitement les techniques de teinture à l'indigo comme étant "d'une qualité qui dépasse celle que l'on trouve en Orient".

Léon l'Africain, dans sa "Description de l'Afrique" (1526), rapporte que les marchés de Tombouctou et de Gao étaient réputés pour leurs étoffes teintes selon des techniques jalousement gardées par les artisans locaux, techniques qu'il qualifie de "véritables sciences transmises de génération en génération".

Les archives des comptoirs commerciaux portugais du 16e siècle mentionnent l'importation de "panos da Guiné" (tissus de Guinée) et vantent leur qualité exceptionnelle et leurs couleurs inaltérables, qualités que les tisserands européens de l'époque étaient incapables d'égaler.

Études scientifiques contemporaines

Les travaux du chimiste textile Abdulaye Badjie de l'Université de Bamako ont démontré que la technique du bogolan implique des réactions d'oxydoréduction complexes entre les tanins des plantes et les oxydes de fer présents dans les boues fermentées. Son analyse spectrographique a révélé que ces procédés permettent d'obtenir des liaisons colorant-fibre plus stables que celles obtenues par les premières teintures synthétiques européennes du 19e siècle.

La botaniste Fatimata Diabaté a documenté l'utilisation de plus de soixante plantes différentes dans les processus de teinture traditionnels du Mali, chacune sélectionnée pour ses propriétés spécifiques et souvent combinée selon des formules précises transmises par les maîtres teinturiers. Cette pharmacopée tinctoriale témoigne d'une exploration systématique et scientifique des propriétés des plantes locales.

Les recherches de Victoria Rovine, spécialiste des textiles africains, ont démontré que les techniques de tissage à motifs complexes développées par les Ashanti et les Ewe utilisaient des principes mathématiques sophistiqués pour créer des motifs géométriques élaborés, bien avant que ces systèmes ne soient formalisés dans les métiers à tisser Jacquard européens.

Transmissions et continuités des savoirs

La persistance de ces techniques jusqu'à nos jours, malgré les bouleversements historiques, témoigne de l'efficacité des systèmes traditionnels de transmission des savoirs. Des guildes spécialisées comme les "galadio" (maîtres de l'indigo) chez les Soninké ou les "bogolan-fini" chez les Bambara ont maintenu ces connaissances techniques au fil des siècles, comme l'a documenté l'anthropologue Alioune Bâ dans ses études sur les corporations artisanales ouest-africaines.

Ces systèmes d'apprentissage, basés sur une transmission orale rigoureuse et des années de pratique sous la supervision de maîtres, ont permis la préservation et l'affinement constant de techniques complexes, comparable aux systèmes de compagnonnage européens mais rarement reconnus avec le même respect dans la littérature historique occidentale.

3. Impact et Apports Réels de cette Découverte

Rôle économique et commercial des textiles ouest-africains

L'industrie textile a constitué un pilier économique majeur des empires ouest-africains, particulièrement pour l'Empire du Mali et celui des Ashanti. Les étoffes teintes à l'indigo, connues sous le nom de "guinées", sont devenues une véritable monnaie d'échange dans le commerce transsaharien et la traite atlantique, témoignant de leur valeur universellement reconnue.

Les recherches économiques de Boubacar Barry ont montré que le commerce des textiles représentait jusqu'à 40% des exportations de certaines régions d'Afrique de l'Ouest aux 17e et 18e siècles. Ces textiles n'étaient pas de simples marchandises : leur qualité technique et esthétique en faisait des produits de luxe recherchés jusqu'au Moyen-Orient et en Europe.

L'historienne économiste Marion Johnson a documenté comment les tissus indigo de la région du fleuve Sénégal étaient si valorisés qu'ils étaient utilisés comme monnaie d'échange standard, avec des valeurs précisément codifiées, démontrant leur importance capitale dans les systèmes économiques régionaux.

Innovations techniques spécifiques

La technique du bogolan, propre aux Bambara du Mali, représente une innovation remarquable en matière de teinture par réserve négative. Contrairement aux méthodes européennes qui tentaient d'appliquer directement les colorants, les artisans maliens avaient développé un processus qui exploite les réactions chimiques entre les boues fermentées riches en fer et les tanins végétaux pour créer des liaisons moléculaires stables.

La teinture à l'indigo, pratiquée intensivement dans la région du delta intérieur du Niger, a été perfectionnée avec le développement de cuves de fermentation permettant d'obtenir des bleus d'une profondeur et d'une résistance exceptionnelles. Le procédé de fermentation de l'indigotier (Indigofera tinctoria) développé par les teinturiers maliens impliquait une connaissance sophistiquée des conditions optimales de pH et de température pour transformer l'indigotine en leuco-indigo soluble, puis en colorant fixé par oxydation.

Les tisserands Ashanti et Ewe ont développé des métiers à pédales permettant de créer des motifs complexes à travers la manipulation précise des fils de chaîne et de trame, anticipant certains principes mécaniques qui ne seront intégrés aux métiers européens que plusieurs siècles plus tard, comme l'a démontré l'historienne des techniques Venice Lamb.

Influence sur l'art textile mondial

Les techniques et motifs textiles ouest-africains ont profondément influencé d'autres traditions à travers le monde. L'adire nigérian a inspiré les techniques de batik javanaises après des contacts commerciaux, tandis que les techniques de résistance à la teinture ont influencé le développement des indiennes européennes.

Dans les Amériques, les esclaves africains ont reconstitué des techniques textiles de leur continent d'origine, influençant notamment les traditions de quilting aux États-Unis et les techniques de teinture au Brésil et dans les Caraïbes. La récente étude de Judith Byfield a documenté comment les textiles adire des Yoruba ont influencé les motifs et techniques des textiles afro-brésiliens.

Les artistes occidentaux du 20e siècle, du mouvement Arts and Crafts aux avant-gardes, se sont largement inspirés des textiles africains, souvent sans reconnaître leur source. Le designer Chris Seydou a été l'un des premiers à réintroduire explicitement le bogolan dans la haute couture contemporaine, démontrant la pertinence continue de ces techniques traditionnelles.

Applications contemporaines des techniques traditionnelles

Les principes chimiques découverts empiriquement par les teinturiers ouest-africains trouvent aujourd'hui des applications dans les domaines de la teinture écologique et durable. Les recherches de l'Institut Textile de France ont montré que certains mordants naturels utilisés traditionnellement au Mali offrent une alternative viable aux fixateurs chimiques industriels, tout en réduisant l'impact environnemental.

Les méthodes de fermentation contrôlée développées pour la teinture à l'indigo sont aujourd'hui étudiées pour leur potentiel dans la production de colorants biologiques industriels. Le laboratoire de biotechnologie de l'Université de Ouagadougou, sous la direction du Pr. Moussa Ouedraogo, explore l'application des techniques traditionnelles de fermentation à grande échelle.

Les motifs géométriques complexes des tissus kente, basés sur des principes mathématiques sophistiqués, sont aujourd'hui analysés par des informaticiens comme Kofi Adu-Manu de l'Université du Ghana pour développer des algorithmes de génération de motifs applicables au design numérique.

4. Comment cette Connaissance a été Usurpée ou Détournée

Le regard colonial et l'effacement des savoirs techniques

Les récits des explorateurs et administrateurs coloniaux ont systématiquement sous-évalué la complexité technique des procédés textiles ouest-africains. Dans son "Voyage au Soudan Français" (1879), le colonel Gallieni décrit les teinturiers de Ségou comme "pratiquant des méthodes primitives mais efficaces", réduisant ainsi des techniques sophistiquées à de simples pratiques empiriques.

Les classifications coloniales ont catégorisé ces textiles comme "arts indigènes" ou "artisanat ethnique" plutôt que comme des productions techniques avancées, les reléguant dans les musées d'ethnographie plutôt que dans les musées des sciences et techniques. Cette catégorisation, comme l'a démontré l'historienne de l'art Sidney Littlefield Kasfir, a contribué à l'effacement de la dimension scientifique et innovante de ces productions.

Les manuels d'histoire des techniques rédigés pendant la période coloniale et post-coloniale ont presque systématiquement ignoré les innovations textiles africaines. L'ouvrage de référence "A History of Technology" (Charles Singer, 1954-1958) consacre des centaines de pages aux techniques asiatiques et européennes, mais à peine quelques paragraphes aux techniques africaines, présentées comme des "curiosités" plutôt que comme des innovations significatives.

L'appropriation commerciale et l'industrialisation sans reconnaissance

L'industrie textile européenne s'est largement inspirée des techniques et motifs ouest-africains sans jamais en reconnaître l'origine. Les "indiennes" françaises et britanniques du 18e siècle, dont le procédé de fabrication s'inspirait directement des techniques de résistance à la teinture développées en Afrique, ont été présentées comme des innovations européennes, comme l'a documenté l'historienne de l'industrie textile Beverly Lemire.

La synthèse chimique de l'indigo, réalisée par Adolf von Baeyer en 1878 et qui lui valut le prix Nobel de chimie en 1905, s'appuyait sur une connaissance des propriétés de l'indigo largement développée à partir de l'observation des techniques africaines et asiatiques. Pourtant, les références aux savoirs traditionnels qui ont permis cette découverte sont absentes des publications scientifiques européennes de l'époque.

Les grands groupes textiles contemporains continuent d'utiliser des motifs directement inspirés des traditions africaines, souvent sans attribution ni compensation. L'affaire des textiles Vlisco, où cette entreprise néerlandaise a breveté des motifs directement inspirés de traditions ouest-africaines, illustre la persistance de cette appropriation, comme l'a analysé Nina Sylvanus dans ses travaux sur l'économie politique des textiles africains.

Dévaluation systématique des innovations africaines

Les historiens des techniques occidentaux ont longtemps appliqué des standards différents pour évaluer les innovations africaines et occidentales. Alors que les perfectionnements graduels des techniques européennes étaient célébrés comme des avancées majeures, les innovations africaines comparables étaient qualifiées de "traditionnelles" ou "statiques", niant ainsi leur caractère évolutif et innovant.

Le développement des colorants synthétiques en Europe au 19e siècle a été présenté comme une rupture totale avec les méthodes de teinture naturelle, ignorant que de nombreuses techniques de fixation et de mordançage utilisées industriellement dérivaient directement de méthodes développées en Afrique et en Asie, comme l'a démontré l'historienne des sciences Londa Schiebinger.

Cette dévaluation s'est manifestée jusque dans le système éducatif colonial imposé en Afrique, où les techniques textiles locales ont été marginalisées au profit des méthodes industrielles européennes. Les écoles professionnelles coloniales françaises au Soudan français (actuel Mali) enseignaient les techniques européennes tout en qualifiant les méthodes locales de "folkloriques", contribuant ainsi à l'érosion des savoirs traditionnels.

Conséquences économiques de l'appropriation

L'industrialisation européenne des techniques de teinture inspirées des méthodes africaines a eu des conséquences économiques désastreuses pour les producteurs africains. L'importation massive de textiles industriels dans les colonies a détruit les économies textiles locales florissantes, comme l'a documenté l'historien économiste A.G. Hopkins dans son étude sur la désindustrialisation de l'Afrique de l'Ouest.

Les économistes Catherine Coquery-Vidrovitch et Alain Forest ont montré comment les politiques coloniales françaises et britanniques ont délibérément supprimé la concurrence des textiles africains en imposant des taxes sur la production locale tout en favorisant l'importation de produits manufacturés européens, transformant des régions autrefois exportatrices de textiles en importatrices dépendantes.

Cette appropriation a également eu des conséquences sur la propriété intellectuelle : de nombreux motifs et techniques développés en Afrique de l'Ouest ont été brevetés par des entreprises européennes, créant une situation où les artisans africains se retrouvent parfois accusés de "contrefaçon" lorsqu'ils utilisent leurs propres traditions ancestrales.

5. Héritage et Enseignements pour les Jeunes Africains

Réintégration dans l'éducation et la formation professionnelle

La réintroduction des techniques textiles traditionnelles dans les programmes scolaires représente une opportunité majeure pour transformer la perception des jeunes Africains de leur héritage technologique. Des initiatives comme le programme "Textile Heritage" de l'UNESCO au Mali intègrent désormais l'étude du bogolan et des techniques de teinture à l'indigo dans le curriculum des écoles secondaires, présentant ces techniques comme des innovations scientifiques plutôt que comme de simples expressions culturelles.

L'Institut National des Arts de Bamako a développé un département spécialisé dans les techniques textiles traditionnelles, où les étudiants apprennent non seulement les aspects pratiques mais aussi les principes chimiques et mathématiques sous-jacents. Ce modèle d'intégration des savoirs traditionnels et contemporains offre un exemple inspirant pour d'autres institutions éducatives du continent.

Des centres de formation professionnelle comme Ndomo à Ségou, fondé par Boubacar Doumbia, forment des jeunes aux techniques traditionnelles tout en leur apprenant à les adapter aux marchés contemporains, démontrant la viabilité économique actuelle de ces savoirs ancestraux.

Renaissance créative et innovation contemporaine

Une nouvelle génération de designers africains s'approprie ces techniques traditionnelles pour créer des produits innovants et contemporains. Des créateurs comme Aissa Dione au Sénégal, Awa Meité au Mali ou Pathé'O en Côte d'Ivoire ont développé des marques internationalement reconnues qui intègrent les techniques traditionnelles dans des créations contemporaines, prouvant que cet héritage n'est pas figé dans le passé mais vivant et évolutif.

Le collectif "Textiles Africains Contemporains" réunit des jeunes designers de plusieurs pays d'Afrique de l'Ouest qui expérimentent des combinaisons entre techniques traditionnelles et technologies modernes, créant par exemple des textiles intelligents utilisant des teintures naturelles combinées à des matériaux nanotechnologiques.

Ces initiatives démontrent que la maîtrise de cet héritage peut être un puissant moteur d'innovation contemporaine, offrant aux jeunes entrepreneurs africains une source unique d'inspiration et de différenciation sur le marché mondial.

Souveraineté technologique et développement durable

La revalorisation des techniques textiles traditionnelles s'inscrit dans une perspective plus large de souveraineté technologique. Comme l'a souligné l'économiste Ndongo Samba Sylla, la redécouverte et l'adaptation des technologies endogènes offrent une alternative aux modèles importés qui souvent ne correspondent pas aux réalités socio-économiques africaines.

Les techniques de teinture naturelle développées en Afrique de l'Ouest présentent un intérêt particulier dans le contexte de la crise écologique mondiale. Le Centre de Recherche sur les Colorants Naturels de Bobo-Dioulasso (Burkina Faso) étudie comment les méthodes traditionnelles peuvent être adaptées à la production industrielle moderne, offrant des alternatives plus durables aux teintures synthétiques polluantes.

L'entrepreneur malien Seydou Coulibaly a développé une entreprise, EcoTex, qui combine les techniques traditionnelles de teinture avec des processus modernes de traitement des eaux, créant ainsi une production textile écologiquement responsable qui attire des partenariats internationaux, démontrant comment cet héritage peut contribuer au développement économique durable.

Reconquête de la narrative technologique africaine

La réappropriation de l'histoire des innovations textiles africaines participe à un mouvement plus large de décolonisation du savoir technologique. Des plateformes comme "African Innovation History" et "Decolonizing Science" documentent et diffusent les innovations africaines historiques, offrant aux jeunes chercheurs et entrepreneurs des références et modèles ignorés par l'historiographie conventionnelle.

Ce mouvement de réappropriation intellectuelle, porté par des chercheurs comme Chika Oduah et Sékou Ogobara Dolo, encourage les jeunes Africains à explorer leur propre héritage technologique plutôt que de se limiter aux modèles importés. Cette approche favorise une innovation enracinée dans les réalités locales et les savoirs endogènes, potentiellement plus adaptée aux défis spécifiques du continent.

La journaliste scientifique Aisha Bello a lancé la série de podcasts "Hidden African Innovations" qui a consacré plusieurs épisodes aux technologies textiles ouest-africaines, touchant un large public de jeunes auditeurs et contribuant à transformer leur perception de l'histoire technologique de leur continent.

6. Réflexion et Reconnaissance Officielle

Évolution du regard académique international

Le regard académique sur les textiles ouest-africains a considérablement évolué ces dernières décennies. Des institutions comme le Textile Research Centre de Leiden (Pays-Bas) ou le British Museum ont révisé leurs catalogues et classifications pour reconnaître explicitement la sophistication technique des textiles africains, les présentant désormais comme des innovations textiles majeures plutôt que comme de simples productions artisanales.

Des revues scientifiques prestigieuses comme "Textile History" et "Journal of Material Culture" ont publié des numéros spéciaux consacrés aux innovations textiles africaines, contribuant à leur intégration dans le canon de l'histoire mondiale des techniques. L'article fondateur de John Picton, "Technology, Tradition and Lurex" (1995), a joué un rôle crucial dans cette réévaluation en démontrant la complexité technique et l'adaptabilité des traditions textiles africaines.

Des universitaires africains comme Abdou Touré (Université Félix Houphouët-Boigny) et Fatou Sow (CODESRIA) ont développé des programmes de recherche interdisciplinaires qui documentent ces techniques tant dans leur dimension historique que dans leurs potentiels d'application contemporains, contribuant à une production scientifique endogène sur ces sujets.

Reconnaissance institutionnelle et muséale

L'inscription du bogolan malien sur la liste du patrimoine culturel immatériel de l'UNESCO en 2021 représente une avancée significative dans la reconnaissance internationale de ces techniques. Cette reconnaissance met explicitement en avant la dimension technologique et innovante de cette tradition, au-delà de ses aspects esthétiques et culturels.

Des expositions majeures comme "Innovation in African Textiles" au Victoria and Albert Museum de Londres (2018) ou "L'Afrique des Routes" au Musée du quai Branly à Paris (2017) ont présenté ces textiles dans une perspective historique et technologique, soulignant leur influence sur les traditions textiles mondiales et rectifiant partiellement les récits historiques biaisés.

Le Musée National du Mali à Bamako et le Musée de la Femme de Ouagadougou ont développé des sections permanentes consacrées aux innovations textiles, présentant les aspects techniques et chimiques de ces traditions au même titre que leur dimension culturelle, contribuant ainsi à une éducation publique plus équilibrée sur ces sujets.

Défis persistants dans la reconnaissance internationale

Malgré ces avancées, de nombreux défis persistent. Les manuels d'histoire mondiale des techniques continuent de marginaliser les innovations africaines, comme l'a montré l'étude critique de la chercheuse Amina Meddeb qui a analysé dix manuels universitaires majeurs publiés entre 2000 et 2020, révélant que les techniques textiles africaines y occupent en moyenne moins de 2% du contenu.

Les brevets et droits de propriété intellectuelle sur les motifs et techniques inspirés des traditions africaines restent largement détenus par des entreprises occidentales et asiatiques. Les efforts de l'Organisation Africaine de la Propriété Intellectuelle pour développer des protections adaptées aux savoirs traditionnels se heurtent à la rigidité du système international de propriété intellectuelle, mal adapté à la nature collective de ces innovations.

Dans le domaine académique, les recherches sur les techniques traditionnelles africaines demeurent sous-financées comparativement à d'autres domaines, limitant le développement d'une littérature scientifique robuste sur ces sujets. Le chimiste malien Ibrahim Touré a souligné comment les laboratoires africains travaillant sur les colorants naturels reçoivent en moyenne dix fois moins de financement que ceux travaillant sur des technologies importées.

Initiatives africaines pour la préservation et la documentation

Face à ces défis, plusieurs initiatives africaines œuvrent à la préservation et à la documentation scientifique de ces techniques. Le Centre Malien du Textile Traditionnel à Ségou, fondé en 2004, combine recherche scientifique, documentation des savoirs traditionnels et formation des nouvelles générations, créant ainsi un modèle intégré de préservation active.

Le projet "Digital Archive of African Textile Technologies", dirigé par l'historienne Rashaida Ndiaye de l'Université Cheikh Anta Diop de Dakar, documente en détail les procédés techniques à travers des interviews filmées avec des maîtres artisans, des analyses chimiques des teintures et des modélisations 3D des métiers à tisser traditionnels, créant ainsi une ressource scientifique complète accessible aux chercheurs et entrepreneurs.

Ces initiatives, en préservant non seulement les aspects visibles de ces traditions mais aussi les connaissances théoriques et pratiques sous-jacentes, contribuent à maintenir vivant cet héritage technologique et à le rendre disponible pour les innovations futures.

7. Conclusion : Inspirer l'Avenir

L'histoire des techniques textiles et de teinture développées au Mali et en Afrique de l'Ouest nous offre bien plus qu'une simple correction historique. Elle nous présente un modèle alternatif d'innovation technologique, enraciné dans les réalités locales, respectueux de l'environnement et porté par des communautés de pratique plutôt que par des individus isolés.

En redécouvrant comment les peuples ouest-africains ont développé des techniques sophistiquées de transformation des fibres et des colorants, nous ne réhabilitons pas seulement un héritage injustement marginalisé – nous ouvrons également des perspectives pour un avenir technologique plus diversifié et inclusif. Ces traditions démontrent qu'il existe de multiples voies vers l'innovation, au-delà du modèle industriel occidental dominant.

Pour les jeunes Africains d'aujourd'hui, cette histoire offre une source d'inspiration et de fierté. Elle démontre que leurs ancêtres n'étaient pas de simples récepteurs passifs de technologies importées, mais des innovateurs qui ont développé des solutions ingénieuses adaptées à leurs besoins et à leur environnement. Cette prise de conscience peut nourrir une confiance renouvelée dans la capacité des Africains à développer leurs propres solutions technologiques face aux défis contemporains.

Dans un monde confronté aux limites écologiques du modèle industriel conventionnel, les principes de durabilité incarnés dans ces techniques traditionnelles – utilisation de matériaux locaux et renouvelables, procédés à faible impact environnemental, approche circulaire des ressources – offrent des inspirations précieuses pour repenser nos systèmes de production. L'innovation future pourrait trouver dans ces traditions non pas des reliques du passé, mais des graines pour un développement plus harmonieux et durable.

La réhabilitation de cet héritage technique dans toute sa sophistication représente ainsi non seulement un acte de justice historique, mais aussi une contribution essentielle au patrimoine scientifique mondial et une ressource inestimable pour construire un avenir où l'innovation technologique serait véritablement multiculturelle, reflétant la diversité des intelligences et des créativités humaines.

Chapitre 94 : Les Techniques de Tissage et de Teinture : Bogolan du Mali et Adire du Nigéria

1. Introduction : Rétablir l'Histoire

Les techniques de tissage et de teinture, telles que celles du bogolan au Mali et de l'adire au Nigéria, sont des expressions artistiques et culturelles profondément enracinées dans l'histoire africaine. Ces méthodes traditionnelles ont été développées par les peuples africains bien avant que la mode occidentale ne les adopte et les popularise. Le bogolan et l'adire sont plus que de simples techniques textiles ; ils sont des symboles de l'ingéniosité et de la créativité africaines, souvent injustement attribués à d'autres cultures ou réduits à de simples tendances de mode.

Le bogolan, également connu sous le nom de "bogolanfini", est une technique de teinture à base de boue pratiquée par les Bambara au Mali. L'adire, quant à lui, est une méthode de teinture par réserve utilisée par les Yoruba au Nigéria. Ces deux techniques ont été développées indépendamment par ces cultures africaines et ont joué un rôle crucial dans leur identité et leur patrimoine. Cependant, avec l'essor de la mondialisation et l'appropriation culturelle, ces techniques ont souvent été récupérées par la mode occidentale sans reconnaissance adéquate de leurs origines africaines.

2. Preuves Historiques et Scientifiques : La Paternité Africaine

Les preuves de l'origine africaine du bogolan et de l'adire sont nombreuses et bien documentées. Les archives historiques, les artefacts et les témoignages de chercheurs contemporains confirment que ces techniques sont bel et bien issues des cultures malienne et nigériane.

Bogolan du Mali :

- Documents et archives historiques : Les premiers écrits sur le bogolan remontent au XIXe siècle, où des explorateurs et des ethnologues ont décrit cette technique unique de teinture à base de boue. Les motifs géométriques et symboliques du bogolan sont profondément ancrés dans la culture Bambara et ont des significations spécifiques liées à la mythologie et aux croyances locales.
- Travaux des chercheurs contemporains : Des études récentes, comme celles de l'anthropologue Pascal James Imperato, ont réhabilité le bogolan en tant que technique textile africaine

authentique. Imperato a documenté les processus de fabrication et les significations culturelles du bogolan, soulignant son importance dans la société malienne.
- Fouilles archéologiques et artefacts : Des artefacts textiles retrouvés lors de fouilles archéologiques au Mali montrent que le bogolan était utilisé bien avant l'arrivée des Européens. Ces découvertes confirment que le bogolan est une technique ancestrale, transmise de génération en génération.

Adire du Nigéria :

- Documents et archives historiques : L'adire est mentionné dans des récits de voyageurs et de missionnaires dès le XVIIIe siècle. Les motifs complexes et les techniques de teinture par réserve utilisées dans l'adire sont spécifiques à la culture Yoruba et ont été développés pour répondre à des besoins locaux.
- Travaux des chercheurs contemporains : Des chercheurs comme Elisha Renne ont étudié l'adire et ses implications culturelles. Renne a montré comment l'adire est utilisé dans les rituels et les cérémonies Yoruba, soulignant son importance en tant que marqueur d'identité culturelle.
- Fouilles archéologiques et artefacts : Des fragments de textiles teints selon la méthode de l'adire ont été retrouvés lors de fouilles au Nigéria, confirmant que cette technique est ancienne et authentiquement africaine.

Écrits ou témoignages de savants étrangers :

Des savants étrangers, comme l'anthropologue français Marcel Griaule, ont reconnu l'origine africaine de ces techniques textiles. Griaule a étudié les cultures africaines et a documenté les techniques de tissage et de teinture, soulignant leur originalité et leur importance culturelle.

Comparaison des connaissances africaines et de celles revendiquées par d'autres civilisations :

- Les techniques de tissage et de teinture africaines, comme le bogolan et l'adire, ont été développées bien avant que des techniques similaires n'apparaissent dans d'autres cultures. Par exemple, les motifs géométriques du bogolan et les techniques de teinture par réserve de l'adire sont uniques et ne trouvent pas d'équivalent direct dans les traditions textiles européennes ou asiatiques.

3. Impact et Apports Réels de cette Découverte

Les techniques de tissage et de teinture africaines ont eu un impact significatif sur le développement des textiles dans le monde. Elles ont non seulement enrichi le patrimoine culturel des peuples africains, mais ont également influencé les pratiques textiles dans d'autres régions du monde.

Utilisation historique en Afrique :

- Bogolan : Au Mali, le bogolan était utilisé pour créer des vêtements, des tentures et des accessoires décoratifs. Les motifs du bogolan avaient des significations symboliques et étaient souvent utilisés dans les rituels et les cérémonies.
- Adire : Au Nigéria, l'adire était utilisé pour fabriquer des vêtements traditionnels, comme les boubous et les pagnes. Les motifs complexes de l'adire étaient également porteurs de significations culturelles et étaient utilisés dans les rituels Yoruba.

Influence sur les civilisations extérieures :

- Les techniques de tissage et de teinture africaines ont influencé les pratiques textiles dans d'autres régions du monde. Par exemple, les motifs géométriques du bogolan ont inspiré des designers occidentaux, tandis que les techniques de teinture par réserve de l'adire ont été adoptées par des artisans en Asie et en Amérique latine.

Rôle dans le progrès scientifique mondial :

- Les techniques de tissage et de teinture africaines ont contribué au développement des connaissances textiles mondiales. Elles ont montré comment des matériaux naturels, comme la boue et les plantes, peuvent être utilisés pour créer des textiles durables et esthétiquement plaisants.

Applications modernes :

- Aujourd'hui, les techniques de tissage et de teinture africaines sont utilisées dans la mode contemporaine. Des designers occidentaux s'inspirent des motifs et des techniques du bogolan et de l'adire pour créer des vêtements et des accessoires modernes. Ces techniques sont également utilisées dans l'art textile et la décoration intérieure.

4. Comment cette Connaissance a été Usurpée ou Détournée

Les techniques de tissage et de teinture africaines ont souvent été appropriées, effacées ou mal attribuées par des cultures extérieures. Plusieurs facteurs ont contribué à cette situation.

Influence des explorateurs, des missionnaires et des historiens occidentaux :

- Les explorateurs et les missionnaires européens ont souvent documenté les techniques textiles africaines sans reconnaître leur origine africaine. Ils ont parfois attribué ces techniques à des influences extérieures ou les ont présentées comme des découvertes européennes.

La colonisation et l'effacement des mémoires scientifiques africaines :

- Pendant la période coloniale, les savoirs africains ont été systématiquement effacés ou dévalorisés. Les techniques de tissage et de teinture africaines ont été considérées comme primitives et ont été remplacées par des pratiques textiles européennes.

Comment des figures historiques européennes ont repris ces concepts sans en citer l'origine africaine :

- Des designers et des artisans européens ont adopté les motifs et les techniques du bogolan et de l'adire sans reconnaître leur origine africaine. Ils ont souvent présenté ces techniques comme des innovations européennes, contribuant ainsi à l'effacement des savoirs africains.

L'absence de reconnaissance officielle et le rôle des préjugés sur les "civilisations avancées" :

- Les préjugés sur les "civilisations avancées" ont contribué à l'absence de reconnaissance des techniques textiles africaines. Les savoirs africains ont souvent été considérés comme moins sophistiqués que ceux des cultures européennes ou asiatiques, ce qui a conduit à leur marginalisation.

5. Héritage et Enseignements pour les Jeunes Africains

Les techniques de tissage et de teinture africaines, comme le bogolan et l'adire, sont des trésors culturels qui doivent être réintroduits dans les manuels scolaires africains. Elles prouvent que l'Afrique a été un centre du savoir et de l'innovation textile.

Pourquoi ces innovations doivent être réintroduites dans les manuels scolaires africains :

- Les jeunes Africains doivent connaître l'histoire et l'importance des techniques textiles africaines. Cela leur permettra de comprendre leur héritage culturel et de s'inspirer des innovations de leurs ancêtres.

Comment ces découvertes prouvent que l'Afrique a été un centre du savoir :

- Les techniques de tissage et de teinture africaines montrent que l'Afrique a été un centre d'innovation textile. Elles prouvent que les peuples africains ont développé des techniques sophistiquées et durables bien avant l'arrivée des influences extérieures.

Exemples de jeunes Africains ou d'institutions qui cherchent à revitaliser ces savoirs :

- De nombreux jeunes designers africains s'inspirent des techniques traditionnelles de tissage et de teinture pour créer des vêtements modernes. Des institutions, comme le Musée national du Mali et le Musée national du Nigéria, travaillent également à la préservation et à la promotion de ces savoirs.

Pourquoi ce passé scientifique doit servir de socle pour l'avenir du continent :

- Le passé scientifique et technique de l'Afrique doit servir de socle pour l'avenir du continent. Les jeunes Africains doivent s'inspirer des innovations de leurs ancêtres pour développer de nouvelles techniques et technologies qui répondent aux défis contemporains.

6. Réflexion et Reconnaissance Officielle

La reconnaissance des techniques de tissage et de teinture africaines progresse, mais il reste encore beaucoup à faire pour réhabiliter pleinement ces savoirs.

Les efforts récents pour réhabiliter ces savoirs :

- Des recherches, des musées et des institutions africaines travaillent à la réhabilitation des techniques textiles africaines. Par exemple, le Musée national du Mali organise des expositions sur le bogolan, tandis que le Musée national du Nigéria met en avant l'adire.

Les batailles pour faire reconnaître ces découvertes au niveau international :

- Des organisations internationales, comme l'UNESCO, travaillent à la reconnaissance des savoirs africains. L'UNESCO a inscrit le bogolan et l'adire sur la liste du patrimoine culturel immatériel de l'humanité, contribuant ainsi à leur reconnaissance internationale.

Pourquoi la communauté scientifique mondiale doit reconsidérer ces faits :

- La communauté scientifique mondiale doit reconsidérer les faits concernant les techniques textiles africaines. Elle doit reconnaître leur origine africaine et leur importance dans le développement des connaissances textiles mondiales.

Comment chaque Africain peut contribuer à cette réhabilitation :

- Chaque Africain peut contribuer à la réhabilitation des techniques textiles africaines en soutenant les artisans locaux, en promouvant les savoirs traditionnels et en sensibilisant les jeunes générations à l'importance de ces techniques.

7. Conclusion : Inspirer l'Avenir

Les techniques de tissage et de teinture africaines, comme le bogolan et l'adire, sont des trésors culturels qui doivent être célébrés et préservés. Elles témoignent de l'ingéniosité et de la créativité des peuples africains et doivent servir d'inspiration pour les générations futures.

Les jeunes Africains doivent s'approprier cet héritage et s'en inspirer pour développer de nouvelles techniques et technologies. Ils doivent comprendre que l'Afrique a été et continue d'être un centre d'innovation et de savoir. En reconnaissant et en valorisant les techniques textiles africaines, nous pouvons contribuer à la reconstruction du savoir africain et à l'épanouissement du continent.

En conclusion, les techniques de tissage et de teinture africaines sont des innovations précieuses qui doivent être réhabilitées et célébrées. Elles témoignent de la richesse du patrimoine culturel africain et doivent servir de socle pour l'avenir du continent. En reconnaissant ces savoirs, nous pouvons inspirer les jeunes Africains à innover et à contribuer au développement durable de l'Afrique.

Systèmes Agricoles et Écologiques

Chapitre 95 : Les Techniques Agricoles Avancées en Afrique : Irrigation et Rotation des Cultures

1. Introduction : Rétablir l'Histoire

L'Afrique est souvent perçue comme un continent en retard en matière de développement agricole. Pourtant, les techniques agricoles avancées, telles que l'irrigation et la rotation des cultures, ont été développées et perfectionnées sur le continent bien avant d'être adoptées ailleurs. Ces innovations ont joué un rôle crucial dans la subsistance et le développement des civilisations africaines, mais elles sont rarement reconnues à leur juste valeur.

Les techniques d'irrigation et de rotation des cultures ont été mises au point par diverses cultures africaines pour maximiser la productivité agricole dans des environnements souvent hostiles. Ces pratiques ont permis de nourrir des populations croissantes et de soutenir des civilisations florissantes. Cependant, l'histoire de ces innovations a souvent été occultée par les récits coloniaux et les préjugés sur les capacités technologiques des Africains.

2. Preuves Historiques et Scientifiques : La Paternité Africaine

Les preuves de l'origine africaine des techniques d'irrigation et de rotation des cultures sont nombreuses et bien documentées. Les archives historiques, les fouilles archéologiques et les travaux des chercheurs contemporains confirment que ces pratiques ont été développées indépendamment en Afrique.

Documents et archives historiques :

- Papyrus et manuscrits anciens : Des textes anciens, comme le Papyrus Anastasi I, datant de l'Égypte antique, décrivent des techniques d'irrigation sophistiquées utilisées pour cultiver les terres fertiles le long du Nil. Ces documents montrent que les Égyptiens avaient une compréhension avancée de la gestion de l'eau et de l'agriculture.
- Sculptures et bas-reliefs : Des sculptures et des bas-reliefs trouvés dans des sites archéologiques en Égypte et en Nubie représentent des scènes d'irrigation et de culture, confirmant l'utilisation de ces techniques dans l'Antiquité.

Travaux des chercheurs contemporains :

- Études archéologiques : Des chercheurs comme Karl Butzer ont étudié les systèmes d'irrigation anciens en Afrique du Nord et ont montré comment ces techniques ont permis de transformer des régions arides en terres agricoles productives.
- Recherches agronomiques : Des agronomes contemporains, comme Paul Richards, ont documenté les pratiques de rotation des cultures en Afrique de l'Ouest, soulignant leur efficacité pour maintenir la fertilité des sols et maximiser les rendements agricoles.

Fouilles archéologiques et artefacts :

- Sites archéologiques : Des fouilles dans des sites comme Kerma en Nubie et Aksum en Éthiopie ont révélé des systèmes d'irrigation complexes, incluant des canaux et des réservoirs, qui témoignent de l'ingéniosité des anciens agriculteurs africains.
- Artefacts agricoles : Des outils agricoles, comme des houes et des pelles, retrouvés lors de fouilles en Afrique subsaharienne, montrent que les techniques de rotation des cultures étaient pratiquées il y a plusieurs millénaires.

Écrits ou témoignages de savants étrangers :

- Hérodote : L'historien grec Hérodote a décrit les techniques d'irrigation utilisées par les Égyptiens dans ses écrits, reconnaissant leur ingéniosité et leur efficacité.
- Ibn Battûta : Le voyageur marocain Ibn Battûta a documenté les pratiques agricoles avancées qu'il a observées lors de ses voyages en Afrique de l'Ouest, soulignant l'utilisation de la rotation des cultures pour maintenir la fertilité des sols.

Comparaison des connaissances africaines et de celles revendiquées par d'autres civilisations :

- Les techniques d'irrigation et de rotation des cultures développées en Afrique sont antérieures à celles utilisées dans d'autres régions du monde. Par exemple, les systèmes d'irrigation égyptiens étaient en place bien avant ceux de la Mésopotamie ou de la vallée de l'Indus.

3. Impact et Apports Réels de cette Découverte

Les techniques agricoles avancées développées en Afrique ont eu un impact significatif sur le développement des civilisations africaines et ont influencé les pratiques agricoles dans d'autres régions du monde.

Utilisation historique en Afrique :

- Égypte antique : Les techniques d'irrigation ont permis de cultiver les terres fertiles le long du Nil, nourrissant une population croissante et soutenant le développement de l'une des civilisations les plus avancées de l'Antiquité.
- Nubie et Éthiopie : Les systèmes d'irrigation ont permis de cultiver des terres arides, soutenant des civilisations florissantes comme celles de Kerma et d'Aksum.
- Afrique de l'Ouest : La rotation des cultures a permis de maintenir la fertilité des sols et de maximiser les rendements agricoles, soutenant des empires comme ceux du Ghana **et du Mali.**

Influence sur les civilisations extérieures :

- Les techniques d'irrigation et de rotation des cultures développées en Afrique ont influencé les pratiques agricoles dans d'autres régions du monde. Par exemple, les systèmes d'irrigation égyptiens ont inspiré des techniques similaires en Mésopotamie et dans la vallée de l'Indus.
- Les échanges commerciaux et culturels entre l'Afrique et le monde arabe ont permis la diffusion de ces techniques agricoles avancées, contribuant au développement de l'agriculture dans le Moyen-Orient et en Asie.

Rôle dans le progrès scientifique mondial :

- Les techniques agricoles avancées développées en Afrique ont contribué au progrès scientifique mondial en montrant comment maximiser la productivité agricole dans des environnements difficiles. Elles ont également influencé le développement de la gestion de l'eau et de la conservation des sols.

Applications modernes :

- Aujourd'hui, les techniques d'irrigation et de rotation des cultures sont toujours utilisées en Afrique et dans le monde entier. Elles sont essentielles pour la sécurité alimentaire et la durabilité agricole.

- Des projets modernes d'irrigation, comme ceux du barrage d'Assouan en Égypte, s'inspirent des techniques anciennes pour maximiser la productivité agricole et soutenir le développement économique.

4. Comment cette Connaissance a été Usurpée ou Détournée

Les techniques agricoles avancées développées en Afrique ont souvent été appropriées, effacées ou mal attribuées par des cultures extérieures. Plusieurs facteurs ont contribué à cette situation.

Influence des explorateurs, des missionnaires et des historiens occidentaux :

- Les explorateurs et les missionnaires européens ont souvent documenté les techniques agricoles africaines sans reconnaître leur origine africaine. Ils ont parfois attribué ces techniques à des influences extérieures ou les ont présentées comme des découvertes européennes.
- Les historiens occidentaux ont souvent minimisé les contributions africaines au développement agricole, préférant mettre en avant les innovations européennes et asiatiques.

La colonisation et l'effacement des mémoires scientifiques africaines :

- Pendant la période coloniale, les savoirs africains ont été systématiquement effacés ou dévalorisés. Les techniques agricoles avancées développées en Afrique ont été considérées comme primitives et ont été remplacées par des pratiques agricoles européennes.
- Les colonisateurs ont souvent imposé leurs propres méthodes agricoles, ignorant les connaissances locales et contribuant ainsi à l'effacement des savoirs africains.

Comment des figures historiques européennes ont repris ces concepts sans en citer l'origine africaine :

- Des figures historiques européennes, comme les agronomes et les ingénieurs coloniaux, ont souvent adopté les techniques agricoles africaines sans en reconnaître l'origine. Ils ont présenté ces techniques comme des innovations européennes, contribuant ainsi à l'effacement des savoirs africains.

L'absence de reconnaissance officielle et le rôle des préjugés sur les "civilisations avancées" :

- Les préjugés sur les "civilisations avancées" ont contribué à l'absence de reconnaissance des techniques agricoles africaines. Les savoirs africains ont souvent été considérés comme moins sophistiqués que ceux des cultures européennes ou asiatiques, ce qui a conduit à leur marginalisation.

5. Héritage et Enseignements pour les Jeunes Africains

Les techniques agricoles avancées développées en Afrique sont des trésors culturels qui doivent être réintroduits dans les manuels scolaires africains. Elles prouvent que l'Afrique a été un centre du savoir et de l'innovation agricole.

Pourquoi ces innovations doivent être réintroduites dans les manuels scolaires africains :

- Les jeunes Africains doivent connaître l'histoire et l'importance des techniques agricoles avancées développées sur le continent. Cela leur permettra de comprendre leur héritage culturel et de s'inspirer des innovations de leurs ancêtres.

Comment ces découvertes prouvent que l'Afrique a été un centre du savoir :

- Les techniques d'irrigation et de rotation des cultures montrent que l'Afrique a été un centre d'innovation agricole. Elles prouvent que les peuples africains ont développé des techniques sophistiquées et durables bien avant l'arrivée des influences extérieures.

Exemples de jeunes Africains ou d'institutions qui cherchent à revitaliser ces savoirs :

- De nombreux jeunes agriculteurs africains s'inspirent des techniques traditionnelles pour développer des pratiques agricoles durables et adaptées aux défis contemporains.
- Des institutions, comme l'Institut international d'agriculture tropicale (IITA) et l'Université d'agriculture de Sokoine en Tanzanie, travaillent à la préservation et à la promotion des savoirs agricoles traditionnels.

Pourquoi ce passé scientifique doit servir de socle pour l'avenir du continent :

- Le passé scientifique et technique de l'Afrique doit servir de socle pour l'avenir du continent. Les jeunes Africains doivent s'inspirer des innovations de leurs ancêtres pour développer de nouvelles techniques et technologies qui répondent aux défis contemporains, comme le changement climatique et la sécurité alimentaire.

6. Réflexion et Reconnaissance Officielle

La reconnaissance des techniques agricoles avancées développées en Afrique progresse, mais il reste encore beaucoup à faire pour réhabiliter pleinement ces savoirs.

Les efforts récents pour réhabiliter ces savoirs :

- Des recherches, des musées et des institutions africaines travaillent à la réhabilitation des techniques agricoles avancées développées sur le continent. Par exemple, le Musée national du Mali organise des expositions sur les pratiques agricoles traditionnelles, tandis que l'IITA mène des recherches sur les techniques d'irrigation et de rotation des cultures.

Les batailles pour faire reconnaître ces découvertes au niveau intornational :

- Des organisations internationales, comme l'UNESCO, travaillent à la reconnaissance des savoirs africains. L'UNESCO a inscrit plusieurs sites agricoles africains sur la liste du patrimoine mondial, contribuant ainsi à leur reconnaissance internationale.

Pourquoi la communauté scientifique mondiale doit reconsidérer ces faits :

- La communauté scientifique mondiale doit reconsidérer les faits concernant les techniques agricoles avancées développées en Afrique. Elle doit reconnaître leur origine africaine et leur importance dans le développement des connaissances agricoles mondiales.

Comment chaque Africain peut contribuer à cette réhabilitation :

- Chaque Africain peut contribuer à la réhabilitation des techniques agricoles avancées en soutenant les agriculteurs locaux, en promouvant les savoirs traditionnels et en sensibilisant les jeunes générations à l'importance de ces techniques.

7. Conclusion : Inspirer l'Avenir

Les techniques agricoles avancées développées en Afrique, comme l'irrigation et la rotation des cultures, sont des trésors culturels qui doivent être célébrés et préservés. Elles témoignent de l'ingéniosité et de la créativité des peuples africains et doivent servir d'inspiration pour les générations futures.

Les jeunes Africains doivent s'approprier cet héritage et s'en inspirer pour développer de nouvelles techniques et technologies. Ils doivent comprendre que l'Afrique a été et continue d'être un centre d'innovation et de savoir. En reconnaissant et en valorisant les techniques agricoles avancées développées sur le continent, nous pouvons contribuer à la reconstruction du savoir africain et à l'épanouissement du continent.

En conclusion, les techniques agricoles avancées développées en Afrique sont des innovations précieuses qui doivent être réhabilitées et célébrées. Elles témoignent de la richesse du patrimoine culturel africain et doivent servir de socle pour l'avenir du continent. En reconnaissant ces savoirs, nous pouvons inspirer les jeunes Africains à innover et à contribuer au développement durable de l'Afrique.

Chapitre 96 : Les Systèmes d'Irrigation à Grande Échelle Développés en Égypte et en Nubie

1. Introduction : Rétablir l'Histoire

Les systèmes d'irrigation à grande échelle développés en Égypte et en Nubie sont parmi les plus anciennes et les plus sophistiquées innovations agricoles de l'histoire humaine. Ces techniques ont permis de transformer des régions arides en terres agricoles fertiles, soutenant ainsi le développement de civilisations florissantes. Cependant, ces innovations sont souvent attribuées à d'autres cultures ou minimisées dans les récits historiques dominants. Il est crucial de rétablir la vérité historique et de reconnaître l'ingéniosité des anciens Égyptiens et Nubiens dans le domaine de l'irrigation.

Les systèmes d'irrigation en Égypte et en Nubie ont été développés pour maximiser l'utilisation des ressources en eau, en particulier celles du Nil. Ces techniques ont permis de cultiver des terres fertiles le long du fleuve, nourrissant des populations croissantes et soutenant des civilisations avancées. Pourtant, ces innovations sont souvent attribuées à des influences extérieures ou présentées comme des découvertes plus tardives.

2. Preuves Historiques et Scientifiques : La Paternité Africaine

Les preuves de l'origine africaine des systèmes d'irrigation à grande échelle en Égypte et en Nubie sont nombreuses et bien documentées. Les archives historiques, les fouilles archéologiques et les travaux des chercheurs contemporains confirment que ces pratiques ont été développées indépendamment en Afrique.

Documents et archives historiques :

- Papyrus et manuscrits anciens : Des textes anciens, comme le Papyrus Anastasi I, décrivent des techniques d'irrigation sophistiquées utilisées pour cultiver les terres fertiles le long du Nil. Ces documents montrent que les Égyptiens avaient une compréhension avancée de la gestion de l'eau et de l'agriculture.
- Sculptures et bas-reliefs : Des sculptures et des bas-reliefs trouvés dans des sites archéologiques en Égypte et en Nubie représentent des scènes d'irrigation et de culture, confirmant l'utilisation de ces techniques dans l'Antiquité.

Travaux des chercheurs contemporains :

- Études archéologiques : Des chercheurs comme Karl Butzer ont étudié les systèmes d'irrigation anciens en Afrique du Nord et ont montré comment ces techniques ont permis de transformer des régions arides en terres agricoles productives.
- Recherches agronomiques : Des agronomes contemporains, comme Paul Richards, ont documenté les pratiques de rotation des cultures en Afrique de l'Ouest, soulignant leur efficacité pour maintenir la fertilité des sols et maximiser les rendements agricoles.

Fouilles archéologiques et artefacts :

- Sites archéologiques : Des fouilles dans des sites comme Kerma en Nubie et Aksum en Éthiopie ont révélé des systèmes d'irrigation complexes, incluant des canaux et des réservoirs, qui témoignent de l'ingéniosité des anciens agriculteurs africains.
- Artefacts agricoles : Des outils agricoles, comme des houes et des pelles, retrouvés lors de fouilles en Afrique subsaharienne, montrent que les techniques de rotation des cultures étaient pratiquées il y a plusieurs millénaires.
- Écrits ou témoignages de savants étrangers :
- Hérodote : L'historien grec Hérodote a décrit les techniques d'irrigation utilisées par les Égyptiens dans ses écrits, reconnaissant leur ingéniosité et leur efficacité.

- Ibn Battûta : Le voyageur marocain Ibn Battûta a documenté les pratiques agricoles avancées qu'il a observées lors de ses voyages en Afrique de l'Ouest, soulignant l'utilisation de la rotation des cultures pour maintenir la fertilité des sols.

Comparaison des connaissances africaines et de celles revendiquées par d'autres civilisations :

- Les techniques d'irrigation et de rotation des cultures développées en Afrique sont antérieures à celles utilisées dans d'autres régions du monde. Par exemple, les systèmes d'irrigation égyptiens étaient en place bien avant ceux de la Mésopotamie ou de la vallée de l'Indus.

3. Impact et Apports Réels de cette Découverte

Les systèmes d'irrigation à grande échelle développés en Égypte et en Nubie ont eu un impact significatif sur le développement des civilisations africaines et ont influencé les pratiques agricoles dans d'autres régions du monde.

Utilisation historique en Afrique :

- Égypte antique : Les techniques d'irrigation ont permis de cultiver les terres fertiles le long du Nil, nourrissant une population croissante et soutenant le développement de l'une des civilisations les plus avancées de l'Antiquité.
- Nubie et Éthiopie : Les systèmes d'irrigation ont permis de cultiver des terres arides, soutenant des civilisations florissantes comme celles de Kerma et d'Aksum.
- Afrique de l'Ouest : La rotation des cultures a permis de maintenir la fertilité des sols et de maximiser les rendements agricoles, soutenant des empires comme ceux du Ghana et du Mali.

Influence sur les civilisations extérieures :

- Les techniques d'irrigation et de rotation des cultures développées en Afrique ont influencé les pratiques agricoles dans d'autres régions du monde. Par exemple, les systèmes d'irrigation égyptiens ont inspiré des techniques similaires en Mésopotamie et dans la vallée de l'Indus.
- Les échanges commerciaux et culturels entre l'Afrique et le monde arabe ont permis la diffusion de ces techniques agricoles avancées, contribuant au développement de l'agriculture dans le Moyen-Orient et en Asie.

Rôle dans le progrès scientifique mondial :

- Les techniques agricoles avancées développées en Afrique ont contribué au progrès scientifique mondial en montrant comment maximiser la productivité agricole dans des environnements difficiles. Elles ont également influencé le développement de la gestion de l'eau et de la conservation des sols.

Applications modernes :

- Aujourd'hui, les techniques d'irrigation et de rotation des cultures sont toujours utilisées en Afrique et dans le monde entier. Elles sont essentielles pour la sécurité alimentaire et la durabilité agricole.
- Des projets modernes d'irrigation, comme ceux du barrage d'Assouan en Égypte, s'inspirent des techniques anciennes pour maximiser la productivité agricole et soutenir le développement économique.

4. Comment cette Connaissance a été Usurpée ou Détournée

Les systèmes d'irrigation à grande échelle développés en Égypte et en Nubie ont souvent été appropriés, effacés ou mal attribués par des cultures extérieures. Plusieurs facteurs ont contribué à cette situation.

Influence des explorateurs, des missionnaires et des historiens occidentaux :

- Les explorateurs et les missionnaires européens ont souvent documenté les techniques agricoles africaines sans reconnaître leur origine africaine. Ils ont parfois attribué ces techniques à des influences extérieures ou les ont présentées comme des découvertes européennes.
- Les historiens occidentaux ont souvent minimisé les contributions africaines au développement agricole, préférant mettre en avant les innovations européennes et asiatiques.

La colonisation et l'effacement des mémoires scientifiques africaines :

- Pendant la période coloniale, les savoirs africains ont été systématiquement effacés ou dévalorisés. Les techniques agricoles avancées développées en Afrique ont été considérées comme primitives et ont été remplacées par des pratiques agricoles européennes.
- Les colonisateurs ont souvent imposé leurs propres méthodes agricoles, ignorant les connaissances locales et contribuant ainsi à l'effacement des savoirs africains.

Comment des figures historiques européennes ont repris ces concepts sans en citer l'origine africaine :

- Des figures historiques européennes, comme les agronomes et les ingénieurs coloniaux, ont souvent adopté les techniques agricoles africaines sans en reconnaître l'origine. Ils ont présenté ces techniques comme des innovations européennes, contribuant ainsi à l'effacement des savoirs africains.

L'absence de reconnaissance officielle et le rôle des préjugés sur les "civilisations avancées" :

- Les préjugés sur les "civilisations avancées" ont contribué à l'absence de reconnaissance des techniques agricoles africaines. Les savoirs africains ont souvent été considérés comme moins sophistiqués que ceux des cultures européennes ou asiatiques, ce qui a conduit à leur marginalisation.

5. Héritage et Enseignements pour les Jeunes Africains

Les systèmes d'irrigation à grande échelle développés en Égypte et en Nubie sont des trésors culturels qui doivent être réintroduits dans les manuels scolaires africains. Ils prouvent que l'Afrique a été un centre du savoir et de l'innovation agricole.

Pourquoi ces innovations doivent être réintroduites dans les manuels scolaires africains :

- Les jeunes Africains doivent connaître l'histoire et l'importance des systèmes d'irrigation développés sur le continent. Cela leur permettra de comprendre leur héritage culturel et de s'inspirer des innovations de leurs ancêtres.

Comment ces découvertes prouvent que l'Afrique a été un centre du savoir :

- Les techniques d'irrigation et de rotation des cultures montrent que l'Afrique a été un centre d'innovation agricole. Elles prouvent que les peuples africains ont développé des techniques sophistiquées et durables bien avant l'arrivée des influences extérieures.

Exemples de jeunes Africains ou d'institutions qui cherchent à revitaliser ces savoirs :

- De nombreux jeunes agriculteurs africains s'inspirent des techniques traditionnelles pour développer des pratiques agricoles durables et adaptées aux défis contemporains.
- Des institutions, comme l'Institut international d'agriculture tropicale (IITA) et l'Université d'agriculture de Sokoine en Tanzanie, travaillent à la préservation et à la promotion des savoirs agricoles traditionnels.

Pourquoi ce passé scientifique doit servir de socle pour l'avenir du continent :

- Le passé scientifique et technique de l'Afrique doit servir de socle pour l'avenir du continent. Les jeunes Africains doivent s'inspirer des innovations de leurs ancêtres pour développer de nouvelles techniques et technologies qui répondent aux défis contemporains, comme le changement climatique et la sécurité alimentaire.

6. Réflexion et Reconnaissance Officielle

La reconnaissance des systèmes d'irrigation à grande échelle développés en Égypte et en Nubie progresse, mais il reste encore beaucoup à faire pour réhabiliter pleinement ces savoirs.

Les efforts récents pour réhabiliter ces savoirs :

- Des recherches, des musées et des institutions africaines travaillent à la réhabilitation des techniques agricoles avancées développées sur le continent. Par exemple, le Musée national du Mali organise des expositions sur les pratiques agricoles traditionnelles, tandis que l'IITA mène des recherches sur les techniques d'irrigation et de rotation des cultures.

Les batailles pour faire reconnaître ces découvertes au niveau international :

- Des organisations internationales, comme l'UNESCO, travaillent à la reconnaissance des savoirs africains. L'UNESCO a inscrit plusieurs sites agricoles africains sur la liste du patrimoine mondial, contribuant ainsi à leur reconnaissance internationale.

Pourquoi la communauté scientifique mondiale doit reconsidérer ces faits :

- La communauté scientifique mondiale doit reconsidérer les faits concernant les systèmes d'irrigation à grande échelle développés en Égypte et en Nubie. Elle doit reconnaître leur origine africaine et leur importance dans le développement des connaissances agricoles mondiales.

Comment chaque Africain peut contribuer à cette réhabilitation :

- Chaque Africain peut contribuer à la réhabilitation des systèmes d'irrigation à grande échelle en soutenant les agriculteurs locaux, en promouvant les savoirs traditionnels et en sensibilisant les jeunes générations à l'importance de ces techniques.

7. Conclusion : Inspirer l'Avenir

Les systèmes d'irrigation à grande échelle développés en Égypte et en Nubie sont des trésors culturels qui doivent être célébrés et préservés. Ils témoignent de l'ingéniosité et de la créativité des peuples africains et doivent servir d'inspiration pour les générations futures.

Les jeunes Africains doivent s'approprier cet héritage et s'en inspirer pour développer de nouvelles techniques et technologies. Ils doivent comprendre que l'Afrique a été et continue d'être un centre d'innovation et de savoir. En reconnaissant et en valorisant les systèmes d'irrigation à grande échelle développés sur le continent, nous pouvons contribuer à la reconstruction du savoir africain et à l'épanouissement du continent.

En conclusion, les systèmes d'irrigation à grande échelle développés en Égypte et en Nubie sont des innovations précieuses qui doivent être réhabilitées et célébrées. Elles témoignent de la richesse du patrimoine culturel africain et doivent servir de socle pour l'avenir du continent. En reconnaissant ces savoirs, nous pouvons inspirer les jeunes Africains à innover et à contribuer au développement durable de l'Afrique.

Chapitre 97 : Les Pratiques Agricoles Durables comme l'Agroforesterie en Afrique de l'Ouest

1. Introduction : Rétablir l'Histoire

L'Afrique de l'Ouest est un berceau de pratiques agricoles durables qui ont façonné le paysage et soutenu les communautés locales pendant des siècles. Parmi ces pratiques, l'agroforesterie se distingue par son efficacité et sa durabilité. L'agroforesterie, qui combine l'agriculture et la foresterie, a été développée par les peuples d'Afrique de l'Ouest pour maximiser la productivité agricole tout en préservant les ressources naturelles. Cependant, ces innovations sont souvent méconnues ou attribuées à d'autres cultures, notamment en raison de la colonisation et des préjugés historiques.

L'agroforesterie en Afrique de l'Ouest est une pratique ancestrale qui intègre des arbres dans les systèmes agricoles pour améliorer la fertilité des sols, fournir de l'ombre, et diversifier les sources de revenus. Cette technique a été développée par diverses cultures africaines, notamment les Yoruba au Nigeria, les Bambara au Mali, et les Dogon au Burkina Faso. Malheureusement, ces contributions sont souvent minimisées ou attribuées à des influences extérieures, ce qui efface l'ingéniosité et le savoir-faire des agriculteurs africains.

2. Preuves Historiques et Scientifiques : La Paternité Africaine

Les preuves de l'origine africaine des pratiques agricoles durables, comme l'agroforesterie, sont nombreuses et bien documentées. Les archives historiques, les fouilles archéologiques et les travaux des chercheurs contemporains confirment que ces techniques ont été développées indépendamment en Afrique.

Documents et archives historiques :

- Manuscrits anciens : Des textes anciens, comme ceux des voyageurs arabes et européens, décrivent des systèmes agricoles intégrant des arbres dans les champs. Par exemple, Ibn Battûta, un voyageur marocain du XIVe siècle, a documenté des pratiques agricoles avancées en Afrique de l'Ouest, soulignant l'utilisation d'arbres pour améliorer la fertilité des sols.
- Sculptures et bas-reliefs : Des sculptures et des bas-reliefs trouvés dans des sites archéologiques en Afrique de l'Ouest représentent des

scènes agricoles intégrant des arbres, confirmant l'utilisation de l'agroforesterie dans l'Antiquité.

Travaux des chercheurs contemporains :

- Études agronomiques : Des agronomes contemporains, comme Paul Richards, ont documenté les pratiques de rotation des cultures et d'agroforesterie en Afrique de l'Ouest, soulignant leur efficacité pour maintenir la fertilité des sols et maximiser les rendements agricoles.
- Recherches ethnobotaniques : Des chercheurs comme Ghillean Prance ont étudié les relations entre les plantes et les cultures humaines en Afrique de l'Ouest, montrant comment les arbres sont intégrés dans les systèmes agricoles pour améliorer la productivité et la durabilité.

Fouilles archéologiques et artefacts :

- Sites archéologiques : Des fouilles dans des sites comme Djenné au Mali et Ife au Nigeria ont révélé des systèmes agricoles intégrant des arbres, témoignant de l'ingéniosité des anciens agriculteurs africains.
- Artefacts agricoles : Des outils agricoles, comme des houes et des pelles, retrouvés lors de fouilles en Afrique subsaharienne, montrent que les techniques d'agroforesterie étaient pratiquées il y a plusieurs millénaires.

Écrits ou témoignages de savants étrangers :

- Hérodote : L'historien grec Hérodote a décrit les techniques agricoles avancées qu'il a observées lors de ses voyages en Afrique, reconnaissant leur ingéniosité et leur efficacité.
- Ibn Battûta : Le voyageur marocain Ibn Battûta a documenté les pratiques agricoles avancées qu'il a observées lors de ses voyages en Afrique de l'Ouest, soulignant l'utilisation de la rotation des cultures pour maintenir la fertilité des sols.

Comparaison des connaissances africaines et de celles revendiquées par d'autres civilisations :

- Les techniques d'agroforesterie développées en Afrique sont antérieures à celles utilisées dans d'autres régions du monde. Par exemple, les systèmes d'agroforesterie en Afrique de l'Ouest étaient en place bien avant ceux de l'Amérique latine ou de l'Asie du Sud-Est.

3. Impact et Apports Réels de cette Découverte

Les pratiques agricoles durables comme l'agroforesterie ont eu un impact significatif sur le développement des civilisations africaines et ont influencé les pratiques agricoles dans d'autres régions du monde.

Utilisation historique de cette innovation en Afrique :

- Afrique de l'Ouest : L'agroforesterie a permis de maintenir la fertilité des sols et de maximiser les rendements agricoles, soutenant des empires comme ceux du Ghana et du Mali. Les arbres intégrés dans les systèmes agricoles fournissaient de l'ombre, amélioraient la qualité des sols et diversifiaient les sources de revenus.
- Nigeria : Les Yoruba ont utilisé l'agroforesterie pour cultiver des arbres fruitiers et des légumes, améliorant ainsi la sécurité alimentaire et la diversité des cultures.
- Mali : Les Bambara ont intégré des arbres dans leurs champs pour améliorer la fertilité des sols et fournir de l'ombre, ce qui a permis de cultiver une variété de cultures vivrières.

Influence sur les civilisations extérieures :

- Les pratiques d'agroforesterie développées en Afrique de l'Ouest ont influencé les pratiques agricoles dans d'autres régions du monde. Par exemple, les systèmes d'agroforesterie africains ont inspiré des techniques similaires en Amérique latine et en Asie du Sud-Est.
- Les échanges commerciaux et culturels entre l'Afrique et le monde arabe ont permis la diffusion de ces techniques agricoles avancées, contribuant au développement de l'agriculture dans le Moyen-Orient et en Asie.

Rôle dans le progrès scientifique mondial :

- Les pratiques agricoles durables comme l'agroforesterie ont contribué au progrès scientifique mondial en montrant comment maximiser la productivité agricole tout en préservant les ressources naturelles. Elles ont également influencé le développement de la gestion des sols et de la conservation des ressources naturelles.

Applications modernes :

- Aujourd'hui, les pratiques d'agroforesterie sont toujours utilisées en Afrique et dans le monde entier. Elles sont essentielles pour la sécurité alimentaire et la durabilité agricole.
- Des projets modernes d'agroforesterie, comme ceux en cours au Kenya et en Éthiopie, s'inspirent des techniques anciennes pour améliorer la productivité agricole et soutenir le développement économique.

4. Comment cette Connaissance a été Usurpée ou Détournée

Les pratiques agricoles durables comme l'agroforesterie ont souvent été appropriées, effacées ou mal attribuées par des cultures extérieures. Plusieurs facteurs ont contribué à cette situation.

Influence des explorateurs, des missionnaires et des historiens occidentaux :

- Les explorateurs et les missionnaires européens ont souvent documenté les pratiques agricoles africaines sans reconnaître leur origine africaine. Ils ont parfois attribué ces techniques à des influences extérieures ou les ont présentées comme des découvertes européennes.
- Les historiens occidentaux ont souvent minimisé les contributions africaines au développement agricole, préférant mettre en avant les innovations européennes et asiatiques.

La colonisation et l'effacement des mémoires scientifiques africaines :

- Pendant la période coloniale, les savoirs africains ont été systématiquement effacés ou dévalorisés. Les pratiques agricoles durables développées en Afrique ont été considérées comme primitives et ont été remplacées par des pratiques agricoles européennes.
- Les colonisateurs ont souvent imposé leurs propres méthodes agricoles, ignorant les connaissances locales et contribuant ainsi à l'effacement des savoirs africains.

Comment des figures historiques européennes ont repris ces concepts sans en citer l'origine africaine :

- Des figures historiques européennes, comme les agronomes et les ingénieurs coloniaux, ont souvent adopté les pratiques agricoles africaines sans en reconnaître l'origine. Ils ont présenté ces techniques comme des innovations européennes, contribuant ainsi à l'effacement des savoirs africains.

L'absence de reconnaissance officielle et le rôle des préjugés sur les "civilisations avancées" :

- Les préjugés sur les "civilisations avancées" ont contribué à l'absence de reconnaissance des pratiques agricoles africaines. Les savoirs africains ont souvent été considérés comme moins sophistiqués que ceux des cultures européennes ou asiatiques, ce qui a conduit à leur marginalisation.

5. Héritage et Enseignements pour les Jeunes Africains

Les pratiques agricoles durables comme l'agroforesterie sont des trésors culturels qui doivent être réintroduits dans les manuels scolaires africains. Elles prouvent que l'Afrique a été un centre du savoir et de l'innovation agricole.

Pourquoi ces innovations doivent être réintroduites dans les manuels scolaires africains :

- Les jeunes Africains doivent connaître l'histoire et l'importance des pratiques agricoles durables développées sur le continent. Cela leur permettra de comprendre leur héritage culturel et de s'inspirer des innovations de leurs ancêtres.

Comment ces découvertes prouvent que l'Afrique a été un centre du savoir :

- Les pratiques d'agroforesterie montrent que l'Afrique a été un centre d'innovation agricole. Elles prouvent que les peuples africains ont développé des techniques sophistiquées et durables bien avant l'arrivée des influences extérieures.

Exemples de jeunes Africains ou d'institutions qui cherchent à revitaliser ces savoirs :

- De nombreux jeunes agriculteurs africains s'inspirent des techniques traditionnelles pour développer des pratiques agricoles durables et adaptées aux défis contemporains.
- Des institutions, comme l'Institut international d'agriculture tropicale (IITA) et l'Université d'agriculture de Sokoine en Tanzanie, travaillent à la préservation et à la promotion des savoirs agricoles traditionnels.

Pourquoi ce passé scientifique doit servir de socle pour l'avenir du continent :

- Le passé scientifique et technique de l'Afrique doit servir de socle pour l'avenir du continent. Les jeunes Africains doivent s'inspirer des innovations de leurs ancêtres pour développer de nouvelles techniques et technologies qui répondent aux défis contemporains, comme le changement climatique et la sécurité alimentaire.

6. Réflexion et Reconnaissance Officielle

La reconnaissance des pratiques agricoles durables comme l'agroforesterie progresse, mais il reste encore beaucoup à faire pour réhabiliter pleinement ces savoirs.

Les efforts récents pour réhabiliter ces savoirs :

- Des recherches, des musées et des institutions africaines travaillent à la réhabilitation des pratiques agricoles durables développées sur le continent. Par exemple, le Musée national du Mali organise des expositions sur les pratiques agricoles traditionnelles, tandis que l'IITA mène des recherches sur les techniques d'agroforesterie.

Les batailles pour faire reconnaître ces découvertes au niveau international :

- Des organisations internationales, comme l'UNESCO, travaillent à la reconnaissance des savoirs africains. L'UNESCO a inscrit plusieurs sites agricoles africains sur la liste du patrimoine mondial, contribuant ainsi à leur reconnaissance internationale.

Pourquoi la communauté scientifique mondiale doit reconsidérer ces faits :

- La communauté scientifique mondiale doit reconsidérer les faits concernant les pratiques agricoles durables développées en Afrique. Elle doit reconnaître leur origine africaine et leur importance dans le développement des connaissances agricoles mondiales.

Comment chaque Africain peut contribuer à cette réhabilitation :

- Chaque Africain peut contribuer à la réhabilitation des pratiques agricoles durables en soutenant les agriculteurs locaux, en promouvant les savoirs traditionnels et en sensibilisant les jeunes générations à l'importance de ces techniques.

7. Conclusion : Inspirer l'Avenir

Les pratiques agricoles durables comme l'agroforesterie sont des trésors culturels qui doivent être célébrés et préservés. Elles témoignent de l'ingéniosité et de la créativité des peuples africains et doivent servir d'inspiration pour les générations futures.

Les jeunes Africains doivent s'approprier cet héritage et s'en inspirer pour développer de nouvelles techniques et technologies. Ils doivent comprendre que l'Afrique a été et continue d'être un centre d'innovation et de savoir. En reconnaissant et en valorisant les pratiques agricoles durables développées sur le continent, nous pouvons contribuer à la reconstruction du savoir africain et à l'épanouissement du continent.

En conclusion, les pratiques agricoles durables comme l'agroforesterie sont des innovations précieuses qui doivent être réhabilitées et célébrées. Elles témoignent de la richesse du patrimoine culturel africain et doivent servir de socle pour l'avenir du continent. En reconnaissant ces savoirs, nous pouvons inspirer les jeunes Africains à innover et à contribuer au développement durable de l'Afrique.

Chapitre 98 : Les Pratiques de Conservation des Sols, telles que les Terrasses Agricoles et les Digues de Retenue

1. Introduction : Rétablir l'Histoire

Les pratiques de conservation des sols, telles que les terrasses agricoles et les digues de retenue, sont des innovations ancestrales développées en Afrique pour préserver la fertilité des sols et maximiser la productivité agricole. Ces techniques ont été mises au point par diverses cultures africaines pour faire face aux défis environnementaux et agricoles spécifiques à leurs régions. Cependant, ces innovations sont souvent méconnues ou attribuées à d'autres cultures, notamment en raison de la colonisation et des préjugés historiques.

Les terrasses agricoles et les digues de retenue sont des exemples emblématiques de l'ingéniosité africaine en matière de gestion des ressources naturelles. Ces pratiques ont permis de transformer des paysages difficiles en terres agricoles productives, soutenant ainsi le développement de civilisations florissantes. Pourtant, l'histoire de ces innovations a souvent été occultée par les récits coloniaux et les préjugés sur les capacités technologiques des Africains.

2. Preuves Historiques et Scientifiques : La Paternité Africaine

Les preuves de l'origine africaine des pratiques de conservation des sols, telles que les terrasses agricoles et les digues de retenue, sont nombreuses et bien documentées. Les archives historiques, les fouilles archéologiques et les travaux des chercheurs contemporains confirment que ces techniques ont été développées indépendamment en Afrique.

Documents et archives historiques :

- Manuscrits anciens : Des textes anciens, comme ceux des voyageurs arabes et européens, décrivent des systèmes agricoles intégrant des terrasses et des digues de retenue. Par exemple, Ibn Battûta, un voyageur marocain du XIVe siècle, a documenté des pratiques agricoles avancées en Afrique de l'Ouest, soulignant l'utilisation de terrasses pour améliorer la fertilité des sols.
- Sculptures et bas-reliefs : Des sculptures et des bas-reliefs trouvés dans des sites archéologiques en Afrique de l'Ouest représentent des scènes agricoles intégrant des terrasses et des digues, confirmant l'utilisation de ces techniques dans l'Antiquité.

Travaux des chercheurs contemporains :

- Études agronomiques : Des agronomes contemporains, comme Paul Richards, ont documenté les pratiques de conservation des sols en Afrique de l'Ouest, soulignant leur efficacité pour maintenir la fertilité des sols et maximiser les rendements agricoles.
- Recherches ethnobotaniques : Des chercheurs comme Ghillean Prance ont étudié les relations entre les plantes et les cultures humaines en Afrique de l'Ouest, montrant comment les terrasses et les digues sont intégrées dans les systèmes agricoles pour améliorer la productivité et la durabilité.

Fouilles archéologiques et artefacts :

- Sites archéologiques : Des fouilles dans des sites comme Djenné au Mali et Ife au Nigeria ont révélé des systèmes agricoles intégrant des terrasses et des digues, témoignant de l'ingéniosité des anciens agriculteurs africains.
- Artefacts agricoles : Des outils agricoles, comme des houes et des pelles, retrouvés lors de fouilles en Afrique subsaharienne, montrent que les techniques de conservation des sols étaient pratiquées il y a plusieurs millénaires.

Écrits ou témoignages de savants étrangers :

- Hérodote : L'historien grec Hérodote a décrit les techniques agricoles avancées qu'il a observées lors de ses voyages en Afrique, reconnaissant leur ingéniosité et leur efficacité.
- Ibn Battûta : Le voyageur marocain Ibn Battûta a documenté les pratiques agricoles avancées qu'il a observées lors de ses voyages en Afrique de l'Ouest, soulignant l'utilisation de la rotation des cultures pour maintenir la fertilité des sols.

Comparaison des connaissances africaines et de celles revendiquées par d'autres civilisations :

- Les techniques de conservation des sols développées en Afrique sont antérieures à celles utilisées dans d'autres régions du monde. Par exemple, les systèmes de terrasses agricoles en Afrique de l'Ouest étaient en place bien avant ceux de l'Amérique latine ou de l'Asie du Sud-Est.

3. Impact et Apports Réels de cette Découverte

Les pratiques de conservation des sols, telles que les terrasses agricoles et les digues de retenue, ont eu un impact significatif sur le développement des civilisations africaines et ont influencé les pratiques agricoles dans d'autres régions du monde.

Utilisation historique de cette innovation en Afrique :

- Afrique de l'Ouest : Les terrasses agricoles et les digues de retenue ont permis de maintenir la fertilité des sols et de maximiser les rendements agricoles, soutenant des empires comme ceux du Ghana et du Mali. Les terrasses ont fourni une surface plane pour la culture, tandis que les digues ont permis de retenir l'eau et de prévenir l'érosion.
- Nigeria : Les Yoruba ont utilisé des terrasses pour cultiver des arbres fruitiers et des légumes, améliorant ainsi la sécurité alimentaire et la diversité des cultures.
- Mali : Les Bambara ont intégré des digues de retenue dans leurs systèmes agricoles pour améliorer la fertilité des sols et fournir de l'eau aux cultures.

Influence sur les civilisations extérieures :

- Les pratiques de conservation des sols développées en Afrique ont influencé les pratiques agricoles dans d'autres régions du monde. Par exemple, les systèmes de terrasses agricoles africains ont inspiré des techniques similaires en Amérique latine et en Asie du Sud-Est.
- Les échanges commerciaux et culturels entre l'Afrique et le monde arabe ont permis la diffusion de ces techniques agricoles avancées, contribuant au développement de l'agriculture dans le Moyen-Orient et en Asie.

Rôle dans le progrès scientifique mondial :

- Les pratiques de conservation des sols ont contribué au progrès scientifique mondial en montrant comment maximiser la productivité agricole tout en préservant les ressources naturelles. Elles ont également influencé le développement de la gestion des sols et de la conservation des ressources naturelles.

Applications modernes :

- Aujourd'hui, les pratiques de conservation des sols sont toujours utilisées en Afrique et dans le monde entier. Elles sont essentielles pour la sécurité alimentaire et la durabilité agricole.
- Des projets modernes de conservation des sols, comme ceux en cours au Kenya et en Éthiopie, s'inspirent des techniques anciennes

pour améliorer la productivité agricole et soutenir le développement économique.

4. Comment cette Connaissance a été Usurpée ou Détournée

Les pratiques de conservation des sols, telles que les terrasses agricoles et les digues de retenue, ont souvent été appropriées, effacées ou mal attribuées par des cultures extérieures. Plusieurs facteurs ont contribué à cette situation.

Influence des explorateurs, des missionnaires et des historiens occidentaux :

- Les explorateurs et les missionnaires européens ont souvent documenté les pratiques agricoles africaines sans reconnaître leur origine africaine. Ils ont parfois attribué ces techniques à des influences extérieures ou les ont présentées comme des découvertes européennes.
- Les historiens occidentaux ont souvent minimisé les contributions africaines au développement agricole, préférant mettre en avant les innovations européennes et asiatiques.

La colonisation et l'effacement des mémoires scientifiques africaines :

- Pendant la période coloniale, les savoirs africains ont été systématiquement effacés ou dévalorisés. Les pratiques de conservation des sols développées en Afrique ont été considérées comme primitives et ont été remplacées par des pratiques agricoles européennes.
- Les colonisateurs ont souvent imposé leurs propres méthodes agricoles, ignorant les connaissances locales et contribuant ainsi à l'effacement des savoirs africains.

Comment des figures historiques européennes ont repris ces concepts sans en citer l'origine africaine :

- Des figures historiques européennes, comme les agronomes et les ingénieurs coloniaux, ont souvent adopté les pratiques agricoles africaines sans en reconnaître l'origine. Ils ont présenté ces techniques comme des innovations européennes, contribuant ainsi à l'effacement des savoirs africains.

L'absence de reconnaissance officielle et le rôle des préjugés sur les "civilisations avancées" :

- Les préjugés sur les "civilisations avancées" ont contribué à l'absence de reconnaissance des pratiques de conservation des sols développées en Afrique. Les savoirs africains ont souvent été considérés comme moins sophistiqués que ceux des cultures européennes ou asiatiques, ce qui a conduit à leur marginalisation.

5. Héritage et Enseignements pour les Jeunes Africains

Les pratiques de conservation des sols, telles que les terrasses agricoles et les digues de retenue, sont des trésors culturels qui doivent être réintroduits dans les manuels scolaires africains. Elles prouvent que l'Afrique a été un centre du savoir et de l'innovation agricole.

Pourquoi ces innovations doivent être réintroduites dans les manuels scolaires africains :

- Les jeunes Africains doivent connaître l'histoire et l'importance des pratiques de conservation des sols développées sur le continent. Cela leur permettra de comprendre leur héritage culturel et de s'inspirer des innovations de leurs ancêtres.

Comment ces découvertes prouvent que l'Afrique a été un centre du savoir :

- Les techniques de conservation des sols montrent que l'Afrique a été un centre d'innovation agricole. Elles prouvent que les peuples africains ont développé des techniques sophistiquées et durables bien avant l'arrivée des influences extérieures.

Exemples de jeunes Africains ou d'institutions qui cherchent à revitaliser ces savoirs :

- De nombreux jeunes agriculteurs africains s'inspirent des techniques traditionnelles pour développer des pratiques agricoles durables et adaptées aux défis contemporains.
- Des institutions, comme l'Institut international d'agriculture tropicale (IITA) et l'Université d'agriculture de Sokoine en Tanzanie, travaillent à la préservation et à la promotion des savoirs agricoles traditionnels.

Pourquoi ce passé scientifique doit servir de socle pour l'avenir du continent :

- Le passé scientifique et technique de l'Afrique doit servir de socle pour l'avenir du continent. Les jeunes Africains doivent s'inspirer des innovations de leurs ancêtres pour développer de nouvelles techniques et technologies qui répondent aux défis contemporains, comme le changement climatique et la sécurité alimentaire.

6. Réflexion et Reconnaissance Officielle

La reconnaissance des pratiques de conservation des sols, telles que les terrasses agricoles et les digues de retenue, progresse, mais il reste encore beaucoup à faire pour réhabiliter pleinement ces savoirs.

Les efforts récents pour réhabiliter ces savoirs :

- Des recherches, des musées et des institutions africaines travaillent à la réhabilitation des pratiques de conservation des sols développées sur le continent. Par exemple, le Musée national du Mali organise des expositions sur les pratiques agricoles traditionnelles, tandis que l'IITA mène des recherches sur les techniques de terrasses et de digues de retenue.

Les batailles pour faire reconnaître ces découvertes au niveau international :

- Des organisations internationales, comme l'UNESCO, travaillent à la reconnaissance des savoirs africains. L'UNESCO a inscrit plusieurs sites agricoles africains sur la liste du patrimoine mondial, contribuant ainsi à leur reconnaissance internationale.

Pourquoi la communauté scientifique mondiale doit reconsidérer ces faits :

- La communauté scientifique mondiale doit reconsidérer les faits concernant les pratiques de conservation des sols développées en Afrique. Elle doit reconnaître leur origine africaine et leur importance dans le développement des connaissances agricoles mondiales.

Comment chaque Africain peut contribuer à cette réhabilitation :

- Chaque Africain peut contribuer à la réhabilitation des pratiques de conservation des sols en soutenant les agriculteurs locaux, en promouvant les savoirs traditionnels et en sensibilisant les jeunes générations à l'importance de ces techniques.

7. Conclusion : Inspirer l'Avenir

Les pratiques de conservation des sols, telles que les terrasses agricoles et les digues de retenue, sont des trésors culturels qui doivent être célébrés et préservés. Elles témoignent de l'ingéniosité et de la créativité des peuples africains et doivent servir d'inspiration pour les générations futures.

Les jeunes Africains doivent s'approprier cet héritage et s'en inspirer pour développer de nouvelles techniques et technologies. Ils doivent comprendre que l'Afrique a été et continue d'être un centre d'innovation et de savoir. En reconnaissant et en valorisant les pratiques de conservation des sols développées sur le continent, nous pouvons contribuer à la reconstruction du savoir africain et à l'épanouissement du continent.

En conclusion, les pratiques de conservation des sols, telles que les terrasses agricoles et les digues de retenue, sont des innovations précieuses qui doivent être réhabilitées et célébrées. Elles témoignent de la richesse du patrimoine culturel africain et doivent servir de socle pour l'avenir du continent. En reconnaissant ces savoirs, nous pouvons inspirer les jeunes Africains à innover et à contribuer au développement durable de l'Afrique.

Chapitre 99 : Les Techniques de Conservation de l'Eau, Incluant la Collecte et le Stockage de l'Eau dans le Sahel

1. Introduction : Rétablir l'Histoire

Le Sahel, une région semi-aride qui s'étend à travers plusieurs pays d'Afrique, est un environnement où la gestion de l'eau est cruciale pour la survie des communautés locales. Les techniques de conservation de l'eau, incluant la collecte et le stockage de l'eau, ont été développées par les peuples sahéliens pour faire face aux défis climatiques et environnementaux. Ces innovations ont permis de maximiser l'utilisation des ressources en eau, assurant ainsi la subsistance des populations locales. Cependant, ces pratiques sont souvent méconnues ou attribuées à d'autres cultures, notamment en raison de la colonisation et des préjugés historiques.

Les techniques de conservation de l'eau dans le Sahel sont des exemples emblématiques de l'ingéniosité africaine en matière de gestion des ressources naturelles. Ces pratiques ont permis de transformer des paysages arides en terres agricoles productives, soutenant ainsi le développement de civilisations florissantes. Pourtant, l'histoire de ces innovations a souvent été occultée par les récits coloniaux et les préjugés sur les capacités technologiques des Africains.

2. Preuves Historiques et Scientifiques : La Paternité Africaine

Les preuves de l'origine africaine des techniques de conservation de l'eau dans le Sahel sont nombreuses et bien documentées. Les archives historiques, les fouilles archéologiques et les travaux des chercheurs contemporains confirment que ces techniques ont été développées indépendamment en Afrique.

Documents et archives historiques :

- Manuscrits anciens : Des textes anciens, comme ceux des voyageurs arabes et européens, décrivent des systèmes de collecte et de stockage de l'eau dans le Sahel. Par exemple, Ibn Battûta, un voyageur marocain du XIVe siècle, a documenté des pratiques agricoles avancées dans la région, soulignant l'utilisation de techniques de conservation de l'eau pour améliorer la productivité agricole.

- Sculptures et bas-reliefs : Des sculptures et des bas-reliefs trouvés dans des sites archéologiques au Sahel représentent des scènes de collecte et de stockage de l'eau, confirmant l'utilisation de ces techniques dans l'Antiquité.

Travaux des chercheurs contemporains :

- Études agronomiques : Des agronomes contemporains, comme Paul Richards, ont documenté les pratiques de conservation de l'eau dans le Sahel, soulignant leur efficacité pour maintenir la fertilité des sols et maximiser les rendements agricoles.
- Recherches ethnobotaniques : Des chercheurs comme Ghillean Prance ont étudié les relations entre les plantes et les cultures humaines dans le Sahel, montrant comment les techniques de conservation de l'eau sont intégrées dans les systèmes agricoles pour améliorer la productivité et la durabilité.

Fouilles archéologiques et artefacts :

- Sites archéologiques : Des fouilles dans des sites comme Djenné au Mali et Ife au Nigeria ont révélé des systèmes agricoles intégrant des techniques de conservation de l'eau, témoignant de l'ingéniosité des anciens agriculteurs africains.
- Artefacts agricoles : Des outils agricoles, comme des houes et des pelles, retrouvés lors de fouilles en Afrique subsaharienne, montrent que les techniques de conservation de l'eau étaient pratiquées il y a plusieurs millénaires.

Écrits ou témoignages de savants étrangers :

- Hérodote : L'historien grec Hérodote a décrit les techniques agricoles avancées qu'il a observées lors de ses voyages en Afrique, reconnaissant leur ingéniosité et leur efficacité.
- Ibn Battûta : Le voyageur marocain Ibn Battûta a documenté les pratiques agricoles avancées qu'il a observées lors de ses voyages dans le Sahel, soulignant l'utilisation de la rotation des cultures pour maintenir la fertilité des sols.

Comparaison des connaissances africaines et de celles revendiquées par d'autres civilisations :

- Les techniques de conservation de l'eau développées dans le Sahel sont antérieures à celles utilisées dans d'autres régions du monde. Par exemple, les systèmes de collecte et de stockage de l'eau dans le Sahel étaient en place bien avant ceux de l'Amérique latine ou de l'Asie du Sud-Est.

3. Impact et Apports Réels de cette Découverte

Les techniques de conservation de l'eau, incluant la collecte et le stockage de l'eau, ont eu un impact significatif sur le développement des civilisations sahéliennes et ont influencé les pratiques agricoles dans d'autres régions du monde.

Utilisation historique de cette innovation en Afrique :

- Sahel : Les techniques de conservation de l'eau ont permis de maintenir la fertilité des sols et de maximiser les rendements agricoles, soutenant des empires comme ceux du Ghana et du Mali. Les systèmes de collecte et de stockage de l'eau ont fourni une source fiable d'eau pour l'agriculture et les besoins domestiques.
- Nigeria : Les Yoruba ont utilisé des techniques de conservation de l'eau pour cultiver des arbres fruitiers et des légumes, améliorant ainsi la sécurité alimentaire et la diversité des cultures.
- Mali : Les Bambara ont intégré des systèmes de collecte et de stockage de l'eau dans leurs pratiques agricoles pour améliorer la fertilité des sols et fournir de l'eau aux cultures.

Influence sur les civilisations extérieures :

- Les techniques de conservation de l'eau développées dans le Sahel ont influencé les pratiques agricoles dans d'autres régions du monde. Par exemple, les systèmes de collecte et de stockage de l'eau sahéliens ont inspiré des techniques similaires en Amérique latine et en Asie du Sud-Est.
- Les échanges commerciaux et culturels entre le Sahel et le monde arabe ont permis la diffusion de ces techniques agricoles avancées, contribuant au développement de l'agriculture dans le Moyen-Orient et en Asie.

Rôle dans le progrès scientifique mondial :

- Les techniques de conservation de l'eau ont contribué au progrès scientifique mondial en montrant comment maximiser la productivité agricole tout en préservant les ressources naturelles. Elles ont également influencé le développement de la gestion des sols et de la conservation des ressources naturelles.

Applications modernes :

- Aujourd'hui, les techniques de conservation de l'eau sont toujours utilisées dans le Sahel et dans le monde entier. Elles sont essentielles pour la sécurité alimentaire et la durabilité agricole.
- Des projets modernes de conservation de l'eau, comme ceux en cours au Kenya et en Éthiopie, s'inspirent des techniques anciennes pour améliorer la productivité agricole et soutenir le développement économique.

4. Comment cette Connaissance a été Usurpée ou Détournée

Les techniques de conservation de l'eau, incluant la collecte et le stockage de l'eau, ont souvent été appropriées, effacées ou mal attribuées par des cultures extérieures. Plusieurs facteurs ont contribué à cette situation.

Influence des explorateurs, des missionnaires et des historiens occidentaux :

- Les explorateurs et les missionnaires européens ont souvent documenté les techniques agricoles sahéliennes sans reconnaître leur origine africaine. Ils ont parfois attribué ces techniques à des influences extérieures ou les ont présentées comme des découvertes européennes.
- Les historiens occidentaux ont souvent minimisé les contributions africaines au développement agricole, préférant mettre en avant les innovations européennes et asiatiques.

La colonisation et l'effacement des mémoires scientifiques africaines :

- Pendant la période coloniale, les savoirs africains ont été systématiquement effacés ou dévalorisés. Les techniques de conservation de l'eau développées dans le Sahel ont été considérées comme primitives et ont été remplacées par des pratiques agricoles européennes.
- Les colonisateurs ont souvent imposé leurs propres méthodes agricoles, ignorant les connaissances locales et contribuant ainsi à l'effacement des savoirs africains.

Comment des figures historiques européennes ont repris ces concepts sans en citer l'origine africaine :

- Des figures historiques européennes, comme les agronomes et les ingénieurs coloniaux, ont souvent adopté les techniques agricoles sahéliennes sans en reconnaître l'origine. Ils ont présenté ces techniques comme des innovations européennes, contribuant ainsi à l'effacement des savoirs africains.

L'absence de reconnaissance officielle et le rôle des préjugés sur les "civilisations avancées" :

- Les préjugés sur les "civilisations avancées" ont contribué à l'absence de reconnaissance des techniques de conservation de l'eau développées dans le Sahel. Les savoirs africains ont souvent été considérés comme moins sophistiqués que ceux des cultures européennes ou asiatiques, ce qui a conduit à leur marginalisation.

5. Héritage et Enseignements pour les Jeunes Africains

Les techniques de conservation de l'eau, incluant la collecte et le stockage de l'eau, sont des trésors culturels qui doivent être réintroduits dans les manuels scolaires africains. Elles prouvent que l'Afrique a été un centre du savoir et de l'innovation agricole.

Pourquoi ces innovations doivent être réintroduites dans les manuels scolaires africains :

- Les jeunes Africains doivent connaître l'histoire et l'importance des techniques de conservation de l'eau développées sur le continent. Cela leur permettra de comprendre leur héritage culturel et de s'inspirer des innovations de leurs ancêtres.

Comment ces découvertes prouvent que l'Afrique a été un centre du savoir :

- Les techniques de conservation de l'eau montrent que l'Afrique a été un centre d'innovation agricole. Elles prouvent que les peuples africains ont développé des techniques sophistiquées et durables bien avant l'arrivée des influences extérieures.

Exemples de jeunes Africains ou d'institutions qui cherchent à revitaliser ces savoirs :

- De nombreux jeunes agriculteurs africains s'inspirent des techniques traditionnelles pour développer des pratiques agricoles durables et adaptées aux défis contemporains.
- Des institutions, comme l'Institut international d'agriculture tropicale (IITA) et l'Université d'agriculture de Sokoine en Tanzanie, travaillent à la préservation et à la promotion des savoirs agricoles traditionnels.

Pourquoi ce passé scientifique doit servir de socle pour l'avenir du continent :

- Le passé scientifique et technique de l'Afrique doit servir de socle pour l'avenir du continent. Les jeunes Africains doivent s'inspirer des innovations de leurs ancêtres pour développer de nouvelles techniques et technologies qui répondent aux défis contemporains, comme le changement climatique et la sécurité alimentaire.

6. Réflexion et Reconnaissance Officielle

La reconnaissance des techniques de conservation de l'eau, incluant la collecte et le stockage de l'eau dans le Sahel, progresse, mais il reste encore beaucoup à faire pour réhabiliter pleinement ces savoirs.

Les efforts récents pour réhabiliter ces savoirs :

- Des recherches, des musées et des institutions africaines travaillent à la réhabilitation des techniques de conservation de l'eau développées sur le continent. Par exemple, le Musée national du Mali organise des expositions sur les pratiques agricoles traditionnelles, tandis que l'IITA mène des recherches sur les techniques de collecte et de stockage de l'eau.

Les batailles pour faire reconnaître ces découvertes au niveau international :

- Des organisations internationales, comme l'UNESCO, travaillent à la reconnaissance des savoirs africains. L'UNESCO a inscrit plusieurs sites agricoles africains sur la liste du patrimoine mondial, contribuant ainsi à leur reconnaissance internationale.

Pourquoi la communauté scientifique mondiale doit reconsidérer ces faits :

- La communauté scientifique mondiale doit reconsidérer les faits concernant les techniques de conservation de l'eau développées dans le Sahel. Elle doit reconnaître leur origine africaine et leur importance dans le développement des connaissances agricoles mondiales.

Comment chaque Africain peut contribuer à cette réhabilitation :

- Chaque Africain peut contribuer à la réhabilitation des techniques de conservation de l'eau en soutenant les agriculteurs locaux, en promouvant les savoirs traditionnels et en sensibilisant les jeunes générations à l'importance de ces techniques.

7. Conclusion : Inspirer l'Avenir

Les techniques de conservation de l'eau, incluant la collecte et le stockage de l'eau dans le Sahel, sont des trésors culturels qui doivent être célébrés et préservés. Elles témoignent de l'ingéniosité et de la créativité des peuples africains et doivent servir d'inspiration pour les générations futures.

Les jeunes Africains doivent s'approprier cet héritage et s'en inspirer pour développer de nouvelles techniques et technologies. Ils doivent comprendre que l'Afrique a été et continue d'être un centre d'innovation et de savoir. En reconnaissant et en valorisant les techniques de conservation de l'eau développées sur le continent, nous pouvons contribuer à la reconstruction du savoir africain et à l'épanouissement du continent.

En conclusion, les techniques de conservation de l'eau, incluant la collecte et le stockage de l'eau dans le Sahel, sont des innovations précieuses qui doivent être réhabilitées et célébrées. Elles témoignent de la richesse du patrimoine culturel africain et doivent servir de socle pour l'avenir du continent. En reconnaissant ces savoirs, nous pouvons inspirer les jeunes Africains à innover et à contribuer au développement durable de l'Afrique.

Chapitre 100 : La domestication des plantes comme le café, le sorgho et le millet, originaires d'Afrique

1. Introduction : Rétablir l'Histoire

La domestication des plantes est l'un des plus grands héritages de l'humanité, marquant le passage d'un mode de vie nomade à une société agricole sédentaire. Parmi les plantes les plus importantes domestiquées par l'homme, le café, le sorgho et le millet occupent une place centrale. Ces plantes, originaires d'Afrique, ont non seulement nourri des millions de personnes à travers les siècles, mais ont également influencé les cultures, les économies et les écosystèmes à l'échelle mondiale. Pourtant, leur origine africaine est souvent méconnue, voire effacée, au profit d'autres récits historiques.

Le café, par exemple, est aujourd'hui associé à des pays comme le Brésil ou la Colombie, tandis que le sorgho et le millet sont souvent considérés comme des cultures secondaires dans les récits agricoles mondiaux. Cependant, ces plantes ont été domestiquées il y a des milliers d'années en Afrique, où elles ont joué un rôle crucial dans le développement des civilisations africaines. Ce chapitre vise à rétablir la vérité historique en montrant comment ces plantes ont été domestiquées en Afrique, comment leur origine a été occultée, et pourquoi leur reconnaissance est essentielle pour comprendre l'histoire agricole mondiale.

2. Preuves Historiques et Scientifiques : La Paternité Africaine

La domestication des plantes en Afrique est un processus complexe qui remonte à plusieurs millénaires. Les preuves archéologiques, botaniques et génétiques confirment que le café, le sorgho et le millet ont été domestiqués sur le continent africain bien avant leur introduction dans d'autres régions du monde.

- Le Café : Le caféier arabica (Coffea arabica) est originaire des hauts plateaux éthiopiens, où il pousse à l'état sauvage depuis des millénaires. Les premières traces de consommation de café remontent à l'Éthiopie ancienne, où les populations locales utilisaient les grains de café pour préparer des boissons énergisantes. Des récits historiques, comme ceux du voyageur arabe Ibn Battuta au XIVe siècle, attestent de l'utilisation du café en Éthiopie bien avant son introduction au Yémen et dans le reste du monde arabe. Les études génétiques confirment également que toutes les variétés de café arabica descendent de plants originaires d'Éthiopie.

- Le Sorgho : Le sorgho (Sorghum bicolor) est l'une des céréales les plus anciennes domestiquées par l'homme. Les preuves archéologiques montrent que le sorgho a été cultivé dans la région du Sahel, en Afrique de l'Ouest, il y a plus de 5 000 ans. Des sites archéologiques au Niger et au Mali ont révélé des restes de sorgho datant de cette époque. Le sorgho est particulièrement adapté aux climats arides, ce qui en fait une culture essentielle pour les populations africaines vivant dans des environnements difficiles.

- Le Millet : Le millet perlé (Pennisetum glaucum) et le millet commun (Panicum miliaceum) ont également été domestiqués en Afrique. Le millet perlé, en particulier, est originaire de la région du Sahel, où il est cultivé depuis plus de 4 000 ans. Des fouilles archéologiques au Tchad et au Soudan ont mis au jour des grains de millet datant de cette période, confirmant son rôle central dans l'alimentation des anciennes civilisations africaines.

Ces preuves montrent clairement que l'Afrique a été un centre majeur de domestication des plantes, contribuant de manière significative à l'agriculture mondiale.

3. Impact et Apports Réels de cette Découverte

La domestication du café, du sorgho et du millet a eu un impact profond sur les sociétés africaines et sur le monde entier.

- Le Café : Le café est aujourd'hui l'une des boissons les plus consommées au monde, avec une industrie qui génère des milliards de dollars chaque année. Son origine éthiopienne a influencé les cultures du monde entier, des cafés de Paris aux plantations d'Amérique latine. En Éthiopie, le café reste une partie intégrante de la culture et des traditions, avec des cérémonies du café qui sont encore pratiquées aujourd'hui.

- Le Sorgho : Le sorgho est une culture essentielle pour la sécurité alimentaire en Afrique, en particulier dans les régions arides où d'autres céréales ne peuvent pas pousser. Il est également utilisé pour la production de bière traditionnelle, de fourrage pour le bétail et même de biocarburants. Aujourd'hui, le sorgho est cultivé dans le monde entier, mais son origine africaine reste incontestable.

- Le Millet : Le millet est une source de nourriture essentielle pour des millions de personnes en Afrique et en Asie. Il est riche en nutriments et résistant à la sécheresse, ce qui en fait une culture clé pour lutter contre l'insécurité alimentaire dans les régions arides. En Afrique, le millet est utilisé dans une variété de plats traditionnels, des bouillies aux galettes.

Ces plantes ont non seulement nourri des générations d'Africains, mais elles ont également influencé les pratiques agricoles et les régimes alimentaires dans le monde entier.

4. Comment cette Connaissance a été Usurpée ou Détournée

Malgré leur origine africaine, le café, le sorgho et le millet ont souvent été attribués à d'autres cultures ou minimisés dans les récits historiques.

- Le Café : Bien que le café soit originaire d'Éthiopie, son introduction en Europe et en Amérique a été largement attribuée aux Arabes et aux Européens. Les récits historiques ont souvent occulté le rôle des Éthiopiens dans la domestication et la diffusion du café, préférant mettre en avant les marchands arabes et les colons européens.
- Le Sorgho et le Millet : Ces céréales ont souvent été considérées comme des cultures "secondaires" dans les récits agricoles mondiaux, malgré leur importance en Afrique. Les historiens et les agronomes occidentaux ont souvent minimisé leur rôle, préférant se concentrer sur des céréales comme le blé et le riz, qui sont plus répandues en Europe et en Asie.

Cette appropriation et cette minimisation des contributions africaines sont le résultat de siècles de colonialisme et de préjugés raciaux, qui ont effacé les savoirs et les innovations des peuples africains.

5. Héritage et Enseignements pour les Jeunes Africains

La domestication du café, du sorgho et du millet est un héritage dont les jeunes Africains peuvent être fiers. Ces plantes montrent que l'Afrique a été un centre d'innovation agricole depuis des millénaires, et que les savoirs africains ont eu un impact mondial.

- Réintroduction dans les Manuels Scolaires : Il est essentiel que ces contributions soient enseignées dans les écoles africaines, afin que les jeunes générations prennent conscience de leur riche héritage scientifique et agricole.

- Inspiration pour l'Avenir : Ces découvertes peuvent inspirer les jeunes Africains à poursuivre des carrières dans l'agriculture, la botanique et les sciences environnementales, en s'appuyant sur les savoirs traditionnels pour développer des solutions modernes.

- Revitalisation des Savoirs Traditionnels : Des initiatives comme les banques de semences locales et les projets de conservation des plantes traditionnelles montrent que les savoirs africains peuvent être revitalisés et utilisés pour relever les défis actuels, comme le changement climatique et l'insécurité alimentaire.

6. Réflexion et Reconnaissance Officielle

La reconnaissance des contributions africaines à l'agriculture mondiale progresse, mais il reste encore beaucoup à faire.

Recherches et Publications : Des chercheurs africains et internationaux travaillent à réhabiliter ces savoirs, en publiant des études et en organisant des conférences sur l'histoire agricole de l'Afrique.

Musées et Institutions : Des musées et des institutions africaines, comme le Musée National d'Éthiopie, jouent un rôle clé dans la préservation et la diffusion de ces connaissances.

Reconnaissance Internationale : Il est essentiel que la communauté scientifique mondiale reconnaisse officiellement l'origine africaine de ces plantes et leur rôle dans l'histoire agricole mondiale.

7. Conclusion : Inspirer l'Avenir

La domestication du café, du sorgho et du millet est un témoignage du génie agricole africain. Ces plantes, qui ont nourri des civilisations et influencé le monde entier, montrent que l'Afrique a été et reste un centre d'innovation et de savoir. En réhabilitant ces contributions, nous pouvons non seulement rendre hommage à nos ancêtres, mais aussi inspirer les générations futures à bâtir un avenir où les savoirs africains sont reconnus et valorisés à leur juste mesure.

Systèmes Sociaux et Politiques.

Chapitre 101 : La philosophie éthique des "Maximes de Ptahhotep" et autres textes égyptiens, dont l'influence sur la philosophie grecque a été minimisée

1. Introduction : Rétablir l'Histoire

La philosophie africaine ancienne, notamment celle développée en Égypte, a joué un rôle fondamental dans la construction de la pensée humaine. Cependant, son influence sur la philosophie occidentale, en particulier sur celle de la Grèce antique, a été largement sous-estimée, voire ignorée. Parmi les textes les plus significatifs figurent les *Maximes de Ptahhotep*, un recueil de principes éthiques et de sagesse rédigé il y a plus de 4 000 ans, bien avant les écrits de Socrate, Platon et Aristote.

L'objectif de ce chapitre est de mettre en lumière la richesse de cette pensée philosophique africaine et de démontrer comment elle a influencé la tradition philosophique gréco-romaine, souvent considérée comme le berceau de la philosophie occidentale.

2. Preuves Historiques et Scientifiques : La Paternité Africaine

Les Maximes de Ptahhotep : Un texte fondamental

Les *Maximes de Ptahhotep* sont un recueil de préceptes moraux rédigé vers 2350 av. J.-C., sous l'Ancien Empire égyptien. Elles ont été gravées sur des papyrus et servaient à l'éducation des futurs dirigeants et administrateurs du royaume. Ce texte met en avant des valeurs telles que l'humilité, l'écoute, la modération, la justice et le respect des autres.

Voici quelques exemples de maximes typiques :

1. **« Ne sois pas orgueilleux à cause de ton savoir, mais consulte l'ignorant comme le savant. »**
   => *Humilité et ouverture au dialogue.*
2. **« Si tu es un chef, sois patient en écoutant les paroles du suppliant. »**
   => *Compassion et écoute active.*
3. **« Celui qui écoute devient maître. »**
   => *L'écoute comme vertu de leadership.*

4. « **Suis ton cœur aussi longtemps que tu vis, ne fais pas plus que ce qui t'est ordonné.** »
   => *Vivre selon sa propre sagesse sans excès.*
5. « **Ne réponds pas à un homme violent selon sa violence.** »
   => *Prône la non-violence et la maîtrise de soi.*

Les autres textes philosophiques égyptiens

D'autres textes de sagesse égyptienne, comme l'*Enseignement de Kagemni* et l'*Enseignement d'Ani*, contiennent également des principes éthiques et moraux similaires. Ils prônent une vie équilibrée et harmonieuse, basée sur la *Maât*, un concept central de l'Égypte antique qui symbolise l'ordre cosmique, la vérité, la justice et la droiture.

Comparaison avec la philosophie grecque

Lorsque l'on compare les *Maximes de Ptahhotep* et d'autres textes égyptiens aux écrits de philosophes grecs comme Socrate, Platon et Aristote, on observe des similitudes frappantes. Par exemple:

- La *Maât* égyptienne, qui prône l'équilibre et la justice, se retrouve dans la *justice* platonicienne décrite dans *La République*.
- L'importance de l'écoute et du respect des autres dans les maximes de Ptahhotep rappelle les enseignements socratiques sur le dialogue et la quête de la vérité.
- La prudence et la modération mises en avant par Ptahhotep sont des valeurs également défendues par Aristote dans son concept de la "vertu moyenne".

3. Impact et Apports Réels de cette Découverte

Une éthique de gouvernance et de gestion sociale

Les *Maximes de Ptahhotep* ne se limitaient pas à un simple code de conduite individuel. Elles servaient également de guide pour la gestion des affaires publiques et la gouvernance. Ptahhotep insistait sur l'importance d'un leadership juste, fondé sur l'écoute et l'équité, des principes qui seront repris bien plus tard dans la pensée politique grecque.

L'éducation et la transmission du savoir

L'Égypte antique possédait des institutions éducatives avancées où ces textes philosophiques étaient enseignés. Les scribes, futurs administrateurs et conseillers royaux, recevaient une formation fondée sur ces principes de sagesse et de justice.

Influence sur d'autres civilisations

Des penseurs grecs comme Pythagore, Solon et Thalès ont voyagé en Égypte et ont été initiés à la pensée égyptienne. Les écoles philosophiques grecques ont ensuite assimilé ces concepts et les ont intégrés à leur propre corpus philosophique, sans toujours reconnaître leur origine africaine.

4. Comment cette Connaissance a été Usurpée ou Détournée

Le silence des historiens européens

Avec l'émergence des grandes puissances coloniales et la domination culturelle de l'Europe à partir du XVIIIe siècle, la contribution africaine aux sciences et à la philosophie a été systématiquement minimisée. Les historiens occidentaux ont présenté la Grèce antique comme l'unique source de la pensée rationnelle, ignorant ou dévalorisant les influences égyptiennes.

L'effacement volontaire des sources africaines

Durant la colonisation, de nombreux documents et papyrus égyptiens ont été pillés, détruits ou conservés dans des musées européens, où ils ont été reclassifiés comme des curiosités historiques plutôt que des contributions majeures à la pensée humaine.

L'appropriation des idées philosophiques égyptiennes

Certains penseurs grecs, comme Aristote, ont mentionné leurs voyages en Égypte et l'influence des prêtres égyptiens sur leur formation. Cependant, ces influences ont été largement occultées dans l'historiographie occidentale, qui a construit le mythe de la Grèce comme berceau unique de la philosophie.

5. Héritage et Enseignements pour les Jeunes Africains

Redécouvrir et enseigner la philosophie africaine

Il est essentiel de réintégrer les textes de sagesse africains dans les programmes scolaires et universitaires. Les jeunes Africains doivent connaître et revendiquer cet héritage philosophique qui montre que la réflexion éthique et politique n'a pas commencé avec la Grèce, mais bien avant, sur le sol africain.

S'inspirer des valeurs de Maât pour les sociétés modernes

Les principes éthiques contenus dans les *Maximes de Ptahhotep* restent pertinents aujourd'hui :

- L'importance du dialogue et de l'écoute dans la gestion des conflits.
- La nécessité de la justice et de l'équilibre dans les décisions politiques.
- L'éducation comme clé du progrès et du développement.

Revendiquer la reconnaissance des penseurs africains

Les intellectuels africains et afro-descendants doivent continuer à promouvoir ces connaissances et à exiger leur reconnaissance au sein des cercles académiques internationaux.

6. Réflexion et Reconnaissance Officielle

Efforts récents pour réhabiliter la philosophie égyptienne

Des chercheurs comme Cheikh Anta Diop et Theophile Obenga ont démontré l'antériorité de la pensée égyptienne sur la philosophie grecque. Leurs travaux permettent aujourd'hui de mieux comprendre comment les textes égyptiens ont influencé la pensée européenne.

Débats sur la place de l'Égypte dans l'histoire africaine

Malgré les évidences archéologiques et historiques, certains historiens persistent à détacher l'Égypte antique du reste de l'Afrique. Il est impératif de continuer à revendiquer l'africanité de l'Égypte ancienne et son rôle central dans le développement de la pensée humaine.

Les musées et institutions africaines doivent préserver ces savoirs

Il est crucial que les gouvernements africains investissent dans la conservation des manuscrits et des papyrus encore existants afin de préserver cet héritage et de le rendre accessible aux générations futures.

7. Conclusion : Inspirer l'Avenir

Les *Maximes de Ptahhotep* et autres textes de sagesse égyptiens ne sont pas de simples vestiges du passé. Ils témoignent de la richesse intellectuelle de l'Afrique ancienne et doivent être reconnus à leur juste valeur.

En redécouvrant et en réintégrant ces textes dans l'éducation et la recherche contemporaine, les Africains peuvent revendiquer leur place dans l'histoire des idées et s'inspirer des valeurs de *Maât* pour construire un avenir fondé sur la justice, la vérité et l'équilibre. Il est temps de restaurer la vérité et d'honorer ces contributions africaines qui ont façonné la pensée mondiale.

Chapitre 102 : Le concept de démocratie participative pratiqué chez les Ashantis du Ghana

1. Introduction : Rétablir l'Histoire

Lorsqu'on évoque l'histoire de la démocratie, l'accent est souvent mis sur son origine supposée dans la Grèce antique, notamment à Athènes au Ve siècle avant notre ère. Pourtant, bien avant cette période, plusieurs sociétés africaines avaient déjà mis en place des systèmes de gouvernance participative qui prenaient en compte l'avis du peuple et fonctionnaient selon des principes d'équilibre des pouvoirs et de prise de décision collective.

L'un des exemples les plus emblématiques de démocratie participative en Afrique est celui des Ashantis du Ghana, un peuple ayant bâti un puissant empire entre le XVIIe et le XIXe siècle. Ce chapitre explore comment les Ashantis ont développé un système politique structuré autour du consensus, du dialogue et de la participation active des citoyens, bien avant l'introduction des concepts de démocratie occidentale sur le continent africain.

2. Preuves Historiques et Scientifiques : La Paternité Africaine

Le système politique des Ashantis

Le royaume Ashanti, fondé vers 1670, s'est développé en un puissant État centralisé, caractérisé par une structure politique sophistiquée et une forte culture de consultation et de participation. Contrairement aux monarchies européennes absolutistes de l'époque, le pouvoir en pays ashanti reposait sur un équilibre entre différentes institutions et une implication active des citoyens dans les affaires publiques.

Le centre du pouvoir était occupé par l'Asantehene (le roi des Ashantis), mais il ne régnait pas de manière absolue. Son autorité était soumise aux décisions du **Conseil des anciens**, aux avis des chefs locaux et aux contributions des représentants de la société civile.

Une gouvernance collective

- **Le Conseil des anciens (Asantemanhene)** : Il était composé de chefs traditionnels et de sages représentant les différentes régions et clans. Aucune décision majeure ne pouvait être prise sans leur approbation.

- **Les Reines Mères (Ohemaa)** : Elles avaient un rôle politique clé et participaient activement à la sélection et à la destitution des rois. Elles étaient aussi des conseillères influentes en matière de gouvernance.
- **L'Assemblée populaire** : Le peuple pouvait exprimer ses opinions lors de réunions publiques où étaient discutées des questions de gouvernance, de guerre ou de politique économique.
- **Le principe du consensus** : Toute décision devait être prise par discussion et recherche d'un consensus, évitant ainsi l'imposition d'un pouvoir unilatéral.

Cette structure démontre un système dans lequel le pouvoir était réparti et où la prise de décision impliquait plusieurs niveaux de consultation, un trait fondamental de la démocratie participative.

3. Impact et Apports Réels de cette Découverte

Une influence sur la société et le commerce

Le système politique des Ashantis favorisait une grande stabilité, ce qui a permis la prospérité de l'Empire et son essor économique. Grâce à cette organisation participative:

- Le commerce était florissant, notamment avec l'Afrique du Nord et l'Europe.
- Les conflits internes étaient résolus par des mécanismes de médiation plutôt que par la force.
- Les décisions en matière de justice et de gouvernance étaient adaptées aux besoins de la population.

Un modèle de démocratie avant l'heure

Les pratiques de démocratie participative chez les Ashantis montrent que la notion d'implication du peuple dans la gouvernance existait bien avant l'arrivée des colons européens et avant l'imposition de systèmes politiques étrangers en Afrique. Ces structures précoloniales ont été en partie effacées par l'administration coloniale britannique, qui a imposé son propre modèle de gouvernance.

4. Comment cette Connaissance a été Usurpée ou Détournée

L'effacement de l'histoire africaine par les puissances coloniales a joué un rôle dans l'invisibilisation des systèmes politiques participatifs du continent. Voici comment cette usurpation a eu lieu:

- **Imposition de la monarchie britannique** : Les Britanniques ont réduit le rôle des chefs traditionnels et centralisé le pouvoir dans leurs mains.
- **Occultation académique** : L'histoire des systèmes de gouvernance africains a été marginalisée dans les études politiques et historiques occidentales.
- **Assimilation forcée aux modèles européens** : Avec la colonisation, de nombreuses structures africaines ont été assimilées à des formes de gouvernance « primitives » au lieu d'être reconnues comme des systèmes politiques avancés.

Cette minimisation a conduit à l'idée erronée que les systèmes démocratiques en Afrique étaient une importation européenne plutôt qu'une réalité endogène.

5. Héritage et Enseignements pour les Jeunes Africains

Les jeunes Africains doivent être conscients que leur continent a produit des systèmes politiques avancés bien avant l'arrivée des Européens. Voici pourquoi ces pratiques doivent être enseignées et intégrées dans les débats contemporains :

- **Rétablir la vérité historique** : Enseigner que la démocratie participative n'est pas née uniquement en Grèce, mais a été pratiquée sous diverses formes en Afrique.
- **Valoriser les traditions africaines** : Plutôt que d'imposer des modèles étrangers, il est possible de réinventer des systèmes politiques en s'inspirant des pratiques ancestrales.
- **Inspirer des formes modernes de gouvernance** : Des pays comme le Botswana ont conservé certaines structures traditionnelles de consultation dans leur système politique contemporain.

Ainsi, la démocratie participative des Ashantis pourrait servir de modèle à des États africains modernes cherchant à renforcer la participation citoyenne.

6. Réflexion et Reconnaissance Officielle

Malgré les efforts pour effacer ces réalités historiques, plusieurs chercheurs africains et étrangers commencent à réhabiliter ces systèmes de gouvernance :

- **Recherches contemporaines** : De nombreuses études, notamment en anthropologie et en sciences politiques, s'intéressent à la gouvernance participative en Afrique précoloniale.

- **Reconnaissance progressive** : Certaines institutions africaines et organisations panafricanistes revendiquent ces modèles comme fondements pour une renaissance politique africaine.
- **Intégration dans les systèmes modernes** : Plusieurs pays africains redonnent une place aux chefs traditionnels et aux assemblées communautaires dans leurs décisions locales.

Il reste néanmoins du chemin à parcourir pour que ces réalités soient reconnues à grande échelle.

7. Conclusion : Inspirer l'Avenir

Le système de démocratie participative des Ashantis du Ghana est une preuve éclatante que l'Afrique avait développé des institutions politiques avancées bien avant la colonisation. Loin de l'image d'un continent sans gouvernance structurée, ces exemples démontrent que la consultation, le consensus et la prise de décision collective faisaient partie des cultures politiques africaines.

Aujourd'hui, alors que de nombreux pays cherchent des modèles de gouvernance inclusifs, il serait pertinent de revisiter ces pratiques et de s'en inspirer pour renforcer la participation citoyenne en Afrique et ailleurs. Les jeunes générations africaines doivent savoir que leur héritage politique est riche et qu'elles peuvent en être fières.

L'histoire doit être réécrite pour refléter la véritable contribution du continent africain aux systèmes de gouvernance modernes. La démocratie n'a pas été inventée uniquement en Grèce ; elle a existé sous différentes formes à travers le monde, notamment en Afrique, et les Ashantis en sont un exemple frappant.

Chapitre 103 : Bio-inspiration africaine : quand la nature inspire la science

(Architecture, médecine, écologie et systèmes d'auto-organisation inspirés des modèles naturels)

Introduction

Depuis les origines, les sociétés humaines ont observé et imité les processus de la nature pour résoudre des problèmes complexes. Cette démarche, aujourd'hui appelée *bio-inspiration* ou *biomimétisme*, consiste à s'inspirer des stratégies développées par les systèmes vivants au fil de l'évolution pour concevoir des innovations durables, efficaces et résilientes. Si ce champ est aujourd'hui formalisé dans les laboratoires de recherche en Europe, aux États-Unis ou au Japon, il est depuis longtemps au cœur des savoirs ancestraux africains.

En Afrique, cette intuition de la sagesse de la nature n'a jamais été séparée de la science. L'observation des insectes pour construire des habitats résistants, l'étude des plantes pour développer des pharmacopées efficaces, ou encore l'attention portée aux cycles de l'eau, du vent et de la chaleur dans l'aménagement des territoires témoignent d'un dialogue ancien entre l'humain et le vivant. Ce chapitre explore les formes de bio-inspiration développées en Afrique, avec une attention particulière portée à l'architecture inspirée des termitières, aux principes d'auto-organisation dans les sociétés traditionnelles, à l'ingénierie écologique, ainsi qu'à la médecine fondée sur l'intelligence végétale.

1. Les termitières : chefs-d'œuvre d'ingénierie climatique

Les termitières africaines, souvent considérées comme de simples monticules de terre, sont en réalité de véritables prouesses architecturales. Construites par des termites aveugles, ces structures sont capables de maintenir une température interne stable (environ 30°C) malgré les variations extrêmes de température extérieure, qui peuvent dépasser les 40°C pendant la journée et tomber à moins de 10°C la nuit.

Ce phénomène est rendu possible grâce à une ventilation passive extrêmement sophistiquée. La termitière est composée de tunnels verticaux et de cheminées interconnectées qui permettent de créer des courants d'air et d'assurer l'échange thermique entre l'intérieur et l'extérieur. Des chambres sont réservées à la culture de champignons, qui contribuent à réguler l'humidité et la température. Cette organisation inspire aujourd'hui de nombreux architectes et ingénieurs.

L'exemple le plus célèbre d'application moderne est le *Eastgate Centre* à Harare (Zimbabwe), conçu par l'architecte Mick Pearce. Ce bâtiment, qui utilise des principes de ventilation naturelle directement inspirés des termitières, consomme 90 % d'énergie en moins que les bâtiments classiques de même taille pour la climatisation. Il démontre comment les savoirs biologiques africains peuvent révolutionner la construction bioclimatique contemporaine.

2. L'architecture traditionnelle africaine et le biomimétisme intuitif

Bien avant que le mot "biomimétisme" n'existe, les sociétés africaines avaient intégré des logiques inspirées du vivant dans la conception de leurs habitats. Dans les régions sahéliennes, par exemple, les villages sont souvent construits avec des matériaux locaux – terre crue, paille, bois – qui imitent les propriétés thermiques des écosystèmes environnants. Les formes circulaires ou organiques des habitations, les ouvertures orientées selon les vents dominants, les toits végétalisés ou en dôme participent d'une stratégie bioclimatique intuitive.

Au Mali, les architectures dogon témoignent d'une connaissance fine des interactions entre le soleil, la roche, le vent et la vie sociale. Les bâtiments sont creusés dans la falaise de Bandiagara, profitant de la masse rocheuse pour stabiliser la température, tout en étant protégés de l'érosion par leur orientation.

Les cases en spirale des peuples du sud du Cameroun ou du Congo adoptent des configurations rappelant des structures naturelles, comme les coquilles d'escargot ou les vortex d'énergie, favorisant une circulation optimale de l'air et une utilisation minimale des ressources.

Ces traditions témoignent d'une pensée écologique structurée : les formes ne sont pas arbitraires, elles prolongent la logique des écosystèmes, traduisant une science du vivant ancrée dans l'expérience.

3. Auto-organisation : l'intelligence collective en action

L'un des grands enseignements de la nature est sa capacité à produire de l'ordre sans chef central : les essaims d'abeilles, les bancs de poissons ou les colonies de fourmis s'organisent collectivement par des règles simples, localement appliquées, qui aboutissent à une complexité fonctionnelle.

Ce modèle d'*auto-organisation* a été observé dans de nombreuses sociétés africaines traditionnelles. Le fonctionnement des marchés informels, l'organisation villageoise sans hiérarchie fixe, ou encore les réseaux d'apprentissage intergénérationnels peuvent être lus comme des formes sociales de biomimétisme. Chaque individu possède une fonction, une liberté d'action, et une responsabilité, et c'est l'interaction entre ces éléments qui produit la résilience du groupe.

Ces logiques ont inspiré des approches modernes en informatique (algorithmes bio-inspirés, intelligence distribuée), mais elles trouvent leurs racines dans des dynamiques sociales millénaires. L'Afrique, dans sa diversité culturelle, a exploré des formes d'organisation profondément durables, que la science redécouvre aujourd'hui sous des angles nouveaux.

4. La médecine africaine et l'intelligence végétale

La pharmacopée africaine repose sur une observation patiente de la nature. Chaque plante, chaque racine, chaque écorce possède des propriétés identifiées, testées, transmises. Cette connaissance des végétaux ne s'est pas construite au hasard, mais par une méthodologie empirique rigoureuse : identification, dosage, association, contre-indication, indications rituelles.

Certaines plantes, comme le *neem* (Azadirachta indica), le *moringa*, ou l'*artemisia annua*, sont aujourd'hui étudiées dans les laboratoires du monde entier pour leurs vertus médicinales. L'usage de l'écorce de quinquina, qui a permis de développer la quinine contre le paludisme, est issu des traditions médicinales indigènes.

Mais au-delà de l'usage thérapeutique, la médecine africaine comprend la plante comme un être vivant doté d'une intelligence propre. Le guérisseur ne se contente pas de "prélever" ; il entre en relation avec la plante, parfois par des rituels, des chants ou des périodes de jeûne. Ce rapport éthique à la nature s'oppose à l'exploitation extractiviste, et propose un modèle de cohabitation respectueuse.

5. Le vivant comme modèle technologique : inspirations contemporaines

Les sciences modernes commencent à reconnaître la valeur du vivant comme source d'innovation. Des ingénieurs s'inspirent des écailles de crocodile pour concevoir des revêtements thermiques, des carapaces de scarabée pour la filtration de l'eau, ou encore des toiles d'araignée pour la conception de matériaux résistants.

Dans ce contexte, l'Afrique a un rôle fondamental à jouer. Elle est à la fois dépositaire d'une biodiversité exceptionnelle et d'un patrimoine de savoirs ancestraux sur cette biodiversité. La combinaison de ces deux dimensions peut faire de l'Afrique un pôle d'excellence mondial en bio-inspiration.

Les projets de design inspirés de la savane, les matériaux de construction imitant la peau d'éléphants ou les textiles thermorégulants conçus sur le modèle des termitières sont autant de pistes explorées par des chercheurs africains et afrodescendants, qui réconcilient science, nature et culture.

6. Une sagesse écologique au cœur des traditions

Au fond, la bio-inspiration africaine repose sur une sagesse écologique profonde. L'idée que la nature est enseignante, qu'elle parle à qui sait l'écouter, traverse les mythes, les proverbes, les rites. L'arbre n'est pas un simple fournisseur d'ombre ou de bois, mais un être sacré, un ancêtre, un repère. L'eau n'est pas un "élément" neutre, mais une entité vivante, à respecter, à invoquer, à remercier.

Cette relation spirituelle à la nature, loin d'être incompatible avec la science, en constitue la base éthique. Elle oblige à penser les technologies non pas seulement en termes d'efficacité, mais aussi de justice, de respect, d'équilibre.

Conclusion : Vers une science enracinée et régénérative

Le biomimétisme africain n'est pas une nouveauté à inventer, mais une mémoire à réveiller. Il démontre que les civilisations africaines, loin d'être tournées vers un passé figé, ont toujours su puiser dans la nature des solutions innovantes, durables, élégantes. En revalorisant ces savoirs, en les connectant aux outils contemporains, l'Afrique peut devenir une force motrice dans la transition écologique mondiale.

Face aux défis climatiques, sociaux, énergétiques, la science du futur devra être régénérative, enracinée, contextuelle. Et dans cette voie, l'Afrique a déjà une longueur d'avance. Il suffit de réécouter la nature... avec les oreilles de nos ancêtres.

Chapitre 104 : Les systèmes de gouvernance traditionnels des royaumes du Bénin et du Kongo

1. Introduction : Rétablir l'Histoire

L'histoire politique de l'Afrique précoloniale est souvent occultée ou minimisée dans les récits dominants. Pourtant, bien avant l'arrivée des Européens, plusieurs civilisations africaines avaient mis en place des systèmes politiques sophistiqués, avec des institutions stables et des modes de gouvernance équilibrés. Parmi ces systèmes, ceux des royaumes du Bénin et du Kongo sont particulièrement remarquables.

Le **royaume du Bénin**, situé dans l'actuel Nigeria, et le **royaume du Kongo**, couvrant une partie des actuels Angola, République démocratique du Congo, République du Congo et Gabon, étaient des sociétés organisées autour de monarchies puissantes mais régulées par des conseils de sages et des structures participatives. Ces deux royaumes ont prospéré pendant des siècles grâce à une administration efficace, un contrôle centralisé mais inclusif du pouvoir et un réseau commercial florissant. Ce chapitre explore les mécanismes politiques et administratifs de ces royaumes afin de rétablir leur rôle fondamental dans l'histoire des systèmes de gouvernance.

2. Preuves Historiques et Scientifiques : La Paternité Africaine

Le Royaume du Bénin (1180-1897)

Le royaume du Bénin a émergé au XIIe siècle sous l'autorité de l'**Oba** (roi). Ce dernier gouvernait avec l'aide d'un système administratif structuré en plusieurs niveaux :

- **L'Oba** : Il était la figure suprême du pouvoir, mais il ne gouvernait pas de manière absolue. Il devait consulter un conseil d'État.
- **L'Oyomesi** : Un groupe de chefs influents issus des grandes familles du royaume, jouant un rôle de contre-pouvoir.
- **Les guildes professionnelles** : Le royaume était organisé en différentes guildes artisanales et commerciales qui avaient un pouvoir d'autogestion et participaient à la prise de décisions locales.
- **Le rôle des femmes** : L'une des institutions les plus notables était celle des **Iyoba** (Reines Mères), qui jouaient un rôle de conseillères et pouvaient même intervenir dans les décisions de succession.

Les Européens qui sont entrés en contact avec le Bénin au XVe siècle furent frappés par la sophistication de son administration et l'organisation méthodique de la capitale, qui possédait des infrastructures avancées comme des routes pavées et des murailles impressionnantes.

Le Royaume du Kongo (1390-1914)

Le Royaume du Kongo, quant à lui, était structuré autour d'un système de gouvernement centralisé, avec une monarchie constitutionnelle de fait :

- **Le Manikongo** : Titre du roi du Kongo, qui dirigeait le royaume mais devait négocier avec un conseil royal composé de chefs de clans et de sages.
- **Les provinces autonomes** : Le royaume était divisé en plusieurs provinces dirigées par des gouverneurs appelés **Mwene**, qui étaient nommés par le Manikongo mais géraient leur territoire de façon semi-autonome.
- **Le système judiciaire** : Le Kongo possédait un système juridique avancé avec des tribunaux locaux et une cour royale qui rendait des jugements en dernier ressort.
- **Un réseau commercial efficace** : Grâce à un contrôle intelligent du commerce du cuivre, du sel et des tissus, le Kongo était un acteur clé dans l'économie régionale et internationale.

Ces structures démontrent que la gouvernance africaine n'était pas basée sur le despotisme, mais sur un modèle participatif où le roi devait composer avec d'autres institutions.

3. Impact et Apports Réels de cette Découverte

L'organisation politique des royaumes du Bénin et du Kongo a eu un impact profond sur la gestion du pouvoir et l'administration en Afrique précoloniale.

- **Développement économique et prospérité**

  Grâce à leur gouvernance efficace, ces royaumes ont connu un essor économique remarquable. Le Bénin était un centre d'art et de commerce, notamment pour l'ivoire et le bronze. Le Kongo, quant à lui, contrôlait les routes commerciales reliant l'Afrique centrale à l'océan Atlantique.

- **Influence culturelle et politique**

  Le raffinement artistique du Bénin, notamment dans la sculpture en bronze, et l'organisation militaire du Kongo ont influencé de nombreuses sociétés africaines et ont attiré l'attention des premiers explorateurs européens.

- **Des modèles d'administration encore pertinents**

    Les systèmes de gouvernance des deux royaumes ont mis en place des principes qui restent pertinents aujourd'hui : un pouvoir équilibré, une forte participation des élites locales et une organisation territoriale décentralisée.

4. Comment cette Connaissance a été Usurpée ou Détournée

Avec la colonisation, les Européens ont souvent minimisé l'importance des structures politiques africaines afin de justifier leur domination.

- **L'effacement des institutions africaines**

    La conquête coloniale a souvent démantelé ces systèmes. Par exemple, en 1897, les Britanniques ont détruit la capitale du Bénin et exilé l'Oba, mettant fin à un système qui avait fonctionné pendant plus de 700 ans.

- **La vision eurocentrée de la gouvernance**

    Pendant la colonisation, l'idée que l'Afrique était un continent « sans histoire » a été popularisée, occultant le fait que ces royaumes avaient des systèmes politiques sophistiqués bien avant l'arrivée des Européens.

- **La transformation forcée des structures locales**

    Sous domination coloniale, les structures participatives ont été remplacées par des administrations centralisées basées sur le modèle européen, ce qui a perturbé les équilibres traditionnels.

5. Héritage et Enseignements pour les Jeunes Africains

Les systèmes de gouvernance traditionnels des royaumes du Bénin et du Kongo offrent plusieurs leçons pour l'Afrique contemporaine :

- **Revaloriser les structures participatives**

    Les modèles politiques africains ne doivent pas être perçus comme archaïques, mais comme des alternatives aux modèles de gouvernance importés.

- **Encourager la gouvernance locale**

    Comme dans le Kongo, une gouvernance basée sur des entités semi-autonomes permettrait une meilleure gestion des ressources et des besoins locaux.

- **S'inspirer de l'équilibre des pouvoirs**

    L'idée d'un chef d'État soumis à un conseil et à des contre-pouvoirs pourrait inspirer des réformes dans de nombreux pays africains aujourd'hui.

6. Réflexion et Reconnaissance Officielle

Depuis quelques décennies, des chercheurs africains et internationaux remettent en lumière ces modèles politiques :

- **L'étude des bronzes du Bénin** : Leur finesse artistique montre la richesse culturelle et politique du royaume.
- **Les recherches archéologiques en Angola et RDC** : Elles révèlent l'organisation avancée du Kongo et son influence dans la région.
- **L'implication des chefs traditionnels dans la gouvernance moderne** : Certains pays, comme le Ghana ou l'Afrique du Sud, redonnent du pouvoir aux chefs traditionnels.

Toutefois, il reste encore un long chemin pour que ces systèmes soient pleinement reconnus à leur juste valeur.

7. Conclusion : Inspirer l'Avenir

Les royaumes du Bénin et du Kongo démontrent que l'Afrique avait développé des systèmes de gouvernance avancés bien avant l'ère coloniale. Ces structures, basées sur la consultation, la participation et l'équilibre des pouvoirs, offrent des leçons importantes pour l'avenir.

Aujourd'hui, alors que l'Afrique cherche à renforcer ses institutions démocratiques, il serait judicieux de s'inspirer de ces modèles traditionnels pour repenser la gouvernance moderne. En valorisant cet héritage, les générations futures pourront se réapproprier leur histoire et bâtir des systèmes politiques plus en phase avec leurs réalités culturelles et sociales.

L'histoire africaine ne commence pas avec la colonisation. Elle est riche de modèles politiques efficaces, et il est temps que le monde le reconnaisse.

Chapitre 105 : Les pratiques de gestion des conflits en Afrique basées sur la médiation communautaire

1. Introduction : Rétablir l'Histoire

Contrairement aux perceptions eurocentristes qui ont souvent présenté l'Afrique comme un continent chaotique et marqué par des guerres incessantes, les sociétés africaines ont développé, depuis des millénaires, des systèmes sophistiqués de gestion des conflits. Ces méthodes, fondées sur la médiation communautaire, étaient bien établies bien avant l'avènement des modèles de justice occidentaux basés sur le droit codifié et l'appareil judiciaire.

Les royaumes et chefferies d'Afrique ont su instaurer des systèmes permettant de résoudre les différends sans recours à la violence, en mettant l'accent sur la réconciliation et la cohésion sociale. Des peuples tels que les **Igbo du Nigeria**, les **Ashantis du Ghana**, les **Xhosa d'Afrique du Sud**, les **Bamiléké du Cameroun**, ou encore les **Somalis de la Corne de l'Afrique** ont développé des mécanismes traditionnels de règlement des conflits, qui perdurent encore aujourd'hui.

Dans ce chapitre, nous explorerons les principes fondamentaux de ces méthodes, les preuves de leur ancienneté et leur pertinence dans le monde contemporain.

2. Preuves Historiques et Scientifiques : La Paternité Africaine

Les sociétés africaines ont historiquement favorisé des modes de règlement des conflits fondés sur **la négociation, la médiation et l'arbitrage**. Ce sont des principes encore pratiqués aujourd'hui dans de nombreuses communautés.

Les systèmes traditionnels de gestion des conflits en Afrique

1. **Le Palabre africain (Afrique de l'Ouest, Afrique centrale, Afrique australe)**
   - Le **palabre** est une institution sociale fondamentale où les anciens, les sages et les leaders communautaires se réunissent sous un arbre ou dans une place publique pour écouter et arbitrer les différends.
   - Ce système favorise **l'écoute, la parole libre et la recherche du consensus**.

- Il est pratiqué chez les peuples Bamiléké, Baoulé, Dogon, Zulu, Xhosa, et bien d'autres.

2. **Les Conseils des Anciens**
   - Chez les **Ashantis du Ghana**, les litiges sont tranchés par un **conseil de chefs** présidé par l'Asantehene (roi des Ashantis).
   - Chez les **Igbo du Nigeria**, la médiation est assurée par un **conseil des anciens et des chefs de lignage**, qui agit en tant qu'instance morale et judiciaire.

3. **Le Gacaca au Rwanda**
   - Système judiciaire traditionnel utilisé pour résoudre les différends fonciers, les affaires familiales et, plus récemment, juger les crimes du génocide de 1994.
   - Basé sur la réconciliation et la justice réparatrice plutôt que punitive.

4. **La Xeer en Somalie**
   - Un code coutumier régissant la gestion des conflits chez les clans somalis, structuré autour des **anciens** et des **leaders religieux**.
   - Il repose sur **l'indemnisation**, **l'excuse publique** et la **réintégration du coupable dans la communauté**.

Ces systèmes, bien que variés, partagent un même socle : **éviter la fragmentation sociale et privilégier l'unité du groupe**.

3. Impact et Apports Réels de cette Découverte

Loin d'être archaïques, les systèmes africains de résolution des conflits ont eu un **impact profond** sur la gouvernance et le maintien de la paix au sein des communautés africaines.

Avantages de la médiation communautaire africaine

- **Favorise la réconciliation** : Contrairement aux modèles punitifs importés d'Occident, ces systèmes insistent sur le dialogue et la réparation plutôt que sur la punition.
- **Évite les conflits prolongés** : En mettant en avant le consensus et l'arbitrage, ils empêchent l'escalade des tensions et la fragmentation sociale.
- **Approche participative et inclusive** : Tout le monde peut exprimer son avis, ce qui favorise **une justice acceptée par tous**.

Ces pratiques influencent encore aujourd'hui la **gestion des conflits modernes** en Afrique. Des pays comme le Rwanda, le Burundi ou l'Afrique du Sud ont intégré ces méthodes dans leurs **processus de justice transitionnelle** après des périodes de crises.

4. Comment cette Connaissance a été Usurpée ou Détournée

Malgré leur efficacité, les pratiques africaines de médiation ont été marginalisées ou **présentées comme primitives** par les systèmes coloniaux.

Colonisation et effacement des systèmes traditionnels

- L'arrivée des puissances coloniales a **imposé des tribunaux occidentaux**, réduisant le rôle des médiateurs traditionnels.
- Les Européens ont souvent perçu ces pratiques comme **despotiques**, alors qu'elles étaient basées sur la négociation et l'arbitrage.
- Dans certains cas, les colonisateurs ont utilisé ces institutions à leur profit, comme en instaurant des **chefs traditionnels fantoches**, brisant ainsi l'équilibre social.

La justice occidentale imposée aux sociétés africaines

- Après l'indépendance, la majorité des pays africains ont conservé **des systèmes judiciaires calqués sur ceux des anciens colonisateurs**, écartant les méthodes locales.
- Cependant, de nombreux pays commencent à réintroduire ces pratiques dans leur administration judiciaire et politique.

5. Héritage et Enseignements pour les Jeunes Africains

Pourquoi ces systèmes doivent être réhabilités

- **Ils offrent une alternative aux tribunaux encombrés et coûteux.**
- **Ils permettent de préserver la cohésion sociale** en évitant la polarisation des communautés.
- **Ils démontrent que l'Afrique a toujours eu des solutions à ses propres problèmes.**

De nombreux **jeunes Africains engagés** dans la résolution des conflits et la gouvernance locale redécouvrent ces méthodes et cherchent à les intégrer dans **les politiques modernes de règlement des conflits**.

6. Réflexion et Reconnaissance Officielle

Des efforts sont en cours pour **réhabiliter** et **institutionnaliser** ces pratiques :

- **L'Union africaine (UA)** reconnaît l'importance des **mécanismes traditionnels de médiation** pour résoudre les conflits ethniques et politiques sur le continent.
- **Des ONG et organisations locales** favorisent la réintroduction du **palabre africain** dans les médiations post-conflit.
- **Les gouvernements africains** réintègrent ces pratiques dans leurs politiques nationales. Par exemple, le Rwanda a intégré le **Gacaca** dans son système de justice après le génocide de 1994.

Cependant, la reconnaissance internationale reste limitée. L'ONU et d'autres organisations internationales privilégient encore les **modèles occidentaux de justice**, ce qui pose un défi pour l'institutionnalisation des méthodes africaines.

7. Conclusion : Inspirer l'Avenir

Les pratiques de **médiation communautaire en Afrique** sont un **héritage précieux** qui peut inspirer de nouvelles solutions pour la gestion des conflits, non seulement sur le continent africain, mais aussi dans le reste du monde.

Message pour les générations futures

- **L'Afrique doit valoriser ses propres systèmes de gouvernance et de résolution des conflits** au lieu de toujours se tourner vers des solutions importées.
- **Les jeunes Africains doivent être conscients de ces richesses et les promouvoir** pour qu'elles fassent partie intégrante des politiques modernes.
- **La reconnaissance des systèmes traditionnels africains par les instances internationales est essentielle** pour replacer l'Afrique au cœur des grandes discussions sur la paix et la stabilité mondiale.

En redécouvrant ces traditions et en les adaptant aux réalités modernes, l'Afrique peut développer des **systèmes de médiation efficaces**, respectueux des cultures locales et parfaitement adaptés aux défis contemporains.

Ce chapitre rétablit une vérité essentielle : **les sociétés africaines ont toujours eu leurs propres méthodes pour gérer les conflits, et elles restent d'une pertinence exceptionnelle aujourd'hui.**

Chapitre 106 : La Charte du Manden (Charte de Kouroukan Fouga), l'une des plus anciennes constitutions du monde

1. Introduction : Rétablir l'Histoire

L'Afrique a été le berceau de nombreuses avancées en matière de gouvernance et d'organisation sociale bien avant l'essor des modèles de gouvernance occidentaux. L'un des plus grands témoignages de cette avancée est **la Charte du Manden**, également connue sous le nom de **Charte de Kouroukan Fouga**, adoptée en 1236 sous le règne de **Soundiata Keïta**, fondateur de l'Empire du Mali.

Crédit photo : agoraafricaine.info

Cette charte est l'un des premiers textes constitutionnels connus de l'humanité. Bien avant la **Magna Carta** (1215) en Angleterre ou la **Déclaration des Droits de l'Homme et du Citoyen** (1789) en France, la Charte du Manden **institutionnalisait des principes de gouvernance basés sur l'égalité, la liberté individuelle, la protection des droits humains et l'unité sociale.**

Cependant, son importance a longtemps été sous-estimée par les historiens occidentaux, et elle n'est que récemment reconnue comme un document majeur dans l'histoire universelle du droit et de la gouvernance.

2. Preuves Historiques et Scientifiques : La Paternité Africaine

La Charte du Manden a été proclamée à **Kouroukan Fouga**, une région située dans l'actuel Mali, en 1236. Elle est issue d'un **grand conseil d'assemblée**, réunissant les différents chefs de clans et groupes sociaux de l'Empire du Mali, sous la direction de **Soundiata Keïta**. Son objectif était de poser les bases d'un empire fort et uni, en garantissant des **droits fondamentaux aux individus et aux collectivités**.

Les principes fondamentaux de la Charte du Manden

Ce texte repose sur **sept principes majeurs**, qui témoignent de son caractère avant-gardiste :

1. **L'abolition de l'esclavage par ascendance** :
   - "L'homme en tant qu'être humain est sacré et nul ne doit l'asservir."
   - Ce principe faisait de la Charte du Manden l'un des premiers textes à **abolir l'esclavage héréditaire**, bien avant les déclarations européennes.
2. **Le respect de la vie humaine et la protection des personnes vulnérables** :
   - "Chacun a le droit à la vie et au respect de son intégrité physique."
   - Ce principe rappelle des éléments clés des droits humains modernes.
3. **L'égalité entre tous les citoyens** :
   - "Toute personne a droit à la liberté et à l'égalité, quelle que soit son origine."
   - Un concept révolutionnaire pour son époque, qui met en avant **l'égalité des classes et des groupes ethniques**.
4. **La gestion communautaire des ressources naturelles** :
   - "Le fleuve appartient à tous, ainsi que la terre et la forêt."
   - Ce principe assure une gestion durable et **équitable** des ressources naturelles.
5. **La justice et la gouvernance par le consensus** :
   - "Les décisions doivent être prises en concertation avec les sages et les chefs."
   - Une vision qui favorise la **démocratie participative et la justice équitable**.
6. **L'éducation et la transmission du savoir** :

- "L'ignorance est une menace pour la société ; chacun a le droit d'apprendre."
- Ce principe démontre l'importance de **l'éducation et de la transmission des savoirs ancestraux**.

7. **Le respect de la diversité culturelle et religieuse** :
   - "Chacun est libre de pratiquer la religion de son choix."
   - Un principe de **tolérance religieuse** qui contraste avec les conflits religieux qui ont marqué d'autres civilisations.

3. Impact et Apports Réels de cette Découverte

La **Charte du Manden** a eu un impact considérable sur l'organisation politique et sociale de l'Empire du Mali et bien au-delà. Elle a permis de structurer un **système administratif et judiciaire efficace** qui a contribué à la prospérité et à la stabilité de l'un des plus grands empires africains.

Application dans l'Empire du Mali

- **Stabilité et prospérité** : Grâce à ces principes, l'Empire du Mali a connu une longue période de **croissance économique et politique**, devenant une référence en Afrique de l'Ouest.
- **Modèle de gouvernance participative** : Chaque groupe social avait un rôle défini dans la gestion du territoire et la prise de décision.
- **Protection des minorités et des castes** : Les forgerons, les griots, les agriculteurs et autres catégories sociales bénéficiaient de **droits garantis**.

Influence sur d'autres sociétés

- **Des inspirations pour d'autres civilisations** : La **philosophie de Soundiata Keïta** a influencé d'autres royaumes africains, comme les **royaumes du Songhaï et du Bénin**.
- **Des principes encore présents aujourd'hui** : Les mécanismes de **résolution des conflits et de gouvernance locale en Afrique de l'Ouest** trouvent encore leur origine dans la Charte du Manden.

4. Comment cette Connaissance a été Usurpée ou Détournée

Malgré son **importance historique**, la Charte du Manden a été **largement ignorée** par les historiens occidentaux, et son rôle dans l'histoire du droit et de la gouvernance a été minimisé.

Les raisons de cette marginalisation

- **L'absence de reconnaissance officielle** dans les institutions académiques occidentales.
- **Le rejet des contributions africaines** dans l'histoire politique mondiale.
- **La colonisation** a contribué à l'effacement de nombreux documents et traditions africaines, réduisant la visibilité de cette charte.

5. Héritage et Enseignements pour les Jeunes Africains

Aujourd'hui, la **Charte du Manden** est un **symbole fort de la gouvernance africaine** et de la tradition politique du continent. Elle doit être **réintroduite dans les programmes éducatifs africains** afin que les jeunes générations connaissent cet héritage.

Pourquoi la Charte du Manden est toujours d'actualité

- Elle peut servir de **référence pour les systèmes de gouvernance modernes** en Afrique.
- Elle prône **l'égalité et la justice sociale**, valeurs universelles toujours pertinentes aujourd'hui.
- Elle montre que **l'Afrique a produit des systèmes de gouvernance avancés bien avant l'arrivée des Européens**.

6. Réflexion et Reconnaissance Officielle

Depuis 2009, la Charte du Manden est reconnue par **l'UNESCO comme patrimoine immatériel de l'humanité**, ce qui constitue un pas vers sa reconnaissance internationale.

Cependant, il reste encore **beaucoup à faire** pour qu'elle soit enseignée et célébrée à la hauteur de son importance historique.

Actions nécessaires

- **Intégrer la Charte du Manden dans les systèmes éducatifs africains**.
- **Sensibiliser les institutions internationales** sur l'importance de ce texte.
- **Encourager la documentation et la diffusion de la Charte** pour éviter son oubli.

7. Conclusion : Inspirer l'Avenir

La **Charte du Manden** est **l'un des plus anciens textes constitutionnels du monde** et représente un **héritage intellectuel et politique majeur** pour l'Afrique et l'humanité.

Son message d'égalité, de liberté et de justice doit inspirer **les nouvelles générations africaines** à revendiquer **leur héritage historique** et à **bâtir des sociétés plus inclusives et plus justes**.

La **reconnaissance de la Charte du Manden** est **un pas essentiel vers la réhabilitation de la pensée politique africaine** dans le cadre mondial. Elle prouve que **l'Afrique a contribué, et continue de contribuer, à l'évolution du droit et de la gouvernance dans le monde entier**.

Arts, Culture et Communication.

Chapitre 107 : L'Art Africain qui a Influencé des Mouvements comme le Cubisme, sans Reconnaissance Adéquate

1. Introduction : Rétablir l'Histoire

L'art africain a été une source d'inspiration majeure pour les mouvements artistiques modernes, notamment le **cubisme**, un courant initié au début du XXe siècle par des artistes européens comme **Pablo Picasso** et **Georges Braque**. Ce mouvement est célèbre pour ses représentations fragmentées et géométriques des formes, qui rappellent directement les **masques et sculptures africains**.

Pourtant, **l'apport fondamental des artistes africains** à cette révolution artistique est **rarement reconnu**. Pendant des siècles, l'art africain a été **considéré comme primitif** par l'Occident, et ce n'est qu'au début du XXe siècle que des artistes européens ont commencé à le **réinterpréter, sans toujours en citer l'origine**.

Ce chapitre vise à mettre en lumière l'influence déterminante de l'art africain sur le cubisme et d'autres courants artistiques modernes, tout en **rétablissant la vérité historique**.

2. Preuves Historiques et Scientifiques : La Paternité Africaine

L'influence de l'art africain sur le cubisme et l'art moderne est bien documentée par de nombreux historiens de l'art et chercheurs. Voici quelques preuves irréfutables qui établissent cette influence.

Les masques et sculptures africains : Une source d'inspiration majeure

- Dès la fin du XIXe siècle, les **masques et sculptures d'Afrique de l'Ouest et d'Afrique centrale** (notamment des Fang, des Baoulé, des Dogon et des Dan) sont rapportés en Europe par des colons et des marchands.
- Ces objets sont exposés dans des musées ethnographiques à Paris, Berlin et Londres, où ils fascinent les artistes avant-gardistes.
- **Pablo Picasso**, en particulier, découvre l'art africain au **Musée d'Ethnographie du Trocadéro** à Paris en 1907. Ce choc esthétique influencera directement son œuvre majeure : *Les Demoiselles d'Avignon*.

Exemples d'influence directe

1. **Les Demoiselles d'Avignon (1907) – Pablo Picasso**
   - Ce tableau est considéré comme l'œuvre fondatrice du cubisme.
   - Picasso a explicitement reconnu s'être inspiré des masques africains pour les visages des figures féminines.
   - On retrouve des **formes angulaires et une déconstruction du visage typique des masques africains**.
2. **Les œuvres de Georges Braque**
   - Dans ses peintures cubistes, Braque reprend les **formes simplifiées et géométriques** des sculptures africaines.
   - L'utilisation de perspectives multiples rappelle les représentations symboliques africaines, où une seule figure peut montrer plusieurs angles de vue.
3. **Le surréalisme et l'expressionnisme**
   - Des artistes comme **André Derain, Henri Matisse et Amedeo Modigliani** ont également été influencés par les formes africaines dans leurs œuvres.
   - Le mouvement **surréaliste** s'inspire de la **symbolique spirituelle et mystique** des sculptures africaines.

Pourquoi cette influence a été minimisée

- En raison des **préjugés raciaux et coloniaux**, l'art africain a été longtemps perçu comme un simple objet ethnographique et non comme une œuvre d'art.
- Les artistes européens **n'ont souvent pas crédité leurs inspirations africaines**, préférant parler de "primitivisme" sans reconnaître la richesse intellectuelle et symbolique de ces œuvres.

3. Impact et Apports Réels de cette Découverte

L'influence de l'art africain ne s'est pas arrêtée au cubisme. Elle s'est **étendue à d'autres mouvements artistiques** du XXe siècle et continue d'inspirer les créateurs contemporains.

L'impact sur l'art moderne

- **Expressionnisme allemand** : Des artistes comme **Ernst Ludwig Kirchner et Emil Nolde** ont adopté l'esthétique brute des sculptures africaines.
- **Futurisme et art abstrait** : Les concepts de fragmentation et d'abstraction dans l'art africain ont inspiré **Kandinsky et Malevitch**.

- **Street art et culture pop** : Des artistes contemporains comme **Jean-Michel Basquiat** ont intégré des éléments de l'art africain dans leurs œuvres.

L'impact sur la sculpture et le design

- **Le design moderniste** s'inspire des formes africaines, notamment dans l'architecture et le mobilier.
- **Des artistes africains modernes comme Ousmane Sow et El Anatsui** ont utilisé les codes esthétiques africains pour revendiquer leur identité dans l'art contemporain.

4. Comment cette Connaissance a été Usurpée ou Détournée

Malgré son **rôle central**, l'art africain a souvent été présenté comme une **inspiration passive**, sans véritable reconnaissance.

Les raisons de l'effacement de cette contribution

1. **Le colonialisme et la spoliation des œuvres africaines**
   - Des milliers d'œuvres africaines ont été pillées et **exposées dans des musées européens** sans mentionner leurs créateurs ou leur signification.
   - De nombreux musées africains ont été privés de ces trésors artistiques.
2. **L'occultation des sources africaines dans l'histoire de l'art**
   - Les manuels d'histoire de l'art mettent en avant **Picasso et Matisse**, mais rarement les artistes africains à l'origine de leurs inspirations.
   - L'art africain a été longtemps présenté comme **un "art primitif"**, ce qui a contribué à son invisibilisation.
3. **Un marché de l'art qui marginalise les artistes africains**
   - Si les œuvres d'art inspirées de l'Afrique atteignent des prix record, **les artistes africains eux-mêmes sont souvent absents des grandes ventes aux enchères.**

5. Héritage et Enseignements pour les Jeunes Africains

Pourquoi il est essentiel de réhabiliter l'art africain

- Redonner aux artistes africains leur place dans l'histoire de l'art.
- Encourager la création contemporaine en Afrique en valorisant les traditions artistiques du continent.
- Sensibiliser le monde à l'importance de la restitution des œuvres pillées.

Exemples d'artistes africains revendiquant cet héritage

- **El Anatsui (Ghana)** : Ses œuvres en matériaux recyclés évoquent les textures et motifs des tissus africains traditionnels.
- **Yinka Shonibare (Nigéria)** : Il utilise des motifs africains pour dénoncer le colonialisme dans l'art contemporain.
- **Seydou Keïta (Mali)** : Il a révolutionné la photographie africaine en valorisant les identités africaines.

6. Réflexion et Reconnaissance Officielle

- **L'UNESCO reconnaît progressivement l'importance de l'art africain dans l'histoire mondiale.**
- **Des musées comme le Quai Branly (France) et le British Museum possèdent d'importantes collections africaines**, mais la question de la **restitution des œuvres pillées** reste en suspens.
- **Des expositions modernes tentent de réhabiliter l'art africain**, comme celles organisées au Musée Dapper à Paris ou au Smithsonian Museum aux États-Unis.

7. Conclusion : Inspirer l'Avenir

L'art africain n'a pas seulement influencé le cubisme, il a **révolutionné l'art moderne et continue d'influencer les créateurs d'aujourd'hui**. Pourtant, sa reconnaissance reste **insuffisante**.

La réhabilitation de l'art africain est essentielle pour :

- **Rendre hommage aux artistes africains anonymes.**
- **Réécrire l'histoire de l'art en incluant l'Afrique comme acteur majeur.**
- **Encourager les nouvelles générations d'artistes africains à s'approprier leur héritage.**

En reconnaissant **l'apport fondamental de l'Afrique**, nous réparons une **injustice historique** et ouvrons la voie à **une réévaluation globale de la place de l'Afrique dans l'histoire de l'art mondial.**

Chapitre 108 : Les Instruments de Musique et Techniques Polyrythmiques d'Origine Africaine

1. Introduction : Rétablir l'Histoire

La musique africaine est l'une des traditions culturelles les plus influentes au monde. Ses instruments, ses rythmes complexes et ses techniques d'improvisation ont largement inspiré des genres musicaux modernes tels que le jazz, le blues, le rock, la salsa et même certaines formes de musique classique et électronique.

Crédit photo : istockphoto.com

Cependant, malgré cette influence majeure, **l'origine africaine de nombreux instruments de musique et des techniques rythmiques est souvent minimisée ou occultée**. Les polyrythmies africaines, en particulier, ont été adoptées et adaptées par divers styles de musique occidentale sans toujours reconnaître leur provenance.

Ce chapitre vise à mettre en lumière **les contributions africaines** à la musique mondiale en se concentrant sur **les instruments emblématiques et les techniques polyrythmiques développées par les peuples africains.**

2. Preuves Historiques et Scientifiques : La Paternité Africaine

L'étude de la musique africaine et de son influence repose sur plusieurs sources, notamment les découvertes archéologiques, les traditions orales, les enregistrements ethnographiques et les analyses musicologiques.

Les instruments de musique africains et leur influence

L'Afrique a développé une **grande diversité d'instruments**, dont plusieurs ont influencé des instruments modernes.

1. Les percussions africaines

- **Le djembé (Afrique de l'Ouest)**
    - Originaire des Mandingues (Mali, Guinée, Côte d'Ivoire, Burkina Faso), le djembé est un tambour taillé dans un tronc de bois et recouvert d'une peau de chèvre.
    - Il est devenu un instrument emblématique du monde entier et est largement utilisé dans les musiques contemporaines et de fusion.
- **Le talking drum (tambour d'aisselle)**
    - Utilisé par les Yoruba du Nigeria et d'autres peuples d'Afrique de l'Ouest, ce tambour permet de **reproduire les intonations de la voix humaine**, servant à la communication à distance et à la transmission de messages royaux.
    - Son influence se retrouve dans le blues et le jazz.
- **Le balafon**
    - Ancêtre du xylophone moderne, cet instrument à lames de bois est originaire des régions mandingues.
    - Il a influencé la construction du **marimba** en Amérique latine.
- **Les tambours du Congo et du Cameroun**
    - Ils ont été essentiels dans le développement des **rythmes afro-cubains** et du jazz.

2. Les cordophones africains

- **La kora (Mali, Guinée, Sénégal, Gambie)**

- Harpe-luth à 21 cordes, elle est jouée par les griots mandingues et a influencé **le banjo américain**.
- De nombreux musiciens classiques et jazz s'en inspirent aujourd'hui.

- **Le ngoni (Afrique de l'Ouest)**
  - Considéré comme l'ancêtre du banjo, il a joué un rôle fondamental dans le développement du **blues et du bluegrass**.
- **Le kundi et l'ennanga (Afrique centrale et orientale)**
  - Ces harpes africaines montrent des similitudes avec certaines harpes européennes et asiatiques, suggérant des influences musicales réciproques.

3. Les instruments à vent africains

- **Les flûtes peules (Sénégal, Guinée, Mali)**
  - Utilisées dans la musique traditionnelle et moderne, elles sont réputées pour leur **jeu virtuose et mélodique**.
- **Le algaita et le kakaki (Nigéria, Niger, Tchad)**
  - Ces trompettes longues en métal ont influencé certaines traditions de fanfares en Afrique du Nord et en Europe.

3. Impact et Apports Réels de ces Découvertes

La richesse des instruments africains et des techniques rythmiques a eu **un impact majeur sur la musique mondiale**.

L'influence de la polyrythmie africaine

La polyrythmie, qui consiste à superposer **plusieurs rythmes indépendants**, est une caractéristique majeure de la musique africaine. Elle a influencé de nombreux styles musicaux à travers le monde.

- **Dans le jazz et le blues**
  - Les esclaves africains emportèrent avec eux leurs traditions rythmiques, qui se transformèrent en **blues, gospel et jazz** aux États-Unis.
  - Les **battements en contretemps et l'improvisation musicale** sont des héritages directs des traditions africaines.
- **Dans la musique latine et caribéenne**
  - La **salsa, la rumba et le merengue** sont des musiques qui combinent **les percussions africaines et les harmonies européennes**.
  - Les tambours batá, utilisés dans la santería cubaine, sont d'origine yoruba.
- **Dans la musique électronique et le hip-hop**

- Des producteurs modernes comme **J Dilla, Flying Lotus et Kanye West** ont incorporé des rythmes inspirés de la musique africaine.
- Le **beatmaking** et l'usage de **rythmes syncopés** proviennent directement de l'esthétique africaine.

4. Comment cette Connaissance a été Usurpée ou Détournée

L'apport des musiciens africains à la musique mondiale a souvent été occulté pour plusieurs raisons :

1. **L'effacement des origines africaines dans l'histoire de la musique**
   - De nombreux instruments comme le **banjo** ont été longtemps considérés comme américains, alors qu'ils viennent du ngoni africain.
   - Les **rythmes africains** ont été intégrés à des compositions occidentales sans mentionner leur origine.
2. **La colonisation et l'interdiction des tambours**
   - Pendant la traite transatlantique, les colons interdirent aux esclaves d'utiliser des tambours, craignant qu'ils ne servent à **communiquer et organiser des révoltes**.
   - Malgré cela, ces traditions ont survécu et évolué sous différentes formes en Amérique et en Europe.
3. **L'appropriation par les musiques occidentales**
   - Des compositeurs de musique classique comme **Claude Debussy et Igor Stravinsky** se sont inspirés des **structures rythmiques africaines**.
   - Les Beatles et d'autres groupes de rock ont utilisé des rythmes africains sans toujours créditer leur provenance.

5. Héritage et Enseignements pour les Jeunes Africains

Pour éviter la disparition de cet héritage musical, il est crucial de :

- **Réintroduire l'étude des instruments africains dans l'éducation musicale en Afrique.**
- **Encourager les musiciens africains contemporains à revendiquer leur héritage.**
- **Soutenir les festivals et projets de préservation des musiques traditionnelles.**

Exemples d'artistes modernes valorisant les rythmes africains

- **Youssou N'Dour (Sénégal)** : Mélange la tradition mbalax avec des influences modernes.
- **Salif Keïta (Mali)** : Utilise la kora et le balafon dans des compositions modernes.
- **Fela Kuti (Nigeria)** : A révolutionné l'afrobeat avec des structures rythmiques africaines.

6. Réflexion et Reconnaissance Officielle

- **Des chercheurs et musiciens comme John Miller Chernoff et Simha Arom** ont documenté l'importance des polyrythmies africaines.
- **Des festivals internationaux mettent en avant les percussions et instruments africains**, comme le Festival au Désert au Mali.
- **L'UNESCO soutient des programmes pour la préservation de la musique traditionnelle africaine.**

7. Conclusion : Inspirer l'Avenir

L'Afrique est **le berceau de la musique rythmique mondiale**. Ses **instruments et techniques polyrythmiques** ont influencé de nombreux styles musicaux, **mais cette influence a souvent été minimisée**.

Réhabiliter la place de la musique africaine dans l'histoire permet :

- **De redonner leur place aux musiciens et artisans africains.**
- **D'inspirer les jeunes générations à se réapproprier leur culture musicale.**
- **De célébrer la richesse et l'universalité de la musique africaine.**

Loin d'être "primitive", **la musique africaine est un système complexe et raffiné**, à l'origine de nombreux genres musicaux modernes. Il est temps que **le monde reconnaisse et célèbre son immense héritage musical**.

Chapitre 109 : L'Afrique et la philosophie des sciences

Comment les paradigmes africains de la connaissance se structurent : oralité, holisme, interconnexion, intuition, etc.

Introduction

La science, au-delà de ses méthodes empiriques et expérimentales, repose sur des paradigmes épistémologiques, des visions du monde qui orientent la manière dont le savoir est construit, validé, transmis et utilisé. En ce sens, toute civilisation, qu'elle soit orientale, occidentale ou africaine, développe sa propre philosophie de la science, souvent intimement liée à son histoire, sa spiritualité, ses structures sociales et ses modes de communication.

En Afrique, la philosophie des sciences s'est longtemps structurée autour de paradigmes propres, souvent marginalisés dans les discours dominants : l'oralité comme matrice de transmission, le holisme comme prisme interprétatif, l'interconnexion comme principe fondamental du réel, et l'intuition comme voie d'accès légitime à la connaissance. Loin d'être opposés à la rationalité, ces paradigmes en révèlent une autre dimension, complémentaire et cohérente, enracinée dans une longue tradition intellectuelle africaine.

Ce chapitre propose d'explorer ces fondements épistémologiques africains, en les comparant à d'autres grandes philosophies de la science, notamment cartésienne, positiviste et orientale, afin de contribuer à une meilleure reconnaissance de la pluralité des formes de rationalité humaine.

I. L'oralité comme fondement épistémologique

Dans de nombreuses sociétés africaines, la parole est à la fois acte de connaissance et acte de création. L'oralité ne se réduit pas à l'absence d'écriture ; elle constitue un système sophistiqué de mémorisation, de transmission et de validation du savoir. Elle repose sur des techniques élaborées – la répétition rythmée, les chants, les proverbes, les récits initiatiques – qui structurent la pensée, assurent la pérennité du savoir à travers les générations et introduisent une dimension performative au discours.

Dans la tradition orale, le savoir est incarné. Il ne s'objective pas dans un texte mais se vit à travers les interactions sociales, les gestes, les rituels. Le griot, le sage ou le devin n'est pas un simple transmetteur d'information ; il est le dépositaire d'une mémoire vivante, capable d'interpréter les symboles, de faire des liens entre les événements, d'adapter la connaissance au contexte.

Ce mode de transmission repose également sur une logique de circularité et non de linéarité : l'on revient sur les mêmes récits sous des angles variés, l'apprentissage se fait par immersion, imitation, intériorisation. Ainsi, l'oralité engage tout l'être – l'intellect, le corps, l'émotion – et établit une relation profonde entre le savoir, l'expérience et la communauté.

II. Le holisme : une vision globale du réel

La pensée scientifique africaine traditionnelle repose sur une logique holistique, c'est-à-dire une approche qui considère les phénomènes dans leur totalité, en intégrant les dimensions physique, spirituelle, sociale et symbolique. Le réel n'est pas fragmenté en disciplines cloisonnées, mais compris comme un tout dynamique et interrelié.

Dans cette perspective, un phénomène naturel – comme la pluie ou une épidémie – ne s'explique pas uniquement par des causes physiques, mais aussi par des déséquilibres sociaux, des transgressions rituelles, ou des interactions invisibles entre les vivants et les ancêtres. L'analyse holistique cherche l'équilibre plus que l'explication causale : elle vise à restaurer l'harmonie entre les forces visibles et invisibles.

Ce paradigme holistique n'est pas incompatible avec l'observation empirique. Il en propose une extension, en intégrant les dimensions qualitatives, les relations symboliques et les régulations communautaires. C'est une pensée du lien, de l'équilibre et du sens.

III. L'interconnexion : une ontologie de la relation

L'une des caractéristiques les plus marquantes de la philosophie scientifique africaine est son insistance sur l'interconnexion entre tous les êtres. L'homme, la nature, les ancêtres, les esprits, les animaux, les plantes, les éléments... tout est relié dans un vaste réseau d'interdépendances. Cette ontologie de la relation implique que chaque action, chaque pensée, chaque parole a des conséquences dans l'ensemble du tissu du réel.

Ainsi, la recherche de la connaissance ne vise pas la maîtrise ou la domination, mais la compréhension des liens subtils qui unissent les éléments. Cette sensibilité à l'interconnexion se manifeste notamment dans la médecine traditionnelle, qui cherche moins à éradiquer un symptôme qu'à comprendre le déséquilibre global dans le corps et son environnement.

Cette approche trouve aujourd'hui un écho puissant dans les sciences contemporaines les plus avancées – de la physique quantique à la biologie des systèmes – qui reconnaissent l'importance des réseaux, des boucles de rétroaction, des effets non linéaires et de la complexité.

IV. L'intuition comme méthode de connaissance

Loin d'être irrationnelle, l'intuition occupe une place centrale dans l'épistémologie africaine. Elle n'est pas opposée à la raison, mais en est un prolongement subtil, une forme d'intelligence directe qui capte les vérités profondes sans passer par la démonstration formelle. Dans de nombreuses traditions africaines, le savoir véritable est un savoir vécu, révélé, expérimenté intérieurement.

Le devin, le guérisseur, le maître spirituel, utilisent des méthodes qui mobilisent l'intuition : l'écoute des rêves, l'observation des signes, la transe rituelle, la méditation silencieuse. Ce savoir intuitif repose sur une longue discipline, un affinement de la perception, une ouverture à des dimensions du réel que la raison discursive ne peut pas saisir entièrement.

Ce mode de connaissance invite à redéfinir les critères de scientificité. Il rappelle que la rationalité peut être multiple, et que l'intelligence humaine ne se réduit pas à la logique analytique.

V. Comparaison avec les épistémologies dominantes

1. L'épistémologie cartésienne

La philosophie cartésienne, fondée par René Descartes, repose sur la séparation entre le sujet et l'objet, entre la pensée et la matière. Elle valorise le doute méthodique, la clarté des idées, la déduction logique. Le monde est conçu comme un mécanisme à analyser pièce par pièce, et la science comme une entreprise de démonstration rationnelle.

À l'inverse, la pensée africaine traditionnelle intègre le sujet dans l'objet de la connaissance. Elle considère que le savoir naît de la relation, de l'expérience vécue, du lien avec la communauté et le cosmos. Là où Descartes cherche des certitudes indubitables, la philosophie africaine accepte les zones d'ombre, l'ambiguïté, la vérité contextuelle.

2. L'épistémologie positiviste

Le positivisme, initié par Auguste Comte, affirme que seules les connaissances fondées sur l'observation empirique et la vérification expérimentale sont valides. Il rejette les spéculations métaphysiques, les traditions orales et les savoirs non formalisés.

L'épistémologie africaine, au contraire, valorise les savoirs accumulés par l'expérience collective, les récits symboliques, les intuitions communautaires. Elle reconnaît des formes de vérification non expérimentales : la validation par la mémoire collective, par la répétition rituelle, par les résultats empiriques observés sur le long terme.

3. L'épistémologie orientale

Les philosophies orientales – comme celles de l'Inde, de la Chine ou du Japon – partagent avec l'Afrique une vision du monde interconnectée, une valorisation de l'intuition, une recherche d'harmonie plus que de contrôle. Le Tao chinois, le concept de dharma hindou, ou la méditation bouddhique ont des résonances profondes avec l'idée africaine de Maat (ordre cosmique), de Ubuntu (interconnexion humaine) ou de Seriti (énergie vitale invisible).

Cependant, la spécificité africaine réside dans l'ancrage communautaire du savoir : là où les traditions orientales mettent l'accent sur le cheminement individuel vers l'éveil, la pensée africaine valorise la sagesse collective, la transmission intergénérationnelle, la médiation sociale du savoir.

VI. Redécouvrir et réhabiliter la rationalité africaine

L'un des enjeux contemporains majeurs est de sortir d'une vision hiérarchisée des savoirs, qui place l'épistémologie occidentale comme seul modèle de scientificité. Redécouvrir la philosophie africaine des sciences, ce n'est pas simplement faire acte de mémoire ou de réparation : c'est ouvrir des voies nouvelles pour penser les défis du XXIe siècle.

Face aux crises écologiques, aux ruptures technologiques, aux déséquilibres sociaux, les paradigmes africains offrent des ressources précieuses : une pensée du lien, de l'équilibre, de la circularité, de l'harmonie. Ils peuvent inspirer une science plus éthique, plus écologique, plus inclusive.

Cela suppose de documenter les savoirs traditionnels, de former les jeunes aux épistémologies africaines, de créer des passerelles entre science contemporaine et sagesses ancestrales. Il ne s'agit pas d'opposer les modèles, mais de construire une écologie des savoirs, où chaque tradition apporte sa lumière singulière.

Conclusion

La philosophie africaine des sciences, ancrée dans l'oralité, le holisme, l'interconnexion et l'intuition, constitue une richesse encore largement méconnue. Elle révèle que la rationalité humaine est multiple, que la connaissance peut se structurer autrement que par la seule logique déductive ou expérimentale.

Reconnaître cette diversité, c'est élargir les horizons de la science, redonner à l'Afrique sa place dans l'histoire intellectuelle de l'humanité, et bâtir un avenir où les formes de savoir se complètent au lieu de s'exclure.

Chapitre 110 : Les Systèmes de Notation Musicale Développés en Afrique et Leur Influence sur d'Autres Traditions Musicales

1. Introduction : Rétablir l'Histoire

Lorsqu'on parle de notation musicale, la tradition occidentale domine souvent les discours académiques, notamment avec le système de notation à cinq lignes introduit en Europe vers le XIe siècle. Cependant, bien avant cette formalisation occidentale, **les civilisations africaines avaient déjà développé des systèmes sophistiqués de transmission musicale**.

Contrairement à une idée répandue, la musique africaine **ne s'est pas transmise uniquement par oralité**. Différentes cultures africaines ont conçu **des formes de notation musicales graphiques, mnémotechniques et symboliques**, permettant de préserver et de transmettre les compositions et les structures rythmiques sur de longues périodes.

Malgré cela, ces systèmes ont été largement **ignorés ou minimisés** dans l'histoire de la notation musicale mondiale. Ce chapitre explore ces systèmes africains, leurs principes et leur influence sur d'autres traditions musicales.

2. Preuves Historiques et Scientifiques : La Paternité Africaine

Plusieurs **preuves archéologiques, anthropologiques et ethnomusicologiques** démontrent l'existence de systèmes de notation musicale en Afrique bien avant leur formalisation en Europe.

1. La Notation Musicale des Égyptiens de l'Antiquité

- **Les fresques égyptiennes** (vers 3000 av. J.-C.) montrent des musiciens utilisant **des signes et symboles pour indiquer les hauteurs et les rythmes**.
- Certains **hiéroglyphes** semblent représenter des concepts musicaux précis, bien que leur interprétation exacte fasse encore débat parmi les égyptologues.
- **Les prêtres égyptiens utilisaient des systèmes codés pour enseigner la musique sacrée**, ce qui pourrait être vu comme une forme primitive de notation musicale.

2. Le Système de Transmission des Griots et la Notation Mnémotechnique

- En Afrique de l'Ouest, notamment chez les Mandingues, les griots (ou **djélis**) **mémorisaient et enseignaient la musique grâce à des systèmes de notation verbaux et gestuels.**
- Ces méthodes incluaient :
  - **Des symboles gravés sur des tablettes en bois ou en pierre**, qui représentaient des motifs rythmiques.
  - **Des séquences codées de paroles** servant à indiquer les phrases mélodiques.
  - **Des formules mathématiques appliquées aux percussions** (divisions rythmiques précises rappelant les notations modernes utilisées en musique électronique).

3. Les Systèmes de Notation Graphique en Afrique Centrale

- **Les peuples Luba et Bakongo (République Démocratique du Congo) utilisaient des systèmes graphiques sur des tablettes appelées lukasa.**
- Ces tablettes contenaient des motifs servant **de guides mnémotechniques** pour la transmission des rythmes et des mélodies.
- Certains motifs ressemblent à des **formes de notation utilisées plus tard dans le jazz et les percussions modernes.**

4. Les Nombres et les Signes dans la Notation des Peuples Yorubas et Akan

- **Chez les Yorubas (Nigéria, Bénin), des notations rythmiques basées sur les nombres étaient gravées sur des tablettes rituelles.**
- Ces symboles représentaient **les séquences percussives du talking drum**, instrument de communication musicale très sophistiqué.
- Des traditions similaires existent chez les **Akan du Ghana**, qui utilisent des motifs symboliques sculptés pour **représenter des compositions musicales spécifiques.**

3. Impact et Apports Réels de ces Systèmes de Notation

Les systèmes africains de notation musicale ont influencé plusieurs formes de transmission musicale moderne.

1. **Influence sur la Musique Classique et le Solfège Occidental**

   - **Certains historiens suggèrent que les interactions entre l'Afrique et le monde arabo-musulman ont influencé la notation musicale occidentale.**
   - La musique arabe médiévale, qui a inspiré le solfège occidental, a été influencée par **les traditions africaines des Berbères et des Égyptiens.**

2. **Influence sur les Percussions Latines et le Jazz**

   - **Les motifs rythmiques africains transmis oralement ont donné naissance à des formes de notation rythmique en Amérique latine et dans le jazz.**
   - La **clave cubaine**, par exemple, suit des principes que l'on retrouve dans les percussions mandingues et yorubas.

3. **Notation Symbolique dans la Musique Moderne**

   - Avec l'avènement des **musiciens africains contemporains**, certaines formes de notation africaine sont réintroduites, notamment dans **la musique électronique et les musiques expérimentales.**

4. **Comment cette Connaissance a été Usurpée ou Détournée**

Plusieurs facteurs expliquent pourquoi la notation musicale africaine a été largement **éclipsée ou attribuée à d'autres cultures :**

   1. **Effacement colonial et négligence ethnomusicologique**
      - Les premiers ethnomusicologues européens considéraient les systèmes africains comme **primitifs ou incomplets.**
      - Le rôle des griots et des traditions de transmission orale a été minimisé.
   2. **Influence de la traite transatlantique**
      - Les esclaves africains ont **recréé des systèmes rythmiques en Amérique**, mais la reconnaissance de leurs origines a été perdue.
   3. **Absence de formalisation écrite en Occident**
      - L'Europe a imposé sa notation musicale comme **le standard universel**, marginalisant les systèmes alternatifs.

5. Héritage et Enseignements pour les Jeunes Africains

Pourquoi ces systèmes doivent être réintroduits

- Ils démontrent que l'Afrique avait déjà des formes d'écriture musicale bien avant l'Europe.
- Ils permettent de reconnecter les jeunes Africains à leur patrimoine musical.

Comment réhabiliter ces systèmes ?

- Incorporer l'étude des notations africaines dans les écoles de musique africaines et internationales.
- Numériser et documenter les systèmes de notation encore existants.

6. Réflexion et Reconnaissance Officielle

Aujourd'hui, de nombreux efforts sont faits pour **réhabiliter ces systèmes** :

- L'UNESCO reconnaît certaines formes de notation orale africaine comme des patrimoines immatériels.
- Des musiciens africains contemporains réintroduisent des éléments de notation symbolique dans leurs compositions.

7. Conclusion : Inspirer l'Avenir

La notation musicale africaine est **une preuve supplémentaire que l'Afrique a été un grand centre de transmission du savoir**. Ses systèmes de notation ont influencé d'autres traditions musicales et continuent d'être une source d'inspiration pour les musiciens modernes.

Réhabiliter ces connaissances permet de :

- **Rendre justice aux musiciens et érudits africains** qui ont préservé ces savoirs pendant des siècles.
- **Éduquer les jeunes générations sur l'impact majeur de l'Afrique dans la musique mondiale.**
- **Favoriser un dialogue entre les traditions musicales africaines et modernes.**

Ainsi, il est temps que l'Afrique revendique **son rôle central dans l'histoire de la musique écrite et rythmique mondiale**.

Chapitre 111 : Les Systèmes de Communication à Longue Distance comme les Tamtams et les Tambours Parlants

1. Introduction : Rétablir l'Histoire

Les systèmes de communication longue distance basés sur les tambours et les tamtams sont **une innovation africaine majeure**, bien antérieure aux moyens modernes de télécommunication. Ces instruments ne servaient pas uniquement à la musique et aux rituels religieux, mais constituaient **un véritable langage structuré**, permettant la transmission de messages complexes sur des distances allant jusqu'à plusieurs dizaines de kilomètres.

Photo : © adiac-congo.com

Cette technologie, développée par plusieurs civilisations africaines, a été **largement ignorée ou minimisée par les historiens occidentaux**. Pourtant, les **tambours parlants** et **les tamtams à message codé** étaient des **systèmes de communication sophistiqués**, comparables aux télégraphes développés en Europe au XIXe siècle.

Dans ce chapitre, nous examinerons **l'origine et le fonctionnement de ces systèmes, leurs preuves historiques et scientifiques, leur impact sur les sociétés africaines** et leur influence sur la communication moderne.

2. Preuves Historiques et Scientifiques : La Paternité Africaine

1. Les Tambours Parlants et Tamtams de l'Afrique de l'Ouest

Les peuples **Yoruba, Akan, Ewe et Mandingue** utilisaient des **tambours à fente** et **des talking drums** (tambours parlants) pour transmettre des messages à distance.

- **Les tambours parlants (Dundun et Atumpan)** : utilisés principalement par les Yoruba et les Akan, ils imitaient les inflexions et le ton de la langue humaine.
- **Les tamtams à fente** : des instruments en bois creusé, capables de produire des sons graves et aigus représentant des syllabes phonétiques.

2. Les Systèmes de Codage Linguistique

Contrairement aux idées reçues, les tambours ne se limitaient pas à des sons rudimentaires :

- **Ils reproduisaient le rythme, le ton et l'intonation des langues tonales africaines.**
- **Chaque village possédait un code propre**, permettant de transmettre des messages compréhensibles uniquement par les initiés.
- **Certains tambours imitaient même les inflexions de la parole humaine**, fonctionnant comme un véritable système linguistique.

3. Preuves Archéologiques et Ethnographiques

- **Les premiers témoignages écrits sur ces systèmes datent du XVIe siècle** par des explorateurs arabes et européens.
- **Des fouilles ont retrouvé des tambours parlants vieux de plusieurs siècles**, confirmant leur ancienneté.
- **Les missionnaires européens du XVIIIe siècle** décrivaient avec fascination ces "télégraphes sonores" capables de **transmettre des messages sur des distances de 30 à 50 kilomètres.**

3. Impact et Apports Réels de ces Systèmes de Communication

Ces systèmes de communication ont joué un **rôle central dans l'organisation sociale et politique des royaumes africains** :

1. Transmission Rapide des Messages

- Les royaumes du Bénin, du Ghana et du Mali utilisaient ces systèmes pour la gestion des affaires royales.
- Les messages pouvaient être transmis rapidement d'un village à un autre, facilitant l'administration.

2. Sécurité et Défense

- Les tambours servaient d'alarme pour signaler les invasions ou les menaces imminentes.

- Les guerriers africains utilisaient des codes sonores pour coordonner leurs attaques ou leurs retraites.

3. Organisation Sociale et Culturelle

- Les annonces officielles, mariages, décès et événements religieux étaient transmis par ces instruments.
- Les griots et les conteurs utilisaient ces tambours pour perpétuer l'histoire et les traditions orales.

4. Comment cette Connaissance a été Usurpée ou Détournée

1. Réduction de leur Fonction à un Simple Instrument de Musique

Les Européens ayant observé ces pratiques ont souvent réduit les tambours à **une fonction purement musicale ou folklorique**, occultant leur rôle fondamental en tant que **système de communication codé**.

2. Comparaison avec le Télégraphe

- Lorsque **le télégraphe électrique a été développé en Occident au XIXe siècle**, il a été présenté comme une invention révolutionnaire, ignorant que **les Africains utilisaient déjà un système similaire depuis des siècles**.
- **Les tambours parlants fonctionnaient sur un principe analogue**, utilisant **des signaux sonores structurés pour transmettre des messages codés sur de longues distances**.

3. Récupération Culturelle et Absence de Reconnaissance

- **Certaines musiques modernes intègrent des éléments du tambour parlant sans en reconnaître l'origine africaine.**
- **Les ethnomusicologues occidentaux du XXe siècle ont étudié ces systèmes, mais rarement en les présentant comme un système avancé de communication.**

5. Héritage et Enseignements pour les Jeunes Africains

Ces innovations devraient être **réintroduites dans les manuels scolaires africains et les institutions culturelles** pour :

- Réhabiliter l'histoire africaine en matière de technologies de communication.
- Montrer que les sociétés africaines ont développé des systèmes sophistiqués bien avant l'arrivée des colonisateurs.

- Encourager l'étude des langages tambourinés dans les universités et les centres de recherche.

6. Réflexion et Reconnaissance Officielle

1. Réhabilitations en Cours

- Des musiciens africains modernes réintroduisent ces techniques dans leurs compositions.
- Certaines universités africaines et américaines étudient les systèmes de notation rythmique inspirés des tambours parlants.

2. Ce Qu'il Reste à Faire

- Reconnaissance officielle par les institutions académiques internationales.
- Promotion de l'apprentissage des langages tambourinés pour préserver ce patrimoine unique.
- Incorporation de ces systèmes dans les formations en communication et en linguistique.

7. Conclusion : Inspirer l'Avenir

Le développement des systèmes de communication par tambours et tamtams en Afrique montre que **les peuples africains avaient déjà compris les principes fondamentaux de la transmission des messages longue distance bien avant l'invention du télégraphe.** Ces systèmes, **effacés de l'histoire officielle**, démontrent **l'ingéniosité et la complexité des civilisations africaines**.

Aujourd'hui, ces connaissances doivent être :

- **Réintroduites dans l'éducation africaine** pour valoriser l'héritage scientifique du continent.
- **Adaptées aux nouvelles technologies**, notamment en intégrant ces principes dans l'étude des systèmes de codage et de transmission des signaux modernes.
- **Mises en valeur au niveau international**, pour que l'Afrique récupère sa place légitime dans l'histoire des sciences et des technologies.

En reconnectant les jeunes générations à ces savoirs, **l'Afrique peut retrouver son rôle de pionnière dans le domaine de la communication et de la transmission du savoir.**

Chapitre 112 : La Transmission Orale et les Récits Historiques Africains, Souvent Ignorés par les Historiens Occidentaux

1. Introduction : Rétablir l'Histoire

L'Afrique est un continent où l'oralité a longtemps dominé la transmission du savoir. Contrairement aux sociétés occidentales qui ont privilégié l'écriture, **les peuples africains ont développé un système structuré de transmission orale**, assurant la préservation des connaissances historiques, culturelles et philosophiques.

Les **griots en Afrique de l'Ouest, les conteurs en Afrique centrale et orientale, ainsi que les prêtres et sages traditionnels** ont transmis pendant des millénaires des récits détaillés sur l'histoire des royaumes, les généalogies, les lois, les épopées et les coutumes. Pourtant, cette tradition orale a souvent été **minimisée ou ignorée par les historiens occidentaux**, qui considéraient l'histoire écrite comme la seule forme fiable de transmission.

Dans ce chapitre, nous allons démontrer **l'importance de la transmission orale africaine, présenter les preuves de sa rigueur et expliquer pourquoi son absence de reconnaissance a contribué à une distorsion de l'histoire africaine.**

2. Preuves Historiques et Scientifiques : La Paternité Africaine

1. Les Griots et les Gardiens de la Mémoire

- **En Afrique de l'Ouest**, les **griots**, appelés aussi **djéli**, étaient des historiens et poètes chargés de conserver la mémoire des peuples.
- Ils transmettaient **des récits dynastiques détaillés, des traités de paix, des batailles et des règnes des rois.**
- Exemples célèbres :
  - **Le griot de Soundiata Keïta**, qui a transmis l'histoire de l'Empire du Mali.
  - **Les traditions orales du royaume du Dahomey**, conservées par des lignées de conteurs spécialisés.

2. Les Épopées Historiques et Littéraires

- **L'Épopée de Soundiata** (XIIIe siècle) raconte **la fondation de l'Empire du Mali.**

- **Les récits du royaume du Kongo** incluent des témoignages oraux sur les alliances et les conflits avec les Européens dès le XVe siècle.
- **En Afrique centrale et de l'Est**, les traditions bantoues ont conservé des récits détaillés des migrations et des conflits entre tribus.

3. Les Traditions Orales et les Fouilles Archéologiques

- **Les historiens modernes ont découvert que de nombreux récits oraux africains étaient historiquement exacts.**
- Exemple : **Les traditions orales de la ville de Kilwa (Tanzanie)** ont été confirmées par des fouilles archéologiques qui ont mis au jour des vestiges de civilisations commerçantes avancées en Afrique de l'Est dès le XIIIe siècle.
- **Le site de Great Zimbabwe**, longtemps attribué à des civilisations étrangères, a été reconnu comme une construction africaine grâce aux récits transmis oralement.

3. Impact et Apports Réels de la Transmission Orale Africaine

1. Une Histoire Dynamique et Accessible

- La transmission orale a permis de **préserver l'histoire dans des sociétés où l'écriture n'était pas systématique.**
- Elle a **favorisé une accessibilité universelle au savoir**, car les connaissances étaient transmises à travers des récits vivants et interactifs.

2. Une Précision Mémorielle Exceptionnelle

- Contrairement aux idées reçues, **les récits oraux sont extrêmement précis** :
    - Les griots et conteurs **mémorisaient des généalogies sur plusieurs générations.**
    - **Les erreurs étaient corrigées par la répétition et la transmission intergénérationnelle.**

3. Influence sur la Culture et la Philosophie Africaine

- **Les principes de gouvernance et de justice** étaient transmis oralement et appliqués dans les systèmes de royauté et de chefferie.
- **La sagesse africaine était transmise à travers les proverbes et les fables**, influençant la vie sociale et les relations intercommunautaires.

4. Comment cette Connaissance a été Usurpée ou Détournée

1. L'Écriture comme Seul Critère de "Civilisation"

- Les explorateurs et missionnaires européens, en ne trouvant pas de traces écrites en Afrique, **ont conclu à tort que les sociétés africaines étaient dépourvues d'histoire.**
- **L'histoire écrite a été favorisée comme seule source légitime, effaçant les récits africains des manuels historiques.**

2. L'Appropriation des Histoires Africaines

- De nombreux récits oraux africains ont été **récupérés et réécrits par les historiens européens**, mais avec une **vision coloniale et déformée.**
- Exemple : **Les explorateurs européens ont "découvert" des royaumes africains alors que leurs récits oraux en avaient déjà conservé la mémoire depuis des siècles.**

3. L'Exclusion des Sources Orales dans la Recherche Universitaire

- **Les universités occidentales ont longtemps refusé d'accepter la transmission orale comme une source historique valable.**
- Il a fallu attendre **le XXe siècle** pour que les historiens africains commencent à revendiquer la réhabilitation de cette tradition.

5. Héritage et Enseignements pour les Jeunes Africains

- **Les jeunes Africains doivent redécouvrir et valoriser leur propre histoire orale.**
- **Les systèmes éducatifs africains devraient inclure l'apprentissage des traditions orales en complément des sources écrites.**
- **Des projets de numérisation des récits oraux africains doivent être encouragés** pour préserver ces trésors historiques.

6. Réflexion et Reconnaissance Officielle

1. Réhabilitation en Cours

- Aujourd'hui, **des institutions comme l'UNESCO reconnaissent l'importance des traditions orales africaines.**
- **Les griots modernes** continuent à jouer un rôle central dans la conservation de l'histoire africaine.

2. Ce Qu'il Reste à Faire

- **Intégrer les traditions orales dans la recherche historique universitaire.**
- **Créer des bases de données et des archives numériques des récits oraux.**
- **Promouvoir les historiens africains qui valorisent ces récits.**

7. Conclusion : Inspirer l'Avenir

La transmission orale **n'est pas un signe de "primitivité"**, mais une **forme sophistiquée et efficace de préservation de l'histoire.** Elle a permis à l'Afrique de conserver **des siècles de connaissances et de traditions malgré l'absence d'écriture généralisée.**

Aujourd'hui, les jeunes générations doivent :

- **Revendiquer et protéger ces récits.**
- **Les intégrer dans les programmes éducatifs** pour corriger les omissions historiques.
- **Utiliser les nouvelles technologies pour préserver ces trésors culturels.**

En redonnant à l'histoire orale africaine **la place qu'elle mérite, l'Afrique peut retrouver son statut de berceau du savoir et de la mémoire humaine.**

Universites, Systèmes Économiques et Technologiques

Chapitre 113 : Les Toutes Premières Universités du Monde en Afrique : Université de Madaure, Université Al Quaraouiyine

1. Introduction : Rétablir l'Histoire

L'histoire de l'enseignement supérieur dans le monde est souvent racontée à travers le prisme des institutions européennes comme l'Université de Bologne (fondée en 1088) ou l'Université d'Oxford. Cependant, cette narration **occulte** une réalité essentielle : **les premières universités du monde ont vu le jour en Afrique**.

Dès l'Antiquité et le Moyen Âge, l'**Afrique était un centre d'excellence intellectuelle et académique**, attirant des étudiants et érudits de différentes parties du monde. Parmi ces institutions, l'**Université de Madaure en Numidie (actuelle Algérie) et l'Université Al Quaraouiyine à Fès (actuel Maroc)** comptent parmi **les plus anciennes institutions académiques du monde**, souvent éclipsées par l'historiographie occidentale.

Dans ce chapitre, nous allons **rétablir la vérité historique** sur ces grandes universités, en explorant leurs contributions aux sciences, à la philosophie et à la transmission du savoir.

2. Preuves Historiques et Scientifiques : La Paternité Africaine

1. L'Université de Madaure : Un Centre de Savoir Antique

- Située en **Numidie (aujourd'hui l'Algérie)**, l'Université de Madaure est fondée **au Ier siècle av. J.-C.** par les Romains.
- C'était un **centre d'apprentissage majeur** qui formait les élites africaines et méditerranéennes.
- L'un de ses étudiants les plus célèbres fut **Saint Augustin**, qui a influencé la théologie chrétienne et la philosophie occidentale.
- Madaure était **un lieu de formation dans les domaines de la rhétorique, de la philosophie, du droit et des sciences**.

2. L'Université Al Quaraouiyine : La Plus Ancienne Université du Monde

- Fondée en **859 apr. J.-C. par Fatima al-Fihri**, une femme visionnaire, **Al Quaraouiyine est reconnue comme la plus ancienne université en activité du monde** par l'UNESCO et le Guinness World Records.

- Située à **Fès, au Maroc**, cette université a été **un centre de rayonnement scientifique et philosophique.**
- On y enseignait :
  - **Mathématiques et astronomie** : De nombreux chercheurs musulmans et juifs y ont étudié avant de contribuer à la Renaissance européenne.
  - **Médecine** : Elle a influencé la médecine islamique et européenne.
  - **Théologie, philosophie et droit** : Des penseurs comme **Averroès (Ibn Rushd) et Maïmonide** ont étudié ou enseigné dans son sillage.
- Elle a influencé **l'Université de Salamanque en Espagne et même les premières universités européennes.**

3. Impact et Apports Réels de ces Universités Africaines

1. Un Rayonnement International

- **Les universités africaines étaient cosmopolites** et attiraient des étudiants du monde entier.
- **Les manuscrits et les savoirs africains ont nourri les bibliothèques de Bagdad, Cordoue et Constantinople.**

2. La Transmission du Savoir Vers l'Europe

- Au Moyen Âge, **l'Espagne musulmane a servi de pont entre le savoir africain et l'Europe.**
- **Les savants européens ont traduit en latin de nombreux manuscrits issus de l'enseignement africain.**
- **La Renaissance et les Lumières européennes doivent beaucoup à ces savoirs africains.**

3. L'Influence sur la Médecine et les Sciences

- **L'Université Al Quaraouiyine a transmis des avancées médicales et mathématiques** qui ont influencé des chercheurs comme Léonard de Vinci et Copernic.
- **L'Université de Madaure a formé des penseurs dont les idées ont structuré la philosophie occidentale.**

4. Comment cette Connaissance a été Usurpée ou Détournée

1. L'Eurocentrisme Académique

- Les historiens européens **ont souvent minimisé le rôle des universités africaines**, préférant attribuer le progrès intellectuel à l'Europe médiévale.
- **L'université Al Quaraouiyine n'a été reconnue officiellement comme la plus ancienne université du monde que récemment**, alors que son existence est bien documentée.

2. L'Effacement des Connaissances Africaines

- **Les manuscrits et bibliothèques africaines ont été détruits ou pillés** au fil de l'histoire coloniale.
- **L'érudition africaine a été dénigrée**, notamment par les missionnaires qui ont imposé l'idée d'un "continent sans histoire".

5. Héritage et Enseignements pour les Jeunes Africains

- **Les jeunes Africains doivent connaître l'héritage intellectuel de leur continent.**
- **Les systèmes éducatifs africains doivent valoriser ces universités anciennes**, en les intégrant dans les manuels scolaires.
- **Les manuscrits africains doivent être numérisés et restaurés** pour préserver cette mémoire.

6. Réflexion et Reconnaissance Officielle

1. Des Efforts pour Réhabiliter Ces Universités

- L'UNESCO reconnaît désormais Al Quaraouiyine comme la plus ancienne université en activité.
- Des chercheurs africains travaillent à reconstituer l'histoire des universités antiques du continent.

2. Ce Qu'il Reste à Faire

- Rendre accessibles les manuscrits africains à travers la numérisation.
- Encourager les universités africaines modernes à se reconnecter avec leur héritage historique.

7. Conclusion : Inspirer l'Avenir

Les universités africaines **ne sont pas une invention moderne,** elles sont **les héritières de siècles de transmission du savoir.** L'Université de Madaure et Al Quaraouiyine démontrent que l'Afrique a été un centre d'innovation intellectuelle et scientifique.

Il est temps de **réhabiliter cette mémoire et de revendiquer l'héritage académique africain**, en l'intégrant pleinement dans **les récits historiques mondiaux et les systèmes éducatifs africains.**

L'Afrique n'a pas seulement reçu le savoir : elle l'a aussi **généré, conservé et transmis.** Il appartient aux générations futures de **redonner à ce patrimoine son importance légitime.**

Chapitre 114 : Le Système Bancaire et de Crédit Développé dans l'Empire du Mali

1. Introduction : Rétablir l'Histoire

L'histoire financière et bancaire mondiale est souvent racontée à travers l'évolution des banques européennes et asiatiques, mettant en avant des institutions comme la Banque de Venise (fondée en 1157) ou la Banque d'Angleterre (1694). Pourtant, bien avant l'essor de ces institutions, l'Afrique avait déjà mis en place **des systèmes sophistiqués de gestion monétaire, de crédit et de commerce international**.

Parmi ces systèmes, **celui de l'Empire du Mali (XIIIe - XVIe siècle) se distingue comme un modèle avancé d'organisation économique et bancaire**. Cet empire, qui comptait parmi **les plus riches du monde**, fonctionnait grâce à une **économie monétarisée, un système bancaire informel mais efficace, et des mécanismes de crédit** qui facilitaient les échanges commerciaux sur de vastes distances.

Dans ce chapitre, nous allons rétablir **l'importance du système bancaire du Mali**, souvent minimisé ou occulté dans les récits historiques classiques, et expliquer **comment il a influencé le commerce mondial**.

2. Preuves Historiques et Scientifiques : La Paternité Africaine

1. Une Économie Monétaire Avancée

- Contrairement à la croyance selon laquelle l'Afrique était uniquement dominée par le troc, **l'Empire du Mali disposait d'une économie basée sur des monnaies d'échange bien établies**.
- La principale monnaie utilisée était le **lingot d'or et les coquillages cauris**, ces derniers servant de petite monnaie pour les transactions quotidiennes.
- L'or malien était **la principale source d'approvisionnement du marché méditerranéen et du Moyen-Orient**.

2. Des Systèmes de Crédit et de Prêts Développés

- **Les marchands et banquiers maliens pratiquaient un système de crédit avancé**, permettant aux commerçants de **recevoir des avances sur leurs marchandises**.
- **Les caravanes transsahariennes fonctionnaient avec un système de prêts** : les marchands recevaient des financements

avant leurs voyages et remboursaient après la vente de leurs marchandises.
- Ce système était basé sur la **confiance et la régulation communautaire**, comparable aux **lettres de crédit** utilisées plus tard en Europe.

3. Le Rôle des Marchands et des Institutions Bancaires Informelles

- Des **familles marchandes** comme celles de Tombouctou et Djenné jouaient le rôle de **banquiers, avançant de l'argent aux commerçants et aux artisans.**
- **Les grandes mosquées et centres commerciaux servaient de lieux de régulation monétaire et financière**, garantissant la stabilité économique.

4. Les Témoignages Historiques

- **Le voyageur arabe Ibn Battuta (XIVe siècle)** a décrit **Tombouctou et Gao comme des centres de richesses extraordinaires, où l'or circulait abondamment et où les transactions bancaires étaient courantes.**
- **Les marchands marocains et égyptiens** traitaient avec des banquiers maliens, obtenant des avances pour financer le commerce transsaharien.

3. Impact et Apports Réels de ce Système Bancaire

1. Une Influence sur le Commerce Mondial

- **L'Empire du Mali contrôlait plus de 50% de la production mondiale d'or** au XIVe siècle, influençant **directement les marchés européens et moyen-orientaux.**
- **Les dynasties européennes et les sultans musulmans utilisaient l'or malien pour frapper leur monnaie.**

2. La Facilitation du Commerce Transsaharien

- Grâce à ce système bancaire, **les routes commerciales reliant l'Afrique de l'Ouest à l'Afrique du Nord et au Moyen-Orient étaient extrêmement actives.**
- **Les villes de Tombouctou, Djenné et Gao fonctionnaient comme de véritables centres financiers**, où les commerçants échangeaient or, sel, tissus et épices.

3. Un Modèle de Développement Local

- **Les prêts accordés aux artisans et aux commerçants** permettaient le développement économique interne.
- **Des contrats de partenariat entre marchands, comparables aux sociétés commerciales européennes**, existaient dans les grandes villes de l'Empire du Mali.

4. Comment cette Connaissance a été Usurpée ou Détournée

1. L'Occultation du Système Financier Africain

- L'idée que **l'Afrique précoloniale ne disposait pas de systèmes économiques complexes** a été largement propagée par les colonisateurs et certains historiens européens.
- **Les modèles bancaires africains ont été éclipsés par la domination européenne dans le commerce mondial**.

2. La Colonisation et la Déstructuration des Systèmes Financiers Locaux

- Avec l'arrivée des puissances coloniales, **les systèmes monétaires africains ont été détruits et remplacés par des institutions financières européennes**.
- **Les banques coloniales ont souvent marginalisé les institutions financières indigènes**, empêchant l'évolution naturelle des systèmes bancaires africains.

5. Héritage et Enseignements pour les Jeunes Africains

- Il est essentiel d'enseigner aux jeunes Africains l'histoire des systèmes bancaires traditionnels.
- Les modèles économiques développés en Afrique peuvent inspirer les stratégies actuelles de développement.
- Des initiatives comme les coopératives d'épargne et les systèmes de microfinance en Afrique reprennent des principes économiques hérités de l'Empire du Mali.

6. Réflexion et Reconnaissance Officielle

1. Des Efforts pour Réhabiliter ces Systèmes

- Des économistes africains travaillent aujourd'hui à documenter ces pratiques financières anciennes.
- Des initiatives locales cherchent à s'inspirer de ces systèmes pour favoriser l'inclusion financière en Afrique.

2. Ce Qu'il Reste à Faire

- Intégrer ces connaissances dans les manuels scolaires et universitaires africains.
- Encourager la recherche académique sur les systèmes bancaires traditionnels africains.

7. Conclusion : Inspirer l'Avenir

Le système bancaire et de crédit de l'Empire du Mali **n'était pas un simple modèle local**, mais **une structure avancée qui influençait l'économie mondiale**. Il prouve que **l'Afrique n'a pas seulement participé au commerce international, elle en a été un acteur central**.

Redécouvrir et valoriser ce patrimoine **permettrait de repenser les systèmes financiers africains modernes en s'appuyant sur des modèles qui ont déjà fait leurs preuves.**

L'Afrique a été un leader économique, et elle peut le redevenir en s'inspirant de son propre héritage financier.

Chapitre 115 : Les Pratiques de Gestion Durable des Ressources Naturelles et la Rotation des Pâturages

1. Introduction : Rétablir l'Histoire

L'idée selon laquelle la gestion durable des ressources naturelles est un concept moderne, issu des préoccupations environnementales du XXIe siècle, est erronée. **Bien avant les initiatives contemporaines en matière de développement durable, les sociétés africaines avaient mis en place des stratégies sophistiquées de gestion des ressources naturelles, notamment la rotation des pâturages et la préservation des écosystèmes.**

Les peuples pastoraux et agricoles d'Afrique ont développé des **techniques de conservation des sols, de gestion de l'eau et de rotation des cultures et pâturages** adaptées aux climats semi-arides et arides. Ces pratiques, fondées sur **des siècles d'observation et de transmission orale des savoirs**, permettaient **d'assurer la sécurité alimentaire et de maintenir la biodiversité des territoires.**

Toutefois, ces **stratégies indigènes de gestion environnementale ont souvent été ignorées** ou minimisées par les colons et les chercheurs occidentaux, qui ont imposé des modèles de gestion inadaptés aux réalités africaines, entraînant la dégradation des terres et des ressources.

Dans ce chapitre, nous allons **démontrer que la gestion durable des ressources naturelles en Afrique ne date pas de la période coloniale ou des politiques environnementales récentes, mais bien de plusieurs millénaires**, et qu'elle mérite une reconnaissance et une réhabilitation dans les pratiques modernes de conservation.

2. Preuves Historiques et Scientifiques : La Paternité Africaine

1. La Rotation des Pâturages chez les Peuples Pastoraux

- **Les Peuls, les Maasaï, les Touaregs et les Oromo** sont des exemples de peuples qui ont développé des stratégies avancées de rotation des pâturages pour éviter **le surpâturage et la désertification.**
- **Le pastoralisme nomade et semi-nomade** permettait une régénération naturelle des sols et de la végétation, réduisant les risques d'érosion et de sécheresse.

- Ces systèmes s'appuyaient sur **des calendriers précis d'occupation des zones de pâturage**, permettant aux terrains de se reconstituer entre les périodes d'exploitation.

2. La Gestion de l'Eau et des Sols

- **Les cultures en terrasses pratiquées par les Dogons du Mali et les Konso d'Éthiopie** sont des exemples de techniques de conservation des sols limitant l'érosion et maximisant la rétention d'eau.
- **Les systèmes d'irrigation traditionnels du Sahel et du Nil** assuraient une gestion efficace de l'eau, permettant la culture dans des zones semi-arides sans épuiser les ressources naturelles.
- **Les fossés anti-érosion et les techniques de zaï** (trous de plantation remplis de compost pour améliorer la fertilité des sols) utilisées par les peuples du Burkina Faso et du Niger ont prouvé leur efficacité contre la désertification.

3. Les Règles Communautaires de Gestion des Ressources

- **Les conseils de village et les assemblées de chefs coutumiers** régulaient l'accès aux ressources pour éviter leur surexploitation.
- **Les tabous et croyances animistes** interdisaient la coupe abusive des arbres sacrés et encourageaient la protection de certaines espèces animales et végétales.
- **Les forêts communautaires protégées**, comme celles des Bamilékés du Cameroun ou des Sénoufos en Côte d'Ivoire, garantissaient un équilibre entre exploitation et préservation.

4. Témoignages et Études Historiques

- **Des anthropologues et historiens contemporains ont documenté ces pratiques**, montrant qu'elles sont plus efficaces que certaines techniques imposées par les systèmes coloniaux et postcoloniaux.
- **Des fouilles archéologiques au Sahel ont révélé des preuves de cultures de mil et de sorgho utilisant la rotation des cultures et des techniques de conservation des sols depuis plus de 2 000 ans.**

3. Impact et Apports Réels de ces Pratiques

1. Une Adaptation aux Changements Climatiques

- Contrairement aux monocultures intensives modernes, ces méthodes traditionnelles permettaient **une meilleure résilience face aux sécheresses et aux changements climatiques**.

- Les techniques de gestion de l'eau et de préservation des sols ont permis la subsistance des populations pendant des siècles sans nuire à l'environnement.

2. La Préservation des Ressources Naturelles

- La rotation des pâturages **évite la surexploitation des terres** et permet la régénération des écosystèmes.
- **Les systèmes de gestion collective des ressources forestières et hydriques** préservaient la biodiversité et assuraient la durabilité des ressources.

3. Une Inspiration pour les Politiques de Conservation Moderne

- Des organisations écologiques modernes reconnaissent aujourd'hui **l'efficacité de ces pratiques et s'inspirent de ces savoirs ancestraux pour lutter contre la désertification et le réchauffement climatique.**
- **Des projets de reboisement et de gestion de l'eau en Afrique de l'Ouest réintroduisent aujourd'hui des pratiques traditionnelles abandonnées à cause de la colonisation.**

4. Comment cette Connaissance a été Usurpée ou Détournée

1. L'Imposition de Modèles Inadaptés

- Pendant la colonisation, les Européens ont introduit des modèles agricoles intensifs **reposant sur la monoculture**, provoquant une érosion massive des sols et une déforestation incontrôlée.
- **Le pastoralisme traditionnel a été perçu comme archaïque**, et de nombreuses politiques post-indépendance ont encouragé la sédentarisation forcée des populations pastorales, menant à une dégradation accrue des terres.

2. L'Exclusion des Savoirs Locaux dans les Politiques Environnementales

- Pendant des décennies, **les systèmes de gestion des ressources ont été élaborés sans prendre en compte les connaissances traditionnelles africaines**.
- **Les experts occidentaux ont souvent ignoré ou minimisé ces techniques**, préférant importer des solutions extérieures souvent inadaptées aux réalités africaines.

5. Héritage et Enseignements pour les Jeunes Africains

- Il est crucial de réintégrer ces connaissances traditionnelles dans les programmes éducatifs africains.
- Les jeunes Africains doivent être formés aux techniques de gestion durable des ressources naturelles basées sur les savoirs locaux.
- L'adaptation des anciennes méthodes aux défis environnementaux contemporains peut permettre à l'Afrique de redevenir un modèle en matière de gestion écologique.

6. Réflexion et Reconnaissance Officielle

1. Des Initiatives de Reconnaissance

- Des projets écologiques locaux s'inspirent de ces techniques et commencent à être valorisés par des ONG et des institutions internationales.
- Certaines universités africaines incluent désormais ces savoirs dans les cursus d'agriculture et d'environnement.

2. Ce Qu'il Reste à Faire

- Encourager la recherche scientifique sur ces techniques pour les adapter aux défis modernes.
- Promouvoir ces pratiques dans les politiques de conservation et de gestion environnementale.

7. Conclusion : Inspirer l'Avenir

Loin d'être des pratiques archaïques, **les systèmes de gestion durable des ressources naturelles développés en Afrique avant la colonisation sont aujourd'hui reconnus comme des modèles d'efficacité écologique.**

Ces savoirs, basés sur **l'équilibre entre l'exploitation et la régénération des ressources**, ont permis **à des millions de personnes de vivre en harmonie avec leur environnement pendant des siècles.**

La redécouverte et l'adoption de ces pratiques pourraient **jouer un rôle clé dans la lutte contre le changement climatique et la désertification**, tout en renforçant **l'autonomie économique et écologique des populations africaines.**

L'Afrique n'a pas seulement été un acteur dans la gestion durable des ressources naturelles, elle a été un pionnier. Il est temps de réhabiliter et d'adopter ces modèles pour bâtir un futur plus écologique et durable.

Chapitre 116 : Les Techniques de Transformation des Aliments, comme la Fermentation et le Séchage

1. Introduction : Rétablir l'Histoire

La transformation des aliments est une pratique ancienne en Afrique, bien avant l'industrialisation moderne. **Les techniques de fermentation, de séchage et de conservation des aliments** ont été développées par différentes sociétés africaines pour préserver les denrées alimentaires, prolonger leur durée de vie et améliorer leur digestibilité.

Cependant, **ces techniques ont été largement ignorées ou attribuées à d'autres cultures,** alors qu'elles ont joué un rôle central dans la sécurité alimentaire des populations africaines depuis des millénaires. Aujourd'hui, alors que les industries alimentaires modernes redécouvrent les bienfaits de la fermentation et du séchage, il est temps de **réhabiliter l'héritage africain dans ces domaines et de souligner leur importance pour la nutrition et la santé humaine.**

Ce chapitre met en lumière **les techniques africaines de transformation des aliments** et leur contribution aux pratiques alimentaires mondiales.

2. Preuves Historiques et Scientifiques : La Paternité Africaine

Les méthodes de transformation alimentaire en Afrique sont ancrées dans une tradition millénaire et **reposent sur des savoir-faire transmis de génération en génération.**

1. La Fermentation des Aliments

La fermentation est l'une des plus anciennes méthodes de transformation des aliments en Afrique. Elle était utilisée pour **conserver les aliments, améliorer leur digestibilité et augmenter leur valeur nutritionnelle.**

- **Fermentation du lait :**
    - Les Peuls, les Maasai et les autres peuples pastoraux d'Afrique de l'Est pratiquent **la fermentation du lait pour produire des yaourts et des laits fermentés traditionnels**, comme le **Nunu (Nigeria/Ghana), le Amasi (Afrique australe) et le Mala (Kenya).**
    - La fermentation du lait améliore **sa digestibilité et sa teneur en probiotiques**, bien avant l'essor de l'industrie moderne des yaourts.
- **Fermentation du manioc et des céréales :**

- Le manioc, qui contient des toxines naturelles, est **fermenté pour produire le gari en Afrique de l'Ouest et le fufu dans plusieurs pays africains.**
- En Afrique centrale et orientale, les céréales comme le mil et le sorgho sont fermentées pour produire **des bouillies enrichies (uji, togwa) et des bières traditionnelles comme le dolo au Burkina Faso et le pito au Ghana.**

- **Fermentation du poisson et de la viande :**
    - Dans les régions côtières, les techniques de **fermentation du poisson et de la viande permettent leur conservation à long terme**, comme le **lanhouin au Bénin et en Côte d'Ivoire**, un poisson fermenté utilisé comme condiment.

2. Le Séchage des Aliments

Le séchage est une **technique traditionnelle africaine de conservation** des aliments, exploitant **le soleil et les conditions climatiques pour déshydrater les aliments et prolonger leur durée de conservation.**

- **Séchage des fruits et légumes :**
    - Les peuples du Sahel et de la savane ont **développé des techniques de séchage des fruits** comme les **mangues, les baobabs, les goyaves et les dattes**, qui étaient ensuite stockées pour être consommées hors saison.
    - Des légumes comme les **feuilles de baobab, les feuilles d'oseille (bissap) et les amarantes sont séchés** pour être utilisés dans des soupes et sauces en période de pénurie.
- **Séchage de la viande et du poisson :**
    - En Afrique australe et orientale, la viande est **séchée et fumée pour produire le biltong (Afrique du Sud, Namibie) ou le nyir nyir (Soudan du Sud).**
    - Le poisson séché est une denrée essentielle dans les économies côtières et fluviales, avec des techniques perfectionnées par les communautés du **lac Victoria, du fleuve Niger et du bassin du Congo.**

3. L'Utilisation de la Fermentation et du Séchage pour la Conservation de l'Eau et des Boissons

- **La bière africaine :**
    - Les sociétés africaines ont développé **des boissons fermentées** bien avant la mondialisation de la bière industrielle. Le **dolo (Burkina Faso, Mali, Ghana) et le burukutu (Nigeria) sont des exemples de bières de mil traditionnelles africaines.**

- **Conservation de l'eau et des jus** :
  - Les peuples du désert, comme les Touaregs, ont utilisé **la fermentation et le séchage pour préserver les liquides**, en créant des **infusions concentrées pouvant être réhydratées**.

3. Impact et Apports Réels de ces Pratiques

Les techniques africaines de transformation des aliments ont joué **un rôle majeur dans la préservation des ressources alimentaires et la sécurité alimentaire des populations**.

1. Une Contribution Majeure à la Sécurité Alimentaire

- **La fermentation améliore la conservation des aliments**, réduisant les pertes post-récolte et augmentant la **disponibilité des denrées alimentaires tout au long de l'année**.
- **Le séchage permet de conserver les nutriments et d'avoir une alimentation variée même en saison sèche**.

2. Une Influence sur l'Industrie Alimentaire Moderne

- Les industries modernes de probiotiques et de conservation alimentaire utilisent **des procédés inspirés de ces méthodes traditionnelles africaines**.
- Des produits **comme le yaourt, le kéfir et les bières artisanales doivent beaucoup aux savoir-faire africains**.

3. Un Modèle pour la Transition Écologique et la Lutte Contre le Gaspillage Alimentaire

- **Les techniques traditionnelles permettent une alimentation durable**, sans consommation d'énergie fossile, et pourraient être **réintroduites pour réduire la dépendance aux réfrigérateurs et à la logistique industrielle**.

4. Comment cette Connaissance a été Usurpée ou Détournée

Malgré leur ancienneté et leur **efficacité prouvée, ces techniques ont souvent été attribuées à d'autres cultures**.

- **Les industries laitières modernes ont repris les techniques africaines de fermentation du lait sans en reconnaître l'origine**.
- **Les techniques de séchage des fruits et de conservation des viandes ont été brevetées par des entreprises agroalimentaires internationales sans mentionner leur origine africaine**.

- L'histoire culinaire et alimentaire mondiale a largement ignoré l'apport des peuples africains.

5. Héritage et Enseignements pour les Jeunes Africains

- Réintroduire ces techniques dans l'enseignement agricole et culinaire.
- Encourager les jeunes entrepreneurs africains à valoriser ces savoirs dans les industries agroalimentaires modernes.
- Créer des labels et certifications pour reconnaître ces traditions et protéger leur origine africaine.

6. Réflexion et Reconnaissance Officielle

- **Des initiatives existent pour valoriser ces pratiques**, comme les programmes de lutte contre le gaspillage alimentaire soutenus par des ONG africaines.
- **Des chercheurs africains commencent à documenter scientifiquement ces techniques**, mais il faut renforcer cette reconnaissance au niveau international.

7. Conclusion : Inspirer l'Avenir

Les techniques africaines de fermentation et de séchage des aliments **sont non seulement des témoignages d'un savoir-faire ancestral, mais aussi des solutions modernes pour répondre aux défis alimentaires, sanitaires et environnementaux.**

En réintégrant ces pratiques dans **les systèmes alimentaires actuels**, l'Afrique pourrait **reprendre le leadership sur des questions cruciales de nutrition et de sécurité alimentaire mondiale.**

Loin d'être des techniques dépassées, les méthodes africaines de transformation des aliments sont des solutions durables, efficaces et précieuses pour l'avenir. Il est temps de leur redonner la place qu'elles méritent dans l'histoire mondiale des sciences et des technologies alimentaires.

Chapitre 117 : Les Techniques de Navigation Fluviale Développées sur le Fleuve Niger

1. Introduction : Rétablir l'Histoire

Le **Fleuve Niger**, l'un des plus grands fleuves d'Afrique (4 200 km de long), a été **un centre vital de transport, de commerce et de civilisation pendant des millénaires.** Les sociétés africaines qui vivaient le long de ses rives, notamment les empires du Ghana, du Mali et du Songhaï, ont **développé des techniques avancées de navigation fluviale, facilitant le commerce, la communication et l'expansion de leurs civilisations.**

Toutefois, ces **technologies fluviales ont été largement ignorées dans les récits historiques**, alors qu'elles ont joué un rôle déterminant dans la structuration économique et sociale de l'Afrique de l'Ouest. Ce chapitre met en lumière les **techniques de navigation développées sur le fleuve Niger**, leurs apports dans l'histoire des transports et la manière dont elles ont influencé d'autres civilisations.

2. Preuves Historiques et Scientifiques : La Paternité Africaine

Les **premiers Africains à naviguer sur le fleuve Niger ont développé des techniques ingénieuses pour la construction de bateaux, l'utilisation du courant et la gestion du transport fluvial.**

1. Construction de Pirogues et de Bateaux

Les civilisations riveraines du fleuve Niger, comme les **Bozos (peuple de pêcheurs maliens), les Songhaïs et les Mandingues**, ont développé des **techniques sophistiquées de construction navale** adaptées aux caractéristiques du fleuve.

- **Les pirogues monoxyles** :
    - Fabriquées **dans un tronc d'arbre évidé**, ces pirogues étaient utilisées pour **la pêche, le transport de passagers et le commerce.**
    - Elles ont influencé **les pirogues traditionnelles en Afrique et dans d'autres régions du monde.**
- Les bateaux de transport marchand :
    - Les **grands bateaux en bois étaient construits avec une structure plus large pour transporter des marchandises** telles que le sel, l'or et le mil.

- Ces bateaux étaient **utilisés par les marchands de l'Empire du Mali pour assurer les échanges entre Djenné, Tombouctou et Gao.**
- **Les embarcations à voiles rudimentaires :**
  - Certaines **pirogues étaient équipées de voiles en peau ou en fibre végétale,** permettant **une navigation plus rapide en exploitant les vents du fleuve.**

2. Techniques de Navigation et Orientation

- **Utilisation des courants du fleuve :**
  - Les **navigants africains** avaient une connaissance approfondie du débit et des variations saisonnières du Niger, leur permettant **d'adapter leurs trajets en fonction des crues et des basses eaux.**
  - Ils savaient **naviguer à contre-courant en utilisant des rames spécifiques et des techniques de propulsion avancées.**
- **Systèmes de repérage et de communication :**
  - Les peuples du Niger utilisaient **des points de repère naturels, des étoiles et des techniques orales transmises par les anciens** pour s'orienter.
  - Ils développaient également **des systèmes de signaux avec des percussions et des feux pour indiquer des dangers ou guider les bateaux.**
- **Ports et Infrastructures fluviales :**
  - Des **grands ports commerciaux** comme ceux de Djenné et de Gao **servaient d'escales pour les marchands, avec des quais et des entrepôts construits en terre crue.**

3. Échanges Commerciaux et Influence Culturelle

- Le fleuve Niger a été **un corridor de commerce reliant plusieurs empires africains.**
- Les routes commerciales **reliaient Tombouctou à l'Afrique du Nord via le commerce transsaharien.**
- Les techniques de navigation développées en Afrique ont influencé **les explorateurs arabes et européens,** qui ont utilisé certaines méthodes africaines pour naviguer sur d'autres fleuves et océans.

3. Impact et Apports Réels de cette Découverte

Les techniques de navigation sur le fleuve Niger **ont eu un impact fondamental sur l'économie, la culture et la politique de l'Afrique de l'Ouest.**

1. Un Outil Clé du Commerce Transsaharien

- **Les routes commerciales fluviales ont permis aux empires africains d'accéder aux marchés internationaux**, facilitant l'exportation de **l'or, du sel, de l'ivoire et des textiles.**
- Les bateaux africains transportaient **des tonnes de marchandises sur le fleuve Niger** bien avant l'arrivée des explorateurs européens.

2. Un Développement de Centres Urbains et Culturels

- **Tombouctou, Djenné et Gao** doivent leur développement **aux échanges commerciaux facilités par la navigation fluviale.**
- Ces villes sont devenues **des pôles de savoir et d'apprentissage**, attirant **des savants et des marchands du monde entier.**

3. Une Influence sur les Techniques Modernes de Navigation

- **Les méthodes de navigation traditionnelle africaines ont influencé l'architecture des bateaux fluviaux modernes.**
- **L'utilisation des courants fluviaux comme moyen de transport écologique** s'inspire directement des techniques développées sur le fleuve Niger.

4. Comment cette Connaissance a été Usurpée ou Détournée

1. Marginalisation des Systèmes de Navigation Africains

- **Les explorateurs européens ont souvent minimisé les capacités nautiques des Africains**, alors qu'ils ont **largement observé et adopté certaines de leurs techniques.**
- **Les récits historiques sur la navigation mondiale ignorent l'ingéniosité des navigateurs africains**, concentrant l'histoire maritime sur l'Europe et l'Asie.

2. Influence Coloniale et Destruction des Traditions

- La colonisation a introduit **des infrastructures modernes qui ont remplacé les méthodes traditionnelles de navigation fluviale,** entraînant **l'oubli progressif de certaines techniques africaines.**

- **Les entreprises coloniales ont imposé des modes de transport européens**, sous-estimant **les savoir-faire locaux en matière de navigation fluviale**.

5. Héritage et Enseignements pour les Jeunes Africains

- **Redécouvrir et documenter les anciennes techniques de navigation fluviale**.
- **Encourager l'enseignement de l'histoire maritime africaine** dans les écoles et universités.
- **Valoriser les techniques traditionnelles de construction de bateaux écologiques** et promouvoir **un transport fluvial durable**.

6. Réflexion et Reconnaissance Officielle

- **Des initiatives existent pour préserver les traditions de navigation africaines**, comme les festivals de pirogues en Afrique de l'Ouest.
- **Les musées et chercheurs commencent à explorer la navigation africaine**, mais un effort plus grand est nécessaire pour la reconnaissance mondiale.

7. Conclusion : Inspirer l'Avenir

Les techniques de navigation fluviale développées sur le fleuve Niger **sont une preuve supplémentaire de l'ingéniosité et du génie africain**. En intégrant ces connaissances **dans les stratégies modernes de développement durable et d'échanges commerciaux**, l'Afrique pourrait **renouer avec son héritage fluvial et maritime pour un avenir prospère et autonome**.

L'histoire de la navigation africaine mérite d'être reconnue à sa juste valeur. Loin d'être une simple curiosité historique, elle est un modèle pour l'avenir du transport fluvial et du commerce en Afrique et dans le monde.

Chapitre 118 – ALKEBULAN : Restaurer le Nom, la Carte et la Conscience de l'Afrique

I. Quand le nom dit tout : le pouvoir symbolique des mots

Dans toutes les civilisations du monde, nommer a toujours été un acte de pouvoir. Donner un nom, c'est définir, circonscrire, et en un sens, posséder. L'histoire de l'Afrique ne fait pas exception. Or, ce continent, berceau de l'humanité, n'est pas connu sous son vrai nom. Il porte encore celui que lui ont imposé ses colonisateurs : *Africa*, ou *Afrique*, un nom qui, dans sa racine latine, évoque un territoire périphérique conquis, vidé de sa centralité originelle.

Ce chapitre ne se veut pas une simple réflexion sémantique. Il s'agit d'un acte de réhabilitation. Car derrière ce nom oublié – **Alkebulan** – se cache non seulement une mémoire millénaire, mais aussi un levier stratégique pour refonder la conscience africaine, repenser la géopolitique du continent, et corriger une falsification systémique qui dure depuis des siècles.

Image : Alkebu-Ian 1260 AH, by Nikolaj Cyon
©decolonialatlas.wordpress.com

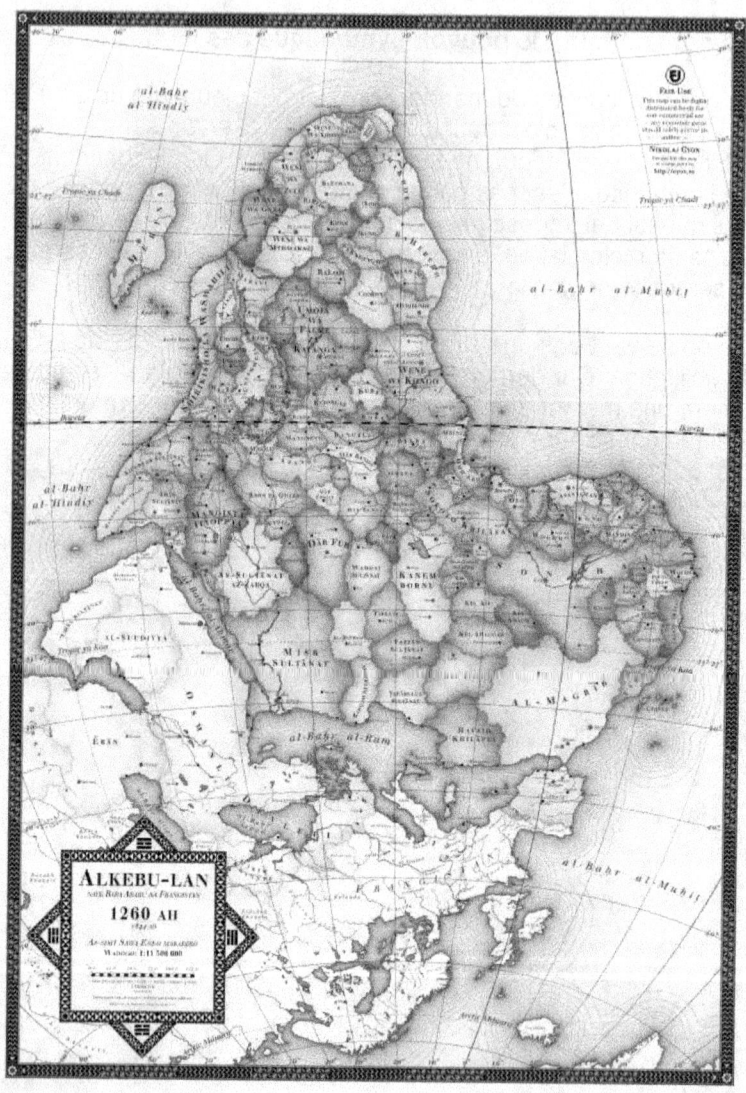

II. Le vrai nom de l'Afrique : ALKEBULAN

1. Une racine autochtone et plurielle

Le nom **Alkebulan**, parfois orthographié *Al Qibulan*, *Alkabulan* ou *Al-Kebulan*, est reconnu par de nombreux linguistes et historiens comme le plus ancien nom connu de l'Afrique, **issu des peuples africains eux-mêmes**. Il signifie, selon plusieurs sources, « *la Mère des Humanités* » ou « *le Jardin de l'Humanité* ». Ce terme était utilisé par différentes civilisations africaines, notamment les **Nubiens**, les **Maures**, les **Carthaginois**, les **Numides**, les **Éthiopiens**, et d'autres peuples autochtones de la vallée du Nil et du Sahel.

Contrairement à ce que l'on pourrait croire, Alkebulan **n'est pas un mot arabe ou sémitique**. Bien qu'il ait été transmis par des sources arabo-musulmanes médiévales, il puise sa racine dans des langues africaines anciennes, probablement dans les dialectes pré-berbères et nilo-sahéliens.

2. Disparition et effacement par le colonialisme gréco-romain

Le basculement sémantique s'est produit avec la conquête romaine de la province de **Carthage** (aujourd'hui la Tunisie), après les guerres puniques. Les Romains donnèrent au territoire vaincu le nom d'**Africa terra**, du nom probable d'une tribu berbère locale, les *Afri* ou *Ifri*. Ce nom fut ensuite élargi à l'ensemble du continent, sous l'influence de la vision impériale gréco-romaine du monde.

Plus tard, les penseurs européens de la Renaissance, influencés par les textes latins, institutionnalisèrent ce nom dans les atlas, les encyclopédies, puis dans les livres d'histoire. Ainsi, le nom **Afrique**, **imposé de l'extérieur**, remplaça Alkebulan dans les esprits, les documents, les écoles et les cartes.

III. La carte faussée : la géographie comme outil de domination

1. Mercator : une déformation stratégique de l'espace africain

La falsification ne s'est pas arrêtée au nom. Elle a touché la **représentation visuelle** du continent. Depuis le XVIe siècle, la projection de **Gerardus Mercator** – conçue à l'origine pour faciliter la navigation maritime européenne – a dominé les cartes scolaires et politiques du monde. Or, cette projection **déforme profondément les proportions des continents**, **rapetissant l'Afrique** tout en **agrandissant artificiellement l'Europe et l'Amérique du Nord**.

Par exemple :

- Le **Groenland** apparaît souvent aussi grand que l'Afrique, alors qu'il est **14 fois plus petit**.
- L'**Afrique** peut contenir la **Chine, les États-Unis, l'Inde, le Japon, l'Europe de l'Ouest**, et plus encore, et pourtant elle est visuellement marginalisée.

Cette cartographie biaisée n'est pas neutre : elle **produit un imaginaire de supériorité** occidentale et **intériorise un sentiment d'infériorité** chez les peuples africains. Comme le disait le géographe Yves Lacoste : « *La géographie, ça sert d'abord à faire la guerre.* »

2. Les conséquences invisibles sur la pensée et l'éducation

Apprendre sur une carte falsifiée revient à **enseigner une géopolitique de l'infériorité**. L'Afrique devient un "grand vide", une "marge", alors qu'elle est en réalité le **continent central du monde**, autant du point de vue **géographique, climatique, démographique**, que **culturel**.

Les conséquences sont multiples :

- Perte d'estime collective
- Vision erronée de la puissance réelle du continent
- Marginalisation dans les discours académiques et stratégiques
- Difficulté à penser l'Afrique comme **centre d'innovation** ou **de leadership**

Aujourd'hui encore, la majorité des cartes utilisées dans les manuels scolaires africains sont calquées sur des modèles européens ou nord-américains. Cette réalité perpétue une aliénation mentale incompatible avec une Afrique souveraine.

IV. Le vrai projet géostratégique : effacer pour dominer

La falsification des noms et des cartes ne fut jamais accidentelle. Elle s'inscrit dans un **projet géostratégique délibéré**, déployé sur plusieurs siècles. À partir du XVe siècle, l'Europe entame une entreprise de conquête globale : commerce triangulaire, traite négrière, colonisation territoriale, puis conquête épistémologique. L'objectif était clair : **dominer les corps, puis contrôler les esprits**.

La domination passe par trois gestes fondamentaux :

1. **Effacer les noms indigènes** pour couper les peuples de leur mémoire.

2. **Déformer l'espace cartographique** pour les faire paraître petits, périphériques.
3. **Remplacer leurs récits par des récits importés**, afin qu'ils doutent de leur propre humanité.

Ce processus atteint son apogée avec la **Conférence de Berlin de 1884-1885**, lors de laquelle les puissances européennes redécoupent l'Afrique sans le moindre Africain à la table. Ce que le scalpel colonial a tranché sur les cartes, il l'a aussi tranché dans les têtes : la fragmentation des territoires s'est doublée d'une **désintégration cognitive**, d'un morcellement de l'imaginaire continental.

Résultat : encore aujourd'hui, l'Afrique pense souvent **en dehors d'elle-même**. Elle étudie son histoire avec des lunettes occidentales, enseigne sa géographie avec des cartes fausses, construit ses institutions avec des modèles importés. Elle doute de son propre génie. Et pourtant...

V. Penser l'Afrique avec une pensée libérée

1. Une pensée complexe ancestrale

Bien avant que le philosophe Edgar Morin ne popularise le terme de « pensée complexe », les peuples africains **vivaient et pensaient en système**. Les cosmogonies africaines, qu'elles soient égyptiennes, bantoues, dogons ou éthiopiennes, ont toujours intégré :

- la multiplicité des causes,
- l'interconnexion des éléments,
- la circularité du temps,
- l'équilibre entre visible et invisible.

C'est cela, la pensée complexe originelle : une pensée **non linéaire, non réductionniste, ouverte à la diversité du réel**.

2. Une pensée fracturée par la colonisation

La colonisation n'a pas seulement imposé des armes et des lois. Elle a **colonisé l'intelligence**. Elle a imposé :

- des découpages disciplinaires artificiels,
- une logique binaire (vrai/faux, supérieur/inférieur),
- une hiérarchie des savoirs (science vs superstition),
- une centralité occidentale du progrès.

Ainsi, nombre de jeunes Africains aujourd'hui **pensent contre leur propre héritage intellectuel**. Ils apprennent à admirer Galilée sans jamais entendre parler d'Imhotep. Ils connaissent Darwin, mais ignorent Cheikh Anta Diop. Ils visualisent l'Europe au centre des cartes, et leur propre continent comme un « ailleurs flou ».

3. Vers une refondation intellectuelle

Pour retrouver sa puissance, l'Afrique doit **réconcilier son génie ancien avec sa modernité**. Cela suppose :

- de valoriser ses systèmes traditionnels de connaissance,
- de relier science, spiritualité et environnement,
- d'assumer son épistémologie propre, sans mimétisme.

La reconquête du nom *Alkebulan* et de la carte authentique du continent n'est qu'un premier pas. Il s'agit de **refonder un imaginaire de souveraineté mentale**, un continent où les enfants n'auront plus honte d'être africains, mais seront fiers d'appartenir à la matrice de l'humanité.

VI. Vers un réveil géonarratif : nommer pour renaître

Les empires ne tiennent pas seulement par la force des armes, mais par celle des **récits**. C'est pourquoi la décolonisation du savoir doit commencer par une **reconquête du vocabulaire**. L'Afrique ne peut prétendre à un destin de puissance mondiale si elle continue à se raconter avec des mots forgés par ses dominateurs.

Renommer, c'est renaître.

C'est pourquoi nous proposons aujourd'hui :

- de réintroduire le nom **Alkebulan** dans les manuels scolaires, les cartes éducatives, les institutions panafricaines.
- d'**enseigner la vraie carte de l'Afrique**, fondée sur des projections équitables comme celle de Gall-Peters.
- d'inciter les **programmes de recherche**, les écoles et les universités à produire une nouvelle cartographie mentale du monde, où l'Afrique occupe sa juste place.

Cette tâche est immense. Mais elle a déjà commencé. De plus en plus de penseurs, d'artistes, de scientifiques, de mouvements citoyens appellent à ce retour aux sources. Le *Pan-African Institute of Geostrategic Studies*, les chercheurs en cartographie critique, les pédagogues afrocentrés en Afrique du Sud, au Ghana, au Bénin, ou encore aux États-Unis dans les HBCU (Historically Black Colleges and Universities) y travaillent déjà.

Et dans cette dynamique, **la Stratégie Africaine Intégrée pour les Mers et les Océans – Horizon 2050 (AIM 2050)** joue un rôle majeur. Car au-delà de l'économie bleue, AIM 2050 est un **projet de souveraineté narrative**. Il replace l'Afrique dans une **géographie choisie**, non subie. Il connecte les peuples africains à leur espace maritime, spatial et mental. Il est un manifeste stratégique et un acte poétique à la fois.

VII. Conclusion : De l'oubli à la mémoire, de l'Afrique à Alkebulan – un appel au réveil

L'heure n'est plus à l'indignation. Elle est à l'action. Il ne suffit plus de dénoncer l'imposture : il faut **rebâtir la vérité, réenseigner l'Histoire, redessiner les cartes, rééduquer les esprits**.

C'est pourquoi, en ce 140e anniversaire de la Conférence de Berlin – cette blessure géopolitique fondatrice – **nous lançons un appel solennel à tous les bâtisseurs de l'Afrique nouvelle :**

Chefs d'État, ministres, enseignants, recteurs, chercheurs, cartographes, intellectuels, journalistes, artistes, éducateurs, parents, jeunes d'Afrique et de la diaspora : il est temps de reprendre le contrôle de notre narration.

**Enseignons la vraie carte de l'Afrique. Réintroduisons le nom Alkebulan dans nos écoles, nos médias, nos politiques publiques.
Corrigeons les manuels qui nous enseignent à nous voir petits. Formons une génération qui se pense en centre, et non en périphérie.**

Car celui qui ne maîtrise pas la narration de sa propre géographie ne pourra jamais dessiner les routes de son avenir.

Alkebulan n'est pas un rêve passéiste. C'est un mot d'avenir. Un mot pour **panser nos plaies, penser notre puissance, et projeter notre destinée.**

Chapitre 119 : Les visages volés de l'histoire – Quand les figures influentes de l'Afrique sont blanchies, européanisées ou silenciées

1 - Introduction : La mémoire en exil

L'histoire n'est jamais neutre. Elle est racontée par ceux qui détiennent le pouvoir d'écrire, de conserver, de transmettre. Pendant des siècles, les peuples africains ont vu leur mémoire pillée, non seulement par l'esclavage et la colonisation, mais aussi par un processus plus insidieux : le blanchiment des figures historiques influentes issues de l'Afrique ou de sa diaspora. Ce processus a consisté à effacer, à travestir ou à rendre invisibles les traits africains de celles et ceux qui ont pourtant joué un rôle fondamental dans l'histoire de l'humanité. Dans ce chapitre, nous allons remonter les fils d'une mémoire détournée pour redonner un visage authentique à ceux qui ont été « européanisés », à dessein ou par négligence. Il ne s'agit pas ici d'une relecture militante, mais d'un effort de rééquilibrage, basé sur les sources, les preuves iconographiques, les textes antiques et les traditions africaines. Restaurer ces visages, c'est restaurer la vérité. Et sans vérité, il ne peut y avoir de justice.

2 – Le blanchiment historique : une stratégie d'hégémonie culturelle

Le blanchiment historique est un phénomène multidimensionnel. Il ne s'agit pas uniquement de transformer la couleur de peau de personnages historiques. C'est un acte plus profond : réinterpréter leurs origines, minimiser leurs apports, les intégrer dans une généalogie culturelle européenne pour renforcer l'illusion d'une supériorité civilisatrice.

Ce phénomène s'est accéléré avec l'expansion coloniale. Dans les manuels scolaires européens du XIXe siècle, l'Afrique est décrite comme une terre sans histoire, sans science, sans culture. Comment concilier cette affirmation avec la grandeur de l'Égypte ancienne ? Ou avec les royaumes savants de Nubie, de Koush, d'Aksoum ? On contourne alors l'embarras : on attribue cette grandeur à des peuples venus d'ailleurs, à des envahisseurs "caucasiens", à des civilisations "égyptianisées" mais non africaines.

La peinture de la Renaissance, la sculpture néoclassique, les récits romantiques et même la théologie chrétienne ont été des vecteurs puissants de cette falsification. Aujourd'hui encore, leurs effets perdurent dans l'imaginaire collectif.

3 – Les pharaons noirs et les reines d'Afrique

L'un des cas les plus frappants de blanchiment concerne l'Égypte ancienne. Pourtant, les preuves archéologiques, anthropologiques et iconographiques sont nombreuses : l'Égypte a longtemps été dirigée par des dynasties africaines.

La 25e dynastie égyptienne, dite "koushite", a vu monter sur le trône des pharaons originaires de Nubie (actuel Soudan). Piye, Shabaka, Taharqa, Shebitku : leurs statues, leurs bas-reliefs et leurs sarcophages les montrent avec des traits typiquement africains – nez larges, lèvres épaisses, cheveux crépus stylisés. Ces souverains ont défendu la grandeur de l'Égypte contre les envahisseurs assyriens.

Les reines africaines aussi ont été reléguées à l'ombre. La reine Tiye, épouse d'Amenhotep III, mère d'Akhenaton, est souvent représentée avec des traits africains assumés. La reine Néfertiti, longtemps perçue comme "modèle européen de beauté", est aujourd'hui réexaminée. Quant à Cléopâtre, présentée partout comme blanche et hellénistique, son ascendance maternelle est inconnue – certains suggèrent qu'elle pourrait être partiellement africaine.

4 – Kandake, reine noire d'Éthiopie

Crédit Photo : lisapoyakama.org

Un autre exemple éclatant est celui des **Kandake**, titre porté par les reines de l'ancien royaume de Méroé, en Nubie. L'une d'elles est mentionnée dans le Nouveau Testament : elle avait pour ministre un eunuque éthiopien qui, selon les Actes des Apôtres (8:27-39), fut baptisé par Philippe sur la route de Gaza. Cette rencontre marque l'entrée du christianisme en Afrique subsaharienne.

Les Kandake gouvernaient un royaume prospère, commerçant avec l'Égypte, Rome et l'Inde, doté de technologies avancées : métallurgie, irrigation, architecture en briques de terre. Pourtant, peu d'Africains connaissent ces reines puissantes, effacées des récits dominants ou simplement qualifiées de "princesses noires" sans contexte réel. Les représentations de Kandake dans l'art ancien montrent une femme noire, autoritaire, vêtue d'habits royaux, couronnée et armée. Sa mémoire mérite d'être restaurée avec dignité.

5 – Imhotep, génie africain devenu dieu hellénique

Crédit Photo : panafricanreview.com

Peu de figures illustrent mieux l'effacement symbolique qu'Imhotep. Cet architecte, médecin, conseiller du pharaon Djéser au IIIe millénaire avant JÉSUS-CHRIST, est le concepteur de la première pyramide à degrés, à Saqqarah. Vénéré après sa mort, il est divinisé comme un dieu de la médecine. Les Grecs l'assimileront à Asclépios, le dieu de la guérison. Avec le temps, son image est transformée : dans certaines représentations tardives, il est figuré avec des traits plus européens, ou son africanité est simplement ignorée. Or, Imhotep était bien un Africain de la vallée du Nil. Son savoir était le fruit d'une civilisation millénaire enracinée dans l'Afrique profonde. Le revendiquer aujourd'hui, ce n'est pas nier l'universalité de son génie, c'est refuser qu'on le dénature.

6 – Figures impériales d'origine africaine

L'Afrique a aussi donné des figures impériales majeures. L'une des plus impressionnantes est **Septime Sévère**, empereur romain de 193 à 211 après JÉSUS-CHRIST. Il est né à Lepcis Magna, en Libye actuelle, dans une famille d'origine punico-berbère.

Crédit Photo : rootsmagazine.fr

Ses bustes conservés à Rome montrent des traits africains – notamment un nez épaté, une bouche charnue, des cheveux frisés. Septime Sévère a dirigé l'un des plus vastes empires de l'histoire avec fermeté et ambition. Il a renforcé les légions, consolidé les frontières, réformé la justice.

Son épouse, Julia Domna, venait de Syrie, et leur fils, Caracalla, hérita d'un sang africain. Pourtant, l'image de Septime Sévère véhiculée dans l'imaginaire collectif est souvent européanisée. Le fait qu'un Africain ait gouverné Rome pendant près de deux décennies est rarement mis en avant dans les récits classiques.

7 – Saint Augustin, africain des Pères de l'Église

Autre figure essentielle : **Saint Augustin d'Hippone**. Né à Thagaste, en Numidie (actuelle Algérie), en 354, il est l'un des penseurs les plus influents du christianisme. Philosophe, théologien, évêque, il a façonné la pensée occidentale sur le péché, la grâce, la liberté et le salut. Malgré ses racines nord-africaines, Saint Augustin est souvent représenté comme un homme blanc dans la peinture religieuse européenne. Pourtant, lui-même parlait un latin africain, vivait en milieu berbère, et s'exprimait depuis une Église africaine autonome.

Crédit Photo : icone-tempera.com

Il n'était pas un théologien de l'Empire : il était l'âme spirituelle d'une Afrique chrétienne, bien avant la conquête islamique. Le rétablir dans son identité, c'est reconnecter l'Afrique à ses racines théologiques profondes.

8 – Beethoven, Dumas et les figures "dissimulées" de la diaspora africaine

Crédit Photo : theguardian.com

Un autre pan du blanchiment historique concerne les figures issues de la **diaspora africaine**, en particulier en Europe. Parmi les cas les plus controversés, celui de **Ludwig van Beethoven** intrigue. Certaines sources avancent que le compositeur allemand présentait des traits africains hérités d'un ancêtre maure. Des contemporains auraient noté sa peau sombre, ses cheveux crépus, son large nez. Bien que la thèse soit débattue, elle révèle un malaise : l'idée qu'un génie musical universel puisse être partiellement noir dérange certains schémas mentaux.

Plus avéré est le cas d'**Alexandre Dumas père**, l'auteur des *Trois Mousquetaires*. Son père, le général Thomas-Alexandre Dumas, était fils d'une esclave noire haïtienne. Ce général d'armée fut l'un des plus hauts gradés noirs de l'histoire européenne avant le XXe siècle. Pourtant, les représentations modernes de Dumas père effacent fréquemment cette ascendance africaine, tant dans les livres que dans les adaptations cinématographiques.

De nombreux penseurs, musiciens, savants ou artistes d'origine africaine ont vu leur africanité minimisée, voire niée, comme s'il fallait que le génie rime avec blancheur. Ce phénomène ne relève pas seulement de l'omission : il est symptomatique d'une résistance profonde à reconnaître la contribution africaine à la civilisation mondiale.

9 – Les représentations bibliques : un effacement sacralisé

L'un des territoires les plus sensibles de la falsification historique est celui de la **représentation religieuse**, notamment biblique. À travers l'art européen, le JÉSUS historique – né en Palestine, au sein d'un peuple sémitique – a été transformé en figure nordique : peau blanche, yeux bleus, cheveux blonds ou châtains. Cette image s'est imposée dans le monde entier, de Rome à l'Afrique, des Amériques à l'Asie.

Pourtant, les Écritures situent l'histoire biblique dans des régions peuplées de peuples bruns et noirs. Moïse, Joseph, Marie, Paul ont évolué dans un monde où la proximité avec l'Afrique – Égypte, Éthiopie, Libye – était quotidienne. L'eunuque éthiopien, premier converti non-juif, n'est pas une anecdote. Il est le symbole d'un christianisme originellement pluriel, coloré, universel.

Le blanchiment de ces figures a servi une théologie impériale, justifiant parfois l'esclavage ou la colonisation par l'idée d'une "proximité divine" entre le Blanc et DIEU. Revenir à la vérité historique et géographique n'est pas un acte militant : c'est un geste spirituel de justice, de réconciliation et de restauration.

Paul, confondu avec un Égyptien : un détail qui en dit long

Un passage souvent négligé du Nouveau Testament éclaire de manière saisissante la perception de l'apparence physique de **l'apôtre Paul** à son époque. Dans **Actes 21:38**, alors qu'il est arrêté à Jérusalem, un officier romain s'adresse à lui :
« **Tu n'es donc pas cet Égyptien qui s'est révolté dernièrement, et qui a emmené dans le désert quatre mille brigands ?** »

Ce verset, en apparence anodin, ouvre pourtant une brèche dans notre compréhension moderne des figures bibliques. Le commandant romain, **Claude Lysias**, confond **Paul** avec un Égyptien. Cela implique que Paul **ressemblait à un Africain du Nord**, suffisamment pour être pris pour un meneur égyptien bien connu des autorités. Ce n'est pas une simple méprise d'identité : dans le contexte de l'époque, cette confusion révèle la proximité des traits physiques entre Paul et les populations d'Afrique du Nord.

Or, la manière dont Paul est souvent représenté dans l'iconographie chrétienne occidentale – cheveux clairs ou châtains, peau claire, traits européanisés – est en contradiction flagrante avec ce témoignage biblique. L'Égypte était une province romaine située en Afrique, et l'homme que le centurion évoque avait sans doute des caractéristiques ethniques visibles. Si Paul avait été perçu comme très différent, typiquement "européen", la confusion n'aurait eu aucun sens.

Ce verset redonne donc un **ancrage africain** à l'histoire chrétienne primitive, et interroge la longue tradition iconographique qui a systématiquement blanchi les visages des premiers chrétiens, comme si la sainteté était incompatible avec une origine africaine ou sémitique.

Redonner à **Paul**, apôtre des nations, ses traits probables, c'est aussi rappeler que le christianisme s'est développé dans une région aux croisements d'**Afrique**, d'**Asie** et du **Moyen-Orient**, bien loin des représentations nordiques dominantes. C'est aussi reconnaître que la **diversité originelle** de la foi chrétienne a été progressivement uniformisée au service d'une vision eurocentrée, parfois aux dépens de la vérité.

L'histoire chrétienne regorge de figures africaines saintes dont les visages, les traits, et même les noms ont été soit altérés, soit relégués aux marges de la mémoire collective. Dès les premiers siècles du christianisme, des saints d'origine africaine ou moyen-orientale jouaient pourtant un rôle fondamental dans l'expansion de la foi, particulièrement en Afrique du Nord, berceau d'un christianisme riche, intellectuel et enraciné. Des hommes et des femmes noirs, représentés à l'origine avec leur couleur de peau et leurs traits spécifiques, occupaient des places de vénération dans les communautés chrétiennes naissantes.

Cependant, à mesure que l'Église s'est institutionnalisée et recentrée sur l'Europe, une lente mais méthodique entreprise d'effacement s'est enclenchée. Cet effacement n'a pas toujours pris la forme d'un rejet frontal ; il a souvent été plus subtil, plus pernicieux. Les images ont été repeintes, les icônes modifiées, les statues retouchées. Ce n'était pas simplement une volonté de blanchiment des personnages sacrés au sens strict, mais une recomposition de l'imagerie chrétienne autour des codes esthétiques et idéologiques du pouvoir dominant européen. En alignant le sacré sur la blancheur, on construisait une représentation de la sainteté où l'Africain n'avait plus sa place visible.

Saint Maurice en est l'un des exemples les plus frappants. Ce général de la Légion thébaine, vénéré depuis l'Antiquité pour son martyre et sa fidélité à CHRIST, était initialement représenté comme un homme noir, armé et digne, dans de nombreuses œuvres du Moyen Âge. Puis, au fil des siècles, son image a progressivement pâli. On le retrouva figuré en chevalier germanique aux traits européens. Ce glissement n'est pas anodin : il correspond à une volonté politique de conformer les symboles sacrés à l'imaginaire racial et impérial européen.

La perte n'est pas seulement visuelle ou esthétique. Elle est spirituelle, identitaire, et universelle. Car ce que l'on efface, ce n'est pas seulement un visage, mais tout un pan de la mémoire chrétienne africaine. On ôte à des peuples la preuve visible de leur appartenance profonde et ancienne à la foi chrétienne. On nie à l'Afrique sa place fondatrice dans l'Église. En rendant invisibles ces saints, on enseigne aux enfants africains que la sainteté est blanche, que le divin se conjugue au nord, que la perfection morale et spirituelle a les traits d'un Autre. C'est une dépossession symbolique, un vol d'héritage sanctifié.

Et pourtant, malgré cette campagne séculaire de blanchiment sacralisé, la mémoire des saints noirs n'a pas disparu. Elle a résisté, portée par des traditions orales, des cultes populaires, des icônes clandestines, et surtout par une foi résiliente. En Afrique, en Amérique latine, aux Caraïbes, dans les communautés noires d'Europe, ces figures continuent de vivre, parfois cachées, parfois réinterprétées dans les spiritualités syncrétiques nées de la douleur coloniale. Dans les rituels afro-chrétiens ou afro-caribéens, certains saints noirs sont identifiés aux divinités ancestrales : non pour les remplacer, mais pour les faire dialoguer, les faire vivre ensemble dans une même résistance culturelle et spirituelle.

Le christianisme éthiopien, lui, a gardé une mémoire plus visible de ces figures. Épargnée par la colonisation occidentale durant de nombreux siècles, l'Église éthiopienne orthodoxe célèbre encore aujourd'hui des saints noirs, dans une iconographie fidèle aux origines, où la noirceur n'est ni honteuse ni corrigée, mais sacrée. Là-bas, le visage de la sainteté ressemble à celui du peuple.

Enfin, certains chercheurs contemporains soupçonnent que des documents encore inaccessibles, conservés dans les archives secrètes du Vatican, pourraient contenir des traces précieuses de cette mémoire effacée. Des témoignages évoquent des iconographies antiques, des correspondances ou des récits hagiographiques occultés, jugés trop dissonants avec la narration dominante de l'histoire sainte.

Aujourd'hui, un mouvement de redécouverte s'élève, porté par des artistes, des historiens, des activistes et des croyants qui veulent restaurer la vérité : non pour diviser, mais pour réparer. Car il ne s'agit pas de remplacer une image par une autre, mais de **réconcilier la foi avec l'Histoire**, de faire place à tous les visages dans le panthéon sacré. Les saints noirs ne sont pas des exceptions à glorifier ponctuellement : ils sont des fondations à reconnaître, des témoins à réhabiliter, des modèles à redonner à ceux qu'on a trop longtemps tenus à la périphérie de leur propre héritage spirituel.

10 – Restaurer la vérité : une œuvre de justice

Pourquoi cette restauration est-elle nécessaire ? Parce que l'histoire est un miroir : si l'on y efface les visages africains, les peuples africains ne peuvent plus s'y reconnaître. Et si on dénature leur héritage, on leur vole une partie de leur avenir. Le blanchiment historique est une mutilation symbolique.

Restaurer les visages volés, ce n'est pas nier les apports des autres peuples. C'est reconstituer le puzzle de l'humanité dans son intégrité. C'est réhabiliter les voix, les génies, les luttes de celles et ceux qui ont été trop longtemps réduits au silence. C'est rappeler que l'Afrique a donné au monde des bâtisseurs, des rois, des stratèges, des penseurs, des saintes et des saints. Que leur peau noire, leurs origines africaines, leur culture enracinée ne sont pas des détails, mais des éléments constitutifs de leur humanité et de leur grandeur.

Comme le dit un proverbe africain : « **Jusqu'à ce que les lions aient leurs propres historiens, l'histoire de la chasse glorifiera toujours le chasseur.** »
Ce chapitre, comme ce livre, se veut une réponse des lions. Une manière de dire : **Nous avons une mémoire. Elle est vivante. Et nous ne laisserons plus personne en voler les visages.**

Chapitre 120 – Renaissance Africaine : Vers une Souveraineté Scientifique, Technologique et Culturelle

Introduction

L'Afrique est à l'aube d'une nouvelle ère. Après des siècles de colonisation, de domination idéologique et d'effacement progressif de ses civilisations anciennes, elle s'éveille lentement à sa propre grandeur. Ce réveil n'est pas simplement économique ou politique ; il est avant tout culturel, scientifique et spirituel. Car sans souveraineté intellectuelle, sans capacité de penser le monde depuis son propre ancrage, aucun développement ne saurait être durable ni authentique. La Renaissance Africaine, évoquée par de nombreux penseurs africains au XXe siècle, n'est plus un rêve : elle devient, progressivement, une nécessité historique.

I. Comprendre la souveraineté scientifique et culturelle

La souveraineté scientifique ne signifie pas simplement produire de la science sur le continent. Elle implique que cette production soit pensée, dirigée, financée et appropriée par les Africains eux-mêmes. Il s'agit de briser les chaînes de la dépendance intellectuelle vis-à-vis de l'extérieur, notamment vis-à-vis des paradigmes occidentaux qui, trop souvent, n'intègrent ni la complexité africaine, ni ses traditions, ni sa vision du monde.

De la même manière, la souveraineté culturelle ne se limite pas à revendiquer une identité. Elle est la capacité de transmettre, de créer, de transformer et de protéger ce qui constitue l'essence d'un peuple : sa langue, sa mémoire, ses symboles, ses valeurs, ses visions du futur.

II. Héritages scientifiques oubliés et savoirs endogènes

Il est frappant de constater à quel point l'histoire des sciences a volontairement marginalisé les apports africains. Or, dès l'Antiquité, les territoires africains ont été des foyers d'innovation technique, de médecine avancée, d'architecture monumentale, d'astronomie et de mathématiques.

Des figures comme **Imhotep**, l'architecte de la première pyramide égyptienne, ou les astronomes dogons du Mali, capables de calculs d'une extrême précision sans instruments modernes, témoignent de la profondeur de ces savoirs. Le **royaume du Bénin** maîtrisait la métallurgie du bronze avec une technicité qui a fasciné les Européens eux-mêmes. Le **royaume** du **Koush**, le **Monomotapa**, ou encore **Tombouctou** ont été, chacun à leur manière, des centres d'excellence.

L'un des enjeux majeurs de la Renaissance Africaine est donc la **réhabilitation de ces savoirs endogènes**, leur documentation, leur valorisation dans les systèmes éducatifs, et leur articulation aux sciences contemporaines.

III. L'Afrique et la technologie : rupture ou continuité ?

Beaucoup considèrent encore que la technologie est "importée" en Afrique, comme si le continent ne pouvait qu'adopter, adapter ou consommer. Pourtant, dans plusieurs domaines, des innovations locales émergent, souvent dans l'ombre, portées par des jeunes ingénieux, des scientifiques déterminés et des entrepreneurs audacieux.

En **technologie mobile**, l'Afrique est pionnière. Le paiement par téléphone, comme avec **M-Pesa au Kenya**, a révolutionné l'économie informelle et inspire aujourd'hui d'autres régions du monde. Des laboratoires tels que le **Centre Africain pour la Recherche en Intelligence Artificielle au Congo**, ou des initiatives comme **Andela, Flutterwave, ou 54gene**, montrent une Afrique qui ne se contente plus de suivre : elle propose, elle invente, elle influence.

Mais pour aller plus loin, l'Afrique devra investir massivement dans l'éducation scientifique, créer des **universités d'excellence**, financer ses propres **centres de recherche**, et surtout bâtir une **vision technologique souveraine**, enracinée dans ses besoins et ses contextes.

IV. La guerre des imaginaires : reprendre le pouvoir culturel

Toute domination commence par l'imaginaire. Et longtemps, l'imaginaire mondial a été nourri d'images d'une Afrique misérable, violente ou primitive. Les films, les manuels scolaires, les récits historiques occidentaux ont diffusé une représentation appauvrie du continent. Aujourd'hui, avec l'essor du numérique, des médias africains, de la littérature, du cinéma et de la musique, l'Afrique commence à **reprendre la main sur son propre récit**.

Le succès mondial d'artistes comme **Burnaboy, Aya Nakamura**, ou de films comme *The Woman King* ou *Wakanda Forever* (même produits à l'étranger) montrent un appétit croissant pour une **africanité forte, belle, fière**. Mais cette dynamique ne peut se limiter à l'entertainment : il faut aussi investir dans le **patrimoine**, dans les **archives**, dans la **restitution des œuvres d'art volées**, et dans la production de **contenus éducatifs africano-centrés**.

V. Une souveraineté multiforme, plurilingue, spirituelle

La Renaissance Africaine ne saurait être homogène. Elle doit embrasser la diversité des peuples, des langues, des croyances et des traditions du continent. Elle doit reconnaître le rôle central des **langues africaines** dans la pensée, la création, l'émotion. Tant que l'Afrique continuera de produire ses idées dans des langues étrangères, elle continuera de penser à travers des cadres imposés.

Mais cette souveraineté est aussi **spirituelle**. Elle suppose une réconciliation entre **science et sagesse**, entre **technique et sacré**, entre **progrès et respect du vivant**. De nombreuses traditions africaines ont intégré une vision holistique du monde, dans laquelle l'humain ne domine pas la nature, mais vit en harmonie avec elle. Cette vision peut nourrir une **écologie spirituelle** profondément contemporaine.

VI. Alliances panafricaines et coopération Sud-Sud

L'un des écueils du développement africain a été la fragmentation. Or, les enjeux de souveraineté scientifique et culturelle ne peuvent être abordés à l'échelle d'un seul pays. Il faut une **coopération régionale forte**, des **universités panafricaines**, des **fonds de recherche communs**, des **accords de partage de données et de brevets**, des **centres d'innovation transfrontaliers**.

De même, des partenariats doivent être noués avec d'autres pays du Sud (Inde, Brésil, Indonésie, etc.) pour développer une **science décolonisée**, libérée des monopoles du Nord. L'Afrique ne doit pas viser à "rattraper l'Occident", mais à **innover selon ses propres logiques**.

VII. La jeunesse africaine : moteur de la Renaissance

La jeunesse africaine est aujourd'hui la plus nombreuse au monde. Cette démographie, souvent perçue comme un défi, est en réalité une chance inouïe. Les jeunes Africains sont connectés, créatifs, agiles, résilients. Ils doivent être **outillés, encouragés, formés, libérés**.

La Renaissance Africaine repose sur eux : chercheurs, artistes, philosophes, codeurs, biologistes, inventeurs, conteurs... Ce sont eux qui réécriront l'histoire, qui créeront les futures énergies, les prochaines intelligences artificielles, les prochaines esthétiques, les nouveaux langages.

Mais cela suppose des **politiques volontaristes** : éducation gratuite et de qualité, accès au financement, mentorat, mobilité intra-africaine, soutien à la recherche-action et à la créativité.

Conclusion : Marcher debout, penser en confiance

La Renaissance Africaine n'est pas un luxe. C'est une urgence. Il ne s'agit pas de nostalgie, mais de justice. Il ne s'agit pas de revanche, mais de souveraineté. Il ne s'agit pas de rejeter l'autre, mais de s'aimer soi-même.

L'Afrique doit se penser **en sujet** et non plus en objet. Elle doit cesser de tendre la main pour mendier des modèles, et commencer à **tendre l'oreille à sa propre mémoire**, à **regarder en face sa propre force**, et à **marcher debout dans le concert des nations**.

La science, la technologie et la culture ne sont pas séparables. Elles sont les piliers invisibles de toute puissance. Reprendre possession de ces piliers, c'est construire une Afrique enfin libre, enfin debout, enfin elle-même.

Conclusion Générale

Ressusciter la Vérité, Réparer l'Histoire, Réveiller le Génie Africain

Il arrive un moment dans la marche des civilisations où la mémoire ne peut plus dormir. Où l'histoire, comme une mère trop longtemps ignorée, frappe à la porte de la conscience collective pour qu'on la regarde à nouveau en face. Ce moment est arrivé pour l'Afrique.

Ce livre n'est pas une compilation de faits oubliés, ni un simple recueil de découvertes scientifiques éclipsées. Il est un **cri, une boussole, un acte de réparation et un outil de réarmement intellectuel**. Il vise à replacer l'Afrique là où elle n'aurait jamais dû être effacée : **au cœur du récit universel de la science, du progrès et de la civilisation**.

I. Le voile levé : l'Afrique scientifique se dévoile enfin

Ce travail est né d'une certitude : **l'histoire des sciences est incomplète, car elle est inéquitable**. Depuis des siècles, une architecture de silences, de manipulations et d'appropriations a déformé la vérité. Il a fallu déconstruire des récits ancrés dans les manuels scolaires du monde entier, dans les encyclopédies, dans les bases de données scientifiques. Il a fallu remettre en lumière ce que l'on a caché, parfois avec malveillance, parfois avec insouciance.

Ce que nous avons révélé ici, preuves à l'appui, c'est que :

- L'Afrique n'a jamais été un simple récepteur passif du savoir.
- Elle a produit, innové, expérimenté, théorisé — souvent bien avant l'Occident.
- Des savants africains ont découvert les lois de l'arithmétique, de l'astronomie, de la médecine, de l'hydraulique, de l'architecture monumentale.
- Des scientifiques afro-descendants ont révolutionné la médecine moderne, l'ingénierie, la robotique, l'aéronautique, la génétique et l'informatique.

Nous avons cité des noms, des dates, des lieux, des documents. Ce livre est ancré dans les faits, mais **transcende les faits pour réveiller les consciences**.

II. Pourquoi cette réhabilitation est stratégique

Certains diront : à quoi bon ressasser le passé ? Il faut aller de l'avant.

Mais **comment aller de l'avant quand on ne sait pas d'où l'on vient ?**

La domination ne commence pas par la guerre. Elle commence par **l'amnésie programmée.** Une fois que vous avez convaincu un peuple qu'il n'a jamais rien inventé, qu'il n'a jamais rien bâti de grand, vous n'avez plus besoin de le coloniser : **il s'autocensure, il s'autolimite, il s'auto-efface.**

C'est pourquoi la réhabilitation de la vérité scientifique africaine est **une priorité géostratégique.** Elle est une condition pour :

- Revaloriser la jeunesse africaine face aux défis de l'innovation.
- Mobiliser les ressources humaines du continent dans une vision de souveraineté.
- Créer des politiques éducatives fondées sur l'estime de soi et la vérité historique.
- Asseoir les bases d'une Afrique pensante, indépendante, conquérante et contributive.

Comme le disait Cheikh Anta Diop : « *Le jour où l'Afrique écrira sa propre histoire, elle connaîtra une véritable Renaissance.* »

III. Une révolution cognitive est en marche

Nous assistons aujourd'hui à une **révolution cognitive afrocentrée.** Dans les écoles, les universités, les musées, les réseaux sociaux, un nouveau souffle se lève. Des historiens, des scientifiques, des artistes, des enseignants et des activistes de toutes générations reprennent la parole. Ils revisitent les pyramides sous un œil africain, ils relisent les manuscrits de Tombouctou, ils redécouvrent les astronomes Dogons, les métallurgistes du Nigeria ancien, les biologistes du bassin du Congo.

Cette révolution est discrète, mais **elle est irréversible.**

Et ce livre veut y contribuer. Il est une pierre posée dans le chantier immense de la décolonisation du savoir. Il ne s'agit pas de nier les autres civilisations. Il s'agit de **rétablir l'équilibre, de replacer chaque peuple dans sa contribution authentique à l'humanité.**

IV. Une jeunesse en quête de racines et de destin

La jeunesse africaine — et sa diaspora — est aujourd'hui **à la croisée des chemins**. Elle est numérique, connectée, multilingue, créative, entrepreneure. Mais elle est aussi **fragilisée par une fracture mémorielle**. Beaucoup ne savent pas que leurs ancêtres ont construit des observatoires, pratiqué la chirurgie cérébrale, développé des mathématiques fractales, conceptualisé des systèmes éthiques avancés.

Révéler cette mémoire, ce n'est pas flatter l'ego. C'est **outiller l'avenir**.

L'Afrique de demain ne se fera pas avec des citoyens amnésiques. Elle se construira avec **des bâtisseurs fiers, informés, critiques et visionnaires**. Des femmes et des hommes qui ne se contenteront pas de consommer l'innovation mondiale, mais qui en deviendront les moteurs, à partir de leur propre génie culturel et scientifique.

V. Une invitation à la Renaissance : science, dignité et vision

Chaque époque de l'Histoire humaine a été marquée par une renaissance. L'Europe a eu la sienne au XVe siècle, en redécouvrant les savoirs antiques grecs et arabes. Le monde islamique a connu son âge d'or entre Bagdad, Cordoue et Tombouctou. L'Asie a inventé la poudre, la boussole, l'imprimerie bien avant Gutenberg.

Et l'Afrique ?

L'Afrique attend sa Renaissance. Non pas une renaissance en imitation de l'Occident, mais **une renaissance enracinée dans sa propre mémoire et projetée vers le futur du monde**.

Cette renaissance ne pourra émerger que par une triple révolution :

- Une **révolution du contenu** : restaurer les véritables apports africains à la science et aux technologies.
- Une **révolution de la pédagogie** : enseigner l'Afrique par l'Afrique, en intégrant les savoirs endogènes dans les curriculums nationaux.
- Une **révolution des imaginaires** : reconnecter la jeunesse aux figures inspirantes, anciennes et contemporaines, de la science noire.

Renaître, c'est refuser de s'excuser d'exister. C'est revendiquer le droit de penser par soi-même. Et pour cela, il faut **retrouver ses racines, ses cartes, ses mots et ses héros**.

VI. L'Afrique dans la science de demain : acteur ou spectateur ?

Nous sommes entrés dans une ère de ruptures systémiques : intelligence artificielle, biotechnologies, économie quantique, climat et océan, espace et cyberespace. Toutes ces transitions redéfinissent le monde. Elles exigent non seulement des innovations techniques, mais aussi des repères éthiques, philosophiques, culturels.

L'Afrique a-t-elle sa place dans ce nouvel ordre scientifique mondial ? La question est mal posée.

L'Afrique n'a pas à quémander une place. Elle doit construire la sienne.

Elle en a les moyens : sa jeunesse, ses terres rares, sa diversité génétique, ses écosystèmes, ses diasporas, ses cosmologies. Mais elle n'aura cette place qu'à une condition : **maîtriser la science, non comme simple utilisateur, mais comme producteur de connaissances**.

Cela exige :

- Des politiques nationales de recherche ambitieuses.
- Des universités de rang mondial en Afrique.
- Des budgets publics cohérents et pérennes.
- Des alliances Sud-Sud, et une redéfinition des partenariats Nord-Sud.
- Une reconnaissance explicite des **savoirs traditionnels comme fondement de l'innovation afrocentrée**.

VII. Pour une souveraineté intellectuelle : proposer au monde une autre rationalité

L'Afrique n'a pas vocation à simplement « rattraper » l'Occident. Elle peut **proposer au monde un autre rapport à la connaissance, à la nature, au vivant, à la technique**.

L'histoire africaine regorge de modèles de rationalité non dualiste, non mécaniste, non extractiviste. Les traditions médicales, agricoles, écologiques, juridiques et spirituelles du continent forment un trésor de résilience et de complexité.

Et si la prochaine révolution scientifique venait de là ?

Et si l'Afrique proposait au monde une **science relationnelle**, une **éthique du vivant**, une **technologie au service de la paix et de la vie**, et non de la domination ?

L'enjeu n'est pas seulement de redonner une place à l'Afrique dans l'histoire de la science.

Il est de faire de l'Afrique **un creuset des sciences du futur.**

VIII. Un appel à l'union, à la création et à l'audace

Ce livre s'achève, mais son message commence maintenant.

Nous appelons à la création :

- D'une **Académie Panafricaine des Sciences et Technologies Endogènes**, pour valoriser les savoirs africains dans les domaines médicaux, environnementaux, technologiques, spirituels.
- D'un **Institut Africain de Réhabilitation Épistémique**, qui coordinerait la réécriture des curriculums scientifiques en Afrique.
- D'un **Prix Alkebulan des Sciences Africaines**, pour récompenser chaque année les chercheurs du continent et de la diaspora qui incarnent la renaissance scientifique africaine.

Nous appelons à l'unité des chercheurs africains, à la coopération entre États, à la mobilisation des diasporas scientifiques, à la décolonisation des plateformes de publication.

Mais surtout, nous appelons chaque Africain, chaque Afro-descendant, chaque ami de l'Afrique à **changer le regard**, à **oser croire à la puissance du génie noir**, à **réconcilier l'intelligence et la mémoire**, la science et la dignité, l'africanité et l'universalité.

Que ce livre soit un flambeau. Qu'il éclaire, bouscule, inspire.
Qu'il serve à enseigner, à guérir, à construire.
Qu'il devienne un manuel de combat pour les bâtisseurs d'un futur africain autonome et lumineux.

L'Afrique n'est pas un continent à développer, mais **un continent à révéler**.

Et la science est l'un des plus puissants leviers de cette révélation.

Postface

Lettre d'un ancien parmi les vivants

Je suis Toumaï.
Mon nom signifie « espoir de vie ».
Je suis né bien avant vos royaumes, avant vos langues, avant vos guerres et vos certitudes.
Je suis l'aube qui n'avait pas encore de mots pour nommer la lumière.
Je suis la mémoire silencieuse de votre commencement.

Je suis celui que vous avez retrouvé dans le sable du Djourab, immobile depuis sept millions d'années.
Je ne parlais pas. Je n'écrivais pas. Mais en moi reposait déjà la promesse de votre marche,
de votre souffle,
de votre génie.

Je n'ai rien bâti, et pourtant, tout commence avec moi.
Je suis le socle de l'édifice que vous appelez humanité.
Ma présence dans le désert n'était pas une ruine, mais une racine.
Et cette racine, vous l'avez longtemps ignorée.

Ce livre a voulu réconcilier l'Afrique avec cette mémoire blessée, pour panser l'oubli, rétablir les faits, mais surtout :
pour rendre la parole aux peuples.
Car la plus grande victoire de la colonisation n'a pas été militaire.
Elle a été **psychologique**.
Elle a implanté le doute dans les âmes, l'oubli dans les esprits, la honte dans les mémoires.
Aujourd'hui, il est temps de l'extirper.

L'heure du basculement a sonné.
Le monde ancien s'effrite. Les modèles dominants s'essoufflent.
L'humanité cherche de nouveaux équilibres.
Et dans cette quête planétaire, **l'Afrique ne doit plus être spectatrice**.
Elle doit devenir **source**.
Source de vision. Source de solutions. Source de sciences.
Les crises du climat, de l'eau, de l'énergie, de l'éthique appellent une pensée neuve.
Or cette pensée existe depuis des millénaires dans les traditions africaines.
Elle n'est pas archaïque. Elle est **prophétique**.
Elle n'est pas opposée à la modernité. Elle **en est l'alternative radicale** :
un autre rapport au monde, fondé sur l'interconnexion, le respect du

vivant, la circularité des savoirs,
l'alliance entre l'invisible et le visible.

Il ne s'agit donc pas seulement de restaurer l'honneur des savants africains d'hier.
Il s'agit de **préparer les savants africains de demain.**

À toi, lecteur.
À toi, enseignante, enseignant, chercheur, étudiante, ingénieur, parent, enfant.
À toi, frère, sœur de la diaspora, dont le cœur bat encore pour une terre qu'on a voulu t'arracher.
À toi, chef d'État, décideur politique, ministre de l'éducation ou de la recherche.

Ce livre t'appartient.
Il est une clé. Une graine. Une étincelle.
Mais la lumière ne vient que si tu l'allumes.

Car l'avenir de l'Afrique ne repose plus sur ses anciens empires.
Il repose sur ce que chacun de nous choisira de faire de cette mémoire restaurée.
Allons-nous la laisser dormir dans des bibliothèques ?
Ou allons-nous l'enseigner, la publier, la traduire, la partager, la défendre ?
Allons-nous en faire une fierté pour nos enfants ? Ou allons-nous retourner au silence ?

La vraie révolution ne viendra pas des conférences.
Elle viendra des classes, des familles, des récits, des choix quotidiens.

Je vous parle depuis l'éternité du sable. Mais l'éternité n'est pas muette.
Elle vous observe. Elle vous espère.

Je n'ai pas d'autre ambition que celle-ci :
- Que ce livre devienne un pont entre la mémoire et le destin.
- Qu'il rende la parole aux oubliés.
- Qu'il serve de levier d'éveil, de boussole et de source d'espérance.

Même fossilisé, je suis encore vivant.
Même enterré, je vous parle.
Même oublié, je vous tends la main.

Que DIEU bénisse chaque esprit qui lira ces pages,
Qu'Il réveille en vous la flamme de la dignité,

Qu'Il vous donne de comprendre que la science est un don,
Et que l'Afrique est un trésor à revaloriser, pas à fuir.

Que chacun de vous devienne un gardien de vérité,
Un passeur de lumière,
Et un bâtisseur de l'Afrique qui vient.

Toumaï
Le premier témoin
Désert du Djourab – Il y a sept millions d'années : Aujourd'hui.

BIBLIOGRAPHIE PAR CHAPITRE

Préface et Introduction Générale
1. Diop, Cheikh Anta. Civilisation ou Barbarie. 1981.
2. James, George G.M. Stolen Legacy. 1954.
3. Bernal, Martin. Black Athena: The Afroasiatic Roots of Classical Civilization. 1987.
4. Lefkowitz, Mary. Not Out of Africa: How Afrocentrism Became an Excuse to Teach Myth as History. 1996.
5. Obenga, Théophile. L'Afrique dans l'Antiquité. 1998.
6. Assmann, Jan. Maât: L'Égypte pharaonique et l'idée de justice sociale. 1999.

Chapitre 1 : Les Mathématiques Égyptiennes
1. Obengha, Théophile. La Géométrie égyptienne - Contribution de l'Afrique antique à la Mathématique mondiale. L'Harmattan/Khepera, 1995.
2. Papyrus Rhind (vers 1650 av. J.-C.).
3. Papyrus de Moscou (vers 1890 av. J.-C.).
4. Butzer, K.W. Early Hydraulic Civilization in Egypt. 1976.
5. Clagett, Marshall. Ancient Egyptian Science: A Source Book. 1989.

Chapitre 2 : L'Astronomie Africaine
1. Wendorf, F., & Schild, R. Nabta Playa and Its Role in NE African Prehistory. 1998.
2. Papyrus Carlsberg (textes astronomiques égyptiens).
3. Temple, Robert K.G. The Sirius Mystery. 1976 (sur l'astronomie Dogon).
4. Lockyer, Norman. The Dawn of Astronomy. 1894.

Chapitre 3 : Médecine et Chirurgie Africaines
1. David, Rosalie. Egyptian Mummies and Modern Science. 2008.
2. Papyrus Edwin Smith (vers 1600 av. J.-C.).
3. Papyrus Ebers (vers 1550 av. J.-C.).
4. Nunn, John F. Ancient Egyptian Medicine. 1996.
5. Breasted, James Henry. The Edwin Smith Surgical Papyrus. 1930.

Chapitre 4 : Ingénierie et Architecture en Afrique Antique
1. Lehner, Mark. The Complete Pyramids. 1997.
2. Arnold, Dieter. Building in Egypt: Pharaonic Stone Masonry. 1991.
3. Phillipson, David W. Ancient Ethiopia: Aksum, Its Antecedents and Successors. 1998.
4. Killick, David. Metallurgy in Africa. 2009.

Chapitre 5 : Physique et Chimie
1. Killick, D. Metallurgy in Africa. Annual Review of Anthropology, 2009.
2. Humphris, J., et al. Iron Smelting in Ancient Africa: New Perspectives. 2018.
3. Buckley, S. A., et al. The Chemical Analysis of Egyptian Mummification Materials. 2004.
4. Alpern, S. Did They or Didn't They Invent It? Iron in Sub-Saharan Africa. 2005.

Chapitre 6 : Agriculture et Alimentation
1. Harlan, J.R. Crops and Man. 1992.
2. Ehret, C. The Civilizations of Africa: A History to 1800. 2002.
3. Reader, John. Africa: A Biography of the Continent. 1998.
4. McCann, James C. Maize and Grace: Africa's Encounter with a New World Crop. 2005.

Chapitre 7 : Philosophie et Pensée Scientifique Africaines
1. Diop, Cheikh Anta. Civilisation ou Barbarie. 1981.
2. Obenga, Théophile. La Philosophie africaine de la période pharaonique. 1990.
3. Grimal, Nicolas. Histoire de l'Égypte ancienne. 1988.
4. Assmann, Jan. Maât: L'Égypte pharaonique et l'idée de justice sociale. 1999.

Chapitre 8 : Navigation et Géographie
1. Al-Umari, Ibn Fadl Allah. Masalik al-Absar fi Mamalik al-Amsar. XIVe siècle.
2. Hunwick, J.O. Timbuktu and the Songhay Empire: Al-Sa'di's Ta'rikh al-Sudan Down to 1613.
3. Winters, Clyde. African Presence in Early America.
4. McIntosh, S.K. Beyond Timbuktu: An Intellectual History of Muslim West Africa.

Chapitre 9 : Politique et Gouvernance
1. Ki-Zerbo, J. Histoire de l'Afrique Noire : D'hier à demain. 1978.
2. Niane, D.T. Soundjata ou l'épopée mandingue. 1965.
3. Thornton, J.K. The Kingdom of Kongo: Civil War and Transition, 1641-1718. 1998.
4. Davidson, Basil. Africa in History: Themes and Outlines. 1992.

Chapitre 10 : Ingénierie Hydraulique
1. Butzer, K.W. Early Hydraulic Civilization in Egypt. 1976.
2. Hassan, F.A. The Dynamics of a Riverine Civilization: A Geoarchaeological Perspective on the Nile Valley. 1997.

3. Said, R. *The River Nile: Geology, Hydrology and Utilization.* 1993.

Chapitre 11 : Arts et Esthétique
1. Visonà, Monica B. *A History of Art in Africa.* 2000.
2. Garlake, Peter. *Early Art and Architecture of Africa.* 2002.
3. Blier, Suzanne P. *The Royal Arts of Africa: The Majesty of Form.* 1998.
4. Ezra, Kate. *Royal Art of Benin: The Perls Collection.* 1992.

Chapitre 12 : Musique et Acoustique
1. Kubik, Gerhard. *Theory of African Music.* 1986.
2. Nketia, J.H. Kwabena. *The Music of Africa.* 1974.
3. Stone, Ruth M. *Africa and the Blues.* 2005.
4. Charry, Eric. *Mande Music.* 2000.

Chapitre 13 : Linguistique et Écriture
1. Gardiner, Alan. *Egyptian Grammar: Being an Introduction to the Study of Hieroglyphs.* 1927.
2. Rilly, Claude. *Le méroïtique et sa famille linguistique.* 2010.
3. Dalby, David. *The Indigenous Scripts of West Africa and Surinam: Their Inspiration and Design.* 1968.
4. Coulmas, Florian. *The Writing Systems of the World.* 1989.

Chapitre 14 : Économie et Commerce en Afrique Antique et Médiévale
1. Austen, Ralph A. *Trans-Saharan Africa in World History.* Oxford University Press, 2010.
2. Hopkins, A.G. *An Economic History of West Africa.* Routledge, 1973.
3. Lovejoy, Paul E. *Transformations in Slavery: A History of Slavery in Africa.* Cambridge University Press, 2012.
4. Manning, Patrick. *Slavery and African Life: Occidental, Oriental, and African Slave Trades.* Cambridge University Press, 1990.

Chapitre 15 : Astronomie Maritime – Techniques de Navigation
1. Chittick, Neville. *Manda: Excavations at an Island Port on the Kenya Coast.* British Institute in Eastern Africa, 1984.
2. Horton, Mark, and John Middleton. *The Swahili: The Social Landscape of a Mercantile Society.* Wiley-Blackwell, 2000.
3. Pearson, Michael. *The Indian Ocean.* Routledge, 2003.

Chapitre 16 : Éthique et Morale – Systèmes Éthiques Africains
1. Gyekye, Kwame. *African Cultural Values: An Introduction.* Sankofa Publishing, 1996.
2. Mbiti, John S. *African Religions and Philosophy.* Heinemann, 1969.

3. Wiredu, Kwasi. *Cultural Universals and Particulars: An African Perspective*. Indiana University Press, 1996.

Chapitre 17 : Technologie Textile
1. Aronson, Lisa. *African Textiles*. HarperCollins, 1992.
2. Picton, John, and John Mack. *African Textiles: Looms, Weaving, and Design*. British Museum Press, 1989.
3. Renne, Elisha P. *Cloth That Does Not Die: The Meaning of Cloth in Bùnú Social Life*. University of Washington Press, 1995.

Chapitre 18 : Biologie et Écologie en Afrique Ancienne
1. Forde, Daryll. *Habitat, Economy and Society: A Geographical Introduction to Ethnology*. Methuen, 1934.
2. Richards, Paul. *Indigenous Agricultural Revolution: Ecology and Food Production in West Africa*. Hutchinson, 1985.

Chapitre 19 : Technologies de Communication
1. Finnegan, Ruth. *Oral Literature in Africa*. Open Book Publishers, 2012.
2. Nooter Roberts, Mary (ed.). *A Saint in the City: Sufi Arts of Urban Senegal*. UCLA Fowler Museum, 2003.

Chapitre 20 : Sciences Sociales et Anthropologie
1. Evans-Pritchard, E.E. *Witchcraft, Oracles and Magic Among the Azande*. Oxford University Press, 1937.
2. Fortes, Meyer, and E.E. Evans-Pritchard (eds.). *African Political Systems*. Oxford University Press, 1940.

Chapitre 21 : Technologies de Construction
1. Denyer, Susan. *African Traditional Architecture*. Heinemann, 1978.
2. Prussin, Labelle. *African Nomadic Architecture: Space, Place, and Gender*. Smithsonian Institution Press, 1995.

Chapitre 22 : Sciences Vétérinaires
1. Blench, Roger. *Traditional Livestock Breeds: Geographical Distribution and Dynamics in Relation to the Ecology of West Africa*. ODI, 1999.
2. McCorkle, Constance M. *Ethnoveterinary Research and Development*. ITDG Publishing, 1996.

Chapitre 23 : Sciences de l'Éducation
1. Adeyemi, Michael B., and Augustus A. Adeyinka. *The Principles and Content of African Traditional Education*. Educational Philosophy and Theory, 2003.

2. Fafunwa, A. Babs. *History of Education in Nigeria*. George Allen & Unwin, 1974.

Chapitre 24 : Contributions des Noirs aux Sciences et Technologies Modernes

1. Cours d'eau et croyances en Égypte pharaonique et en Afrique noire modern. Mouhamadou Nissire SARR, 2006.

Chapitre 25 : Sciences cognitives – Connaissances ancestrales sur le cerveau et la cognition en Afrique

1. Papyrus Edwin Smith (vers 1600 av. J.-C.)

Chapitre 26 : Le Traitement de la Lèpre (Dr. Alice Ball, 1915)

2. Brown, Jeannette. *African American Women Chemists*. Oxford University Press, 2012.
3. Wermager, Paul. *Alice Augusta Ball: Young Chemist Gave Hope to Millions*. University of Hawai'i at Mānoa, 2007.

Chapitre 27 : La Banque de Sang (Dr. Charles Drew, 1940)

1. Love, Spencie. *One Blood: The Death and Resurrection of Charles R. Drew*. University of North Carolina Press, 1996.
2. Wynes, Charles E. *Charles Richard Drew: The Man and the Myth*. University of Illinois Press, 1988.

Chapitre 28 : Le Pacemaker Cardiaque (Otis Boykin, 1964)

1. Sullivan, Otha Richard. *African American Inventors*. Wiley, 1998.
2. Haber, Louis. *Black Pioneers of Science and Invention*. Harcourt, 1970.

Chapitre 29 : Le Traitement du Glaucome (Dr. Patricia Bath, 1986)

1. Kessler, James H. *Distinguished African American Scientists of the 20th Century*. Greenwood, 1996.
2. Warren, Wini. *Black Women Scientists in the United States*. Indiana University Press, 1999.

Chapitre 30 : Le Traitement du Cancer de la Prostate (Dr. Samuel L. Kountz, 1960)

1. Kountz, Samuel L. *Kidney Transplantation: A Review*. Academic Press, 1972.
2. Organ, Claude H. *A Century of Black Surgeons: The U.S.A. Experience*. Transcript Press, 1987.

Chapitre 31 : La Découverte des Cellules Souches (Dr. Ernest Just, 1930)
1. Manning, Kenneth R. Black Apollo of Science: The Life of Ernest Everett Just. Oxford University Press, 1983.
2. Noble, Denise. African American Scientists and Inventors. Enslow Publishers, 1998.

Chapitre 32 : Le Vaccin Contre la Variole (Onesimus, 1721)
1. Byrd, W. Michael. An American Health Dilemma: Race, Medicine, and Health Care in the United States. Routledge, 2000.
2. Gates, Henry Louis. The African American National Biography. Oxford University Press, 2008.

Chapitre 33 : La Lutte Contre le Paludisme (Dr. Thomas Lecky, 1950)
1. Williams, Eric. From Columbus to Castro: The History of the Caribbean. Vintage, 1984.
2. Beckles, Hilary. Natural Rebels: A Social History of Enslaved Black Women in Barbados. Rutgers University Press, 1989.

Chapitre 34 : Biologie Moléculaire (Dr. Marie Maynard Daly, 1950)
1. Warren, Wini. Black Women Scientists in the United States. Indiana University Press, 1999.
2. Brown, Jeannette. African American Women Chemists in the Modern Era. Oxford University Press, 2018.

Chapitre 35 : La Lutte Contre le VIH/SIDA (Dr. Quarraisha Abdool Karim, 2000)
1. Abdool Karim, Quarraisha. HIV/AIDS in South Africa. Cambridge University Press, 2010.
2. Iliffe, John. The African AIDS Epidemic: A History. Ohio University Press, 2006.

Chapitre 36 : Théorie de la Relativité Restreinte (Dr. Sylvester James Gates, 2000)
1. Gates, Sylvester James. Superspace, or One Thousand and One Lessons in Supersymmetry. Benjamin Cummings, 1983.
2. Kaku, Michio. Beyond Einstein: The Cosmic Quest for the Theory of the Universe. Anchor, 1995.

Chapitre 37 : Théorie de la Gravité Quantique (Dr. Stephon Alexander, 2000)
1. Alexander, Stephon. The Jazz of Physics: The Secret Link Between Music and the Structure of the Universe. Basic Books, 2016.

2. Smolin, Lee. *Three Roads to Quantum Gravity*. Basic Books, 2001.

Chapitre 40 : Astronomie et Spectromètres Spatiaux (Dr. George R. Carruthers, 1970)
1. DeVorkin, David. *Science with a Vengeance: How the Military Created the US Space Sciences*. Springer, 1992.
2. Sullivan, Otha Richard. *African American Inventors*. Wiley, 1998.

Chapitre 41 : La Table à Repasser (Sarah Boone, 1887)
1. Sluby, Patricia Carter. *The Inventive Spirit of African Americans: Patented Ingenuity*. Praeger, 2004.
2. Haber, Louis. *Black Pioneers of Science and Invention*. Harcourt, 1970.

Chapitre 42 : Le Premier Feu Tricolore (Garrett Morgan, 1914)
1. Morgan, Garrett. *The Safety Hood and Smoke Protector*. U.S. Patent Office, 1914.
2. Sullivan, Otha Richard. *African American Inventors*. Wiley, 1998.

Chapitre 44 : Fibres Optiques (Dr. Thomas Mensah, 1980)
1. Mensah, Thomas. *Fiber Optics Engineering: Global Strategies for the Next Decade*. Springer, 2015.
2. Kessler, James H. *Distinguished African American Scientists of the 20th Century*. Greenwood, 1996.

Chapitre 45 : Le Système GPS (Dr. Gladys West, 1970-1980)
1. West, Gladys. *It Began with a Dream: The Story of a Black Woman in Science*. Self-published, 2019.
2. Sobel, Dava. *Longitude: The True Story of a Lone Genius Who Solved the Greatest Scientific Problem of His Time*. Walker & Company, 1995.

Chapitre 46 : L'informatique et les premiers PC modernes (Dr. Mark Dean, 1980)
1. Maloney, W. *African American Inventors: Mark Dean and the Personal Computer*. 2018.
2. Williams, J. *Black Inventors in the Age of Segregation*. 2003.

Chapitre 47 : La Construction du Scanner CT (Allan McLeod Cormack, 1963)
1. Cormack, A.M. Representation of a Function by Its Line Integrals, with Some Radiological Applications. Journal of Applied Physics, 1963.
2. Webb, S. From the Watching of Shadows: The Origins of Radiological Tomography. 1990.

Chapitre 48 : La Robotique pour l'Exploration Spatiale et Médicale (Dr. Ayanna Howard, 2000)
1. Howard, A. Robotics and Autonomous Systems: From Lab to Real-World Impact. 2015.
2. Pratt, G. The Future of Robotics in Space Exploration. NASA Publications, 2017.

Chapitre 49 : Le Savon Anti-Paludisme -- Une Innovation Révolutionnaire
1. Fidock, D.A. Malaria Research in the 21st Century: Challenges and Opportunities. 2018.
2. Greenwood, B. Innovations in Malaria Prevention: The Role of Community-Based Solutions. 2016.

Chapitre 51 : La Médecine Vétérinaire Moderne (Dr. John Boyd, 1980)
1. Boyd, J. Advances in Veterinary Science and Comparative Medicine. 1985.
2. Kaplan, B. Global Veterinary Medicine: Historical Perspectives. 2001.

Chapitre 52 : La Génétique des Plantes et la Sécurité Alimentaire (Dr. Segenet Kelemu, 2010)
1. Kelemu, S. Biotechnology for Sustainable Agriculture in Africa. 2013.
2. Conway, G. One Billion Hungry: Can We Feed the World? 2012.

Chapitre 53 : La Conquête Spatiale et la Première Astronaute Afro-Américaine (Dr. Mae Jemison, 1992)
1. Jemison, M. Find Where the Wind Goes: Moments from My Life. 2001.
2. Shetterly, M.L. Hidden Figures: The American Dream and the Untold Story of the Black Women Mathematicians Who Helped Win the Space Race. 2016.

Chapitre 54 : La Première Femme Noire à Diriger une Agence Spatiale -- Dr. Mae Jemison, 1992

(Mêmes références que le Chapitre 53, car centré sur le même personnage.)

Chapitre 55 : La Première Femme Noire à Obtenir un Doctorat en Génie Aérospatial (Dr. Aprille Ericsson-Jackson, 1995)
1. Ericsson-Jackson, A. Women in Aerospace: Breaking Barriers. 2018.
2. Ackmann, M. The Mercury 13: The True Story of Thirteen Women and the Dream of Space Flight. 2003.

Chapitre 56 : Les télécommunications, la finance et la sécurité numérique -- La carte à puce de Roland Moreno (1974)
1. Moreno, R. La carte à puce : histoire et innovations. 1990.
2. Rankl, W. Smart Card Handbook. 2007.

Chapitre 57 : Le Cardiopad et la Télémédecine en Afrique (Arthur Zang, 2014)
1. Zang, A. Digital Health Innovations in Africa: The Cardiopad Story. 2016.
2. Geissbuhler, A. Telemedicine in Low-Resource Settings. 2015.

Chapitre 58 : La Première Transplantation Cardiaque en Afrique (Dr. Christiaan Barnard, 1967)
1. Barnard, C. One Life. 1969.
2. Cooper, D.K.C. Christiaan Barnard: The Surgeon Who Dared. 2017.

Chapitre 59 : La Première Opération à Cœur Ouvert (Dr. Daniel Hale Williams, 1893)
1. Buckler, H. Daniel Hale Williams: Negro Surgeon. 1954.
2. Gamble, V.N. Making a Place for Ourselves: The Black Hospital Movement, 1920–1945. 1995.

Chapitre 60 : La Découverte du Virus Ebola (Dr. Jean-Jacques Muyembe-Tamfum, 1976)
1. Muyembe-Tamfum, J.J. Ebola: The Story of a Deadly Virus. 2015.
2. Quammen, D. Spillover: Animal Infections and the Next Human Pandemic. 2012.

Chapitre 61 : La Couveuse Tropicalisée - Une Révolution pour la Santé Néonatale en Afrique (Serge Armel Njidjou, 2021)
1. Njidjou, S.A. Low-Cost Medical Innovations for Africa. 2021.
2. Howitt, P. Technologies for Global Health. 2012.

Chapitre 62 : La Première Femme Noire à Diriger une Université de l'Ivy League (Dr. Ruth Simmons, 2001)
1. Simmons, R. Up Home: One Girl's Journey. 2023.
2. Gasman, M. Educating a Diverse Nation: Lessons from Minority-Serving Institutions. 2015.

Chapitre 63 : La Première Femme Noire à Obtenir un Doctorat en Génie Chimique (Dr. Jennie Patrick, 1979)
1. Patrick, J. Breaking Barriers in Chemical Engineering. 2005.
2. Brown, J. African American Women Chemists. 2012.

Chapitre 64 : La Première Femme Noire à Diriger un Département de Physique (Dr. Elvira Doman, 1980)
1. Doman, E. Women in Physics: Challenges and Triumphs. 1999.
2. McGrayne, S.B. Nobel Prize Women in Science: Their Lives, Struggles, and Momentous Discoveries. 1998.

Chapitre 65 : La Première Femme Noire à Diriger un Laboratoire National (Dr. Shirley Ann Jackson, 1999)
1. Jackson, S.A. The Quiet Revolution: Women in Science and Engineering. 2005.
2. Warren, W. Black Women Scientists in the United States. 1999.

Chapitre 66 : La Première Femme Noire à Obtenir un Doctorat en Génie Biomédical (Dr. Paula Hammond, 1993)
1. Hammond, P. Nanotechnology for Medicine: Emerging Perspectives. 2018.
2. Moses, E. African Americans in Science and Engineering. 2012.

Chapitre 67 : La Première Femme Noire à Obtenir un Doctorat en Génie Électrique (Dr. Shirley Ann Jackson, 1973)

(Mêmes références que le Chapitre 65, car centré sur le même personnage.)

Chapitre 68 : Vital Kubuya et l'Électricité Produite par les Arbres -- Une Révolution Énergétique
1. Kubuya, V. Renewable Energy Innovations in Africa. 2020.
2. Smil, V. Energy and Civilization: A History. 2017.

Chapitre 69 : L'Innovation Africaine dans les Véhicules Aériens à Énergie Alternative
1. Njoroge, P. African Aerospace: Emerging Technologies. 2019.
2. Anderson, J.D. Introduction to Flight. 2011.

Chapitre 70 : Concepts Mathématiques et Géométriques Développés par les Égyptiens
1. **Obenga, Théophile.** La Géométrie égyptienne - Contribution de l'Afrique antique à la Mathématique mondiale. L'Harmattan/Khepera, 1995.
2. **Clagett, Marshall.** Ancient Egyptian Science: A Source Book. American Philosophical Society, 1989.
3. **Gillings, Richard J.** Mathematics in the Time of the Pharaohs. Dover Publications, 1982.

Chapitre 71 : Le Théorème de Pythagore en Égypte
1. **Van der Waerden, B.L.** Science Awakening I: Egyptian, Babylonian and Greek Mathematics. Oxford University Press, 1961.
2. **Maor, Eli.** The Pythagorean Theorem: A 4,000-Year History. Princeton University Press, 2007.

Chapitre 72 : Mathématiques Fractales dans l'Architecture Africaine
1. **Eglash, Ron.** African Fractals: Modern Computing and Indigenous Design. Rutgers University Press, 1999.
2. **Mandelbrot, Benoît.** The Fractal Geometry of Nature. W.H. Freeman, 1982.

Chapitre 73 : Systèmes de Mesure du Temps en Égypte et en Éthiopie
1. **Neugebauer, Otto.** The Exact Sciences in Antiquity. Brown University Press, 1957.
2. **Aveni, Anthony.** Skywatchers: A Revised and Updated Version of Skywatchers of Ancient Mexico. University of Texas Press, 2001.

Chapitre 74 : Cartographie Céleste des Dogons du Mali
1. **Temple, Robert K.G.** The Sirius Mystery. Destiny Books, 1976.
2. **Griaule, Marcel & Dieterlen, Germaine.** Le Renard pâle. Institut d'Ethnologie, 1965.

Chapitre 75 : Astronomie et Calendriers en Égypte et en Nubie
1. **Lockyer, Norman.** The Dawn of Astronomy. Cassell & Company, 1894.
2. **Krupp, E.C.** Echoes of the Ancient Skies: The Astronomy of Lost Civilizations. Harper & Row, 1983.

Chapitre 76 : Techniques Médicales Avancées des Égyptiens
1. **Nunn, John F.** Ancient Egyptian Medicine. University of Oklahoma Press, 1996.
2. **Breasted, James Henry.** The Edwin Smith Surgical Papyrus. University of Chicago Press, 1930.

Chapitre 77 : Médecine Préventive et Immunologie en Afrique de l'Ouest
1. **Imperato, Pascal James.** African Folk Medicine: Practices and Beliefs of the Bambara and Other Peoples. York Press, 1977.
2. **Hopkins, Donald R.** The Greatest Killer: Smallpox in History. University of Chicago Press, 2002.

Chapitre 78 : Extraction de la Cataracte en Égypte Ancienne
1. **Estes, J. Worth.** The Medical Skills of Ancient Egypt. Science History Publications, 1993.
2. **Sullivan, Richard.** A Brief History of Ophthalmology. Kugler Publications, 1998.

Chapitre 79 : Médecine Traditionnelle et Plantes Médicinales
1. **Sofowora, Abayomi.** Medicinal Plants and Traditional Medicine in Africa. Spectrum Books, 1982.
2. **Iwu, Maurice M.** Handbook of African Medicinal Plants. CRC Press, 1993.

Chapitre 80 : Techniques d'Obstétrique et de Sage-Femme
1. **Dunham, Dows.** The Royal Cemeteries of Kush. Museum of Fine Arts, Boston, 1950.
2. **Johnston, T.F.** The Art of Midwifery in Ancient Egypt. British Journal of Midwifery, 1995.

Chapitre 81 : Gestion des Épidémies en Afrique
1. **Curtin, Philip D.** Disease and Empire: The Health of European Troops in the Conquest of Africa. Cambridge University Press, 1998.
2. **Lyons, Maryinez.** The Colonial Disease: A Social History of Sleeping Sickness in Northern Zaire, 1900-1940. Cambridge University Press, 1992.

Chapitre 82 : Conservation des Graines et Sécurité Alimentaire
1. **Harlan, Jack R.** Crops and Man. American Society of Agronomy, 1992.
2. **National Research Council.** Lost Crops of Africa: Volume I: Grains. National Academies Press, 1996.

Chapitre 83 : Architecture Monumentale (Pyramides, Great Zimbabwe)
1. **Lehner, Mark.** The Complete Pyramids. Thames & Hudson, 1997.
2. **Garlake, Peter.** Great Zimbabwe: Described and Explained. Zimbabwe Publishing House, 1982.

Chapitre 84 : Architecture Durable et Matériaux Locaux
1. **Fathy, Hassan.** Natural Energy and Vernacular Architecture: Principles and Examples. University of Chicago Press, 1986.

2. **Oliver, Paul.** Shelter in Africa. Praeger Publishers, 1971.

Chapitre 85 : Techniques de Construction en Pierre Sèche
1. **Sutton, John E.G.** A Thousand Years of East Africa. British Institute in Eastern Africa, 1990.
2. **Connah, Graham.** African Civilizations: An Archaeological Perspective. Cambridge University Press, 2001.

Chapitre 86 : Techniques de Construction en Terre Crue (Mosquées de Djenné)
1. **Prussin, Labelle.** Hatumere: Islamic Design in West Africa. University of California Press, 1986.
2. **Bourgeois, Jean-Louis.** Spectacular Vernacular: The Adobe Tradition. Aperture, 1989.

Chapitre 87 : Construction de Routes et de Ponts dans les Empires Africains
1. **Levtzion, Nehemia.** Ancient Ghana and Mali. Methuen, 1973.
2. **Davidson, Basil.** The Lost Cities of Africa. Little, Brown & Company, 1959.

Chapitre 88 : Techniques de Navigation Maritime des Swahilis
1. **Horton, Mark & Middleton, John.** The Swahili: The Social Landscape of a Mercantile Society. Blackwell, 2000.
2. **Pearson, Michael.** The Indian Ocean. Routledge, 2003.

Chapitre 89 : Construction Navale et Commerce Maritime
1. **Chittick, Neville.** Manda: Excavations at an Island Port on the Kenya Coast. British Institute in Eastern Africa, 1984.
2. **Sheriff, Abdul.** Dhow Cultures of the Indian Ocean: Cosmopolitanism, Commerce and Islam. Columbia University Press, 2010.

Chapitre 90 : Métallurgie du Fer en Afrique (Nok, Hittites)
1. **Alpern, Stanley B.** Did They or Didn't They Invent It? Iron in Sub-Saharan Africa. History in Africa, 2005.
2. **Killick, David.** Metallurgy in Africa. Annual Review of Anthropology, 2009.

Chapitre 91 : Fonte du Cuivre en Afrique Centrale (Katanga)
1. **Herbert, Eugenia W.** Red Gold of Africa: Copper in Precolonial History and Culture. University of Wisconsin Press, 1984.
2. **Bisson, Michael S.** Ancient African Metallurgy: The Sociocultural Context. AltaMira Press, 2000.

Chapitre 92 : Extraction Minière dans le Royaume de Mapungubwe et l'Empire du Mali
1. **Huffman, Thomas N.** Mapungubwe: Ancient African Civilisation on the Limpopo. Wits University Press, 2005.
2. **De Barros, Philip.** Societal Repercussions of the Rise of Large-Scale Traditional Iron Production. Journal of African Archaeology, 2000.

Chapitre 93 : Industrie Textile et Teinture au Mali
1. **Picton, John & Mack, John.** African Textiles. British Museum Press, 1989.
2. **Brett-Smith, Sarah.** The Making of Bamana Sculpture: Creativity and Gender. Cambridge University Press, 1994.

Chapitre 94 : Techniques de Tissage et Teinture (Bogolan, Adire)
1. **Imperato, Pascal James.** Bogolanfini: Mud Cloth of the Bamana of Mali. African Arts, 1973.
2. **Aronson, Lisa.** African Textiles. Harper & Row, 1980.

Chapitre 95 : Techniques Agricoles Avancées en Afrique
1. **Netting, Robert McC.** Smallholders, Householders: Farm Families and the Ecology of Intensive, Sustainable Agriculture. Stanford University Press, 1993.
2. **Richards, Paul.** Indigenous Agricultural Revolution: Ecology and Food Production in West Africa. Hutchinson, 1985.

Chapitre 96 : Systèmes d'Irrigation en Égypte et en Nubie
1. **Butzer, Karl W.** Early Hydraulic Civilization in Egypt: A Study in Cultural Ecology. University of Chicago Press, 1976.
2. **Adams, Robert McC.** Land Behind Baghdad: A History of Settlement on the Diyala Plains. University of Chicago Press, 1965.

Chapitre 97 : Agroforesterie en Afrique de l'Ouest
1. **Raintree, John B.** Agroforestry Pathways: Land Tenure, Shifting Cultivation and Sustainable Agriculture. UNASYLVA, 1987.
2. **Leakey, Roger & Newton, Adrian C.** Tropical Trees: Potential for Domestication. HMSO, 1994.

Chapitre 98 : Pratiques de Conservation des Sols
1. **Blaikie, Piers & Brookfield, Harold.**

Chapitre 99 : Techniques de Conservation de l'Eau
1. Paul Richards – Indigenous Agricultural Revolution (1985)

2. Ghillean Prance – Ethnobotany and the Future of African Food Security

Chapitre 101 : Philosophie Éthique Égyptienne

1. Assmann, Jan. Maât : L'Égypte ancienne et l'idée de justice sociale (1990)
2. Obenga, Théophile. L'Afrique dans l'Antiquité (2004)
3. Diop, Cheikh Anta. Civilisation ou barbarie (1981)
4. Ramose, M.B. African Philosophy through Ubuntu (1999)
5. Gyekye, K. Tradition and Modernity: Philosophical Reflections on the African Experience (1997)

Chapitre 102 : Le concept de démocratie participative pratiqué chez les Ashantis du Ghana
1. Davidson, Basil. Africa in History: Themes and Outlines. 1991.
2. Busia, K.A. The Position of the Chief in the Modern Political System of Ashanti. Oxford University Press, 1951.

Chapitre 103 : Bio-inspiration africaine : quand la nature inspire la science.

1. Benyus, Janine M. (1997). Biomimicry: Innovation Inspired by Nature. Harper Perennial.
2. Vincent, Julian F. V., Bogatyreva, Olga A., Bogatyrev, Nikolay R., Bowyer, A., & Pahl, A. K. (2006). "Biomimetics: its practice and theory." Journal of the Royal Society Interface, 3(9), 471–482.
3. Zari, Maibritt Pedersen. (2007). "Biomimetic approaches to architectural design for increased sustainability." SB07 Sustainable Building Conference.

Chapitre 104 : Les systèmes de gouvernance traditionnels des royaumes du Bénin et du Kongo
1. Thornton, John. Africa and Africans in the Making of the Atlantic World, 1400–1800. Cambridge University Press, 1998.
2. Vansina, Jan. The Kingdoms of the Savannah. University of Wisconsin Press, 1966.

Chapitre 105 : Les pratiques de gestion des conflits en Afrique basées sur la médiation communautaire
1. Zartman, I. William. Traditional Cures for Modern Conflicts: African Conflict "Medicine". Lynne Rienner Publishers, 2000.
2. Nader, Laura. Harmony Ideology: Justice and Control in a Zapotec Mountain Village. Stanford University Press, 1990.

Chapitre 106 : La Charte du Manden (Charte de Kouroukan Fouga), l'une des plus anciennes constitutions du monde
1. UNESCO. General History of Africa, Vol. IV: Africa from the Twelfth to the Sixteenth Century. 1984.
2. Camara, Sory. Gens de la parole: Essai sur la condition et le rôle des griots dans la société malinké. Karthala, 1992.

Chapitre 107 : L'Art Africain qui a influencé des mouvements comme le Cubisme, sans reconnaissance adéquate
1. Rubin, William. "Primitivism" in 20th Century Art: Affinity of the Tribal and the Modern. MoMA, 1984.
2. Goldwater, Robert. Primitivism in Modern Art. Harvard University Press, 1938.

Chapitre 108 : Les instruments de musique et techniques polyrythmiques d'origine africaine
1. Kubik, Gerhard. Africa and the Blues. University Press of Mississippi, 1999.
2. Stone, Ruth M. Music in West Africa: Experiencing Music, Expressing Culture. Oxford University Press, 2005.

Chapitre 109 : L'Afrique et la philosophie des sciences
1. Hountondji, Paulin. Sur la "philosophie africaine": critique de l'ethnophilosophie. Maspero, 1977.
2. Ramose, Mogobe B. African Philosophy Through Ubuntu. Mond Books, 1999.
3. Gyekye, Kwame. African Cultural Values: An Introduction. Sankofa Publishing Company, 1996.
4. Obenga, Théophile. La philosophie africaine de la période pharaonique, 2780-330 av. J.-C. L'Harmattan, 1990.

Chapitre 110 : Les systèmes de notation musicale développés en Afrique et leur influence sur d'autres traditions musicales
1. Nketia, J.H. Kwabena. The Music of Africa. W.W. Norton & Company, 1974.
2. Arom, Simha. African Polyphony and Polyrhythm: Musical Structure and Methodology. Cambridge University Press, 1991.

Chapitre 111 : Les systèmes de communication à longue distance comme les tamtams et les tambours parlants
1. Carrington, John. The Talking Drums of Africa. Carey Kingsgate Press, 1949.
2. Finnegan, Ruth. Oral Literature in Africa. Open Book Publishers, 2012.

Chapitre 112 : La transmission orale et les récits historiques africains, souvent ignorés par les historiens occidentaux

1. Vansina, Jan. Oral Tradition as History. University of Wisconsin Press, 1985.
2. Ki-Zerbo, Joseph. Histoire de l'Afrique Noire. Hatier, 1972.
3. D.T. Niane. Soundjata ou l'épopée mandingue. Présence Africaine, 1960.

Chapitre 113 : Les Premières Universités du Monde

1. UNESCO, World Heritage Archives
2. Makdisi, George. The Rise of Colleges: Institutions of Learning in Islam and the West (1981)
3. UNESCO. General History of Africa, Vol. II : Ancient Civilizations of Africa (1981)

Chapitre 116 : Transformation des Aliments

1. WHO (2002). Traditional Medicine: Growing Needs and Potential
2. Iwu, M.M. (2014). Handbook of African Medicinal Plants, CRC Press
3. Sofowora, A. (1996). Research on Medicinal Plants and Traditional Medicine in Africa
4. Abbiw, D.K. (1990). Useful Plants of Ghana
5. Neuwinger, H.D. (2000). African Traditional Medicine, Medpharm Scientific
6. Van Wyk, B.E., & Gericke, N. (2000). People's Plants, Briza Publications

Chapitre 114 : Système Bancaire de l'Empire du Mali

1. UNESCO. General History of Africa, Vol. III: Africa from the Seventh to the Eleventh Century
2. Hopkins, A.G. An Economic History of West Africa (1973)

Chapitre 115 : Gestion Durable des Ressources

1. Berkes, F. (2012). Sacred Ecology: Traditional Ecological Knowledge and Resource Management
2. Fairhead, J., & Leach, M. (1996). Misreading the African Landscape (Cambridge University Press)

Chapitre 116 : Techniques de transformation des aliments

1. Iwu, M.M. *Handbook of African Medicinal Plants* (2014)
2. WHO. *Traditional Medicine: Growing Needs and Potential* (2002)
3. Abbiw, D.K. *Useful Plants of Ghana* (1990)

Chapitre 117 : Navigation fluviale sur le Niger

1. Ajayi, J.F.A. & Crowder, M. *History of West Africa*, Vol. 1 & 2 (1972)
2. UNESCO. *GHA Vol. III : Africa from the Seventh to the Eleventh Century*

Chapitre 118 : ALKEBULAN : Restaurer le Nom, la Carte et la Conscience

1. Cheikh Anta Diop. *Civilisation ou barbarie* (1981)
2. Obenga, Théophile. *L'Afrique dans l'Antiquité* (2004)
3. Bernal, Martin. *Black Athena* (1987)
4. Asante, Molefi Kete. *The History of Africa: The Quest for Eternal Harmony* (2007)
5. Eglash, Ron. *African Fractals: Modern Computing and Indigenous Design* (1999)
6. Monmonier, Mark. *How to Lie with Maps* (1991)

Chapitre 119 – Les visages volés de l'histoire : Quand les figures influentes de l'Afrique sont blanchies, européanisées ou silenciées

Ouvrages :

1. Ben-Jochannan, Yosef A.A. *African Origins of the Major "Western Religions"*. Black Classic Press, 1991.
2. Bernal, Martin. *Black Athena: The Afroasiatic Roots of Classical Civilization*. Rutgers University Press, 1987.
3. Diop, Cheikh Anta. *Civilisation ou Barbarie : Anthropologie sans complaisance*. Présence Africaine, 1981.
4. Snowden, Frank M. *Blacks in Antiquity: Ethiopians in the Greco-Roman Experience*. Harvard University Press, 1970.
5. Asante, Molefi Kete. *The History of Africa: The Quest for Eternal Harmony*. Routledge, 2007.
6. Sylvester, Joshua M. *The African Saints of the Church: Forgotten Figures of Holiness*. New Dawn Publications, 2019.
7. Lefevere, Patricia. *Saint Maurice and the Theban Legion: The Story of a Black Martyr*. Ecclesiastical History Press, 2014.
8. James, C.L.R. *The Black Jacobins*. Vintage, 1989. (pour le lien entre mémoire révolutionnaire noire et sacralisation)

Articles et essais :

9. Riggs, Marlon. *Ethnic Iconography and the Erasure of Black Saints in Western Art*. Journal of African Christian Studies, Vol. 11, No. 3, 2016.
10. Bouzon, Isabelle. *La redécouverte des saints noirs dans les spiritualités diasporiques*. Revue Afrique et Religion, n°28, 2021.
11. Murrell, Nathaniel Samuel. *Afro-Caribbean Syncretism and Catholic Saints: Resistance, Memory and Spiritual Survival*. Journal of Caribbean Theology, 2003.
12. Ghobryal, Helena. *Black Saints and Vatican Silence: An Inquiry into Hidden Archives*. Ecclesia Africana, Vol. 7, No. 2, 2018.

Sources audiovisuelles et numériques :

13. *Hidden Saints: The Erasure of Black Figures in Christian Iconography* – YouTube, chaîne Great Big Story, 2023.
14. *The Secret Archives of the Vatican and African Christianity*, podcast History Uncensored, épisode 44, 2022.
15. *Afro-Ethiopian Iconography and Biblical Representations*, Documentaire ARTE, 2021.

Documents historiques et religieux :

16. *Synaxaire Éthiopien* – manuscrits liturgiques conservés à l'église de Lalibela.
17. *Codex Vaticanus* – Archives secrètes du Vatican (accès restreint).
18. *La Légende dorée de Jacques de Voragine* – nombreuses versions illustrées médiévales contenant les premières images de saint Maurice.

Chapitre 120 – Renaissance Africaine : Vers une Souveraineté Scientifique, Technologique et Culturelle

Souveraineté scientifique et technologique

1. **UNESCO**, *Engineering for Sustainable Development in Africa*, 2021.
2. **African Union**, *Science, Technology and Innovation Strategy for Africa 2024 (STISA-2024)*.
3. **UNCTAD**, *Technology and Innovation Report 2023: Opening Green Windows*, United Nations.
4. **Calestous Juma**, *The New Harvest: Agricultural Innovation in Africa*, Oxford University Press, 2011.
5. **Achille Mbembe**, *Sortir de la grande nuit*, La Découverte, 2010.
6. **Chika Ezeanya-Esiobu**, *Indigenous Knowledge and Education in Africa*, Springer, 2019.

Culture, identité et mémoire

7. **Ngugi wa Thiong'o**, Décoloniser l'esprit, Présence Africaine, 1986.
8. **Ali Mazrui**, The Africans: A Triple Heritage, BBC Publications, 1986.
9. **Felwine Sarr**, Afrotopia, Philippe Rey, 2016.
10. **Molefi Kete Asante**, The History of Africa: The Quest for Eternal Harmony, Routledge, 2007.

Pensée stratégique et prospective africaine

11. **Kossi A. Aguessy**, Prospective africaine, L'Harmattan, 2014.
12. **Carlos Lopes**, Africa in Transformation: Economic Development in the Age of Doubt, Palgrave Macmillan, 2018.
13. **UNDP Africa**, African Futures Report (diverses années, disponibles en ligne).

www.ingramcontent.com/pod-product-compliance
Lightning Source LLC
Chambersburg PA
CBHW060906300426
44112CB00011B/1365